人民法学文存
Renmin faxue wencun

反腐败司法原理

Judicial Principle of Anti-corruption

詹复亮 ◎ 著

人民出版社

前　　言

　　腐败治理是全球性课题,科学有效地防治腐败是世界性难题。自人类进入有阶级社会以来,世界上任何一个国家或者任何一种政权,都没有逃脱过被腐败侵扰和腐蚀的风险,以及由此带来的政治危害甚至灭顶之灾。历史和现实充分证明,在人类社会发展史上,腐败与反腐败之间的较量一刻也没有停止过。

　　《反腐败司法原理》一书,着手撰写始于 2016 年年初,最初起意于对 20 年前撰写并出版的拙著《职务犯罪诉讼新论》进行修订,将 30 多年来相关研究成果吸收进来,加注理论元素,旨在进一步提升理论品格,形成一部《职务犯罪诉讼原理》。后来,经过调整和思考,感到以《反腐败司法原理》冠名更为贴切。但是,无论冠之《职务犯罪诉讼原理》还是《反腐败司法原理》,都深感时代发展之快速,《职务犯罪诉讼新论》中的一些观点、论述乃至结构等都需进行补充调整。理由相对简单,坚持问题导向、实践导向、需求导向和时代导向,着眼于研究和解决时代问题,历来是著述者价值追求之要。

　　《职务犯罪诉讼新论》初版于 1999 年,第二版面世于 2001 年,至今也已十几年。这个时间段,是我国政治体制包括司法制度改革和刑事法治建设,比如刑事立法、司法制度乃至职务犯罪立案、侦查、起诉、审判、刑罚执行等刑事法治改革和司法活动进入快速变革的时期,无论是理念、理论、制度、政策、法律还是司法机制、司法实践等,都发生了许多重大变化。

　　特别是中共十八大以来,习近平同志多次强调运用法治思维和法治方式反对腐败。六年多来,在以习近平同志为核心的党中央坚强领导下,坚持反腐败无禁区、全覆盖、零容忍,坚定不移"打虎""拍蝇""猎狐",不敢腐的目标初步实现,不能腐的笼子越扎越牢,不想腐的堤坝正在构筑,反腐败斗争压倒性态势形成并巩固发展。实践充分证明,运用法治思维和法治方式反对腐败等重要论断,不仅经过具有许多历史特点的伟大斗争的洗礼和实践检验,成为习近平新时代中国特色社会主义思想的重要内容,而且有力指导反腐败实践,取得了举世瞩目的实践成果、制度成果和理论成果。随着中国特色社会主义进入新时代,反腐败斗争面临新的历史使命。习近平同志在中共十九大报告中向全党发出夺取反腐败斗争压倒性胜利的新号令,对新时代反腐败斗争作出新部署、明确新任务、提出新要求,充分昭示以习近平同志为核心的党中央深入推进反腐败斗争、巩固压倒性态势、夺取压倒性胜利坚如磐石的决心、信心和恒心,为新时代反腐败斗争深入健康开展指明了正确方向,为反腐败理论研究提供了根本指引。

运用法治思维和法治方式反对腐败是一个宏大的理论命题和实践课题,并不仅仅囿于对腐败案件的司法调查和处理。换言之,这一时代大课题,既包含反腐败司法理论、方法、手段等基本要素,更涵盖反腐败体制机制制度包括反腐败立法、刑事法制乃至司法制度等各领域各层面的改革、构建和完善。而从司法环节巩固反腐败成果,客观上要求对腐败犯罪案件的调查和处理,秉持依法公正原则。窃以为,这是贯彻落实运用法治思维和法治方式反对腐败重要思想的一个重要方面。

从理论和逻辑上讲,反腐败司法原理涵盖面广、内容丰富、体系庞大,然本书择要而做,围绕从司法环节巩固反腐败成果之内涵要略,突出对反腐败司法原理基本要素以及司法分析和司法处理、反腐败战略和司法政策、司法决策、罪刑规制、司法程序和措施、司法认定和证据制度、司法国际合作等主要环节和方面加以论述,其他则付之阙如。从结构布局上讲,全书分为八章,从反腐败司法原理基本要素入手,围绕以上重点内容渐次展开。在写作方法上,试图立足于新时代经济社会环境条件和反腐败实践,采用实证、历史、比较等多元视角和研究方法,按照理论和实践相统一的原则,吸收运用政治学、社会学、经济学、文化学、监督学、法学、司法学、刑法学、犯罪学、侦查学、检察学、审判学、刑罚学，以及网络技术原理、现代战略管理、当代司法管理等多学科的基本理论。统而论之，全书旨在为建立完善和丰富发展中国特色社会主义反腐败基础理论、制度体制以及实践要略，提升反腐败法治化科学化实效化水平尽绵薄之力。

全书既有理论上的考量和对重点内容、重大问题、重要观点的理论阐述，又着眼于实践操作规范指引，力求理论与实践的有机结合。研究写作期间，正值以习近平同志为核心的党中央决定深化国家监察体制改革并先后在北京、山西、浙江三省市及全国推开改革试点工作，借此从专业的角度，在著述中对监察调查等基本问题作了初步探讨。

本书在著述过程中，鉴于本人学力之不逮，深知书中浅陋和讹误一定不少，恳请广大读者、同仁和专家学者批评指正。

詹　复　亮

2018 年 1 月 18 日

目　录

第一章　绪　论

反腐败司法原理,是研究从战略战术上运用法治思维、法治方式、法治手段等各种要素治理腐败的方法论。简言之,就是运用法治思维和法治方式反对腐败①的基本理论。

反腐败司法原理或曰反腐败司法基本理论,以法治反腐为研究对象,包含法治反腐败的理念、思想和方略等基本内容,是中国特色社会主义政治制度理论和法治理论体系的组成部分。

从理论上深入系统研究反腐败司法问题,是保证反腐败斗争持续健康开展,推进国家治理体系和治理能力现代化,建设中国特色社会主义廉洁政治的必然要求。

第一节　反腐败司法原理概述

毛泽东指出:"科学研究的区分,就是根据科学对象所具有的特殊的矛盾性。因此,对于某一现象的领域所特有的某一矛盾的研究,就构成某一门科学的对象。"②

---

① 参见《习近平关于党风廉政建设和反腐败斗争论述摘编》,中央文献出版社、中国方正出版社 2015 年版,第 121 页。

② 《毛泽东选集》第一卷,人民出版社 1991 年版,第 309 页。

一、司法

所谓司法(Justice),通常有以下几种含义。一是从词义上理解,司法又称法的适用,通常是指国家司法机关及司法人员依照法定职权和法定程序,具体运用法律处理案件的专门活动。从这一定义可见,司法是实施法律的重要方式,对实现立法意旨和目的、发挥法律功能具有重要意义。在西方一些资本主义国家,由于实行立法、行政、司法"三权分立",三者之间有严格的界限。二是从现代社会的语境讲,所谓司法,通常是指由法院、警察以及检察院等机关主导并推动的民事诉讼、行政诉讼、刑事诉讼活动。三是从我国历史渊源讲,司法是一种官名。据商务印书馆《辞源》:"两汉郡之佐吏有决曹、贼曹掾,主管刑法。北齐称法曹参军。唐制,在府叫法曹参军,在州叫司法参军,在县叫司法。宋在司法参军外,又有司理参军。元废。"①

二、反腐败司法

根据司法的基本定义,可以对反腐败司法作出如下定义:所谓反腐败司法,是指依照法律规定的程序、措施和方法对腐败案件进行调查、认定和处理的活动。换言之,反腐败司法,或者称之反腐败司法活动,实质上是从法治层面对腐败进行源头治理、系统治理、多元治理、综合治理等系列理念、措施、方法的总和。

深入理解反腐败司法的内涵,应当从以下方面进行把握:第一,反腐败司法是指对腐败案件进行处理的一种方式或者活动。对腐败案件的处理可以采用多种方式,司法处理仅是其中的一种。第二,反腐败司法指向的腐败案件,即按照国家法律规定构成犯罪的案件,这类犯罪通称为腐败犯罪,换言之,系行为人利用职务便利实施的刑事犯罪案件,不包括违反党纪、政纪但尚未构成犯罪的腐败案件。第三,反腐败司法的依据是法律,这是指广义上的法律,实质是反腐败制度,除了法律,还包括国家的反腐败政策、刑事政策和司法机关为实施法律所制定的司法政策和司法解释等。对于腐败案件的处理,可以依据法律、政策以及司法机关的规范性文件。第四,反腐败司法所指对腐败案件的处理是一个系统工程。这个系统工程,围绕案件线索的发现、调查、侦查、预

---

① 《辞源》(合订本),商务印书馆1988年版,第251页。

审、公诉、审判、惩罚等各个司法环节,以按照法律规定对腐败案件进行司法处理为核心内容,构成完整的司法制度体系和司法运行机制,主要内容包括依照法律统筹运用教育宣传、调查、侦查、惩罚和防范腐败的各种资源,提升治理腐败的能力和效果,最终实现科学有效地防治腐败的目的。这是从系统论角度进行的分析和概括,具有鲜明的司法特性。

反腐败是一项政治任务,具有很强的政治性。反腐败司法是反腐败治理链条的重要一环,是运用法治思维、法治方式、法治手段巩固或者固化反腐败成果、实现反腐败目标的策略和工具,既具有政治性,也具有法律性、司法性。按照政治学原理,政治与司法的关系紧密,两者同属于上层建筑,相互之间为隶属关系。政治讲需要,往往不在于问题本身,而在于问题的联系,而司法讲规范,往往强调程序、规则和事实、依据;政治决定司法,司法从属于政治,司法当中有政治,没有脱离政治的司法,但政治和司法都有底线,两者统一于政治正义。习近平指出,党和法的关系是政治和法治关系的集中反映。法治当中有政治,没有脱离政治的法治。每一种法治形态背后都有一套政治理论,每一种法治模式当中都有一种政治逻辑,每一条法治道路底下都有一种政治立场。① 开展反腐败,应以维护政治正义和实现治理秩序为底线,维护公平正义,保护人民权益,促进正义伸张,实现党和国家长治久安。从反腐败程序化、法治化、科学化的要求讲,凡涉及犯罪的腐败案件,一般应当采用司法的形式、方法和途径进行处理,有利于提升反腐败的持久权威和公信力。总之,正确分析、认识和处理反腐败斗争中司法与政治之间的关系,对于深入研究把握反腐败司法的科学内涵至关重要。

三、反腐败司法原理

所谓原理,从词源含义分析,意味着一个事物所包含的最基础、最根本的道理。我国《辞海》将"原理"一词解释为:"通常指科学的某一领域或部门中具有普遍意义的基本规律。从原理的内涵出发,可以推演出各种具体的定理、命题等,从而对有关理论的认识和发展及进一步的实践起指导作用。"②

---

① 参见《习近平关于全面依法治国论述摘编》,中央文献出版社 2015 年版,第 34 页。
② 《辞海(缩印本)》,上海辞书出版社 2010 年版,第 2343 页。

从历史发展看,对于原理这种规律性的认识,是以大量实践为基础,其正确性也是需要由实践进行检验。按照这样的逻辑关系和司法的基本特性,将反腐败司法原理界定为关于运用法治思维和法治方式反对腐败的基本理论。具体地说,反腐败司法原理是指按照政治学、经济学、社会学、监督学、法学等各学科领域的基本原理,运用法治的思维、方式和途径科学有效地防治腐败的具有普遍意义的基本理论,并且是一个开放的理论体系,以对大量腐败问题或者腐败现象的防治实践为基础,其理论上的科学性也由对腐败问题或者腐败现象的防治实践所考校。

综上,对于反腐败司法原理,可从以下方面理解:第一,这是关于依照法律并采用司法的方式、措施和手段防治腐败的理论、原理、道理,来源于从法治角度对腐败的发现、甄别、确认、审查、核实、调查、侦查、预审、惩治和防范等治理腐败实践,属于人类知识的范畴。第二,这是指运用法治思维和法治方式反对腐败带有基本性的、普遍性的道理,属于防治腐败的基础性、规律性、实践性的认识或者知识。第三,这是以防治腐败犯罪大量实践为基础,其科学性、实践性、可持续性发展等由防治腐败实践所检验,是认识、把握及运用防治腐败规律的依据和基础。

第二节　基本研究对象和基本体系

一、基本研究对象

反腐败司法原理的基本研究对象,由于研究视角的不同,就会有不同的观点以及不同的研究对象界定。根据反腐败司法原理的定义,可以将其研究对象划分为宏观和微观两个层面。

(一)宏观层面的研究对象

从宏观上讲,反腐败司法原理主要是研究防治腐败及其原理的界定、构建和运行,以及发挥司法功能和作用等方面的理论和方法。有论者可能会提出,对于反腐败司法原理,包含哪些原理? 按照什么标准进行界定? 遵循什么样的原则? 对此,笔者主要是从反腐败司法原理的定义、研究对象等层面分析入手,对反腐败司法原理进行界定和归类,并主要依据以下标准和原则:一是防治功用。这主要是从功利本位和问题导向、目标导向出发,对于防治腐败有效用或有效性也即具有实际意义的思维、理念、方式、措施、手段和策略、方法等加以总结提炼、吸收运用,作为反腐败司法原理的组成部分。二是治理协同。这主要强调兼容性或者包容性,遵循系统性、整体性和协同性原则,从科学治理的角度对腐败进行防治,构建起有利于推进系统治理、源头治理、整体治理、协同治理的防治腐败体系,防止和克服被"非此即彼"等二元论的绝对性观点所影响。在具体的研究过程中,笔者将有利于运用法治思维和法治方式对腐败问题或者腐败现象进行系统治理、源头治理、整体治理、协同治理并取得成效的学科、理论、工具、方法等各要素纳入到反腐败司法原理之中,作为反腐败司法原理的组成部分。三是政治正义和司法公正。当今国际社会,大多数国家都公开宣称反腐败是政治任务,这一定性、定位突显了反腐败所具有的政治特性。就本质而言,这是对反腐败活动的基本定性。从这个角度进一步说明,反腐败包括对腐败问题或者腐败现象的防与治,不仅是司法问题,而且在性质上属于政治问题。换言之,反腐败不仅是一场法律仗,更是一场政治仗、一场民心仗,打的往往是政治牌、民心牌。但是,打法治牌,对于促进反腐败斗争持续、有序、健康深入开展并实现反腐败终极目标具有重要保障作用。那么,治理腐败或者防治腐败的过程中,打政治牌、民心牌,就将会不可避免出现"超越常规""不按常理出牌"以及不局限于某一特定的法律、政策、措施乃至特别处理等情形。正因如此,正确理解和准确把握反腐败司法原理,应当充分重视这些因素,并将有利于维护政治正义和政治秩序、司法公正、社会安宁、美好生活的体制机制制度各要素融入其中,构建起对防治思维、防治方式、防治措施、防治手段和防治策略、防治方法、防治处理等进行有效制约监督的制度机制,从而有利于促进防治腐败的思维、方式、措施、手段、处理乃至所有司法活动守住底线,有效地维护政治正义、政治秩序和司法公正。对于这一点,至关重要。

（二）微观层面的研究对象

从微观上讲,对于反腐败司法原理,主要从司法的视角,深入研究腐败问题或者腐败现象具体的防治思维、思路、方式、措施、手段和策略、方法、处理以及实践中的运行机制机理,更多的是从功利本位加以考量,比如总结归纳出腐败问题或者腐败现象的特点、规律、趋势以及腐败行为犯罪化特征、发现和调查规律、侦查预审方略、公诉要略、审判模式、惩罚政策等各种具体的定理、命题,从而有利于指导防治腐败实践。

从实践看,宏观研究和微观研究相辅相成,相互影响,相互促进。如果不能从宏观上把握反腐败司法原理,微观研究就失去理性思辨的前提和理论基础,也就难以更好为防治腐败实践服务。同样的,如果不能从微观上反映出反腐败司法原理宏观层面的研究成果并用以指导具体的防治实践,使理论、原理、思维、方式、措施、手段、策略、方法、处理等落地见效,就达不到科学有效地防治腐败的目的,研究反腐败司法原理也将失去实际意义。总之,研究把握反腐败司法原理,无论是从结构功能本位还是从系统论角度等进行审视、观察和分析,都应当将其视为一个科学的理论体系,并且是一个开放性、包容性的理论体系。实践充分证明,反腐败司法基本理论的形成和发展,是一个整体的、动态的、漫长的历史演化过程,自古以来中外政治统治集团留下了许多可供今人借鉴的丰富治理经验乃至治国理政的宝贵财富。

二、基本体系

实践表明,从学理上对反腐败司法原理的基本体系进行界定,对于进一步厘清反腐败司法原理及其功能和实践应用,深入了解和把握反腐败司法原理及其依照法律防治的功能、理念、思维、方式、体系、措施、效用等方面的问题具有重要作用。

反腐败司法原理基本体系,深受其所处时代背景以及政治统治集团所担负统治或者治理的历史使命等各种因素的影响,并应主要围绕研究对象即依照法律防治腐败的基本原理进行界定。通常而言,反腐败司法原理涵盖了腐败行为、调查、侦查、预审、公诉、审判、惩罚等基本范畴,包含基本理念、基本结构、基本制度、基本机制等要素。对于反腐败司法原理基本体系,大体可以归纳为以下方面:

（一）**腐败行为原理**

主要包含腐败行为及腐败现象的特点、趋势、规律,以及行为动因、行为危害、定性规制、处罚措施等各种原理要素。

（二）**腐败犯罪调查和侦查原理**

主要包含对于腐败犯罪案件调查、侦查、预审的法定模式,法定程序,法定措施,法定手段和法定方法等各种原理要素。对于调查和侦查职能,可以合并,也可以分设。需要指出的是,根据宪法修正案(2018)和监察法等有关规定,监察机关不是司法机关,但是依法负责对公职人员涉嫌职务违法和职务犯罪案件进行调查,并对涉嫌职务犯罪案件将移送检察机关依法审查、提起公诉,与腐败犯罪案件司法处理紧密联系和衔接,并且属于腐败犯罪司法处理的一个前置环节和重要程序,符合反腐败司法原理内在逻辑要求,因此本书将其纳入反腐败司法原理范畴,从而构建完整系统的反腐败司法原理体系。

（三）腐败犯罪公诉原理

主要包含对于腐败犯罪的指控理念、指控模式、指控政策、指控条件、指控方式、指控策略、指控方法等各种原理要素。公诉与调查或侦查对接,系将腐败犯罪案件与司法裁决相联系的桥梁。

（四）腐败犯罪审判原理

主要包含对于腐败犯罪案件及其被告人进行审判的理念、模式、政策、策略、方法、手段等各种原理要素。

（五）腐败犯罪惩罚原理

主要包含对于腐败犯罪及其犯罪人进行刑事惩罚的理念、模式、政策、策略和方式、方法以及惩罚效果、惩罚后续管控等各种原理要素。

综上,反腐败司法原理是一个开放体系,这一基本体系决定着反腐败司法体制机制制度改革创新、完善发展的基本路径和基本方向。

第三节　研究的进路和方法

思想是行动和实践的指南。没有科学的指导思想,就没有正确的行动和实践。研究反腐败司法原理,需要运用先进的理念与科学的研究进路和研究方法。

一、研究的进路

研究反腐败司法原理的基本思路是:

第一,从反腐败司法实践入手,通过实证分析和理性分析,掌握腐败犯罪活动的基本特点、基本规律和基本原因,以及对腐败犯罪的司法治理政策、措施和方法在实践中的运用及其存在的问题和原因,为实证分析和理性分析做好充足的素材准备。

第二,通过研究古今中外治理腐败的举措,了解古今中外不同历史时期的反腐败司法问题,分析研究国内外惩治、控制和预防腐败犯罪的战略动向和司法政策取向,为借鉴吸收古今中外治理腐败的经验并增强理论思维、战略思维、创新思维、辩证思维、法治思维、底线思维等提供依据。

第三,在实证的、历史的研究基础之上,系统分析研究反腐败司法原理的基本问题,包括腐败犯罪现象、司法分析、司法处理、战略目标、司法政策、司法决策、罪刑规制、司法程序、司法措施、司法认定和证据制度、国际合作等各个板块的理论和实践问题,进而期望推动构建完整系统的反腐败司法理论体系。

二、研究的方法

(一)历史研究的方法

任何理论体系,都是有一定的历史渊源。了解历史,方得初心。历史和实践表明,往历史的纵深看多远,对未来就能看多远。运用好历史这面镜子,以史为镜,可以明得失、知兴替。对于反腐败司法原理的研究,同样离不开对腐败问题司法治理的历史的考察。对古今中外腐败问题司法治理政策、策略、措施和方法等历史发展情况进行比较分析,可以进一步了解腐败问题司法治理政策、策略、措施等发展趋势和基本走向,掌握某一特定时代背景下腐败问题司法治理的政策、策略、措施等制定、实施及演变等有关社会背景和规律特点,把握其发展规律,企望能达到为反腐败司法原理的研究以及治理理论、治理方法、治理体系的构建提供知识基础、实践根据、理论指引之目的。

(二)实证分析法

腐败问题司法治理是一门实践的艺术,通过与监察机关及其工作人员、检察审判等司法人员、理论工作者等各层面有识之士的有效交流,查阅有关案例资料等方式,以及全面掌握腐败问题司法治理实践、具体治理措施及实施过程中取得的成效和存在的问题、表现形式及原因等情况,深入了解腐败问题司法治理的实际,并充分利用这些第一手资料和实践经验,对反腐败司法治理进行科学的定性分析和定量分析研究。

（三）辩证分析法

根据与现实国情相联系的政治制度、经济制度、文化制度、社会制度、法律制度和司法治理实践等基本情况,对腐败问题司法治理措施、方法的运用及其存在的问题,腐败问题禁而不止的原因及其对策等进行辩证分析、系统思考、统筹施策诸方面的系统分析和研究。

（四）比较研究法

针对古今中外不同时代腐败问题的治理策略、措施、方法、处理以及立法规制等层面,采用客观、系统、全面分析研究的方法,力求对腐败问题司法治理政策、措施、方法和处理等体系、原理的产生和发展进行客观、系统、全面、深入的了解。在此基础上,运用比较的方法,研究借鉴其中合理的立法成果、司法模式和实践做法,充实完善反腐败问题司法理论体系,提高腐败问题司法治理的战略层次、水平和效果。

（五）综合研究法

研究反腐败司法原理,应当采用善打"组合拳"策略,绝不可"单打一"。具体而言,应当综合运用历史研究、实证分析、辩证分析、比较研究等各种方法,取其所长、补其所短,并在研究过程中注重对一般与特殊、宏观和微观、理论与实践、动态与静态等各个范畴进行统筹兼顾、贯通结合,使反腐败司法原理研究更具体、更系统、更全面、更深入,增强腐败问题司法治理效果,丰富和发展反腐败司法理论体系乃至反腐败理论体系,更好地指导和推动治理腐败实践。

第二章　反腐败司法分析和司法处理

反腐败司法分析和司法处理,是研究反腐败司法原理、把握反腐败规律、提升治理腐败法治化水平的方法和工具。从法理上讲,对于由腐败问题嬗变而成的腐败犯罪,可以统一称为职务犯罪,但通俗而言,凡是涉及腐败的职务犯罪,一般又称为腐败犯罪。反腐败司法分析或称腐败问题司法分析,既是对腐败犯罪进行司法处理的重要前提,也是科学有效地防治腐败的重要基础。反腐败司法分析实质是刑事司法学分析,其主要任务和基本要略,就是了解、分析、研究腐败问题基本含义、基本性质、表现形式、行为特征,腐败问题与政治问题的关系,腐败问题与腐败犯罪的关系,以及腐败犯罪活动的特点、规律、趋势、危害及其生成机理、对策等等,从而在整体上体现和把握腐败问题的刑事司法学基本特征。通过对腐败问题司法分析,了解掌握腐败现象整体趋势及其特点规律,为研究制定反腐败立法规制和司法政策,科学运用司法的思维、方式、途径和手段等防治腐败提供基础性依据。

第一节　反腐败司法分析概述

一、腐败的基本定义

科学有效地防治腐败,对腐败问题的准确定义至关重要,同样的,对腐败活动形式的准确分析和把握也至关重要。笔者在早些时候提出,对腐败问题应当作出科学界定,尤其是不能将腐败问题的概念、范围泛化。否则,制定反腐败对策时会抓不住重点,缺乏针对性,从而影响到反腐败决策甚至难以取得反腐败预期目的和效果。① 实践证明,对于腐败问题的界定,关键是把握度,做到恰到好处,这对于研究制定反腐败战略,确立反腐败的指导思想、战略规划、目标任务、对象重点、措施途径等等都具有指导意义。

当今,国内理论界对腐败问题的界定大体有以下几种:第一,从政治学角度,将腐败问题界定为政党、政权机构及公职人员的思想、行为堕落,组织、措施等黑暗和混乱等。第二,从经济学角度,将腐败问题界定为寻租活动,认为是少数公职人员利用合法或者非法手段谋取经济租金的政治和经济活动,具体表现为采用较低贿赂成本获取较高收益或者超额利润。第三,从社会学角度,将腐败问题界定为以下两类:一类是法律现象的腐败,是国家法律所禁止的滥用权力行为;另一类是社会现象的腐败,包括法律规范所禁止的、违反纪律规范或者道德规范的行为,以及社会舆论不赞成的消极行为。第四,从法学角度,将腐败问题界定为违反法律规范的贪污、贿赂等腐败犯罪行为。第五,从权力运用角度,将腐败问题界定为权力的质变,国家公职人员利用手中权力非法获得私人利益的行为。第六,从违反社会规范角度,将腐败问题界定为国家公职人员违反法律规范、纪律规范、道德规范等社会规范而谋取私利的行为,包括经济上贪污贿赂、工作上严重官僚主义、生活上糜烂堕落、组织上任人唯亲等。

从国际看,学界对腐败问题的界定,大体可归纳为三种:一是以公职为轴心,从职责是否偏离正规的角度进行界定,认为腐败问题是违背职责、背离法律和制度的行为。二是以市场为中心,从权钱交易角度进行界定,把腐败问题视为一种寻租活动。三是以损害公益为中心,从公共利益是否受到损害的角度进行界定,认为腐败问题是为了特殊利益而侵犯公共利益的行为。而一些国际组织比如国际货币基金组织,将腐败定义为:腐败是滥用公权力以谋取私人的利益;或者,腐败乃是通过关系而有意识地不遵从,以企图从该行为中为个人或者相关的个体谋取利益。根据世界各国通说,腐败是指为谋取私利而对公共职位的滥用。从本质上讲,腐败问题牵涉到对公权力的滥用,往往与谋取私利紧密相关,有利于个人或者其朋友、家庭及小团体、特定利益集团,甚至

_____

① 参见詹复亮:《当代中国反腐败问题与对策》,国际文化出版公司 1996 年版,第 5 页。　　*11*

促使腐败分子之间结党营私,形成更大的权贵阶级。①

综上,笔者对腐败问题的定义如下:腐败,是指权人利用异化了的公权力谋取私利的行为或者现象。② 这里的权人,具有特定性。按照马克思主义异化学说,综观漫长的人类社会发展历程,人和人的劳动异化及其升华,将衍生出社会的公权力和享有这种公权力的权人。这种公权力和权人,将凌驾于一切社会群体和个体之上。无论在何种历史条件下,一切被推行的公权力都是人格化了的权力,一切享有这种公权力的人都是权格化了的权人。在人类自我创造又用来自我统治或者自我治理的这种权力模式中,享权者即权力个体或者权力集团因任何一种原因而削弱其"扬公抑私"的思想机制,或者权力体制中的制约机制不健全,公权力为公的本质就会遭到篡改,被权人用来实现谋取私利的目的。与权力和权人同时来源于劳动异化过程的,还有金钱。金钱是劳动异化物,是从人异化来的人的劳动和存在的本质,这个外在的本质统治着人,人都向它膜拜。作为劳动异化物的金钱,包含着个人与社会或者私与公的矛盾。人类社会发展历史表明,金钱与权力是通过一定形式相结合的,否则经济与政治就会失去配套的纽带和黏合剂,社会也就无法运转。但是,一旦权钱结合脱离统治阶级和社会大众的公利,而为着个人或者特定社会利益群体的私利而结合在一起,成为相互膜拜的对象,就为一切腐败现象的孕育打下了基础。③ 这是腐败问题甚或腐败现象滋生蔓延并且屡禁不止,人类社会长期以来没有从根本上彻底解决腐败的内在机理和根本原因。围绕上述定义,腐败问题的特征主要表现为以下方面:

(一) 对党不忠、叛党叛民

《中国共产党章程》规定:党员必须全心全意为人民服务;党员永远是劳动人民的普通一员;所有党员除了法律和政策规定范围内的个人利益和工作职权外,都不得谋求任何私利和特权;坚持党和人民的利益高于一切,个人利益服从党和人民的利益,吃苦在前,享受在后,克己奉公,多做贡献;自觉遵守党的纪律,首先是党的政治纪律和政治规矩;维护党的团结统一,对党忠诚老

---

① 参见詹复亮:《反贪侦查热点与战略》,人民出版社 2010 年版,第 4~5 页。
② 参见詹复亮:《当代中国反腐败问题与对策》,国际文化出版公司 1996 年版,第 6 页。
③ 参见詹复亮:《当代中国反腐败问题与对策》,国际文化出版公司 1996 年版,第 5 页。

实,言行一致,坚决反对一切派别组织和小集团活动,反对阳奉阴违的两面派、两面人和一切阴谋诡计。在我国,广大公职人员中大多数、领导干部中绝大多数是中国共产党党员。这些公职人员和领导干部如果搞腐败活动,将人民赋予并掌控在其手中的公权力异化为谋取个人或者小团体、特定利益集团私利的权力,显然与中国共产党的性质和宗旨相背离,实质是对党的不忠和背叛,进而是对人民的不忠和背叛。正因如此,对于因发生腐败问题特别是腐败犯罪的公职人员中的党员包括党员领导干部,不仅应当依法追究其刑事责任或者依纪追究其政治责任、纪律责任,而且对其中问题严重的比如触犯刑律的党员包括党员领导干部,还必须开除出党。① 习近平指出,坚决反对腐败,防止党在长期执政条件下腐化变质,是我们必须抓好的重大政治任务。② 腐败问题是腐败问题,政治问题是政治问题,不能只讲腐败问题、不讲政治问题。干部在政治上出问题,对党的危害不亚于腐败问题,有的甚至比腐败问题更严重。③ 这表明,腐败与政治紧密相关。从实践看,腐败问题严重的地区,政治生态必定遭受严重破坏,而政治生态被严重破坏的地区,腐败问题必定严重。深入分析和正确认识腐败问题,唯有从政治高度出发,方能把握腐败问题的本质和反腐败的政治战略和目标方向。

（二）谋取私利

这里的谋取私利,包括谋取个人、与其关系密切的人乃至小团体、特定利益集团或者利益同盟等利益。

（三）公权力异化

宪法规定,国家一切权力属于人民。公职人员使用自己手中的公共权力,理应全心全意为人民服务,绝不能为谋取个人或者特定利益集团、利益同盟的私利。而行为人一旦谋取了私利,就充分表明这种公权力发生了异化,并反映出这种异化了的公权力被用于谋取私利的无可争辩的事实。

（四）谋取私利形式多种多样

主要表现为以下形式:一是以权换钱。公职人员利用手中掌握的公权力,

---

① 参见詹复亮:《反贪侦查热点与战略》,人民出版社 2010 年版,第 5 页。

② 参见《习近平谈治国理政》,外文出版社 2014 年版,第 394 页。

③ 参见《习近平关于党风廉政建设和反腐败斗争论述摘编》,中央文献出版社、中国方正出版社 2015 年版,第 51 页。

采取各种手段进行权力寻租,谋取个人或者小团体、特定利益集团其至利益同盟的私利,比如公职人员将商品交换原则运用到公权力的使用过程,利用职务便利进行权钱交易,出卖公权力,收受请托人的贿赂。二是化公为私。公职人员利用手中的公权力,通过各种途径进行利益输送,把国家利益和公共利益化为个人私利,比如利用改革的机会将大量国有资产转化为个人的资产。三是假公济私。公职人员利用手中的公权力,假借以公的名义把国家利益和公共利益嬗变为私人的利益,比如利用招商引资政策,为个人谋取财产乃至政治升迁等利益或者机会,而全然不顾招商、引资的质量、效益和效果,说到底就是纯粹从个人的私利考量,而全然不顾招商、引资对国家和民族是否有益。四是损公肥私。公职人员利用手中的公权力,采取损害国家利益和公共利益等各种利益输送的不正当手段甚至犯罪手段使个人得到好处,比如不顾国家和民族利益,而无原则地满足一些政要甚至外国人士以及与其关系密切人的欲望、物质利益或某些公共利益,从中捞取个人的政治资本或者物质利益等各种利益。

(五) 谋取私利的目标指向及其内涵复杂

这里的私利,可谓目标指向各异、内涵丰富多彩,具体表现为既有物质上的私利,也有精神上的私利、生理上的私利,乃至政治上的私利,尤其是对于谋取政治上的私利,将腐败与政治连结在一起,并且使腐败问题在处理上更加复杂化,比如搞腐败的人相互之间进行非法政治结盟,这对执政党和人民的危害远不亚于单纯的腐败问题。

二、反腐败司法分析的概念方法

(一) 反腐败司法分析的概念和重点

所谓反腐败司法分析,也称之腐败问题的司法分析,顾名思义,就是对腐败问题采用司法学方法进行分析的活动。这里的司法学方法,重点是指与司法活动相关的犯罪学分析、刑事政策学分析、刑事司法学分析、刑事惩罚学分析等学科基本原理、基本方法和基本内容。通过刑事司法视角对腐败问题进行全方位、立体式、系统性、整体性的司法分析,查找腐败问题嬗变轨迹,包括腐败问题生成机制、动力原因及其表现形式、手段特点、演化规律、发展趋势等,研究防治腐败问题的对策,包括制定防治政策和推动刑事立法规制、专门调查和侦查、预审、犯罪公诉、罪案审判、罪犯惩罚等,为反腐败机关包括纪律检查、监察、检察、审判等反腐败职能部门、协作部门特别是领导机关提供科学有效地防治腐败的基本依据,同时为研究工作者以及关注者提供发现、减少、防范腐败的相关研究素材、资料。

(二) 反腐败司法分析的方法

对于腐败问题的司法分析,可以采用各种不同的方法。从分析的类型和作用的不同进行分类,大体包括以下几种:

1. 腐败问题情报分析。这是腐败问题司法分析的基础工程。知己知彼,方能百战不殆。全面分析掌握腐败问题的特点、动向和趋势,是科学有效地防治腐败问题的重要前提。对于腐败问题的情报分析,可以采用反腐败部门的职业分析和专业人员的专业分析等方式,通过运用受理举报、深入调查、个案监控、数据采集及大数据、云计算分析等具体的方法和途径,及时收集腐败活动相关信息数据,包括通话交谈、活动轨迹、金融收支、税收信息以及家庭成员、社会关系、业务关系等各种信息数据,用于研究分析腐败问题的现状、形式、特点、规律、趋势以及腐败分子对抗调查或者侦查的可能性、反调查或者反侦查的手法等重要涉腐要素,为制定防治腐败问题的战略对策、措施方法等提供基本依据。

2. 司法调查分析。这是针对腐败行为人自然属性和社会属性的专门性分析,主要是通过调查、侦查、预审等途径,研究分析腐败分子的生理、心理等个性特征以及社会学特征,包括性格特征、生活习惯、工作方法、处事方式和价值追求、政治取向、道德伦理倾向等,以及腐败问题的规模大小、组织化或集团化趋势、腐败与政治联结紧密程度等重要涉腐要素,为制定反腐败对策措施等提供基本依据。

3. 司法战术分析。这是向后看和当下看的分析方法,主要是对于近期已经发生乃至此前若干年发生过的腐败问题包括腐败犯罪案件,以及正在处理的涉腐案件,进行刑事司法分析。其中,这里的向后看,究竟向后看多远,可以采取历史分析的方法,结合现时期的经济社会发展实际和反腐败需要,确定向后看的时间跨度。对于当下看,就是结合向后看和正在处理涉腐案件的具体情形,进行综合判断。从向后看的角度讲,要研究一定时期腐败问题的具体手法、涉腐对象、涉腐领域、涉腐范围、涉腐后果以及对于现行政策法律的挑战程度等重要涉腐要素,为研究具体的腐败案件串并处理措施、腐败模式分析归纳提炼、调查方法、侦查计谋、打击手段和防范策略措施等提供基本依据。

4. 司法战略分析。这是向前看的分析方法,主要着眼于未来一定时期可能发生的腐败问题,进行刑事司法分析。这里的向前看,究竟向前看多远,有外国学者从犯罪分析的角度提出大于或者等于 6 个月的时间要素。① 从防治腐败的角度讲,这个时间长度是否科学、可行,还需要进行实证研究。笔者认为,应当着眼当前和以往发生的腐败案例,结合历史分析的成果和预测方法,根据实际需要而确定向前看的时间长度。从我国的实际出发,至少向前看 5 年、10 年甚至更长一个时期。这里的 5 年或者 10 年分析期,主要是依据我国宪法和法律规定的政府选举换届期限所进行的推断。这是短期、中期的战略分析,如果依托一个政党、国家或者民族的发展史、复兴史等历史视野,就能进行中期、远期乃至长期的战略分析。具体地说,就是采取定性分析和定量分析相结合的方法,基于对现行腐败问题以及以往腐败问题的规模分析,寻找和判断腐败问题滋生蔓延趋势模式,包括腐败活动可能涉及的领域、行业、系统乃至地区、人群,以及可能对现行政策、法律和反腐败体制机制制度产生冲击等要素,为制定反腐败战略提供基本依据。

5. 反腐败管理分析或者管理腐败分析。这里的反腐败管理、管理腐败、腐败管理的含义基本相似,与廉政管理相对应。推而论之,反腐败管理分析、管理腐败分析与廉政管理分析之间相互关联,并且可以相互转化,这主要基于腐败与廉政作为一对矛盾,从寻求解决这对矛盾的思路和方法出发所作的基本判断和基本结论。从防治腐败的理论和实践看,加强对执政者、用权者乃至全体公职人员的廉政管理至关重要。这不仅是提法上的变化,更是理念上的创新和提升,蕴含着极其丰富和深刻的防与治的辩证法。通过反腐败管理分析、管理腐败分析或者廉政管理分析,采取定性分析和定量分析相结合的方法,明确党和政府治理腐败、提倡廉政的价值取向、行为导向和结果指向,并对于腐败问题的现状和趋势进行分析、预测,对于防治腐败的政策、立法和实际成效等进行评估,同时采用适当的方式方法向社会和广大人民群众进行公开,有利于促进社会各界和人民群众对党和政府治理腐败能力及其成果的了解和获得

① 参见[美]雷切尔·博巴·桑托斯:《犯罪分析与犯罪制图》,金诚、郑滋椀译,人民出版社 2014 年版,第 81 页。

感,从而增强党的执政权威和政府公信力。同时,在管理腐败体系中,尚有一点决不可忽视,这就是公职人员自身的腐败管理或者廉政管理。根据党内法规和国家法律法规的规定,对于哪些行为不能为、哪些必须为等都应当心中有数,在自己作出某种决定或者决策时,首要的是必须进行分析、判断、辨别甚或评估,然后做出正确的决定或者合理合规的决策,为建立"不想腐"机制奠定行为自律基础。

6.腐败防治分析。这是对现行防治腐败的体制机制制度进行整体性、全方位、立体式的分析研究。这种分析可以纳入管理腐败分析之中,属于管理腐败分析的一部分,但两者之间也有整体性与个体性的差异,并鉴于腐败防治分析的专门性和特殊重要性,从而单列为一种分析类型,主要采用定性分析和定量分析、现实分析和历史分析、腐败个案分析和腐败趋势规律分析等相结合的方法,整体评估防治腐败体制机制制度及其运行状况,包括防治机构、防治职能、防治体制机制制度及运行效率、政策取向、法律调控、治理效果、纠错机制、社会满意度乃至建立廉洁指数等基本要素,为科学制定和调整防治腐败的战略措施、战略方法包括反腐败政策、立法以及监督执纪、执法、司法等提供依据。

三、腐败问题征象考察

关于腐败的征象及特征,美国政治学家约翰斯顿在《腐败症候群——财富、权力和民主》一书中,将腐败分为四种:一是权势市场。以权势寻租、决策出售为特征,主要适合用于美、日、德等西方主要发达国家。比如,大型垄断企业或者上市公司希望通过干预并贿赂官员的竞选、立法执法以及政府的采购和承包,从中获取自己的利益,弱化人民对执政党和政府公共性的信任。二是精英统治集团腐败。以收买朋友、统治人民为特征,政客、企业界、官僚、军方以及族群领袖之间相互勾结,共同分享贪腐所得,建立起共同利益网络和利益同盟,并且政治精英还要求助于经济精英的支持,两者之间相互串联、身份转换。比如,20世纪90年代意大利发生的一宗贿赂窝案,涉及到3万多人,数十人畏罪自杀,其背后还涉及西西里黑手党。三是寡头帮派腐败。以帮派权力获得租金收益为特征,搞"圈子政治","圈子愈小、权力愈大",由于公权力对社会控制的能力比较弱,特别容易出现黑帮和寡头。在缺乏政治安全的环境下,经济精英需要寻找政治"靠山",或者直接转变成政治精英,形成经济精英与政治精英乃至黑帮之间高度结盟的寡头格局。四是官僚权贵腐败。以贪污和排挤他人为特征,形成"伸手与排挤他人"的"贪腐共犯结构"。

纵观新中国成立以来特别是中共十八大以来全面从严治党伟大实践,可以清晰地看到,当今我国腐败问题的征象主要表现为以下几种:

(一)贪污腐败

这是腐败问题中最突出、最严重的表现。

(二)脱离群众

群众观点是马克思主义政党第一位政治观点,密切联系群众是中国共产党的优良作风。"马克思主义执政党的最大危险就是脱离群众。"① "核心的问题是党要始终紧紧依靠人民,始终保持同人民群众的血肉联系,一刻也不脱离群众。人民群众最痛恨各种消极腐败现象,最痛恨各种特权现象,这些现象对党同人民群众的血肉联系最具杀伤力。一个政党,一个政权,其前途和命运最终取决于人心向背。"②

(三)形式主义

形式主义实质是主观主义、功利主义,根源是政绩观错位、责任心缺失,用轰轰烈烈的形式代替了扎扎实实的落实,用光鲜亮丽的外表掩盖了矛盾和问题。③ 形式主义的主要特征表现为:知行不一、不求实效,文山会海、花拳绣腿,贪图虚名、弄虚作假,等等。

(四)官僚主义

官僚主义实质是封建残余思想作祟,根源是官本位思想严重、权力观扭曲,做官当老爷,高高在上,脱离群众,脱离实际。④ 官僚主义的主要特征表现为:脱离实际、脱离群众,高高在上、漠视现实,唯我独尊、自我膨胀,等等。

---

① 《习近平谈治国理政》,外文出版社 2014 年版,第 366 页。
② 《习近平关于党风廉政建设和反腐败斗争论述摘编》,中央文献出版社、中国方正出版社 2015 年版,第 6 页。
③ 参见《习近平关于党风廉政建设和反腐败斗争论述摘编》,中央文献出版社、中国方正出版社 2015 年版,第 75 页。
④ 参见《习近平关于党风廉政建设和反腐败斗争论述摘编》,中央文献出版社、中国方正出版社 2015 年版,第 75 页。

（五）享乐主义

享乐主义实质是革命意志衰退、奋斗精神消减,根源是世界观、人生观、价值观不正确,拈轻怕重,贪图安逸,追求感官享受。① 享乐主义的主要特征表现为:精神懈怠、不思进取,追名逐利、贪图享受,讲究排场、玩风盛行,等等。

（六）奢靡之风

奢靡之风实质是剥削阶级思想和腐朽生活方式的反映,根源是思想堕落、物欲膨胀,灯红酒绿,纸醉金迷。② 奢靡之风的主要特征表现为:铺张浪费、挥霍无度,大兴土木、节庆泛滥,生活奢华、骄奢淫逸,甚至以权谋私、腐化堕落,等等。

习近平在 2016 年 7 月 1 日庆祝中国共产党成立 95 周年大会上的重要讲话中指出:"我们党作为执政党,面临的最大威胁就是腐败。党的十八大以来,我们党坚持'老虎'、'苍蝇'一起打,使不敢腐的震慑作用得到发挥,不能腐、不想腐的效应初步显现,反腐败斗争压倒性态势正在形成。反腐倡廉、拒腐防变必须警钟长鸣。各级领导干部要牢固树立正确权力观,保持高尚精神追求,敬畏人民、敬畏组织、敬畏法纪,做到公正用权、依法用权、为民用权、廉洁用权,永葆共产党人拒腐蚀、永不沾的政治本色。我们要以顽强的意志品质,坚持零容忍的态度不变,做到有案必查、有腐必惩,让腐败分子在党内没有任何藏身之地!"③习近平在 2017 年 10 月 18 日代表十八届中央委员会向中国共产党第十九次全国代表大会作报告时进一步指出,全党要清醒认识到,我们党面临的执政环境是复杂的,影响党的先进性、弱化党的纯洁性的因素也是复杂的,党内存在的思想不纯、组织不纯、作风不纯等突出问题尚未得到根本解决。要深刻认识党面临的执政考验、改革开放考验、市场经济考验、外部环境考验的长期性和复杂性,深刻认识党面临的精神懈怠危险、能力不足危险、脱离群众危险、消极腐败危险的尖锐性和严峻性,坚持问题导向,保持战略定力,推动全面从严治党向纵深发展。在对反腐败斗争作出重大战略部署时强

---

① 参见《习近平关于党风廉政建设和反腐败斗争论述摘编》,中央文献出版社、中国方正出版社 2015 年版,第 75 页。

② 参见《习近平关于党风廉政建设和反腐败斗争论述摘编》,中央文献出版社、中国方正出版社 2015 年版,第 75 页。

③ 《习近平谈治国理政》(第二卷),外文出版社 2017 年版,第 44~45 页。

调,要夺取反腐败斗争压倒性胜利。人民群众最痛恨腐败现象,腐败是我们党面临的最大威胁。只有以反腐败永远在路上的坚韧和执着,深化标本兼治,保证干部清正、政府清廉、政治清明,才能跳出历史周期率,确保党和国家长治久安。当前,反腐败斗争形势依然严峻复杂,巩固压倒性态势、夺取压倒性胜利的决心必须坚如磐石。要坚持无禁区、全覆盖、零容忍,坚持重遏制、强高压、长震慑,坚持受贿行贿一起查,坚决防止党内形成利益集团。在市县党委建立巡察制度,加大整治群众身边腐败问题力度。不管腐败分子逃到哪里,都要缉拿归案、绳之以法。推进反腐败国家立法,建设覆盖纪检监察系统的检举举报平台。强化不敢腐的震慑,扎牢不能腐的笼子,增强不想腐的自觉,通过不懈努力换来海晏河清、朗朗乾坤。①

第二节　腐败犯罪的司法特征

腐败犯罪,是十分古老的犯罪,也是人类社会有史以来社会政治经济矛盾的现实反映和执政的大敌。② 所谓腐败犯罪,在法律上或者司法上被通称为职务犯罪。这类犯罪是指国家公职人员利用职权或者违背职责,侵犯国家机关正常活动秩序,致使国家和人民利益遭受重大损失,依照国家法律应当受到刑罚处罚的腐败行为。③ 由于腐败犯罪是犯罪人利用本人或者他人职务上的便利实施的一类犯罪,其犯罪活动通常与公权力紧密联系在一起,犯罪的结果对公权力的行使及公权力功能效用的发挥将产生严重影响和危害。这种犯罪的结果,既包括对权力体系运行秩序实质是国家制度的影响和危害,又包括对权力指向或曰权力实施对象实质是政府治理活动所产生的影响和危害,最终将危及整体统治功能发挥以及执政权威、政权合法性直至政权安全。换言之,腐败犯罪是统治集团内部的个人或其结成的小团伙、既得利益集团利用统治地位及使用国家统治权力实施的犯罪。这类犯罪是从统治阶级内部实施的体制内的犯罪,其侵犯或者危害的是统治集团及其统治过程

---

① 参见《中国共产党第十九次全国代表大会文件汇编》,人民出版社 2017 年版。
② 参见詹复亮:《完善治理腐败体系的路径》,《新华文摘》2015 年第 14 期。
③ 参见詹复亮:《职务犯罪诉讼新论》,中国方正出版社 2001 年修订版,第 1 页。

中的政治秩序和整体统治利益,最终危及统治地位巩固及政权生死存亡,是通常所称腐败问题的最严重表现,也是腐败现象的核心表征,历来是统治集团高度重视并着力防治的历史性课题,古今中外概莫能外。

从历史发展看,腐败犯罪始终没有被根本控制、防范和彻底消灭。相反地,腐败犯罪等所有腐败问题始终伴随着人类社会的脚步,从有阶级社会以来走到了当下。虽然,在这漫长的人类社会历史进程中,有的朝代对腐败犯罪防治效果大一点、好一些,清廉统治、政治清明的时间也就多一些、长一些,但腐败问题仍然循环往复,终究因腐败问题而无法根治甚至失控,并伴随其他重要政治因素,相互发酵代谢,以致一朝灭亡、新朝再起,人类社会的历史始终保持着这种更朝换代、代际交替延续的定律,一代又一代。古今中外的统治历史和执政实践表明,每一个朝代反腐败或者治理腐败都有当朝的使命、任务和重点,也有各具特色的策略、方法、措施以及不同的治理效果,并为当朝的统治服务。

从刑事规制看,腐败犯罪体现在刑法规定上,主要包括刑法第八章规定的国家工作人员贪污贿赂犯罪,第三章规定的国有公司企业事业单位工作人员渎职犯罪和非国有单位工作人员职务侵占、挪用资金、贿赂等犯罪,第九章规定的国家公职人员渎职犯罪,以及第四章规定的国家公职人员利用职务实施的侵犯人权犯罪。当下,我国刑法对腐败犯罪规定了69种罪名。需要指出的是,这里将非国有单位工作人员的职务犯罪列为腐败犯罪范畴,主要从广义的角度对腐败犯罪进行考量,基于非公职人员具有利用职务实施犯罪的条件和机会,以及公职人员的腐败犯罪往往与非公职人员的腐败犯罪相交错等要素,这是广义视野中的腐败犯罪。从本质上讲,腐败问题的核心内涵是权力私化、权钱交易。因此,在绝大多数情况下,腐败犯罪通常是指贿赂犯罪。加强对腐败犯罪特别是贿赂犯罪进行立法上、政策上的规制,推进反腐败刑事法治完善,一个重要目的就是提高发现、惩治和防范腐败犯罪的能力和效果。而要研究分析腐败犯罪的司法特征及其发生发展的特点、趋势和规律,就需要准确了解和把握以下方面的内容。

一、腐败犯罪是腐败严重化的形态表现

腐败问题包含贪污腐败、脱离群众、形式主义等多种形式,贪污腐败是其

中一种。这里的贪污腐败,包含了贪污腐败违纪行为、违法行为与贪污腐败犯罪行为。贪污腐败问题一旦发展到需要采取刑事法律进行调整的时候,这种行为就嬗变为腐败犯罪。按照集合原理,这种嬗变进程和结果如下:

(1)腐败问题=贪污腐败,脱离群众,形式主义……

(2)贪污腐败=贪污腐败违纪行为、违法行为,贪污腐败犯罪行为

(3)腐败犯罪=贪污贿赂犯罪,渎职犯罪……

根据国家治理和社会治理的一般原理,刑事调控是最严重的调控形式、调控措施和调控手段。通常情况下,对于违反党的纪律、行政纪律、行政法规、经济法规等社会越轨行为,往往采用组织的、行政的、经济的或者纪律的、道德的等手段进行处理,而只有当这种行为严重到一定程度,采用组织、行政、经济等处理手段的严厉程度不能与这种行为的严重程度相匹配的情况下,才采用刑事手段。换言之,刑事手段是针对最严重的社会越轨行为而设置的,可谓是国家治理和社会治理的兜底手段、最后防线。防治腐败问题,采用的也是同样的原理。对于违反党纪、政纪的腐败行为通常按照党纪政纪的规定和要求进行处理,但当这种违反党纪政纪的行为严重到一定程度,党纪政纪处理的严厉程度与这种违反党纪政纪行为的严重程度不相匹配时,就必须采用刑事手段,也即对这种行为处以刑罚。从立法和司法的原理讲,当现行刑事法律对这种严重地违反党纪政纪行为没有处罚上的规定时,就需要启动立法程序或者修改刑法的程序,将这种行为规定为犯罪,然后按照刑事立法和司法原理进行处理。否则,如果没有刑法规定,即使这种行为十分严重,也不能采取刑事手段进行处理,这主要基于我国刑法规定了"刑法没有明文规定不为罪、刑法没有明文规定不处罚"的罪刑法定原则,也是对行为人的法律保护。从刑事政策学原理讲,通过立法或者修改法律的途径,将某一种行为规定为犯罪的过程,称之为犯罪化的刑事政策。比如,2015 年 8 月 29 日十二届全国人大常委会第十六次会议审议通过的刑法修正案(九)第四十六条规定,在刑法第三百九十条后增加一条,作为第三百九十条之一,规定对有影响力的人行贿罪。关于对有影响力的人进行行贿的行为,此前的刑法没有将其规定为犯罪行为,刑法修正案(九)第四十六条将这种行为规定为犯罪的过程,就是犯罪化的过程。反过来,如果一种行为经过一定时期的演变过程,它的社会危害性已经明显消减,一旦消减到了社会危害程度显著轻微或者不足以危害社会的情形之下,达

到犯罪情节显著轻微的非罪标准,就应从刑法的罪刑清单中予以调整、修改和删除,这种删除的做法称之为非犯罪化的刑事政策。比如,我国刑法 1997 年修正案,删除了投机倒把罪,也即对投机倒把行为,从 1997 年修正刑法生效实施后不再作为犯罪处理,这个过程就是非犯罪化的刑事政策调整过程。从广义的角度讲,刑法修正案(九)及最高人民法院、最高人民检察院关于贪污贿赂犯罪刑事案件适用法律等相关司法解释出台后,对于贪污、受贿数额在 5000 元以下的行为,明确不再追究行为人的刑事责任,这种立法嬗变也可以视为非犯罪化的过程及具体体现。从国际上看,当今犯罪化政策工具的使用,在世界范围内呈现极大扩张之趋势,比如根据法国《国家犯罪调查统计表》显示,法国 20 世纪末刑法规定为犯罪的行为达到 1.25 万种以上;英国 1980 年有 7200 种罪名,1996 年上升至大约 7540 种,十多年间罪名增加了 340 条。考察我国罪名体系,我国 1979 年刑法 129 个罪名,到《刑法修正案(九)》公布实施以来所确立的罪名达到了 468 个。① 2017 年 11 月 4 日,十二届全国人大常委会第三十次会议审议通过刑法修正案(十),增设侮辱国旗罪。从反腐败刑事法治建设和完善的实践看,我国反腐败刑事立法政策总体上呈现出犯罪化现象,而无非犯罪化处理。这里的原因,主要是对公职人员行为规制的严格要求以及全面从严治党的实践需要。总之,腐败问题与腐败犯罪在一定条件下可以转化,并且这种转化是双向的,其主要依据是反腐败斗争等实际需要。

二、腐败犯罪构成要素及基本法律特征

准确把握腐败犯罪的构成要素及刑法学特征,主要基于反腐败政策和策略的战略调整以及对刑法理论中犯罪构成理论的考量。反腐败实践表明,随着反腐败力度不断加大,腐败犯罪活动及其表现形态将发生相应变化,腐败犯罪具体罪种也将随之变化,而反腐败政策和策略必然将作出相应的调整。然而,腐败犯罪无论如何嬗变,其基本的法律特征是相对稳定的。所谓基本法律特征,是指腐败犯罪的刑法学特征,并且重点是针对犯罪构成理论而言。对于腐败犯罪法律特征的准确把握,既是研究反腐败司法原理的基础,也是研究腐败犯罪立法规制、刑事法治完善和反腐败政策调整的重要条件,对于提升防治

---

① 　参见于冲:《完善刑事立法应保持积极与谨慎》,《检察日报》2017 年 3 月 23 日。

腐败司法化水平,增强防治腐败效果,夺取反腐败斗争压倒性胜利,实现防治腐败的终极目的等具有重要作用。从刑法规制及防治腐败的实践形态看,腐败犯罪的法律特征或其犯罪构成要素主要体现在以下几个方面:

(一) 腐败犯罪主体,即腐败犯罪行为人

所谓腐败犯罪主体,实际上就是现实社会的人及组织,包括自然人以及由自然人衍生出的组织、团伙或者集团,其中这里的组织,既包括法律意义上的法人,也可能是非法人组织。按照刑法规定,腐败犯罪主体是国家公职人员,这是手中握有公权力并行使公权力的一类群体,主要包括以下几种:一是公务员。这是指在国家机关中从事公务的人员,包括在各级国家权力机关、行政机关、监察机关①、审判机关、检察机关、军事机关中从事公务的人员。具体而言,即:中国共产党机关的工作人员;人民代表大会及其常务委员会机关的工作人员;行政机关的工作人员;监察机关的工作人员;审判机关的工作人员;检察机关的工作人员;解放军机关的工作人员;政治协商会议机关的工作人员;民主党派机关和工商业联合会机关的工作人员;参照公务员法管理的工作人员。二是依照法律法规行使国家行政管理职权的组织中从事公务的人员,或者在受国家机关委托代表国家行使职权的组织中从事公务的人员,或者虽然未列入国家机关人员编制但在国家机关中从事公务的人员,也视为国家机关工作人员。三是国有公司、企业、事业单位、群团组织中从事公务的人员。四是国家机关、国有公司、企业、事业单位委派到非国有公司、企业、事业和社会团体从事公务的人员。五是受国家机关、国有公司、企业、事业单位、群团组织委托管理、经营国有财产的人员。六是其他依照法律从事公务的人员。

---

① 2016年12月25日,第十二届全国人民代表大会常务委员会第二十五次会议通过《关于在北京市、山西省、浙江省开展国家监察体制改革试点工作的决定》。这一改革,将行政监察、国家预防腐败、人民检察院反贪局等机构进行整合,组建成监察机关,行使监督、调查、处置等监察职能,实行对所有公职人员监察全覆盖。习近平在中共十九大报告中指出,深化国家监察体制改革,将试点工作在全国推开,组建国家、省、市、县监察委员会,同党的纪律检查机关合署办公,实现对所有行使公权力的公职人员监察全覆盖。制定国家监察法,依法赋予监察委员会职责权限和调查手段,用留置取代"两规"措施。2017年10月29日,中共中央办公厅印发在全国各地推开国家监察体制改革试点方案,部署在全国范围内深化国家监察体制改革的探索实践,完成省、市、县三级监察机关组建工作,实行对所有行使公权力的公职人员监察全覆盖。

（二）腐败犯罪行为,即腐败犯罪行为人实施的腐败犯罪及其过程

按照人类学和人类心理学等基本原理,自然人的行为通常包括具体行为、行为人内在心理因素和环境因素等要素。从刑法学原理讲,犯罪行为属于犯罪的客观方面。结合腐败犯罪行为来说,腐败犯罪行为是指行为人利用职务便利实施具体的腐败犯罪活动,通常包含以下三个维度:一是实施犯罪的时间和地点;二是实施犯罪的手段和方法;三是实施犯罪的形式和规模。结合司法实践,将这三个维度进行不同的组合,就会发生形形色色、纷繁复杂、千变万化的犯罪案件,比如有的个人作案;有的结伙作案;有的有组织预谋作案;有的与黑社会联手作案;有的跨国作案等等。从手段和情节上讲,有的作案手段传统、情节较轻;有的作案手段十分隐蔽,作案形式不断翻新,情节恶劣;有的收受贿赂数额虽然不大,但因收受贿赂后所实施的玩忽职守或者滥用职权等渎职犯罪活动,给国家造成十分严重的损失;等等。

（三）腐败犯罪的动力因素

按照犯罪心理学原理,腐败犯罪的动力因素由腐败犯罪人内在刺激等心理要素和外在环境影响等因素构成。而行为人实施腐败犯罪,其原动力究竟是什么呢? 笔者认为,这种原动力实质上就是实施腐败犯罪行为的压力、诱力和驱力因素的综合。从犯罪构成理论讲,腐败犯罪的动力因素被归入犯罪的主观方面。这里的动力因素包括动机、目的和原因。按照刑法理论,腐败犯罪的主观方面包括故意和过失两类,其构成要素是有区别的。其中,故意包括直接故意和间接故意;过失包括过于自信的过失和疏忽大意的过失。尤其在司法实践中,这里的腐败犯罪动力因素主要体现为行为人出于积极主动的念想或者怠于职守的狂妄和大意,而实施具体的腐败犯罪活动。而作案动机和原因却十分复杂,有浅层次的,也有深层次的。从行为人的思想或者原因上讲,比如有的为了追求高消费而实施贪污、受贿等腐败犯罪行为;有的为了职务升迁向上级行贿,而进行贪污受贿;有的为了偿还赌债或者日常债务;有的为了给其父母或者夫、妻、子、女治病;有的过于狂妄,以致决策及其执行失算、失手、失控、失败,造成国家利益和公共利益严重损失等等。从犯罪的动机上讲,比如有的认为实施贪污犯罪有机可乘,从而产生犯罪的动念;有的认为实施贪污贿赂犯罪后被发现的可能性小,犯罪的成本低,这种侥幸心理促使其产生

"伸手捞钱"的念头;有的心理不平衡,认为有的人大肆进行贪污受贿而没有被处理,反而"风光依旧",以致产生羡慕、仿效的念头;有的认为政治前途已经无望,希望从经济上得到一些补偿,从而产生尝试作案的念头;还有的表现为其他复杂心理动念;等等。

(四) 腐败犯罪结果

这里的腐败犯罪结果,是指实施腐败犯罪行为直接引起的后果及由犯罪行为所引发的其他后果。从刑法学原理讲,犯罪的结果属于犯罪的客观方面。笔者认为,研究反腐败司法原理,应当重视对腐败犯罪结果要素的研究。因为,对于这类犯罪的结果进行深入分析,不仅有利于研究并确定犯罪的度量,而且对于加深对这类犯罪严重危害性的认识、加强对这类犯罪的防治措施等同样具有重要的意义。从腐败犯罪实际情况看,腐败犯罪结果主要由三个指标进行衡量:一是腐败犯罪涉案数额;二是腐败犯罪情节;三是腐败犯罪后果。这三者之间,相互作用和相互牵制或者影响。比如,腐败犯罪数额如果达到构成犯罪的标准,就构成犯罪;如果腐败犯罪数额达不到构成犯罪的标准,但是如果犯罪情节较重的,也可构成犯罪;如果腐败犯罪数额达到了构成犯罪的标准,但由于犯罪情节较轻,在追究刑事责任时可以对其作出法定或者酌情的从轻处罚。比如,在刑法修正案(九)审议通过之前,根据我国刑法第三百八十三条规定,贪污受贿数额超过 5000 元以上的行为,就构成贪污罪、受贿罪,但在刑法修正案(九)审议通过后,最高人民法院、最高人民检察院于 2016 年 4 月 18 日联合发布了《关于办理贪污贿赂刑事案件适用法律若干问题的解释》,规定除非情节较重,贪污、受贿数额为 3 万元以下的行为,一般不构成贪污罪、受贿罪。特别是对于渎职犯罪,由于其犯罪的后果往往决定是否构成犯罪,因此行为人的行为结果对于渎职类腐败犯罪的认定和处理往往具有决定性意义。

总之,对于贪利性腐败犯罪来说,数额和情节是衡量这类犯罪危害程度的重要指标要素;对于渎职性腐败犯罪而言,由腐败犯罪行为产生的危害后果,是衡量这类犯罪危害程度的重要指标要素。在腐败犯罪的刑法学特征中,除了上述构成犯罪要素,还包括腐败犯罪客体,即犯罪行为侵犯的社会关系。从刑法理论讲,腐败犯罪侵害的客体是国家机关正常秩序、国家利益和人民利益,以及国家公职人员的职务廉洁性,在理论上最终可以归结为对统治阶级整体利益的严重侵害。需要指出的是,根据最高人民法院、最高人民检察院于2016 年 4 月 18 日联合发布的《关于办理贪污贿赂刑事案件适用法律若干问题的解释》第十七条规定,国家公职人员利用职务上的便利,收受他人财物,为他人谋取利益,同时构成受贿罪和刑法分则第三章第三节、第九章规定的渎职犯罪的,除刑法另有规定外,以受贿罪和渎职犯罪数罪并罚。这一规定,实质上将一个行为侵犯两种客体的情形规定为两种犯罪。对于这一规定,暂且称之"双客体"定罪模式。这种"双客体"定罪模式,与法条竞合、想象竞合、牵连犯等刑法学相关原理紧密联系,需要从理论上进一步加以研究、阐述和解释,明确其相互之间界限区分,有利于指导法律适用。

三、腐败犯罪的刑法学分类

腐败犯罪的刑法学类型,主要基于刑法规定而对其进行划分。从腐败犯罪的性质和表现形式讲,腐败犯罪与职务犯罪具有概念及其内涵上的重合性,这类犯罪既包括国家机关和国有公司企业事业单位的工作人员的腐败犯罪,又包括非国有单位工作人员利用职务便利实施的职务犯罪。需要进一步说明的是,将非国家公职人员职务犯罪纳入分析研究的视野,主要考虑到这类犯罪主体利用职务便利实施犯罪,并同国家公职人员的腐败犯罪在性质上具有类同以及相互牵连、交叉等特性。根据我国刑法规定,腐败犯罪包括 69 种罪名,分 5 类:

第一类,贪污贿赂犯罪,刑法规定 14 种罪名。

(1)贪污罪(《刑法》第三百八十二条,第三百八十三条,第一百八十三条第二款,第二百七十一条第二款,第三百九十四条);

(2)挪用公款罪(《刑法》第三百八十四条,第一百八十五条第二款,第二百七十二条第二款);

(3)受贿罪(《刑法》第三百八十五条,第三百八十八条,第一百六十三条第二款,第一百八十四条第二款);

(4)利用影响力受贿罪(《刑法》第三百八十八条之一);

(5)单位受贿罪(《刑法》第三百八十七条);

(6)行贿罪(《刑法》第三百八十九条);

(7)对有影响力的人行贿罪(《刑法》第三百九十条之一);

(8)对单位行贿罪(《刑法》第三百九十一条);

(9)介绍贿赂罪(《刑法》第三百九十二条);

(10)单位行贿罪(《刑法》第三百九十三条);

(11)巨额财产来源不明罪(《刑法》第三百九十五条第一款);

(12)隐瞒境外存款罪(《刑法》第三百九十五条第二款);

(13)私分国有资产罪(《刑法》第三百九十六条第一款);

(14)私分罚没财物罪(《刑法》第三百九十六条第二款)。

第二类,国有公司企业事业单位公职人员腐败犯罪,刑法规定6种罪名。

(1)非法经营同类营业罪(《刑法》第一百六十五条);

(2)为亲友非法牟利罪(《刑法》第一百六十六条);

(3)签订、履行合同失职被骗罪(《刑法》第一百六十七条);

(4)国有公司、企业、事业单位人员失职罪(《刑法》第一百六十八条);

(5)国有公司、企业、事业单位人员滥用职权罪(《刑法》第一百六十八条);

(6)徇私舞弊低价折股、出售国有资产罪(《刑法》第一百六十九条)。

第三类,非国有单位工作人员职务犯罪,刑法规定5种罪名:

(1)非国家公职人员受贿罪(《刑法》第一百六十三条);

(2)对非国家公职人员行贿罪(《刑法》第一百六十四条);

(3)对外国公职人员、国际公共组织官员行贿罪(《刑法》第一百六十四条第二款);

(4)职务侵占罪(《刑法》第二百七十一条第一款);

(5)挪用资金罪(《刑法》第二百七十二条第一款)。

第四类,渎职犯罪,刑法规定37种罪名:

(1)滥用职权罪(《刑法》第三百九十七条);

(2)玩忽职守罪(《刑法》第三百九十七条);

(3)故意泄露国家秘密罪(《刑法》第三百九十八条);

(4)过失泄露国家秘密罪(《刑法》第三百九十八条);

(5)徇私枉法罪(《刑法》第三百九十九条第一款);

(6)民事、行政枉法裁判罪(《刑法》第三百九十九条第二款);

(7)执行判决、裁定失职罪(《刑法》第三百九十九条第三款);

（8）执行判决、裁定滥用职权罪（《刑法》第三百九十九条第三款）；

（9）枉法仲裁罪（《刑法》第三百九十九条之一）；

（10）私放在押人员罪（《刑法》第四百条第一款）；

（11）失职致使在押人员脱逃罪（《刑法》第四百条第二款）；

（12）徇私舞弊减刑、假释、暂予监外执行罪（《刑法》第四百零一条）；

（13）徇私舞弊不移交刑事案件罪（《刑法》第四百零二条）；

（14）滥用管理公司、证券职权罪（《刑法》第四百零三条）；

（15）徇私舞弊不征、少征税款罪（《刑法》第四百零四条）；

（16）徇私舞弊发售发票、抵扣税款、出口退税罪（《刑法》第四百零五条第一款）；

（17）违法提供出口退税凭证罪（《刑法》第四百零五条第二款）；

（18）国家机关工作人员签订、履行合同失职被骗罪（《刑法》第四百零六条）；

（19）违法发放林木采伐许可证罪（《刑法》第四百零七条）；

（20）环境监管失职罪（《刑法》第四百零八条）；

（21）食品监管渎职罪（《刑法》第四百零八条之一）；

（22）传染病防治失职罪（《刑法》第四百零九条）；

（23）非法批准征用、占用土地罪（《刑法》第四百一十条）；

（24）非法低价出让国有土地使用权罪（《刑法》第四百一十条）；

（25）放纵走私罪（《刑法》第四百一十一条）；

（26）商检徇私舞弊罪（《刑法》第四百一十二条第一款）；

（27）商检失职罪（《刑法》第四百一十二条第二款）；

（28）动植物检疫徇私舞弊罪（《刑法》第四百一十三条第一款）；

（29）动植物检疫失职罪（《刑法》第四百一十三条第二款）；

（30）放纵制售伪劣商品犯罪行为罪（《刑法》第四百一十四条）；

（31）办理偷越国（边）境人员出入境证件罪（《刑法》第四百一十五条）；

（32）放行偷越国（边）境人员罪（《刑法》第四百一十五条）；

（33）不解救被拐卖、绑架妇女、儿童罪（《刑法》第四百一十六条第一款）；

（34）阻碍解救被拐卖、绑架妇女、儿童罪（《刑法》第四百一十六条第二款）；

（35）帮助犯罪分子逃避处罚罪（《刑法》第四百一十七条）；

（36）招收公务员、学生徇私舞弊罪（《刑法》第四百一十八条）；

（37）失职造成珍贵文物损毁、流失罪（《刑法》第四百一十九条）。

第五类，侵犯人权犯罪，即国家机关工作人员利用职权实施侵犯公民的人身权利、民主权利犯罪，刑法规定 7 种罪名：

（1）国家机关工作人员利用职权实施的非法拘禁罪（《刑法》第二百三十八条）；

（2）国家机关工作人员利用职权实施的非法搜查罪（《刑法》第二百四十五条）；

（3）刑讯逼供罪（《刑法》第二百四十七条）；

（4）暴力取证罪（《刑法》第二百四十七条）；

（5）虐待被监管人罪（《刑法》第二百四十八条）；

（6）报复陷害罪（《刑法》第二百五十四条）；

（7）国家机关工作人员利用职权实施的破坏选举罪（《刑法》第二百五十六条）。

第三节　腐败犯罪生成机理

深入研究腐败犯罪滋生蔓延的原因、条件等因素之间的相互影响、作用乃至腐败犯罪生成机理，是科学有效地防治腐败犯罪的重要基础和前提。腐败犯罪滋生蔓延的原因和条件，是指诱使腐败犯罪发生的因素。这里的原因和条件既联系又区别。联系的方面是，两者都是诱发腐败犯罪的因素；区别的方面是，这里的原因是诱使已然腐败犯罪发生的因素。这里的条件是诱使腐败犯罪发生的充要性因素，即有之不必然，无之必不然。综合腐败犯罪滋生蔓延的原因和条件，笔者经过对腐败犯罪生成机理的系统研究，分析归纳出腐败犯罪生成"四维论"，这四维包括权力维度、权人维度、制度维度、环境维度，每一维度包含四项要素，形成"四维十六项要素"的腐败犯罪滋生蔓延分析工具（见表 2-1），旨为科学有效地防治腐败犯罪提供理论分析依据。

表 2-1　腐败犯罪诱因机理暨原因和条件分析表

权力维度	权人维度	制度维度	环境维度
权力流	不良的动机	制度缺位	现金流
权力集中	自利的条件	制度混乱	社会环境
权力缺乏有效监督制约	作案犯科成本低	制度失效	交易机会
权力红利诱惑力大	政治及精神等失落感	制度不落实	社会文化

一、权力维度

权力是从国家层面按照一国政体运行的需要进行安排配置的,从某种程度上讲是腐败犯罪滋生蔓延的前置性条件,也是研究治理腐败问题的逻辑起点。当今,权力维度主要受以下四项要素的影响:

一是权力流,即公权力大量存在。按照现代化理论,一个国家在转型期保持公权力强势是必要的。特别是我国现代化自上而下,需要靠行政强力推动。如果没有行政权力强势,没有强有力的行政职能推动,就实现不了现代化目标。但公权力大量存在,为滋生腐败提供了条件。

二是权力集中,即公权力不适当地集中在少数人手中。邓小平在 20 世纪 80 年代初说过,权力过分集中的现象,就是在加强党的一元化领导的口号下,不适当地、不加分析地把一切权力集中于党委,党委的权力又往往集中于几个书记,特别是集中于第一书记,什么事都要第一书记挂帅、拍板。党的一元化领导,往往因此而变成了个人领导。权力过分集中于个人或者少数人手里,多数办事的人无权决定,少数有权的人负担过重,必然造成官僚主义,必然要犯各种错误。对这个问题长期没有足够的认识,成为发生"文化大革命"的一个重要原因,使我们付出了沉重的代价。①

三是权力缺乏有效监督制约。这是深入开展反腐败必须解决好的一项重大课题。从政党社会学②的角度分析,权力的过度集中与缺乏有效的监督,既是现代政治组织特别是代议制的建立和运行中必然出现的趋势,也是现代政党政治制度所必须解决的痼疾。通常而言,任何组织特别是政党组织都将会

①　参见《邓小平文选》第二卷,人民出版社 1994 年版,第 328~329 页。
②　参见[德]罗伯特·米歇尔斯:《寡头统治铁律——现代民主制度中的政党社会学》,任军峰等译,天津人民出版社 2003 年版,第 8~12 页。

对权力及其运用带来新的危险,这种危险的具体表现就是不断的集权,或者集权的持续化,致使领导者与普通大众之间发生分野,包括社会结构上的分化、智识上鸿沟的加深,甚至生活方式差距的拉大等等各个方面。而这些方面,都将发生分化、产生距离甚至形成领导者与大众之间新的矛盾对立。世界范围的政治实践表明,受过良好教育的人将获得更多进入领导阶层的机会,从而产生一个相对稳定、受过特殊训练的由薪给职业领导组成的精英群体。由于这个领导者群体受过正规教育和政治实践技能的锻炼,不仅关心、关注公共事务,而且在这一过程中掌握了公共生活的所有细节,以致公共事务处理能力越来越强,政治手段也更加娴熟,不仅对权力的意识和对权力的行使往往变得愈益自负,甚至自视甚高,对自己的能力也将产生过高评价的本能冲动。组织的决策,逐渐被认为是只有领导才具备的才能,这种权力就被从大众手中抽走。这个薪给职业领导群体,被视为集体意志执行者,换言之,现代组织中的领导者往往会很快从大众的控制中解脱出来,并由当初为大众服务的"公仆"嬗变为大众的"主人"。对于绝大多数人来说,社会大众只忙于自己的私务,很少关注、关心公共事务,而对公共事务逐渐变得漠不关心,以致在对公共事务的认识和处理上往往出现无能甚至失能现象。这是现代民主政治中需要警惕、防止和解决的一个重大命题,也是权力缺乏有效监督制约的深层次原因和权力腐败的制度性因素。

四是权力红利诱惑力大。实践表明,权力在不受监督的情况下将会产生红利,并且这种权力的红利,实质上既包含物质上的利益,也包含政治上的利益,特别是经济利益一旦巨大得非同寻常,就将具有很强的诱惑力、驱使力。在权力红利的诱惑面前,绝大多数手握重权、实权的人往往异常的激动和兴奋,也有少数掌权者处于被动或者无奈,但最终都难以逃脱诱惑的"围猎"、侵蚀,而被贪婪的欲望之火所毁灭。

二、权人维度

毛泽东说,政治路线确定之后,干部就是决定的因素。虽然腐败犯罪的滋生蔓延与制度性安排及其缺位、不到位等密切相关,但与人的因素更具密切的关系。古人曰:徒法不足以自行。制度是要靠人落实和执行的,最终就同掌权的人或者执行制度的主体也即权人紧密联系在一起。从实践看,权人维度主要体现在以下几个方面：

一是不良的动机。从查处的案件看，一些政府官员上台后的动机复杂。一些人心怀鬼胎，或者为了当官发财，或者为了收回自己在政治前途上的"投资"，或者为了贪图享乐等等。这些人大凡有了不良的动机，一旦条件成熟就会伸出手去捞取不正当的好处。同时，在心理特征及后果上，大体表现为以下几种情形：一是先知先觉。表现在行为特征上，即事先预谋，搞反侦查活动，隐蔽作案，转移赃款等。二是后知后觉。表现在行为特征上，对被"围猎"的情形一开始时没有反应过来，做了腐败的事，比如收受贿赂之后才感觉后怕，有的还越想越怕，甚至出现自杀等极端现象。三是不知不觉。犹如"温水中的青蛙"，慢慢地被腐败之欲火烧死。①

二是自利的条件。人类具有避害趋利的本能。由西方学人提出并滥觞于古典经济学的"经济人假设"，②在一定程度上对人的自利性进行了理论诠释：人类具有自利的本性，自利是推进市场经济发展的原动力。笔者认为，政府官员如果采用合规合法的方式、措施和途径实现自利，理应无可厚非，但其一旦用歪了心思，利用手中的权力实现自利，就会发生权力出轨、越轨甚至腐败犯罪等问题。从公共权力运行情况看，政府官员自利的条件十分便利和优越，尤其在不受监督的情况下必然产生腐败。特别需要指出的是，这其中受传统文化影响的因素不可忽视。从历史上看，传统中国往往推崇交易式信仰，这是腐败滋生的一个重要文化源头，具体的内在机理是：百姓先给神仙送礼，之后神仙们再通过其他的方式给予反馈，当官、挣钱、生娃娃等等都行。从历史发展看，在前现代社会里，这类建立在泛神论宇宙观层面的交易式信仰，曾绵延不绝。在中国，商朝统治者往往用人头换政权。到了后世，周孔文化泽被华夏，人们对于这种仪式的信仰已是文明了不少。唐时武则天的"除罪金简"，就是用以贿赂神仙的。从性质上讲，交易式信仰并非什么恶劣风俗，并且在心理层面也有它的合理性，但人们对出于心理需要还是信有不信无的泛神论宇宙观，往往难以分清。③ 笔者认为，从腐败生成机理分析，之所以将交易式信仰视为

---

① 参见詹复亮：《新刑事诉讼法与职务犯罪侦查适用》，中国检察出版社 2012 年版，第140 页。

② 参见杨建飞主编：《西方经济思想史》，武汉大学出版社 2010 年版，第 72 页。

③ 参见宿聊戴：《中国人祈福为何爱往池子里扔钱？》，《新京报》2017 年 2 月 13 日。

腐败滋生的一个重要文化源点,是因为这种信仰方式和类型,在大众的生活实践特别是心愿中逐渐形成了一种文化,这就是人人都希望从交易中获得更多的利益。这种文化的根本性在于交易获利上,深层次的原因在于人的自利。腐败作为权钱交易的典型现象,体现出了交易获利的核心特征,这可以视为对权人自利产生源头性影响的文化元素及其渊源关系。

三是作案犯科成本低。从实践看,犯罪成本低,最主要的原因是发现难、查处少、处罚轻。被揭露出来的一些触目惊心的大案要案,实际上存在了多年,却迟迟未能发现,结果愈演愈烈,造成了严重危害。有的地方和一些部门长期存在团伙性腐败活动,涉案人数众多,活动范围甚大,但是迟迟发现不了。有的领导干部刚刚被提拔上来,或者刚刚经过了考核考察,就发现了重大涉腐问题。由于发现难,这势必影响案件查处的效果及政策的震慑力,以致一些案件没有及时被查处,或者被查处后作了不均衡甚至严重不均衡处理,反而强化了腐败犯罪分子的侥幸心理,诱使潜在的政府官员蠢蠢欲动。这也从某种程度上反映出监督缺位、乏力、失当等问题。

四是政治及精神等失落感。有的政府官员失去理想信念,有的对自己的政治前途无望,还有的对一些世俗、欲念失望等等。有了这些问题的政府官员,企图从经济上找到一些补偿,就会铤而走险、走上腐败犯罪之路。在十八届中共中央政治局第一次集体学习时,习近平就指出:没有理想信念,理想信念不坚定,精神上就会"缺钙",就会得"软骨病"。中共十八大以来,习近平反复强调,理想信念动摇是最危险的动摇,理想信念滑坡是最危险的滑坡。在2017年10月18日中国共产党第十九次代表大会的报告中,习近平进一步强调,思想建设是党的基础性建设。革命理想高于天。共产主义远大理想和中国特色社会主义共同理想,是中国共产党人的精神支柱和政治灵魂,也是保持党的团结统一的思想基础。要把坚定理想信念作为党的思想建设的首要任务,教育引导全党牢记党的宗旨,挺起共产党人的精神脊梁,解决好世界观、人生观、价值观这个"总开关"问题,自觉做共产主义远大理想和中国特色社会主义共同理想的坚定信仰者和忠实实践者。① 实践充分证明,理论信念的牢固树立,是权人抵腐的根本思想基础。否则,理想信念的动摇和滑坡,权人就

---

① 参见《中国共产党第十九次全国代表大会文件汇编》,人民出版社2017年版。

会失去抵腐的定力和思想根基。

三、制度维度

制度是人类社会有史以来的特产,也是人类社会秩序和正义得以维护、人类社会得以延续发展的基本保证。特别是在当今,国家治理中制度和规则的作用更为凸显。从制度的制定和实践看,腐败犯罪滋生蔓延主要受以下要素的影响:

一是制度缺位。由于制度具有滞后性,尤其是在转型期,行政管制和市场机制并存,公权力及其运行的体制机制制度在监管上存在漏洞,从而就将导致公权力运行失去必要的透明度和应有的监督制约效力。特别是随着经济社会快速发展,新事物新情况新问题层出不穷,制度建设往往跟不上经济社会快速发展的步伐,公权力的设立及运行的监督机制尚未织密,监督公权力的制度"笼子"尚留有空隙甚或大小不等的漏洞或者缺陷。在这种情形下,公权力腐败问题也将在所难免。

二是制度混乱。从改革开放以来长期实践看,改革的政策举措往往是渐进式的,这种渐进式改革必将打乱改革前的制度体系,形成破立、立破之间的矛盾,并产生改革后制度的分散化甚至碎片化现象。在这种情形下,由于未能及时对制度体系进行梳理、整合、编纂,使之出现改革前制度体系与改革后制度体系的共生格局,并且其各自运行在原轨、易轨、双轨、并轨、分轨等制度的历史轨道上,凸显出制度的历史性形态和阶段性特征。具体地说,实践中有的制度虽然已经改革,但没有及时进行整体性法治化修补,比如立法上没有及时修改或者废止,已经过时或者严重不适应新形势要求的相关制度,仍然继续运行并发挥制度功能,从而与改革后的一些新建制度发生冲突。这种状况导致制度体系混乱,大大减弱了制度对公权力活动的监管力以及对腐败犯罪活动的防控功能。

三是制度失效。按照制度学原理,制度是具有生命周期的,并且有特定的环境和条件等方面的要求。制度的失效,主要体现在制度失灵和制度异化等方面。实践表明,制度完成其自身的历史使命后,就成为失灵、失效的旧制度,需要及时进行更换或者调整。在这种情形下,由于对这些旧制度没有及时跟进更除,以致出现制度的"赘肉现象",并产生制度的累赘效应或者制度负效应,从以往促进和规范公权力公正运行的正效应嬗变为当下影响甚至阻碍公权力正常行使包括公正运行的负效应。同理,由于制度制定时的环境和条件发生了变化,对这些制度如果不及时进行任何的修改和调整,使其仍然保持原有的功能和状态,那么这些制度就容易被异化,从促进防治腐败的环境和秩序生成功能,嬗变为阻碍甚至破坏防治腐败的负向功能。

四是制度不落实。从实践看,由于有法不依、执法不严、违法不究等现象长期存在,虽然个中影响因素众多,比如制度的制定脱离了实际,不接地气、华而不实;制度没有针对性、缺乏执行力,成为"稻草人";制度执行中人为的设阻、变更制度制定的初衷乃至执行的标准、方式;制度缺乏合理性甚或缺失制度的正义基础,在实践运行中受到社会面或者管理相对人的抵触、抵抗;等等。这是制度制定及运行中需要严重注意的突出问题,也是滋生腐败的重要因素。

四、环境维度

任何腐败犯罪活动,都离不开活生生的经济社会环境。任何反腐败战略和措施,都要在现实的、生动的、具体的经济社会环境下推行、落实。离开了活生生的经济社会环境,任何反腐败举措都将无法发挥作用。分析研究腐败犯罪的成因,了解掌握以下环境要素尤为重要。

一是现金流,即大量投资活动的存在,资本浩大。改革开放后,中国大地持续进行大建设,全国犹如一个大工地,工程密布,楼宇林立,山河撬动。这些建设需要大量的投资,从而产生了宏大现金流,流溢出实实在在的巨量利益,为一些公职人员利用职务便利进行贪贿渎职、徇私舞弊等提供了条件。

二是社会环境。由于腐败问题,导致社会用人不公、分配不公、贫富差距、城乡区别等问题凸显,日益成为严重影响社会和谐、安宁和秩序的不确定因素。在这种情形下,一些公职人员一旦心理不平衡,就将可能产生利用职务便利敛财动机,如果时机和条件成熟,就会可能实施腐败犯罪活动。实践表明,社会环境在一定程度上影响一些公职人员的价值观甚至具体的履职行为和职务廉洁性。

三是交易机会。随着我国经济社会持续深入快速发展,社会分化越来越突出,社会结构越来越复杂,各种经济活动交易、合同签订履行、各种纠纷的司法诉讼以及职务升迁等新情况新问题层出不穷,交易机会井喷式发展,从而给权钱交易等腐败犯罪活动提供了大量机会。

四是社会文化。腐败犯罪不仅是一些公职人员个体道德堕落的结果,也是社会道德水准整体下降的产物。在转型时期,实用主义往往盛行,一些人追逐金钱、名利甚至权力,比如有的卖官鬻爵,有的依附求荣、卖身投靠,有的弄权渎职、大肆敛财,等等。从中国传统文化看,花钱消灾之类传统观念影响长远,当今仍然大有市场,实践中上至政府官员,下至平民百姓,对花钱消灾之类传统文化往往产生认同甚至效仿,并遍及各行各业,成为腐败问题重要的驱动元素。而从传统官场文化看,由于为政在人、法不责众、畏不忠而不畏贪等传统的非道德化倾向影响深远,公权力运行中产生的贿赂及其文化元素,以及由此嬗变成的各种社会潜规则遍及各行各业,权钱交易现象甚至被大众默认而普遍化、固定化。特别是腐败一旦嬗变为文化,其后患无穷。

总之,深入研究腐败犯罪生成机理,对于选择运用有针对性的治理腐败策略、方法和手段,科学有效地防治腐败具有重要基础作用。

第四节　腐败犯罪司法处理

腐败犯罪案件经过调查或者侦查、预审、公诉、审判等程序,最终由人民法院或者人民检察院作出具体的处理。对于腐败犯罪案件的处理,应当依照刑法和刑事诉讼法规定,对腐败犯罪行为人确定具体的刑罚惩罚或者免除刑事处罚等。具体地说,对于判决有罪的腐败犯罪分子,应当依照刑法和刑事诉讼法等规定,将其押解到相应的刑罚执行场所服刑改造;对于判处死刑立即执行的,依法直接执行死刑;对于决定撤案、不起诉或者判处缓刑、免予刑事处分等处理的腐败分子,则在履行有关程序和手续后直接释放。这个过程,就是腐败犯罪案件的司法处理过程,也是刑事裁决案件这一"司法产品"的"生产过程"。从司法处理的程序、性质和结果上讲,腐败犯罪案件的司法处理,融合了反腐败政治政策及司法政策、司法方式、司法措施、司法质量、司法效果等诸多要素。腐败犯罪案件司法处理功能的发挥,对于教育、警戒、阻吓国家公职人员实施腐败活动,科学有效地防治腐败犯罪滋生蔓延等具有重要作用。

一、腐败犯罪司法处理的基本含义和实践意义

腐败犯罪的司法处理,是对腐败犯罪案件采用司法的途径、方式、程序、措施等进行处理的总称。从这个定义可见,第一,这里的腐败犯罪司法处理,其对象是腐败犯罪案件及其腐败犯罪嫌疑人或者被告人。第二,腐败犯罪的处理方式,是采用司法的渠道、方式、程序、措施或者途径,换言之,就是要遵循调查、侦查、公诉、审判等监察程序和刑事司法程序。第三,腐败犯罪的司法处理,必须建立司法救济程序,用以对司法权运行及其质量的监督和保障。这种保障性机制,体现在刑事诉讼制度及其运行全程的刑事审判第一审、第二审和审判监督审等程序,以及监察机关对于承担检控职责的检察机关所作不起诉等司法决定进行复核等程序之中,为防止产生冤假错案提供制度保障。从其功能和作用上讲,腐败犯罪司法处理的实践意义主要体现在以下方面:

(一) 及时有效地惩治腐败,深入推进反腐败斗争

腐败犯罪的司法处理,是及时有效地惩治腐败犯罪、提升腐败治理效果的重要措施和重要途径。对于腐败犯罪案件的定罪量刑,坚持以事实和证据为根据、以法律为准绳,在准确认定案情事实的基础上依法作出裁判,做到公正处罚、不枉不纵。而要保证公正处罚,除了准确认定案情事实,还要准确适用法律。在腐败犯罪的司法处理过程中,承担调查或者侦查职责的监察机关、检察机关等办案机关依法开拓案源渠道,收集腐败犯罪线索,并依据法律有关规定进行调查或者侦查,获取与案件有关的证据材料,然后将腐败犯罪嫌疑人移送检察机关审查起诉和提起公诉、交付人民法院审判。所有这些活动,均须依照国家有关法律规定进行。就腐败的本质而言,腐败犯罪是从统治阶级内部危害国家机关秩序、侵害国家机器正常运转、危害执政基础和执政秩序的严重亵渎权力行为,是腐败现象最严重、最集中的表现。对腐败犯罪案件进行司法处理,有利于准确有效地行使国家刑罚权,这是深入推进反腐败斗争的重要任务和政治责任。

(二) 保障无辜的人不受刑事追究,维护当事人合法权益

腐败犯罪是国家公职人员在执行职务过程中实施的犯罪。这类犯罪的特殊性决定了定罪处罚的复杂性。比如,随着我国经济社会发展变化,各类新生事物层出不穷。国家公职人员执行职务过程中,因各种原因而难免出现某些失误,就往往会遇到罪错难分的问题。而一些国家公职人员在长期执行职务

的过程中,也可能有意或者无意地得罪了一些人,一些特定行为人出于报复、陷害等各种目的,捏造国家公职人员尤其是领导干部的腐败犯罪事实并进行举报,使其受法律追究的情况也就在所难免。由于受这些因素的影响,一些无辜的国家公职人员就可能受法律追究。采用司法的途径、方式、程序和措施对腐败犯罪进行处理,实质是通过对腐败犯罪的调查程序及刑事司法活动,进一步查明真相、辨明是非、澄清事实,保障无辜的人不受法律追究。同时,对业已查明确有腐败犯罪事实的腐败分子,采用司法的途径、方式和程序进行处理,避免调查、处理上的随意性,也有利于维护其合法权益。此外,在处理上采用司法的途径、方法和程序,有利于腐败犯罪分子消除对处理结果公正性的怀疑甚至对抗,从而促使其认罪服法、接受改造。

(三) 强化司法防范功能,提升国家治理腐败的法治化水平

对于腐败犯罪的防治,是一项整体、系统、复杂的动态工程。科学有效地防治腐败,应当重视研究治理腐败体系建设和完善路径,采取源头治理、系统治理、整体治理、依法治理等战略举措和方法手段,打好"组合拳",进一步提升治理腐败的战略层次、效能和法治化水平,担当高压反腐的历史使命,完成减少腐败存量、遏制腐败增量、净化政治生态的目标任务,从根本上遏制和防范腐败现象。① 而对腐败犯罪的司法处理,有利于强化司法防范的功能和作用,提升治理腐败法治化水平和实际效果。

二、腐败犯罪司法处理的基本原则

腐败犯罪司法处理的基本原则,是指对腐败犯罪在处理过程中应当遵循的基本准则。腐败犯罪司法处理中每一项职能及其发挥,均须遵循其特有的原则。而这些原则,有的源于执政党和国家的政策、法律规定,有的来自司法实践,也有的出自理论总结。这些原则,都是由腐败犯罪的特殊性所决定的。在腐败犯罪的司法处理过程中,除了应当遵循监察法、刑事诉讼法规定的原则,还必须确立与执政党和国家干部政策相符合,与腐败犯罪的性质、特点及严重程度等相适应的司法原则,从而保证腐败犯罪司法处理有章可循和正确方向,取得预期的治理效果。从腐败犯罪司法处理的内在规律性要求讲,这些

---

① 参见詹复亮:《完善治理腐败体系的路径》,《新华文摘》2015 年第 14 期。

原则主要包括以下方面：

（一）党的领导和司法独立原则

反腐败是一场革命。反腐败的革命性，是由反腐败的政治性所决定。而反腐败的政治特性决定了我国的反腐败斗争必须坚持中国共产党的领导，将"党指挥反腐"、加强党对反腐败斗争集中统一领导原则落实到腐败犯罪司法处理的全过程，这是必须遵循的一条重要政治原则，也是政治底线。在这条原则下，应当遵循司法独立原则。

司法独立原则，最早由18世纪法国启蒙思想家孟德斯鸠提出，他在其名著《论法的精神》中说：如果司法权不与立法权和行政权分立，自由也就不存在了。如果司法权与立法权合二为一，则将对公民的生命和自由实施专断的权力，因为法官就是立法者。如果司法权同行政权合而为一，法官将握有压迫者的力量。① 我国宪法规定的司法独立原则，与西方资本主义国家确立的司法独立原则有着质的区别。根据我国宪法规定，监察委员会依照法律规定独立行使监察权，人民法院依照法律规定独立行使审判权，人民检察院依照法律规定独立行使检察权，不受行政机关、社会团体和个人的干涉。这是监察机关和司法机关对腐败犯罪进行处理的一项重要原则。就司法环节来说，这条原则的本质是司法机关集体独立行使司法权。具体地说，司法机关作为整体独立，意味着在对腐败犯罪案件的司法处理中应当依法独立行使职权。作为检察官、法官，不具有法律上个人独立的意义。需要重视的是，随着司法改革深入推进，特别是实行员额制检察官、法官制度，从政策上赋予员额制检察官、法官相对独立的办案裁量权，使我国司法权使用主体以及司法权运行重心发生变化，换言之，司法权由集体用权向集体用权与个体用权相结合的方向发展，这将促使我国宪法相关制度调整，适应改革新变化新要求。此外，由于我国长期受传统的封建思想等影响，一些国家公职人员法治意识和法治观念淡薄，腐败犯罪案件的司法处理中往往将不同程度遇到以言代法、以权压法、逐利枉法、徇私枉法等干扰，有的还将利用手中权力进行包庇，甚至动用关系网、保护层，阻碍办案。办案机关应当依法独立行使职权，排除各种干扰阻力，做到秉公调查或依法侦查、公正司法、罚当其罪，依法查处和惩罚腐败犯罪活动，保证

---

　　① 参见[法]孟德斯鸠：《论法的精神》（上册），张雁深译，商务印书馆1961年版，第155～156页。

党和国家政治肌体纯洁性,维护法律的尊严和权威,厚植党执政的政治基础。

(二) 适用法律一律平等原则

我国宪法规定,对于一切公民,在适用法律上一律平等,在法律面前,不允许有任何特权。这要求办案机关在对腐败犯罪的调查或者侦查乃至整个司法处理过程中,对于任何国家公职人员,不论民族、性别、职业、职务、家庭出身、宗教信仰、教育程度、财产状况等等,都应当一律平等适用法律。这一原则,在腐败犯罪司法处理中显得十分重要。腐败犯罪总是与腐败分子的职位、权力、社会关系等相关社会政治资源相联系。在腐败犯罪司法处理中,办案机关及其工作人员应当不畏权势、不徇私情、刚直不阿。对于构成犯罪的腐败分子,不论其职位多高、权力多大、社会影响有多广泛,都应依法严肃追究,保证国家法律统一实施。

(三) 停止职务原则

腐败犯罪与腐败分子的身份、地位、权力密切相关。其特定的身份与特有的权力是实施腐败犯罪活动的前提条件,一旦丧失这些前置性条件,腐败犯罪往往就难以发生。从实践看,遏制和减少腐败犯罪最有效的办法就是降低、控制甚至直接铲除诱发腐败犯罪的源头性因素,而最直接的办法是剥夺腐败分子担任公共职务的资格,使其失去实施腐败犯罪活动的条件。从司法实践看,在人民法院有罪判决确定之前的刑事诉讼期间,作为腐败犯罪嫌疑人的国家公职人员,倘若仍然拥有在职时的权力,这种权力就容易成为其对抗调查、侦查、公诉、审判的手段,成为其摆脱罪责、逃避刑事追究的“救命稻草”,这将严重妨碍腐败犯罪司法处理活动的顺利进行。同时,一些腐败分子将利用手中的权力,千方百计通过关系网、保护层对办案人员进行恐吓、胁迫或者施加压力甚至采取直接调动等极端做法,阻碍办案人员对腐败犯罪案件的调查或侦查、公诉、审判等活动的正常进行。实践充分证明,在腐败犯罪司法处理的过程中,遵循停止职务原则至关重要。具体地说,国家公职人员如果被举报、被揭发,监察机关经过监督检查后确认存在腐败犯罪嫌疑,并决定立案调查,或者检察机关依照刑事诉讼法等有关法律规定对公安、司法人员等特定刑事案件进行侦查的,首要的任务就是停止其职务,从而为腐败犯罪的调查或者侦查乃至整个司法处理活动顺利有效清除干扰和阻力。

（四）以事实为根据、以法律为准绳原则

国家公职人员的腐败犯罪活动,往往十分复杂和隐蔽。这些腐败行为人利用职务之便进行腐败犯罪活动,其利用职务便利的过程往往不易被发现,证据也往往难以收集。为了保证准确、有效地打击腐败犯罪,既不放纵真正的罪犯,也不使无罪的人枉受法律追究,应当坚持以事实和证据为根据、以法律为准绳的原则。一方面,以事实为根据,要求从腐败犯罪案件的实际出发,忠实于事实真相,重证据,不轻信口供,以客观的事实作为处理腐败犯罪案件的依据,排除主观臆断。这里的以事实为依据,实质是以证据为依据。因为案件事实是由一系列相关证据连接起来的,没有证据就形不成案件事实。只有做到以证据为依据,才能确认案件事实,保证办案质量,将腐败犯罪的司法惩治建立在真凭实据基础上。另一方面,以法律为准绳,就是在对腐败犯罪司法处理的全过程,只能以法律作为司法认定的标准,包括罪与非罪、此罪与彼罪、重罪与轻罪以及如何处罚等都不例外,并且必须根据业经查明的腐败犯罪案件事实,以法律的规定作尺度进行衡量,确保程序合法、定性准确、罚当其罪。总之,以事实为根据和以法律为准绳,两者紧密相连,相辅相成,不可偏废。司法实践中,应当正确处理两者之间的辩证关系,全面遵循,认真执行,相得益彰。

（五）专门机关与群众相结合原则

坚持专门机关与群众相结合原则,是司法战线长期实践所形成优良传统在反腐败领域的体现和反映。这要求腐败犯罪司法处理活动中,办案机关应当充分相信群众,依靠群众,发挥群众的支持、监督作用。既要依靠群众举报腐败犯罪案件,又要依靠群众查明案情、查核证据材料,还要依靠群众宣传法治,对腐败犯罪分子进行教育改造,从而增强国家公职人员廉洁勤政的自觉性,提高抵腐防变能力。强调依靠群众,并不是削弱或者取消专门工作。办案机关的专门工作只能加强不能削弱。两者相辅相成、不可分割,只有将两者有机结合起来,才能提高对腐败犯罪进行司法处理的科学化水平和实际效果。

（六）从严惩处原则

腐败犯罪的社会危害性较之一般刑事犯罪,其危害后果要大得多。腐败犯罪严重危害性,决定了对这类犯罪的打击和处罚的从严性。这类犯罪不仅鲸吞改革开放成果,妨碍国家机关正常管理活动,而且严重污染政治生态、严重腐蚀党和国家的政治肌体,严重败坏党群关系、干群关系,毒化社会风气,危

及党的执政地位和政权安全。作为国家公职人员,在依法享有宪法和法律赋予其权力的同时,还应当承担相对应的义务。如果这些国家公职人员利用手中的权力实施腐败犯罪,蜕变为腐败犯罪主体,就应当处以较重的刑罚。司法实践中,坚持从严惩处原则,应当从维护国家和人民利益、维护法治尊严、巩固执政党的执政地位和维护政权安全等政治和全局的高度来认识,从制度上落实从严惩处原则。强调从严惩处,总体上要求坚持实事求是,该严则严、该宽则宽,严在点上、宽在面上,严要有度、宽要有边。

(七) 法律监督原则

按照刑事诉讼法规定,人民检察院依法对刑事诉讼实行法律监督。这是宪法法律赋予人民检察院的法律监督职能。为保障司法机关统一正确实施法律,检察机关应当依法对调查或侦查、审判、刑罚执行等各项活动是否合法进行法律监督。腐败犯罪的司法处理属于司法范畴,开展法律监督应当把握以下要点:一方面,办案机关要依照法律规定履行调查或侦查、公诉、审判、刑罚执行等职责;另一方面,办案机关也要自觉接受有效的制约和监督,既保证案件调查或侦查、公诉、审判、刑罚执行等刑事司法活动公正高效进行,又促进严格执法、秉公办案,确保实效。

(八) 惩治和防范相结合原则

从实践效能讲,惩治腐败犯罪是对已经发生的腐败犯罪进行依法打击和惩治,主要功能是寓打于防。而对于腐败犯罪活动的防范,实质是防患于未然,主要功能是治本、治未病。腐败犯罪的司法处理过程中,应当坚持治标与治本有机结合,两者不可偏废。一方面,对国家公职人员腐败犯罪活动应当坚决予以打击,采用刑罚的手段加以惩治,使腐败犯罪分子受到应有的法律制裁,起到重遏制、强高压、长震慑的功用。另一方面,应当注重系统治理、整体治理、源头治理,坚持标本兼治、综合治理,运用政治、经济、行政、文化、法律、教育等多元手段,动员全社会参与,提升治理腐败犯罪实际效能。

三、腐败犯罪的司法处理方式和种类

按照我国有关法律规定,腐败犯罪案件经调查或侦查,移送检察机关审查起诉、提起公诉并依法审判等处理时,一般采用以下处理方式:

（一）提起公诉

对于办案机关移送检察机关审查起诉、提起公诉的涉嫌腐败犯罪案件，检察机关经审查认为所移送案件符合公诉条件的，依法提起公诉。

（二）决定不起诉

按照刑事诉讼法有关规定，检察机关对监察机关移送或者本部门侦查终结后移送审查起诉的职务犯罪案件，经审查认为所移送案件证据不足、不符合起诉条件的，依法作出存疑不起诉决定；认为所移送案件具有刑事诉讼法有关可以免除刑事处罚情形的，依法作出绝对不起诉决定；认为移送案件的犯罪情节轻微、依照刑法规定不需要判处刑罚或者免除刑罚的，依法作出相对不起诉决定。

（三）撤销案件

按照刑事诉讼法有关规定，检察机关经审查认为，对于按照刑事诉讼法有关规定①，认为不应当对腐败犯罪嫌疑人追究刑事责任的，依法撤销案件。腐败犯罪嫌疑人已被逮捕的，应当立即释放，发给释放证明，并且通知原批准逮捕的人民检察院。监察机关对公职人员涉嫌职务犯罪案件进行调查后，认为没有证据证明被调查人存在违法犯罪行为的，应当撤销案件，并通知被调查人所在单位。②

（四）人民法院审理裁决

人民法院对于检察机关提起公诉的腐败犯罪案件，经审理后依法作出以下四种方式的处理：一是判决有罪。按照刑事诉讼法有关规定，对于案件事实清楚、证据确实充分，依法认定被告人有罪的，应当作出有罪判决。对于判处有罪的，可以视情判处实刑或者缓刑。二是免除刑事处罚。按照刑法、刑事诉讼法有关规定，③对于符合法定条件的腐败犯罪案件，法院可以判处免除刑事处罚。对于判处免除刑事处罚的被告人，在宣判后应当立即释放。三是宣告

---

① 这是指刑事诉讼法第十五条以及第一百三十条规定。其中，第十五条规定："有下列情形之一的，不追究刑事责任，已经追究的，应当撤销案件，或者不起诉，或者终止审理，或者宣告无罪：（一）情节显著轻微、危害不大，不认为是犯罪的；（二）犯罪已过追诉时效期限的；（三）经特赦令免除刑罚的；（四）依照刑法告诉才处理的犯罪，没有告诉或者撤回告诉的；（五）腐败犯罪嫌疑人、被告人死亡的；（六）其他法律规定免予追究刑事责任的。"

② 参见《中华人民共和国监察法》第四十五条第二款。

③ 这是指刑法第三十七条及刑事诉讼法第二百零九条等规定。

无罪。按照刑事诉讼法有关规定,①依法认定被告人无罪的或者对于证据不足、不能认定为被告人有罪的,应当作出无罪判决。四是终止审理。按照刑事诉讼法有关规定,凡是符合刑事诉讼法有关规定条件的②,应当终止审理。

腐败犯罪的司法处理方式和种类,详见图2-1:

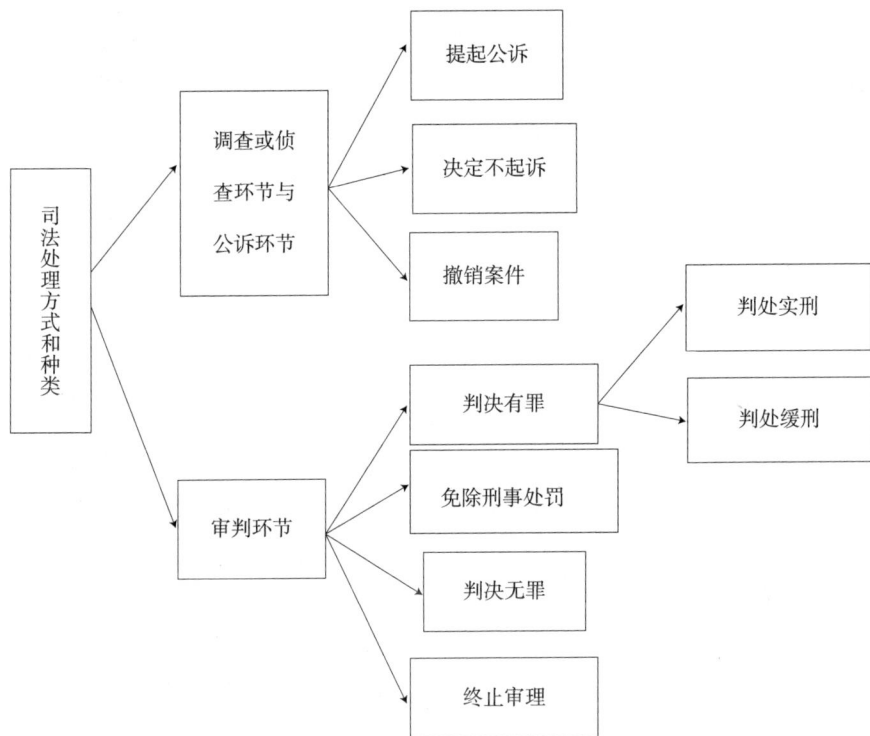

图2-1　腐败犯罪的司法处理方式和种类

四、腐败犯罪的司法处理影响因素

按照法律面前人人平等原则,对于同类腐败犯罪案件应当作出相近的刑罚。但从司法实践看,仅仅依据法律条文,对于大量腐败犯罪案件在处理上往往难以保证对同类案件判出相同或者相近的判决结果,有的甚至差距相当大。这是长期困扰我国司法界的重大理论和实践难题,研究尚属阙如。

---

① 这是指刑事诉讼法第一百六十二条第(二)、(三)项规定。
② 这是指刑事诉讼法第十五条等规定。

从理论上讲,按照法律条文主义的观点,法律在本质上是规则,法律条文不但预先界定了案件的性质,也决定着案件如何处理的程序,乃至直接决定了案件的判决结果。因此,依据法律条文与案件事实、证据之间的逻辑推演,案件的处理结果是可以预期的,法律上相同的案件应该得到相同或者相近的处理,但事实远远并非如此。法律上相同的案件,拥有同样的证据支持,却常常得到不同的处理。这就说明,案件的判决结果不仅受到法律条文的影响,并且受到案件本身所蕴含的社会结构要素等影响。否则,就无法解释相同案件为何会出现不同的甚至完全不同的处理结果。① 这种现象在世界各国都存在,只是程度不一而已。笔者在研究中发现,对于同样的案件作出不同的裁判结果,其原因十分复杂,并且与案件结构密切相关。从司法社会学的角度讲,案件结构要素大体有以下几个方面:

（一）**腐败犯罪案件当事人**

按照社会学原理,结合司法社会学分析,腐败犯罪案件当事人的身份,直接影响和制约案件的判决结果。职务高的人,社会地位也高,影响面宽、影响力大,对于了解党和国家的反腐败政策和法律界限等水平也高,对案件处理的影响也大。相反地,职务低的人,社会地位不高,关注度低,影响面窄,影响力也小,对案件处理结果的影响相对要小。

（二）**办案机关和办案人员**

查办案件单位的规格及其办案人员特别是承担领导、决策、指挥等职责的工作人员决心、能力等各种因素,对案件的处理具有重要影响。通常而言,办案机关及其负责人的决心坚定,但办案过程中如果受到来自各方面的干扰,也将可能影响甚至动摇调查、侦查指挥人员特别是办案机关负责人的决心和信心。同时,即便是查办案件的决心和信心坚如磐石,那么办案能力是否具备、专业知识储备能否适应办案需要,比如案件特别重大、案情特别复杂等,这对案件的顺利查办以及案件查办的力度、深度、广度和日后对案件的处理等也都有一定的影响。

（三）**腐败犯罪涉案范围和涉案对象**

腐败犯罪一旦形成共腐关系圈,案件就像大窟窿,查办中将会遇到越掏越

---

① 参见［美］唐·布莱克:《社会学视野中的司法》,郭星华等译,［美］麦宜生审校,法律出版社 2002 年版,第 6 页。

深越大的情形,并且涉及面、涉案范围将越来越广。这种情形下,办案机关及办案人员面临来自各方面的干扰和压力也就越大,办案工作能否继续深入进行将受到影响甚至阻碍。涉案对象的社会地位高、社会活动能量大,就会阻碍对案件的查办和深挖,这不仅影响办案整体效果,也会减弱对案件的处理力度。从另一个方面讲,案件涉及人员多、范围广,由于受法不责众等传统理念和政策因素的影响,对于案件的处理范围以及处理对象数量等都将会受到相应的影响。

(四)　参与律师

当事人聘请的律师名声大,或者社会关系复杂,或者善于"谋事划策"、会折腾甚至不择手段,案件的处理就将复杂化,处理的结果也将受到影响,处理上也可能让案件被告人占到一些"便宜"。如果聘请的律师包括其法律知识、社会名望等均属一般,案件的处理就会趋于平淡、正常。实践表明,大凡一般的律师参与辩护,相对于名律师、有威望或者社会关系复杂的律师参与辩护而言,案件处理就会相对简单。

(五)　审理案件的法官

法官的业务能力、廉洁程度、责任心或者事业心,以及对腐败犯罪案件的定性和判决刑罚轻重的度量、拿捏等,都是对案件处理的重要影响因素。一般而言,审理案件的法官清正、廉明,责任心、事业心强,审判能力、公信力强,案件的处理就相对公正。如果法官自身存有偏见、能力不强,或者有不廉劣迹,或者责任心、事业心不强等,对案件的审理和处理结果上的把握等都将受到影响。

(六)　办案环境

查办案件时,如果处在腐败问题严重、强调严厉打击腐败的高压形势下,办案的力度就大,拓展、深挖案件的力度将会加大,查处案件的深度和广度也会强化。但是,需要注意的是,在这种情形下,案件处理的严厉程度与查办案件的力度、深度之间并非必然成正相关。上级机关领导直至高层的决策集团重视并且决心大,对案件的查处力度就会加大。社会大众反映强烈、要求强烈、期盼强烈,查办腐败的力度、深度、广度等也将加大。实践表明,当地及上级部门直至高层的决策集团反腐败决心和支持力度的大小,将直接影响案件查处。如果对办案的干预甚至阻拦,来自当地领导机关或者上级等部门,案件的查处力度和处理上的严厉程度等都将受到影响甚至被严重减弱,办案的权威、反腐败公信力等也将受负面影响,甚至办案工作出现负效应。此外,办案工作将受政治环境的影响。实践表明,司法中有政治,没有单纯的司法,也没有脱离政治的司法,司法属于政治的一部分,必须服从于政治。腐败犯罪案件司法处理过程中,应当充分考虑政治因素的影响。

第三章　反腐败战略与司法政策

反腐败战略与司法政策,是反腐败司法原理基本体系中的核心要素,体现出一国执政党或者统治集团关于治理腐败的理念、理论、思想、路线和方略。根据现代战略管理学原理,反腐败战略是对反腐败进行顶层设计和总体规划的方法论,包含战略思维、战略指导思想、战略目标、战略意图、战略方案、战略任务、战略政策、战略重点、战略方向、战略层次、战略预测、战略规划、战略措施、战略协同、战略管理与战略评估等一系列要素。从性质和范围上讲,反腐败战略涵盖面很广,包含了反腐败战略要素及司法政策策略等内容。反腐败司法政策是在司法领域和司法环节落实反腐败战略的重要措施和工具。准确把握反腐败战略与司法政策的内涵要义,有利于提升反腐败战略实施水平和司法政策能力,增强反腐败实际效果,推动科学有效地治理腐败目标实现。

第一节　反腐败战略基本要素

腐败的消亡主要来自两个方面:一是来自内部。随着历史的发展而自我消停,或者通过执政党内部整肃进行自我净化、自我革命,将腐败控制在执政党及社会民众忍受限度之内,最终逐步实现对腐败问题的根除。二是来自外部。通过采取制度阻隔、直接铲除、法律消亡乃至政权革命,实现对腐败的根除。腐败消亡的措施和力量,无论是来自内部还是外部,都是国家制度的战略安排、建设发展、消亡乃至政权革命的能动反映。开展反腐败战略研究,应当以腐败消亡为研究对象,全面探求腐败现象滋生蔓延以及消亡的规律、特点和

49

趋势。

一、反腐败战略的基本定义和本质特征

所谓战略,是指筹划和指导有关工作全局的方略。从历史渊源讲,战略来源于战争。战争意义上的战略,最早源于谋划火炮打不到地方的军事行动。从中可知,战略问题是谋划未来和长远的事业。至于这里的未来和长远,究竟有多长、多远? 这是研究战略问题所要解决的。推而论之,所谓反腐败战略,是根据腐败问题的轻重程度,结合国内外经济、政治、文化、社会乃至法律、科学技术等诸多因素,对腐败问题滋生蔓延态势进行准确分析、精准判断及科学预测,科学制定一定历史时期反腐败战略的方针、原则和计划,筹划反腐败各项准备,指导反腐败战略实施所应遵循的原则和方法。

对于当代中国,反腐败战略应从以下几个方面理解:一是反腐败战略制定主体,是《中国共产党章程》以及国家宪法和法律赋予反腐败职能的部门。二是实施反腐败战略的目的,是解决反腐败全局性问题。三是解决反腐败全局性问题的手段,主要体现为与反腐败相关的计划、策略和方法。

可见,这里的反腐败战略,从本质上讲是重点围绕反腐败全局性问题,生动体现主观对客观的反映,属于认识论和方法论的范畴。

二、反腐败战略的构成要素

根据现代战略管理学原理,反腐败战略通常由四项要素构成。

(一) 反腐败战略目的

反腐败战略目的,是反腐败战略行动所要达到的预期结果,是制定和实施反腐败战略的出发点和归宿。

(二) 反腐败战略方针

反腐败战略方针,是指导反腐败全局的基本方针,也是指导反腐败行动的纲领和制定反腐败战略计划的基本依据,是在深入分析腐败问题或者腐败现象发生发展态势、腐败与反腐败力量之间相互博弈诸要素基础上制定的,具有很强的针对性和实践性。实践表明,每个时期、每个阶段或者每一次反腐败行动,都将因不同的对象和条件而异,因此所采取的战略方针也有所不同。这就要求在总的战略方针指导下,制定具体的反腐败战略方针,进一步确定反腐败

的战略任务、战略政策、战略重点以及主要的战略方向、战略力量的部署与使用等内容。

（三）反腐败战略力量

反腐败战略力量,是反腐败战略的物质基础和组织支柱,以国家强制力、综合国力以及执政党和国家政治生态、法治化水平等为后盾或者基础,并且在经济社会发展和科学技术发展的基础上,根据反腐败战略目的和战略方针的实际需要,确定战略力量的集成规模、发展方向和配置重点。

（四）反腐败战略措施

反腐败战略措施,是为准备和部署开展对腐败问题或者腐败现象进行防治所实行具有全局意义的战略工具、战略保障和战略基础,是战略决策机构根据反腐败的实际需要,在经济、政治、文化、社会、法律、科学技术以及战略领导和战略决策指挥等方面,所采取的具有全局性的切实可行的反腐败方法、手段和步骤。

三、反腐败战略的基本属性与主要特点

反腐败战略,在反腐败斗争中具有十分重要的地位和作用。从基本属性讲,反腐败战略是国家战略的组成部分,是治理腐败的主要依据,是运用反腐败力量同腐败现象作斗争的重要策略和方法保障,既指导发现、查处和惩治腐败问题,也指导教育、警示和防范腐败问题。反腐败战略的正确与否,决定着反腐败斗争成败,并将最终影响干部清正、政府清廉、政治清明的目标实现,以及执政党的执政地位巩固、政权稳定和执政使命实现。根据反腐败战略本质特征,其主要特点体现在以下方面:

（一）政治性

由反腐败的政治特性所决定,反腐败战略在本质上属于政治产物,反映一定阶级、民族、国家或者特定政治集团的根本利益,体现一国执政者或者统治集团与腐败现象作斗争的路线、方针、政策,具有很强的政治目的性。从这个意义讲,反腐败是一场政治革命。

（二）全局性

这里的全局性,涵盖了反腐败战略实施各个方面和各个阶段重大的、相对独立的领域,既可以表现在空间上,比如全球社会、一个国家、一个区域、一个

系统的战略方向,也可以表现在时间上,贯穿于指导反腐败战略准备与战略实施的各个阶段乃至全过程。

(三) 对抗性

制定和实施反腐败战略,针对的是腐败问题和腐败分子,甚至非法结盟的腐败集团或者政治同盟。反腐败的最终目的是革除腐败分子的命,这必将产生激烈的政治博弈、政治对抗、法律对抗甚至发展为武力对抗,这种对抗性有时会严重到针锋相对、你死我活的程度。

(四) 预见性

反腐败必须谋划,这是由反腐败的政治特性所决定的,也是反腐败战略决策的前提和基础。战略实践中,需要在广泛调查研究基础上,全面分析、正确判断、科学预测腐败现象滋生蔓延及消长规律、特点,把握腐败活动的基本特征,明确腐败活动的表现形式、方向、规模及趋势,为制定、调整和实施反腐败战略提供实践依据。

(五) 谋略性

反腐败战略是基于腐败活动的客观情况而制定的克敌制胜的斗争策略,具有先发制人等主动性,在一定客观条件下也可能出现因强烈对抗等所产生的暂时不利的局面。这种局面既可能是局部的,也可能是全局性的,但只要战略正确,保持战略定力,暂时不利的态势最终会发生转化。制定反腐败战略,需要深谋远虑,注重掌握腐败活动的特点和规律,以及反腐败的时机、重点、手段、方式、策略,做到多谋善断、以智取胜,并积小胜为大胜,最终夺取反腐败斗争压倒性胜利。

四、反腐败战略类型与战略功能

从现代战略管理学原理讲,对战略的基本类型可分为进攻性战略和防御性战略两类。从国际上看,世界各国反腐败战略的思想和原则,通常而言具有一定的趋同性。比如,科学确定反腐败斗争的目的和战略目标、掌握工作主动权、发挥灵活性、加强统一指挥、集中力量和节约办案资源,以及机动、突然和快速反应等方面,都可作为反腐败战略的一般原则。但由于反腐败性质因国家政权和政体等性质的不同而相异,加之各国经济、政治、社会、法律、科技以及民族、宗教、文化传统等条件和环境不同,反映在反腐败战略上的特点和规律也有所区别。对此,应当注意把着眼于现实状况、着眼于本国实际与着眼于历史和未来三者有机结合起来,从而制定符合本国国情的有针对性的反腐败战略。

从战略功能上讲,进攻型与防御型的反腐败战略也有所不同。进攻型反腐败战略,是主动部署推动反腐败的战略,是在腐败问题比较严峻的情形下采用,属于主动出击的战略;防御型反腐败战略是对腐败进行防范的战略,在着力点、侧重点等方面与进攻型战略相区别,通常是在经过对腐败活动的严重打击,采取结合重大典型案例进行的思想政治教育、警示警戒、监督执纪、制度防范等预防性措施。防御型战略虽然具有防范性质的战略类型特征,但运用于反腐败领域,其所体现的状态仍然是主动性,属于主动防范、积极防范的一种。

第二节　反腐败战略目标体系

反腐败战略目标,是反腐败行动的纲领和指南。防治腐败问题,如果没有科学明确的目标,就将无从下手,就难以保证正确的方向,也就难以实现反腐败的历史使命。实践表明,反腐败目标具有层次性、体系性,主要由价值层面、战略层面、战术层面等不同的战略层次体现出来,并构建成反腐败价值目标、战略目标和战术目标等目标体系。

笔者在 20 世纪 90 年代,结合国内外反腐败理论和实践,提出如下反腐败战略目标:将腐败现象控制在政府和社会民众容忍度或者承受极限之内,并使之逐渐减少到最小的程度。提出这一反腐败战略目标的理由,主要基于对腐败全球治理的历史和实践的考察。从全球看,大量治国理政的历史和事实表明,只要国家存在,就有运用公权力的机会,不管经济怎么改革,公权力永远是具有价值的财富,也就会有人挡不住腐败诱惑。任何举措都无法根除腐败,但政府和社会大众对腐败程度的承受是有极限的。执政党的执政地位巩固和国家政权稳定,必然要求将腐败现象遏制在执政党自身及社会承受的极限之内,否则就会发生社会风险包括政治风险,出现社会遭受损失的可能性或者统治集团所不希望出现的严重结果,引起社会震荡,导致社会失稳甚至瓦解,直至政权的崩溃和执政党的下台。就腐败危害性而言,对导致社会瓦解和政权崩溃、执政党下台的标准或者社会承受极限,联合国防范犯罪与罪犯待遇委员会亚洲远东研究所在1994年举办的反腐问题研习班上,曾提出两项衡量指标:一是政府丧失了惩治腐败的能力。无法惩办腐败犯罪,特别是无法追查出有关高层的、重要的官员。二是腐败的普遍性。不仅官员腐败,腐败发展成为各行各业的不正之风。[①] 笔者认为,这两项指标在一定程度上反映了腐败的程度、容忍度以及反腐败战略目标和要求。

一、反腐败的价值目标

按照政治学原理,执政党执政是一个同时涉及国家、社会、政党系统的政治过程,对执政党有着全面而深刻的内在要求。执政党只有在这个系统的政治过程中加强自我建设,准确把握和适应执政规律,增强执政意识,改进执政方式和领导方式,促进自我净化、自我完善、自我革新、自我提高,不断提高执政能力和执政水平,才能实现全面领导和长期执政。在现代政治条件下,执政党领导人民治理国家,应当遵循宪法和法律,在充分尊重权力主体也即全体人民意志的前提下运用公权力,实行宪法和法律框架下的有效执政。世界各国政治实践表明,执政党实现全面领导和长期执政,除了取决于执政党意志,很大程度上取决于在政府机关担任公职的执政党成员特别是领导干部的个人意志、具体行为乃至价值取向。如果担任国家公职的执政党成员,特别是领导干部个人在观念上、思想上、行为上超越人民的意志、宪法和法律的规定乃至执政党的意志,那么这些公职人员使用公权力就可能发生权力异化。一旦腐败问题与政治问题相交织,其后果将是严重的、危害也将是严重的。尤其随着这种异化后果的不断累积,民怨民愤民恨也将随之不断堆积或者叠加,最终就会影响政府政权的权威和合法性,甚至动摇执政党的执政权威、执政合法性乃至执政地位。总之,历史证明,执政党在执政过程中发生腐败问题往往是难免的,但执政党要实现全面领导、长期执政,就必须坚定不移反对腐败,全面从严治党,全面依法管权治吏。

反腐败价值目标,实质是部署和推动反腐败斗争背后所蕴含执政理念、执政思想、执政目标等要素的集成反映。换言之,研究制定反腐败的价值目标,

---

　　① 　参见詹复亮:《当代中国反腐败问题与对策》,国际文化出版公司1996年版,第175页。

首要任务是解决三大问题:一是为什么反腐败;二是达到什么样的反腐败目标;三是为什么达到这样的反腐败目标。这里的问题要素,蕴含着反腐败的价值取向。这种价值取向和价值追求,反映了执政党推动反腐败斗争的价值目标取向乃至整体执政取向。从反腐败实践看,如果反腐败斗争的目标定位局限于遏制和防范腐败,就往往会更多关注或者主要关注查处腐败案件的数量、追回腐败资产的数量以及追求对腐败分子的处罚包括刑罚结果等现实目标和具体指标要素,而不考虑、不涉及反腐败背后所蕴含的理念思想、动力支持和根本价值追求,也就不考虑、不涉及对反腐败背后所蕴含的目标层次和目标体系的分类、排序和确认。随着反腐败斗争不断深入,特别是在腐败活动危害性加重、加深等情况下,比如出现了系统性腐败、区域性腐败、家族式腐败、塌方式腐败,形成"共腐关系圈",甚至腐败分子相互间"抱团取暖"、结党营私等严重问题,到了"如果任凭腐败问题愈演愈烈,最终必然亡党亡国"①的程度,客观上需要对反腐败目标进行反思,进行重新的认识、评估和科学确定。

中共十八大以来,在以习近平同志为核心的党中央坚强领导和习近平新时代中国特色社会主义思想正确指引下,反腐败斗争取得了前所未有的巨大成就,不敢腐的目标初步实现,不能腐的笼子越扎越牢,不想腐的堤坝正在构筑,反腐败斗争压倒性态势形成并巩固发展。在中共十九大报告中,习近平明确提出把党建设成为始终走在时代前列、人民衷心拥护、勇于自我革命、经得起各种风浪考验、朝气蓬勃的马克思主义执政党。② 反腐败战略研究,要统筹考量历史、现实和未来各要素,最关键的是要着眼于现实和当前。从理论和实践层面讲,应当从政治和全局的高度围绕全面从严治党、加强党内治理和强党战略,研究和谋划反腐败战略目标,将防治腐败的目标确立为通过遏制、惩治和防范腐败进一步巩固执政党的执政基础、维护执政地位、实现执政使命所需政治资源上来,整合防治腐败的资源,聚集防治腐败的力量,围绕建立和完善不敢腐、不能腐、不想腐的体制机制,坚持不敢腐、不能腐、不想腐一体推进,把腐败现象降低到最小的程度,最终夺取反腐败斗争压倒性胜利,从根本上遏制和防范腐败,推进社会主义廉洁政治建设和民主政治发展。具体地说,反腐败

---

① 《习近平关于党风廉政建设和反腐败斗争论述摘编》,中央文献出版社、中国方正出版社 2015 年版,第 5 页。

② 参见《中国共产党第十九次全国代表大会文件汇编》,人民出版社 2017 年版。

价值目标包含以下要素：

（一）维护人民权益

习近平在中国共产党第十九次全国代表大会报告中强调指出，坚持以人民为中心。人民是历史的创造者，是决定党和国家前途命运的根本力量。必须坚持人民主体地位，坚持立党为公、执政为民，践行全心全意为人民服务的根本宗旨，把党的群众路线贯彻到治国理政全部活动之中，把人民对美好生活的向往作为奋斗目标，依靠人民创造历史伟业。[1] 坚持以人民为中心，是现代国家治理所确立的一条政治信念，也是中国共产党全面领导、长期执政必须坚持的根本政治原则。国家权力植根于人民。执政党执政所掌握和运用的公权力，其合法性来自于人民的信任和委托，执政的宗旨和目的是为人民服务、为人民谋幸福。习近平强调，一切国家机关工作人员，无论身居多高的职位，都必须牢记我们的共和国是中华人民共和国，始终要把人民放在心中最高的位置，始终全心全意为人民服务，始终为人民利益和幸福而努力工作。[2] 腐败的本质，是国家公职人员利用手中公权力谋取私利，直接危害人民利益，是背叛党、背叛人民的行为。科学有效地防治腐败，深入推进新时代中国特色社会主义廉洁政治建设，首要的价值目标应系确立以人民为中心、人民利益至高无上的政治信念。通过依纪依法查处、惩治和防范腐败，恢复被公权力滥用甚至被腐败犯罪破坏了的政治生态和社会秩序，努力健全和完善公权力制约监督体系、公务员监督管理制度体系以及政治道德伦理体系与责任体系、党内问责制度，把权力关进制度的笼子里，保护公权力不被滥用，维护民权民生民利，维护社会和谐稳定和秩序安宁，实现党和国家长治久安。

（二）维护法律的尊严和权威

习近平强调指出，任何组织和个人都必须尊重宪法法律。依法治国是我们党提出来的，把依法治国上升为党领导人民治理国家的基本方略也是我们党提出来的，而且党一直带领人民在实践中推进依法治国。[3] 在 2018 年 3 月 17 日，当选国家主席、中央军委主席的习近平首次在人民共和国历史上进行

---

[1] 参见《中国共产党第十九次全国代表大会文件汇编》，人民出版社 2017 年版。

[2] 习近平《在第十三届全国人民代表大会第一次会议上的讲话》，《人民日报》2018 年 3 月 21 日第二版。

[3] 参见《习近平谈治国理政》（第二卷），外文出版社 2017 年版，第 115、114 页。

宪法宣誓,充分体现了习近平作为党、国家、军队最高领导人尊崇宪法、维护宪法、恪守宪法的高度政治自觉和身体力行、率先垂范的政治品格和领袖风范,以及以习近平同志为核心的党中央坚持依宪治国、依宪执政、维护宪法权威的坚定意志和坚强决心。① 依法治国的本质内涵是提倡并实行对公权力的约束,也是提倡并实行对执政党执政活动的约束。在全面法治的环境和条件下,公权力应当按照既定的原则和要求运作,执政党包括公权力执掌者、行使者应当把法律当作生存发展的基本原则和基本条件予以维护,成为法律的忠实执行者。这些基本要求,对执政党的执政行为预设了法治前提,给执政党的执政活动设定了合宪合法空间,为执政党所掌控的执政权力扎牢制度笼子。从职责上讲,执政党既承担着尊法崇法守法的政治责任,又承担着培育和践行一国法治文化和法治精神的政治职责。执政实践进一步表明,执政党运用法治思维、法治方式、法治手段管理国家和社会,相比于运用行政手段管理国家和社会显得更为安全。采用法治思维、法治方式、法治手段管理国家和社会,可以在较大程度上避免行政活动的主观性和随意性对公权力的腐蚀,以及对执政党执政行为带来的不利影响,同时还可以为党的全面领导、长期执政提供更多的法治资源、法治要素和法治保障。执政党只有遵循依法治国原则进行执政施政理政,才能使长期执政拥有稳固的政治基础、群众基础和合法性基础。通过法治途径,防止执政党内部腐败,整合更多执政资源为执政党执政所用,有利于提高执政的合法性,巩固执政的政治基础。惩治和防治腐败的过程中,无论涉及什么人,不论权力大小、职位高低,也不论在何时何地,只要触犯党纪国法直至构成犯罪的,都应当坚决惩治、严惩不贷,才能实现政治正义,维护法律的权威和尊严,维护社会和谐稳定。

（三）维护道德力量

习近平强调,领导干部要讲政德。政德是整个社会道德建设的风向标。立政德,就要明大德、守公德、严私德。② 腐败是最大的非道德、不诚信、不正义。道德建设关系到执政党的执政地位巩固,关系到政府信用乃至整个社会信用,关系到社会风气的根本好转乃至党和国家长治久安。任何一个国家与

---

① 参见《尊崇宪法的庄严宣示》,《人民日报》2018 年 3 月 18 日第八版。
② 参见《人民日报》2018 年 3 月 11 日第一版。

社会的稳定和发展,既离不开法律规范提供的制度保证,也离不开道德规范提供的精神保证。《中共中央关于全面推进依法治国若干重大问题的决定》要求,坚持依法治国和以德治国相结合。法安天下,德润人心。国家治理和社会治理需要法律与道德共同发挥作用,应当坚持一手抓法治、一手抓德治,大力弘扬社会主义核心价值观,弘扬中华传统美德,将社会主义核心价值观融入法治,培养社会公德、职业道德、家庭美德、个人品德,既重视发挥法律的规范作用,又重视发挥道德的教化作用,以法治体现道德理念、强化法律对道德建设的促进作用,以道德滋养法治精神、强化道德对法治文化的支撑作用,实现法律和道德相辅相成、法治和德治相得益彰。① 实践证明,道德要成为执政党的执政资源,就必须在执政活动中积极实践道德和体现道德,每一位执政党成员都要在道德实践中率先垂范。正是基于这样的认识,将保护道德力量作为反腐败的价值目标要素是完全适宜的。通过查办、惩治和防范腐败,维护道德力量,并在党内确立严格的道德标准和道德要求,使全党和每一位党员都成为全社会民众基本道德实践的模范,提升国家公职人员道德水平和道德素养,推动基本道德规范和法治文化环境建设,营造风清气正的政治生态,发挥道德规范在反腐败中固本强基作用,带动和促进社会风气整体净化与社会公德升华。

(四) 保护执政队伍免受腐败侵蚀

习近平强调,所有党员、干部,都要戒贪止欲、克己奉公,切实把人民赋予的权力用来造福于人民。要加强教育引导,注重破立并举,抓住"关键少数",推动各级领导干部自觉担当领导责任和示范责任,把自己摆进去、把思想摆进去、把工作摆进去,形成"头雁效应"。② 现代政治实践表明,政府的统治既可以靠权威,也可以靠公权力,而政党执政只能靠权威。执政党通过手中执掌的公权力执政施政理政,社会大众对公权力的服从却可能是被迫的。执政党要巩固执政地位,必须保证执政的权威,但执政的权威是一种自觉的服从和认同。公权力只有转化为权威,有了权威才有人民普遍的认同和自觉的服从,才有执政的政治基础和合法性基础,执政党的执政也才能保持协调、

---

① 参见《中共中央关于全面推进依法治国若干重大问题的决定》,人民出版社 2014 年版。
② 参见《人民日报》2018 年 3 月 11 日第一版。

58

稳定。换言之,只有树立了权威,才能使执政党降低执政成本,更加持久地维持执政地位。而腐败,是执政权威的一大威胁。保证执政权威,一个根本途径就是科学有效地防治腐败。从实践看,腐败不仅危害执政权威,而且直接危害执政队伍。加强执政队伍建设,提高执政队伍拒腐抵腐能力,有利于保护执政队伍,对于巩固执政党的执政地位显得尤为重要。一旦执政队伍被腐蚀甚至被肢解,执政党的执政基础就将动摇,最终都会退出执政的历史舞台。这要求在执政过程中,执政党既要重视严厉处理执政队伍中的腐败分子,更要重视加强执政队伍建设和保护,通过改革完善公权力运行体制机制制度,提高公权力运行安全系数,堵塞公权力运行中出现的体制性、机制性缺陷和漏洞,最大限度消除因制度性缺陷带来的腐败性诱惑或者腐败性压力。这种腐败性诱惑或者腐败性压力,实质是由于体制性或者机制性的缺陷,使体制内一些公职人员陷入不能自拔的两难境地:如果不搞腐败,就将一事无成,甚至被"圈内人"所排挤;如果搞腐败,个人升迁等问题可能会迎刃而解,但丢掉了不该丢的个人优秀品质,直至走上滥用公权力、违纪违法甚至犯罪之路。因此,在执政过程中,保护执政权威与保护执政队伍免受腐败侵蚀同等重要。通过科学有效地防治腐败,促进国家公职人员依法办事、公正用权、廉洁履职,保证执政党坚持依法治国、依法执政、依法行政,提升执政权威和政府公信力,实现政治正义和政权安全。这是将保护执政队伍免受腐败侵蚀作为反腐败价值目标要素之要义所在。

二、反腐败战略目标的层级体系

反腐败战略目标是反腐败斗争顶层设计和总体规划的成果,并且是一个目标集群,也即一个有机的反腐败战略目标体系,而不是单一的或者孤立的目标,因此称之反腐败战略目标的层级体系。这是根据反腐败价值目标所确立的,体现执政党和政府防治腐败的政治主张、价值导向。按照反腐败战略目标的整体性、原则性、灵活性相结合的原则和要求,反腐败战略目标的设计和建设,应符合以下要求:一是分阶段与多样化相统一;二是最高目标与较高目标、较低目标和最低目标相统一;三是定性目标与定量目标相统一;四是直接目标与价值目标相统一;五是整体目标与各个层次具体目标相统一;六是对付"大老虎"的目标与对付"苍蝇"的目标相统一。具体地说,反腐败战略目标主要由最高目标、较高目标、较低目标和最低目标所构成。

（一）最高目标

反腐败的最高目标,就是达到"容忍度一级"标准。即围绕形成"不敢腐、不能腐、不想腐"的体制机制,最终使得国家公职人员从根本上收敛、收手、收心,有效消除腐败,存量减到底、增量难再续,做到基本上不发生腐败,建立起干部清正、政府清廉、政治清明的廉洁政治制度,实现人类社会治理的理想目标和理想境界。

（二）较高目标

反腐败的较高目标,就是达到"容忍度二级"标准。即围绕将腐败问题控制在社会、人民群众和政府可容忍的程度之内,并逐步减少直至得到有效的遏制,使得国家公职人员基本上做到收敛、收手、收心,消除了系统性腐败、区域性腐败、家族式腐败和塌方式腐败等集团性团伙性腐败,存量减少幅度大,增量处在总体有效可控的范围,但个体的、零散的腐败活动仍然少量存在,社会处于基本廉洁状态。

（三）较低目标

反腐败的较低目标,就是达到"容忍度三级"标准。即围绕对系统性腐败、区域性腐败、家族式腐败和塌方式腐败等集团性、团伙性腐败得到初步遏制,腐败基本得以控制,存量减少、增量基本可控,但腐败活动仍然存在,特别是个体的、零散的腐败活动仍较多发生。

（四）最低目标

反腐败的最低目标,就是达到"容忍度四级"标准。这是最低标准,即围绕分对象、分阶段地采取有针对性措施,逐步控制涉及系统性腐败、区域性腐败、家族式腐败和塌方式腐败等高发领域、重点部位腐败活动,按照减存量、遏增量战略思路、战略部署和战略举措,使腐败逐渐得到遏制并使之不断减弱,尚需持续保持高压反腐态势。

以上四个层面的治理指标或者治理目标,是针对不同阶段、承担不同任务的治理腐败目标,相互联系、相互衔接、相互作用、相互递进,形成有机的治理腐败目标体系,为提升治理腐败有效性提供方向、动力和策略。如果采用量化方式进行过程性描述,四者之间的关系详见表3-1:

表 3-1　反腐败战略目标层级体系

最高目标 (容忍度一级)	较高目标 (容忍度二级)	较低目标 (容忍度三级)	最低目标 (容忍度四级)
有效消除腐败,基本上不发生腐败	集团性腐败消除,但个体腐败少量存在	集团性腐败初步遏制,但个体腐败仍较多	分对象分阶段逐步遏制腐败

从表 3-1 可以看出,反腐败战略目标体系是一个递进关系,即从"容忍度四级"的最低目标向"容忍度一级"即高标准高要求的最高目标推进。

第三节　反腐败司法政策

根据政策学原理,政策是行为规范发展到一定阶段的产物,是政策制定者在一定历史时期用来调动或者约束社会力量,实现预期政策目标而采取的政治行为。政策与法律规范、道德规范同属于国家调控和社会调控、国家治理和社会治理的规范体系。从性质、功能及隶属关系讲,反腐败司法政策既是党和国家政策一部分,也是反腐败战略政策构建要素。

所谓反腐败司法政策,是指反腐败司法方针、司法原则、司法策略和司法措施的总和。从性质上讲,反腐败司法政策主要具有以下特点:一是整体性。其主要体现反腐败单项司法政策与整体政策之间的关系。任何政策都是政策体系的一部分,因此要求反腐败司法政策从全局和整体出发,讲究政策的顶层设计、总体规划和全面系统协同。二是相关性。其主要体现为反腐败司法政策体系各单项政策之间相互依存、相互制约的关系。一切政策都不是孤立存在的,相反的,其与政策体系中其他政策都将保持着某种联系。反腐败司法政策实践中,应当注意把握反腐败司法政策的全局性、平衡性和协调性,通过政策配套、优化组合,内外协调、协同发展,相互制约、取长补短等方法和途径,保持反腐败司法政策各单项政策之间的有机联系和贯通整合。三是层次性。其主要体现反腐败司法政策体系内由特定标准构成的一系列政策等级及排序。通常而言,反腐败司法政策一般分为总体政策、基本政策和具体政策。政策实践中,应当通过有效的分级控制、严格的组织秩序和灵活的运行过程,促进和保持反腐败司法政策体系的合理性和有效性。四是开放性。其主要体现反腐败司法政策体系与社会政治环境之间的相互关系。任何反腐败司法政策体系都存在于特定的社会政治环境之中,社会政治环境是反腐败司法政策体系形成和发展的基础,对反腐败司法政策体系的性质和发展方向起着一定支配作用。这要求将反腐败司法政策体系视为一个动态、开放的系统,根据社会政治环境变化进行相应的动态调整,促使反腐败司法政策体系向着高效有序的政策状态发展,并取得预期政策功效。

一、反腐败司法政策的根本依据

反腐败司法政策的根本依据,就是党和国家反腐败总体政策。制定实施反腐败总体政策,主要根据反腐败斗争新形势新要求,围绕实现反腐败整体目标、提高政策水平和政策成效进行。中国共产党新时代反腐败总体政策,可以归纳为:坚持以习近平新时代中国特色社会主义思想为根本遵循和行动指南,坚持以反腐败永远在路上的坚韧和执着,坚持深化标本兼治,坚持无禁区、全覆盖、零容忍,坚持重遏制、强高压、长震慑,坚持受贿行贿一起查,坚决防止党内形成利益集团,保证干部清正、政府清廉、政治清明,跳出历史周期率,确保党和国家长治久安。

二、反腐败司法政策的主要依据

反腐败司法政策的主要依据,就是党和国家反腐败基本理论、基本路线、基本方略和重大决策部署。反对腐败、建设廉洁政治,是中国共产党一贯坚持的鲜明政治立场,是人民关注的重大政治问题。这个问题解决不好,就会对党造成致命伤害,甚至亡党亡国。反腐倡廉必须常抓不懈,拒腐防变必须警钟长鸣。要坚持中国特色反腐倡廉道路,全面推进惩治和预防腐败体系建设,做到干部清正、政府清廉、政治清明。[①] 中共十八大以来,以习近平同志为核心的党中央提出在新形势下开展反腐败斗争,坚持以"标本兼治、综合治理,惩防并举、注重防范"为指导方针。从历史发展看,邓小平在我国改革开放之初提出"两手抓、两手都要硬"的党风廉政建设指导方针。这一方针,揭示了当时

---

　　① 参见《中国共产党第十八次全国代表大会文件汇编》,人民出版社2012年版。

历史条件下经济建设和反腐败斗争必须相互贯通、同步发展的内在规律。从渊源关系讲,"标本兼治、综合治理,惩防并举、注重防范"的指导方针,是对"两手抓、两手都要硬"方针的发展和深化。中共十八大以来,以习近平同志为核心的党中央强力推进反腐败斗争,坚持反腐败无禁区、全覆盖、零容忍,坚定不移"打虎"、"拍蝇"、"猎狐",反腐败斗争取得了举世瞩目的伟大成就,不敢腐的目标初步实现,不能腐的笼子越扎越牢,不想腐的堤坝正在构筑,反腐败斗争压倒性态势已经形成并巩固发展。以中共十九大为标志,中国经济社会发展进入新时代,深入推进反腐败斗争必须坚持以上率下,巩固拓展落实中央八项规定精神成果,继续整治"四风"问题,坚决反对特权思想和特权现象。重点强化政治纪律和组织纪律,带动廉洁纪律、群众纪律、工作纪律、生活纪律严起来。坚持开展批评和自我批评,坚持惩前毖后、治病救人,运用监督执纪"四种形态",抓早抓小、防微杜渐。坚持深化标本兼治,巩固反腐败斗争压倒性态势,强化不敢腐的震慑,扎牢不能腐的笼子,增强不想腐的自觉,夺取反腐败斗争压倒性胜利,通过不懈努力换来海晏河清、朗朗乾坤。① 总之,深入推进新时代反腐败斗争,必须全面落实党和国家的反腐败战略部署,坚持深化标本兼治方针,确保正确的政策导向和工作方向。否则,一旦偏离方针,政策导向就可能发生偏差,甚至影响党和国家的大局。

三、反腐败司法政策的内容和要求

（一）坚持党的领导和依法独立行使司法权

坚持"党指挥反腐"、加强党对反腐败斗争集中统一领导原则,是反腐败斗争持续深入健康发展并取得实效的根本政治保证。无论处在什么样的执纪监督和司法环境,监察机关或者检察机关、审判机关、刑罚执行机关都应坚持依法行使调查权或者侦查预审、提起公诉、刑事审判、刑罚执行等司法权,正确处理坚持党的领导与依法独立行使调查权或者司法权的关系:一是坚持党对司法办案的全面领导,严格执行请示报告制度。二是实行依法调查或者侦查、公诉、审判、刑罚执行。严格做到依法办案,坚持打击腐败犯罪与保障人权并重,坚持实体法与程序法并重,坚持收集有罪证据和无罪证据并重,确保办案

---

① 参见《中国共产党第十九次全国代表大会文件汇编》,人民出版社 2017 年版。

质量和效果。三是正确处理司法机关与监察机关的关系。按照深化国家监察体制改革部署,监察机关与党的纪律检查机关合署办公。监察机关调查涉嫌职务犯罪的案件,移送检察机关采取强制措施、审查起诉和提起公诉。① 可见,我国反腐败体制改革后,检察机关与监察机关、党的纪律检查机关之间的关系,以及检察机关与审判机关、刑罚执行机关之间的关系都需要调整完善,总的目标是构建党统一指挥、全面覆盖、权威高效的监督体系,实现党对反腐败斗争集中统一领导。

(二) 坚持法制统一

法制统一,是反腐败司法政策的一项重要原则。一是牢固树立法治观念。坚决抵制地方和部门保护主义以及以言代法、以权压法、逐利枉法、徇私枉法等现象,决不允许把地方、部门、个人的利益凌驾于党纪国法之上,搞执纪执法时各取所需。二是明确监督执纪执法重点。没有重点就没有政策。结合经济社会发展实际,营造风清气正的政治生态等政治任务和反腐败工作要求,突出重点查办中共十八大以来不收敛、不收手,问题反映集中、群众反映强烈,现在重要岗位且可能还要提拔使用的干部等重点领域和重点人群的腐败犯罪,把查办腐败犯罪与服务大局有机结合起来。三是加强办案制度建设。建设覆盖纪检监察系统的检举举报平台,建立和完善线索管理、备案审查、办案请示报告、案件处理结果通报和监管等程序和制度,从制度上程序上防止有案不办、瞒案不报、压案不查、逐利枉法、徇私枉法等违规违纪违法办案问题发生。

(三) 坚持打击腐败犯罪与保障人权相统一

我国宪法规定,国家尊重和保障人权。我国刑事诉讼法规定,在刑事诉讼活动中必须尊重和保障人权。查办腐败犯罪案件时,应当贯彻宪法和法律精神,树立人权保障意识,坚持严格规范公正文明办案,防止办案人员因人权意识淡薄而粗暴对待涉腐被调查对象或者犯罪嫌疑人,不注意依法保护证人的诉讼权利等不依法办案、不文明办案甚至违纪违法办案现象发生。一是树立打击犯罪与保障人权有机统一的法治理念。严格遵守不得强迫任何人证实自己有罪、非法证据排除等法律规定。二是严格规范办案人员的办案活动。依

---

① 参见全国人民代表大会常务委员会《关于在北京市、山西省、浙江省开展国家监察体制改革试点工作的决定》,据新华社北京 2016 年 12 月 25 日电。

法保障涉腐被调查对象或者犯罪嫌疑人的诉讼权利,严禁刑讯逼供和侮辱人格;尊重证人合理要求,严禁非法限制证人人身自由或者侵犯证人的其他合法权利;坚持不株连无辜,严禁对腐败犯罪嫌疑人的无辜亲友、同事等非法采取技术调查、侦讯措施、边控措施和强制措施。三是依法支持律师正当执业,保障刑事诉讼阶段辩护律师的会见权、阅卷权、调查权和法庭辩论权等诉讼权利,严禁违规违法限制律师依法执业权利。

（四）坚持战略上整体规划、战术上分阶段实施的策略

既要认识到腐败犯罪的长期性、复杂性和艰巨性,树立长期作战思想,更要增强现实紧迫感,结合实际并不失时机采用组织办理专案、专项行动等策略方法,加强查办群体化腐败案件,集中查办一批大案要案和窝案串案,有效惩治和遏制系统性腐败、区域性腐败、家族式腐败、塌方式腐败等群体性腐败犯罪,持续形成反腐败高压态势,发挥重遏制、强高压、长震慑的功能和作用。

（五）坚持纪在法前,纪严于法

这是严守政治纪律和政治规矩、坚持把纪律和规矩挺在法律前面的新要求,也是充分体现和落实反腐败政策的新创举。中共十八大以来,习近平多次强调,严守政治纪律和政治规矩,政治纪律和政治规矩这根弦不能松。针对反腐败形势发展变化新的实际,中共中央提出监督执纪"四种形态",对党员干部的监督管理在处理上分为常态、大多数、少数、极少数,具体如下:一是处分的常态化。即采用咬耳朵、扯袖子,红红脸、出出汗的方法,进行提醒、批评、警告等。二是处分的大多数形态。即采用党纪轻处分、组织调整等措施成为大多数。三是处分的少数形态。即采用重处分、重大职务调整或者"双开"但不移送司法机关等措施为少数。四是处分的极少数形态。即对于严重违纪涉嫌违法、采用立案审查的为极少数。监督执纪"四种形态"是党内监督的重要理论创新和政策创新,对于推动纪律审查工作转型等具有重要的方向指引作用。① 习近平在中共第十九次全国代表大会报告中强调,坚持惩前毖后、治病救人,运用监督执纪"四种形态",抓早抓小、防微杜渐。②

在反腐败司法政策实践中,应当把握以下几点:第一,各级党委应当支持

① 参见《准确理解和把握监督执纪四种形态》,《中央纪委监察部网站》2016年1月27日。
② 参见《中国共产党第十九次全国代表大会文件汇编》,人民出版社2017年版。

和保证同级人大、政府、监察机关、司法机关等对国家机关及公职人员依法进行监督,人民政协依章程进行民主监督,审计机关依法进行审计监督。第二,有关国家机关发现党的领导干部违反党规党纪、需要党组织处理的,应当及时向有关党组织报告。第三,审计机关发现党的领导干部涉嫌违纪的问题线索,应当向同级党组织报告,必要时向上级党组织报告,并按照规定将问题线索移送相关纪律检查机关处理。第四,在纪律审查中发现党的领导干部严重违纪涉嫌违法犯罪的,应当先作出党纪处分决定,再移送行政机关、司法机关处理。第五,执法机关和司法机关依法立案查处涉及党的领导干部案件,应当向同级党委、纪委通报;该干部所在党组织应当根据有关规定,中止其相关党员权利;依法受到刑事责任追究,或者虽不构成犯罪但涉嫌违纪的,应当移送纪委依纪处理。① 此外,根据监察法第三十四条规定,公检法、审计等国家机关在工作中发现公职人员涉嫌贪污贿赂、失职渎职等职务违法或者职务犯罪的问题线索,应当移送监察机关调查处置。对于其中被调查人又涉嫌其他犯罪的,一般应当由监察机关为主调查,其他机关协助。

(六) 坚持一要坚决,二要慎重,务必搞准

这是反腐败司法政策长期实践的基本经验。一要坚决。敢于同腐败犯罪作坚决斗争,决不放纵任何腐败犯罪。坚持"老虎""苍蝇"一起打,既严肃查办发生在领导机关和领导干部中的大案要案,又要严肃查办发生在群众身边、严重损害群众合法权益的"蝇贪"案件。办案工作中,要做到不屈从于权势压力,不受行政机关、社会团体和个人的干涉。二要慎重。依法严格规范公正文明办案,慎重处置,讲究斗争策略。强调依法,就是要求办案中坚持实体法和程序法并重,收集有罪证据和无罪证据并重,打击犯罪与保障人权并重;强调慎重,就是要求端正办案工作指导思想,切忌主观性、片面性和表面性。三要搞准。保证办案质量,使案件和事实经得起法律的检验和历史的检验。无论是调查或者侦查、公诉、审判、刑罚执行,还是采取强制措施、技术调查和技术侦查措施、限制出境措施,或者开展讯问、询问、查询、扣押、冻结等专门调查工作,以及调查终结的案件处理,包括办案人员出庭作证等,都应当依照法律行事,办案各个环节的部署及可能遇到的问题、风险等都应考虑周全,着眼于把

---

① 参见《中国共产党党内监督条例》第三十七条。

事实查清楚,把定性搞准确,把证据查扎实、查确凿、查充分,实现办案工作纪法效果、政治效果和社会效果有机统一。

(七) 坚持专门工作与群众路线相结合

这是司法战线长期实践所形成的优良传统和成功经验,也是反腐败司法政策实践的一条重要原则。所谓专门工作与群众路线相结合,就是在反腐败斗争实践中应当发挥人民群众的智慧和力量,把调查机关或者司法机关专门工作与人民群众密切结合。实践表明,任何腐败犯罪活动,都是在一定的时间和空间发生,都会留下一定的痕迹,有的在人民群众中甚至还会留下一定印象。反腐败司法工作,只有坚持走群众路线,深入到群众中去,充分发动群众、依靠群众,广泛听取群众意见,才能收集到各种真实的、可靠的证据,依法有效地调查、揭露、证实和惩罚腐败犯罪。同时,只有依靠人民群众的支持和协助,将反腐败司法活动置于广大人民群众的监督之下,才能促进和保证严格规范公正文明执纪执法,提高办案质量,避免和减少工作中的失误,最大限度地发挥反腐败司法职能作用。坚持专门工作与群众路线相结合,应当防止把两者割裂开来甚至对立起来。强调走群众路线、依靠群众,并不等于忽视、削弱专门工作。专门机关和人民群众是同腐败犯罪作斗争不可缺少的两个方面,实践中应当把握以下环节和方面:

一是强化群众观念。人民群众同腐败犯罪作斗争的积极性,是反腐败司法工作的力量源泉和根本保证。坚持从维护人民群众根本利益出发,发扬走群众路线的优良传统,从"神秘主义""封闭主义"中解放出来,形成强有力的社会舆论和群众威力,推进反腐败司法工作健康发展。二是发挥专门机关的职能作用。调查机关或者司法机关等专门机关是国家机器和专政工具,是刀把子,是同腐败犯罪作斗争的利器,实践中应当避免、克服和纠正官僚衙门习气甚至脱离群众等问题,特别是防止和纠正办案中发生对人民群众耍特权、耍威风或者侵犯群众利益等行为,加强同人民群众血肉联系,最大限度孤立腐败分子,善于把群众智慧变成反腐败司法工作的策略和动力,营造有利于反腐败的执纪执法环境。三是有计划有步骤实行调查公开。腐败犯罪案件调查具有特殊性,对于哪些可以公开、哪些不宜公开,应当进行既科学又依法的甄别和区分,坚持依法能公开的全面公开,需要保密的应予保密。根据办案实际,可以向社会公开办案标准、办案程序、办案措施和办案纪律,定期向社会公布反腐败成果,公布对调查人员是否严格执纪执法、是否违法违规办案等情形或者问题的监督和举报电话,提高案件调查活动的透明度,做到以公开促公正,赢得人民群众的理解和支持,创建良性互动的反腐败调查或者侦缉活动等公共关系和公共环境,提高反腐败法治化水平。

(八) 坚持重事实、重证据,不搞刑讯逼供

这是司法战线长期实践中对正反两方面经验教训的科学总结,是一项重要的刑事政策和反腐败司法政策。按照刑事诉讼法有关规定,严禁刑讯逼供和以威胁、引诱、欺骗以及其他非法方法收集证据,不得强迫任何人证实自己有罪。必须保证一切与案件有关或者了解案情的公民,有客观地充分地提供证据的条件,除特殊情况外,可以吸收他们协助调查。对一切案件的判处都要重证据,重调查研究,不轻信口供。只有被告人供述,没有其他证据的,不能认定被告人有罪和处以刑罚;没有被告人供述,证据确实、充分的,可以认定被告人有罪和处以刑罚。按照监察法规定,严禁以威胁、引诱、欺骗及其他非法方式收集证据,严禁侮辱、打骂、虐待、体罚或者变相体罚被调查人和涉案人员。由于腐败犯罪主体是国家公职人员,有的还是领导干部,他们利用职务上的便利实施腐败犯罪活动,往往事前有预谋、有策划,事后又订立攻守同盟,反调查、反侦查的能力比较强,规避法律的水平高,并且关系网复杂、保护层厚。对于这类犯罪,既不容易被发现,收集犯罪证据的难度也大。为保证准确、有效地打击腐败犯罪,做到既不放纵真正的罪犯,又不使无罪的人枉受法律追究,就必须坚持以事实和证据为根据、以法律为准绳。以事实和证据为依据,就是处理案件时,只能以已经取得的案件证据所证明的客观事实为依据,不能凭主观臆断臆造。严禁刑讯逼供,就是对被调查人或者腐败犯罪嫌疑人、被告人严禁使用肉刑或者变相肉刑的方式方法逼取口供。办案实践中,应当注意把握以下环节和方面:

一是认真对案件进行分析和处理。坚持从案情实际出发分析案情,确定调查或侦查的方向和范围,制订调查计划或者侦查计划,动态把握调查或者侦查的走向,并及时调整调查计划或者侦查计划和工作方案,正确指导调查或者侦查活动。案件处理时,应当以收集的证据和查证的案件事实为依据,忠于事实真相,切忌凭主观愿望和臆断取舍证据,甚至搞执纪执法中的各取所需。二是重调查研究。既重视物证、书证、证人证言、被害人陈述和鉴定意见等各种证据的综合运用,也重视被调查人或者腐败犯罪嫌疑人、被告人口供,但不轻易听信口供甚至迷信口供,应当从证据的实际出发,全面揭露和证实腐败犯罪事实。凡是对案件定性、量刑、证明违法所得等具有实际意义的证据材料,都必须收集和调取,做到不能仅凭某个案件情节或者部分案件材料下结论、作处理。收集和调取证据时,应当充分借助视听技术、信息数码技术等现代科技手段固定证据。坚决杜绝逼供信,做到全方位地收集和调取有罪、无罪、罪重和罪轻的证据,包括定性证据、量刑证据、证明违法所得的证据、证明调查取证合法性的证据、证明调查程序合法性的证据以及证明羁押必要性的证据等证据材料。审核收集和调取的每一个案件证据,应当注重分析各证据之间的有机联系,把握证据与案件事实之间的内在联系,做到去粗取精,去伪存真,排除矛盾。加强对证据客观性、相关性的分析和正确判断,及时排除采用刑讯逼供等非法手段获取的非法证据。三是禁止刑讯逼供。强调不依赖口供,不等于不重视口供,而是应当根据案件情况的实际,既重视口供在破案中的作用,又不能迷信口供、只注重口供,盲目夸大口供在破案中的作用。办案人员应当多动脑筋、多想思路,通过提高审讯水平突破案件,严禁动手打人甚至刑讯逼供,防止冤假错案发生。总之,应当根据有关法律规定开展调查或者侦查活动,同时应当依照业经查清的犯罪事实以及依法获取的案件证据,准确判断罪与错、罪与非罪、此罪与彼罪、罪重与罪轻以及如何处罚等问题,确保定性准确,罚当其罪。

(九) 坚持科学发挥刑罚功能和刑事政策惩防功能

从反腐败司法实践看,刑罚具有防治腐败的特殊功能。这种特殊功能的发挥,与反腐败司法政策实施密不可分。实践表明,只有及时有效地揭露和证实腐败犯罪,形成"天网恢恢、疏而不漏"的威慑效应,使作奸犯科者感到危险随时降临,才能震慑腐败分子,警戒那些手脚不干净者、内心不安分守己者,教育广大公职人员奉公守法。反腐败斗争持续健康深入发展和高压态势持续保持,客观上需要保持政治定力、战略定力、责任定力,既不能搞成人人自危,又必须提高作案犯科者的机会成本,增加搞腐败的风险。实践表明,反腐败司法政策的运用和刑罚功能的惩防效用都不可或缺,重点是把握以下环节和方面:

一是强化刑罚的确定性和及时性。刑罚的确定性,实质是有罪必罚。只要发生了腐败犯罪,就必须受到刑罚惩罚,任何人都不能逃脱法网。意大利学者、"刑罚学之父"贝卡里亚在其名著《论犯罪与刑罚》中指出,对于犯罪最强有力的约束力量,不是刑罚的严酷性,而是刑罚的必定性。这种必定性,要求司法官员谨守职责,法官铁面无私、严肃认真,而这一切只有在宽和法制的条件下才能成为有益的美德。列宁在制止犯罪的有关论述中,重述贝卡里亚这句话所包含的道理:惩罚的警戒作用,决不是看刑罚的严厉与否,而是看有没有人漏网。重要的不是严惩罪行,而是使所有的罪案都真相大白。刑罚的及时性,实质是指在犯罪发生之后,刑罚应在尽可能短的时间内迅速实现。这既能减少对被调查人或者腐败犯罪嫌疑人精神上和肉体上的折磨,体现司法的公正性,而且对发挥刑罚威慑力也颇有裨益。二是正确运用区别对待政策。没有区别就没有政策。从策略上讲,应当善于分析腐败犯罪的危害性和行为人主观恶性大小,找出其中差别,按照囚徒博弈原理,调动好、利用好腐败分子特别是群体化、团伙化腐败分子之间所隐藏的矛盾。比如对主犯与从犯、情节严重与情节轻微的被调查人或者腐败犯罪嫌疑人、积极配合调查或者侦查与拒绝交代问题等被调查人或者腐败犯罪嫌疑人,都要有区别地运用调查或者侦查的谋略和方法,分化瓦解涉案人之间攻守同盟,突破窝案串案,有力打击腐败犯罪整体链和共腐关系圈,增加反腐败整体效果。三是实行惩办与宽大相结合。深入分析和掌握被调查人或者腐败犯罪嫌疑人投案自首、坦白交待、积极退赃,特别是检举揭发、有立功表现等从轻减轻情节,或者拒不归案、拒不坦白、拒不退赃等从重情节,实行有严有宽、点面结合,严在点上、宽在面上,做到宽大不能无边、严惩不能无度,从而达到打击极少数、教育挽救大多数的目的。

（十）坚持司法质量和司法效果为本

反腐败司法办案的质量和效果既是"搞准"的体现,更是反腐败司法工作生命线。统一规范调查或者侦查、公诉、审判、刑罚执行等程序,以及调查或者侦查、公诉、审判、刑罚执行等活动,实行办案工作绩效评估、奖罚分明和问责追究的动态管理制度,提高调查或者侦查活动法治化水平。一是加强办案全程管理。对案件线索的受理、立案、调查、调查终结、办案人员出庭作证或者侦查、公诉、审判、刑罚执行等各个环节,都应加强动态管理,既防止案件流失和办"人情案"、以案谋私,又及时纠正和克服一见案件线索就抓人等错误的司法思想和传统做法。二是加强调查或者侦查活动管理。对每一个调查或者侦查行为都应加强动态管理,防止消极怠工,纠正和克服随意性办案,包括随意传唤、随意拘捕、随意搜查、随意延长办案期限和随意划扣与犯罪无关钱款等不当做法甚至违法违纪办案行为。三是加强案件质量和办案效果管理。对案件证据、调查或侦查力度和深度、判决轻重、裁决执行情况,以及调查或者侦查、公诉、审判、刑罚执行等行为文明程度和人民群众反响程度等,都应进行动态调查、了解掌握、发现问题、及时处理。四是加强风纪管理。既关心和爱护调查或者侦查、公诉、审判、刑罚执行等办案人员,也要防止办案人员违规违纪甚至违法办案行为发生。对调查或者侦查、公诉、审判、刑罚执行中出现的失误、违法违规办案甚至徇私舞弊等行为,必须严肃依照纪律、制度和法律进行处理,绝不姑息。五是加强办案绩效考核。通过办案业绩考核,做到奖优罚赖,树立先进典型示范导向,推动办案工作深入开展。六是落实好责任制。根据有关规定,司法责任主要包括故意违反法律法规责任、重大过失责任和监督管理责任。① 对于办案活动中出现应当承担责任情形的,应当按照"一案双查"要求,及时调查核实,一经查实,该追究责任的必须严肃处理。在追究办案人员责任的同时,应当着力抓好问责制度落实,做到权责清晰、功过分明,问责到位、导向正确、奖罚有力有度、确保实效。

---

① 参见《最高人民检察院关于完善人民检察院司法责任制的若干意见》,《检察日报》2015年9月29日。

第四章　反腐败司法决策

反腐败司法决策,是反腐败司法活动的起始点。建立科学的反腐败司法决策机制,提高反腐败司法办案的规范化、科学化、法治化和民主化水平,既是依法履行反腐败职责、充分发挥反腐败司法职能作用的基础,也是坚决贯彻执行党和国家的反腐败斗争基本理论、基本路线、基本方略的重要保证。

第一节　反腐败司法决策基本要素

一、反腐败司法决策的概念和任务

决策,即"作出决定"。现实社会生活中,人们需要作出决定的事情很多,反腐败司法工作也不例外。所谓反腐败司法决策,属于反腐败管理范畴,是指针对反腐败司法活动涉及到各类事项或者问题所进行的决定活动。详言之,反腐败司法决策是指办案机关及其领导层,根据党和国家的政治原则、反腐败政策和党内法规、国家法律赋予的反腐败职责,针对反腐败司法工作面临的任务和问题,为实现预期的反腐败目标,采用一定的科学理论、方法和手段对实际情况进行了解、分析、评估,运用战略思维、创新思维、辩证思维等对反腐败司法工作方案进行设计、选择和组织实施等活动。反腐败司法决策活动有大有小,大到对反腐败司法工作涉及到反腐败斗争的基本理论、基本路线、基本方略等重大问题或者事项的决策,小到调查、询问、取证、调取有关单位证据资料等具体司法办案事项的决策。

正确理解和把握反腐败司法决策的含义,可从以下方面展开:一是反腐败司法决策的性质。反腐败司法决策是一项管理活动,是运用战略思维、创新思维、辩证思维等进行预测活动的动态过程,具有很强的针对性和实践性。二是反腐败司法决策的目的。反腐败司法决策,目的在于解决办案工作中的特定任务或问题,实现预期的办案目标。这个目标是一个体系,既可能是阶段性的目标,也可能是持续性、不间断的目标甚至整体目标。三是反腐败司法决策的依据。办案中主要是根据党和国家的政治原则、反腐败政策、党内法规和国家法律,因而具有很强的政治性和法律性。在不同的历史阶段,反腐败司法决策的依据将会发生相应的变化。四是反腐败司法决策的程序、方式和措施手段。反腐败司法决策在程序、方式和措施手段等方面均有明确规定并有规律可循,因而是一项科学的调查研究活动,也是一项重要的司法管理活动。五是反腐败司法决策的基本特性。从整体上讲,反腐败司法决策集政治性、司法性、实践性和风险性于一体,统一于反腐败活动全过程。

二、反腐败司法决策的主要特点

反腐败司法决策作为决策的一种,既具有目标性、预测性、选择性和风险性等决策的一般特点,也具有自身的独有特征。

(一)鲜明的政治性

反腐败司法决策的政治性,是由反腐败司法工作所承担职能的性质和反腐败斗争客观要求所决定的。监察机关和司法机关是治国理政的重器,也是国家治理与社会治理的重要机构和上层建筑,谋划和部署反腐败工作或者反腐败司法工作,都必须围绕党和国家大局、实现反腐败工作的政治任务而展开,反腐败工作主题和任务也必须符合党和国家的政治原则、政治实践和政治要求。在新时代,反腐败工作任务和要求应当随着党和国家中心任务的变化而变化,由强调单纯打击腐败犯罪转变到巩固党执政的政治基础、维护党和国家政权安全、实现党的执政使命上来,转变到维护社会大局稳定、促进社会公平正义、保障人民安居乐业、满足人民美好生活需要上来,所有办案工作部署和计划方案的制定、选择和组织实施等反腐败决策活动,都要围绕实现这样的政治任务、政治要求和政治目标而进行。

(二)严密的规范性

反腐败司法工作针对腐败犯罪而展开,查办腐败犯罪案件的活动以国家强制力为后盾。反腐败司法决策作为决定办案活动的总钥匙,应当严格依法规范进行,避免和防止随意性。具体地说,反腐败司法决策的规范性主要体现在以下方面:

1. 反腐败司法决策的法定性。反腐败司法活动的范围、内容、方式、手段及后果等,都应当从法律上加以明确规定,比如,调查措施或者侦查措施及其运用,都应当由国家法律明确规定并予授权。

2. 反腐败司法决策的程序性。比如,对腐败犯罪进行调查等办案措施的运用,都应按照一定的程序进行。如果对这些措施的使用,不按照程序或者超越程序,那么其所获取的证据材料或者作出的结论、决定等,在法律上就将打折扣甚至无效,最终影响办案的质量和效果。比如,办案机关认为某嫌疑对象符合立案条件,需要决定立案调查,都有明确具体的程序规定,有的需报经本部门及本单位主要负责人批准,有的需集体研究决定,甚至有的需要履行相关请示报告手续等等。如果不履行相关的手续和程序,就直接对某一对象作出立案调查的决定,这是不允许的。

3. 反腐败司法决策的制度性。比如办案机关的办案资源配置及其运用,需要依照法律规定,制定相应的具体制度,比如立案调查或者侦查审批制度、选择运用调查或者侦查措施的制度、调查或者侦查组织指挥制度、办案安全防范制度、监察机关调查后移送检察机关提起公诉制度等等。没有办案制度,就没有反腐败司法活动的规范运行,也就难以避免违规违纪甚至违法办案等问题的发生。总之,反腐败司法决策活动的制度化,是反腐败司法活动规范有序进行的条件和保证。

(三) 高度的时效性

各种决策活动,都有时效上的要求。对于反腐败司法决策来说,时效上的要求更具有特殊性。法律上对于腐败犯罪的调查或者司法办案活动的规定和要求是十分严密的,比如对腐败犯罪的调查或者侦查活动,包括决定立案调查或者侦查、采取强制措施等,都有十分明确而细致的时间要求。超过了法律规定的时间,腐败犯罪的调查或者侦查活动就可能失去法律上的效力,影响调查或者侦查的结果。从实践看,腐败犯罪调查与反调查或者侦查与反侦查活动的信息瞬息万变,并直接影响调查或者侦查成败。同样的,腐败犯罪案件公诉、审判等也有严格时效要求。这要求办案机关尤其是其决策者必须强化时效意识,特别是在对于腐败犯罪案件立案调查或者侦查与否、组织追逃缉捕与否、公诉与否、审判活动的组织和实施等进行决策时,应当果断,防止超过诉讼时效,避免贻误时机,促进和保证对腐败犯罪的调查以及司法办案职能的充分有效发挥。

(四)很强的实践性

反腐败司法决策的根本任务,是解决对腐败犯罪的调查或者司法活动中遇到的实际问题,包括完成办案工作任务、解决办案活动中遇到的困难和问题等。这要求决策活动必须紧贴反腐败司法实践,着眼于解决实际问题。比如制定反腐败司法决策方案时,就要求办案机关对依法开展办案活动、加强办案管理等进行预先计划,对腐败犯罪的调查以及司法办案活动的目标、方法、手段、结果等,进行反复论证然后作出选择。这种选择应着眼于反腐败司法实践,充分考虑反腐败司法活动各种因素,全面权衡办案需要与现实可能之间的关系,突出针对性和可操作性,并经得起实践的检验,为办案人员提供指向、路径和规范要求,从而具有十分明确的指引性和目的性。

(五)一定的风险性

反腐败司法决策既有战略上的宏观决策,又有战术上的微观决策。但无论是宏观决策还是微观决策,都需要对腐败犯罪的调查以及其他办案活动的具体部署和活动进行宏观上的评估,或者对案件线索是否成立、案件能否侦破等进行微观上的分析,在此基础上才能作出正确的决定。就腐败犯罪案件的调查或者侦查来说,在这个阶段,由于评估所依据的证据和事实还不能完全确定,因而在尚不确定的事实和证据面前作出的决定,客观上将存在一定的风险。从宏观上讲,由于对腐败犯罪的调查以及其他办案活动不仅仅是司法问题,从某种意义上说更属于政治任务。既然是政治任务,就将具有一定的风险,并且这种风险来自政治博弈。从微观上讲,通过事实之间的常态联系进行科学决策,是发现腐败犯罪、启动案件调查或者刑事追诉程序的起点。由于对腐败犯罪的调查以及其他办案活动特别是调查、侦查活动属于追究事后行为的执纪监督和司法活动,主要目的是通过收集证据的方式和途径,对腐败犯罪活动进行复原。既然是复原性活动,就会出现复原不完全、复原有缺陷等情形。因为对腐败犯罪事实,往往难以复原到与腐败分子实施腐败犯罪事实一模一样的状态。如果用已复原的证据不能达到指控犯罪的标准和要求,案件就将可能被撤销或者被判处无罪,这意味着将承担办案工作被否认的风险。换言之,这种风险是立案调查或侦查的腐败犯罪案件所面临被撤销或者被判处无罪带来的纪律责任和法律责任等风险。

三、反腐败司法决策的作用和意义

反腐败司法决策是反腐败司法管理重要一环,在反腐败司法管理中具有重要的地位。实践表明,反腐败司法决策水平高,反腐败司法管理能力就强,腐败犯罪的调查以及其他办案活动就会取得明显成效。反之,反腐败司法水平低,腐败犯罪调查以及其他办案活动就可能出现这样那样的失误,甚至影响和制约反腐败司法工作。反腐败司法决策贯穿于反腐败司法管理活动全过程,并且在反腐败司法管理中处于先导、核心和关键作用,甚至关系到反腐败司法工作成败。

(一) 反腐败司法决策是反腐败司法管理的一项重要基础职能

司法实践表明,办案机关任何层级的领导者,甚至办案小组负责人及具体办案人员,都离不开决策,并且需要时时处处做决策。从某种角度讲,办案机关领导层的根本职责,就是研究制定办案工作规划、贯彻落实上级决定部署、组织管理和使用办案力量等,其主要精力应围绕上述职责进行谋划部署。而履行好这些职责,必须以决策为基础。离开了决策,就将一事无成。反腐败司法决策的水平高、能力强,调查以及其他办案活动就会井然有序,反腐败司法管理活动就会高效,办案效果也就会得到强化。

(二) 反腐败司法决策是反腐败司法管理职能的核心环节

办案机关的决策者在日常工作和管理中,将会遇到各种各样的问题和任务,并且需要及时作出决定。比如决定对腐败犯罪嫌疑人进行立案调查,就将涉及办案组织的建立,管理目标的设定,办案绩效评价体系的构建,人财物合理使用等调查办案保障活动,而对于这些活动,需要通过行使管理职能来实现,也就离不开决策。从某种意义讲,这些管理活动实质是决策、执行、再决策、再执行的循环往复过程。

(三) 反腐败司法决策是关系反腐败成败的关键

反腐败司法决策特别是高层决策,为反腐败斗争永远在路上制定目标、指明方向以及明确任务、措施和方法要求发挥至关重要的关键作用,决定着反腐败斗争成败。随着经济社会进一步发展变化,各种矛盾纠纷层出不穷,其中不少与腐败犯罪有关。解决这些问题和矛盾,关键是正确决策。正确的决策,将引导反腐败斗争正确前进并最终取得压倒性胜利;错误的决策,将导致反腐败斗争停滞不前甚至遭受挫折。这进一步表明,反腐败司法决策具有极端重要性。

第二节　反腐败司法决策原则和方法

一、反腐败司法决策原则

所谓反腐败司法决策原则,是指办案机关在办案过程中进行决策所必须遵循的带有根本性的依据和行为准则,是保证反腐败司法决策的正确方向和取得实效的重要保证。反腐败司法决策的实质是反腐败司法决策付诸实施前运用逻辑论证的方法,对反腐败司法决策进行初步检验的过程。具体地说,反腐败司法决策应当遵循以下原则:

(一) 政治原则

这是保证反腐败司法决策正确方向所必须遵循的首要原则。反腐败司法是一项重要的国家职能,对于打击腐败犯罪、巩固党的执政基础和执政地位、维护政权安全和国家安全、维护人民权益和对美好生活的向往等具有重要意义。要保证反腐败司法工作方向的正确性并取得实效,首先是基于正确的决策。如果决策失误,反腐败司法工作无论是宏观上还是微观上,都将会失去方向,办案效果也会发生偏差,反腐败工作就达不到预期效果。这就要求反腐败司法决策必须遵循政治原则,按照党和国家关于反腐败斗争的基本理论、基本路线、基本方略,开展反腐败决策目标的确定、方案的选择、结果的评价等活动,确保及时有效地实现反腐败司法目标。

(二) 科学原则

这里所讲的科学,实质是客观规律上的要求,即要求办案机关的领导者在决策时,应当紧密结合反腐败职能和司法工作实际进行。第一,坚持从决策对象的实际出发,认清决策对象的规律,包括司法办案与反调查、反侦查活动的规律和特点。第二,坚持从决策环境的客观实际出发,理顺决策主体之外与决策相关的各种关系、条件和要素,注重司法环境和办案氛围的营造,比如把握立案条件、调查或者侦查时机、案件移送时机等。第三,坚持从决策主体的实际出发,做到量力而行,不能好高骛远,脱离实际,最终使决策措施落不了地。第四,坚持从腐败犯罪调查或者侦查规律出发,增强决策的针对性和实效性,优化反腐败司法环境和办案效果。

（三）民主原则

民主决策,就是加强调查研究,采用多渠道吸收和发挥智库的作用和一线办案人员的智慧,充分重视运用智囊组织的研究、论证、咨询、参谋职能,充分吸收运用各层级的办案机关及其工作人员,以及这些机关以外的外部人员的智慧,提高反腐败司法决策的准确性、执行力和实际效果。比如建立专家咨询机制,选择邀请政治、经济、金融、证券、社会、自然科学以及法律等领域有一定造诣的资深专家,就反腐败司法工作重大发展战略、涉及特殊领域专门知识、重大疑难复杂案件办理、司法解释以及具有重要指导意义的规范性文件制定等问题,采用召开会议、专题咨询论证、个别咨询等方式,认真听取专家咨询意见。实践表明,没有决策的民主化,就不能广开言路,就谈不上尊重司法经验和司法规律,也就没有决策的科学化。无论是反腐败司法活动还是其他社会活动,采用民主决策是当代决策理论、决策理念、决策方法发展的重要趋势,也是由经济社会发展日益复杂化所决定的。实行民主决策,可以使更多的智慧聚合,使更多的科学知识、科学的方法手段进行整合运用,也可以增大反腐败司法决策的开放程度,从而更容易被社会大众所理解、所接纳。需要指出的是,民主决策不排除由少数领导层成员自主决断的情形,比如对具体案件立案调查等,由于涉及保密等原因,更多的时候对关键问题的决策,仍然由少数领导层成员自主决断。

（四）依法原则

法律和政策是办案机关开展反腐败司法活动的基本依据,也是实施反腐败司法决策的基础和前提。实施反腐败司法决策,应当将依照法律与依照政策有机结合,具体把握以下方面:第一,决策主体合法。任何反腐败司法决策,都不能超越宪法、法律以及现时政策赋予腐败犯罪的监察机关或者司法机关的权限,防止越权决策。第二,决策内容合法。任何反腐败司法决策,内容、形式都不能违反法律规定和现时政策精神。第三,决策程序合法。任何反腐败司法决策,都需要经过一定程序,该报告的报告,该请示的请示,该审批的应当及时报批。第四,决策责任法定。任何反腐败司法决策,都应对决策后果承担相应的责任。决策的责任应当明晰,不能模糊不清、语焉不详,否则就难以保证全责决策、高效决策和优质决策。

（五）优选原则

优选决策,是现代决策的一个重要特点和要求。任何反腐败司法决策,都应注意设计多种司法工作方案,保证有若干种备选方案,并且不同方案之间应有重大区别,具有各自鲜明的个性,否则难以区分优劣。这是优选原则的核心内容。实践证明,只有对精心设计的多种方案进行比较和选择,才能找到最佳的方案。对多种决策方案,在选择过程中应当进行科学的评估、论证,必要时应征求有关公民、部门及专家的意见,力求决策准确有效。但对具体案件的司法决策,由于一般情况下需要保密,应当依法进行,不可超越纪律和法律规定而扩大知情范围。

（六）风险原则

反腐败司法活动的风险是相对的,司法决策必须依据客观事实进行。为此,应注意把握以下几点:第一,全面。尽可能完整了解和掌握办案中可能涉及的各种情况,对各类具体个案信息应全面收集、取舍,从而保证决策的准确性。第二,慎用。由于风险决策事关腐败犯罪嫌疑人的人身权利等合法权益,在决策时如果对所掌握的案件线索或者证据进行"盖然性"的分析判断,就不一定完全属实,可能存在风险,这要求留有余地,慎重处置。第三,兼听。常言道,兼听则明,偏听则暗。办案人员在实行风险决策时,既要听取相关各方的意见和建议,如果条件具备,还应听取被调查对象甚至犯罪嫌疑人的意见,尔后依法决策,实现打击腐败犯罪与保障人权的有机统一。

（七）其他原则

比如,协调原则,要求实行司法决策时着眼于大局观和全局观,不可顾此失彼;系统原则,要求实行司法决策时系统地看问题、做决策,统筹兼顾局部与全局、眼前与长远以及局部之间等重大关系;前瞻原则,要求决策者对司法决策实施后可能出现的问题进行预测和防范,做到防范于未然;反馈原则,要求司法决策实施后,决策的执行者应当及时向决策者反馈等。

二、反腐败司法决策分类

反腐败司法决策有广义和狭义之分。狭义的反腐败司法决策,是指微观上、战术性的决策,比如办案机关的决策者对某项特定司法活动或者具体个案办理方案的选择,亦即通常所说的"拍板"。广义的反腐败司法决策,是指宏观上的或者专项行动的决策,比如办案机关的决策者对反腐败司法工作宏观策略或者专案行动的调查或者侦查方案、调查计划或者侦查计划的设计、选择和实施全过程的思维活动。

按照不同的分类标准,反腐败司法决策有不同的类型,主要可以分为以下几种:

(一) 按照反腐败司法决策模式不同进行的分类

反腐败司法决策是一种动态活动过程。由于反腐败司法活动涉及对象的多样性和多变性,反腐败司法决策活动也显得千变万化。从行为主义革命的角度讲,对于决策活动的一项重大贡献,就是补充和丰富了各种决策活动的模式。从反腐败司法决策模式看,主要可以归纳为以下几种:

1.理性决策模式。这种决策模式强调办案机关的决策者在作决策时,应当根据对已有资料的掌握、了解和分析,最终作出合乎理性的决定。所谓理性,是指选择运用评价行为后果的某一个价值体系,从中选择符合实践需求、令人满意的办案备选行动方案。实行理性决策,主要途径如下:一是寻找备选方案。在作决策前,应全面查找可供备选的行动方案。二是研究分析每一种备选方案可能出现的全部结果。三是具备一套可供指导选择备选行动方案的价值体系工具。理性决策模式是最为理想的模式,但实践中往往做不到。比如,在反腐败司法实践中,对具体个案的调查或者侦查开始之初,办案机关所掌握的有关案件信息及其具有调查或者侦查价值的信息往往少之又少,信息处于严重不对称的状态,而优势往往在被调查对象或者侦查对象一方。随着调查或者侦查活动逐渐深入,信息量随之增多,最终形成办案机关所掌握的信息量远远多于被调查对象或者侦查对象一方,形成调查或者侦查一方的信息多于被调查或者侦查一方等新的信息不对称状态,从而对腐败分子产生压力,有利于促使监察机关或者司法机关突破案件,揭露和证实腐败犯罪事实。总的来说,实行理性决策模式,其主要特点是附条件,比如对被监督对象一方违

法履职拥有一定量的信息,方能使决策者拥有衡量各种决策变量的条件和能

力等。一般来说,理性决策模式并不常见,最主要的原因在于这种模式对决策信息量的要求比较严格,需要一定数量的决策信息作基础,而实践中通常做不到。

2.渐进决策模式。渐进决策,是以当下决策为基础,实质是对过去决策的一种修正。这种模式的主要特点是充分考虑决策条件的复杂性和决策信息量的不完整性或者有限性,认为可以在确定清晰的目标特别是具体目标之前,先制定一个大致的司法工作方案即进入实施阶段,随后根据环境和条件的变化进行相应的调整和修改。但这种决策模式的缺点主要体现为:一是信息不全面,一旦进行风险决策,容易出现失误。二是存在对案件信息进行预测的成分,不能完全保证决策的准确性。三是在信息不完全情况下进行,对于反腐败司法活动的指导和引领往往可能多变,甚至可能影响办案人员的办案思路和办案效果。

3.综合决策模式。这种决策模式是对渐进决策和理性决策的综合,克服了理性决策模式的过多理想成分和渐进决策模式善变多变的缺点,形成相对合理并有成效的决策模式。其中,以综合观察决策模式之影响力最大。这种决策模式的主要特点:一是运用渐进决策模式分析一般性的决策因素,在此基础上运用科学决策模式,重点分析决策者认为最重要的特殊要素,既可以避免忽略基本的决策目标,又可以保证对最重要问题的深入研究。决策实践表明,如果对于某一项办案活动由于现有资料信息的不充分,决策时就要做到既慎重又积极,否则就会处于被动。综合决策模式的特点主要有:一是重视试点,在取得经验的基础上逐步推开。二是先易后难,循序渐进。三是边实施边总结。四是慎重初战,务求必胜。五是分类指导,不搞攀比。

(二) 按照决策的性质、层级、目标等不同进行的分类

按照不同的标准,对反腐败司法决策可以分为以下几类:

1.战略决策和战术决策。这是按照问题的性质和作用进行的划分。一是战略决策。这种决策带有总体性、方向性、长远性,主要解决反腐败司法工作的方针、政策、发展方向和愿景规划等重大问题,涉及面广,涉及因素多、影响大,带有全局性。二是战术决策。这种决策是为实现战略决策比如解决司法政策等某一类问题,或者突破具体个案等某一具体司法办案问题所进行的决策活动。

2.高层决策和中层决策、基层决策。这是按照决策的组织层次进行的划分。一是高层决策。这种决策由中央层面的决策者所作,带有全局性、整体性和长远性。二是中层决策。这种决策是由地方党委、办案机关的领导集体所作,比如省级及以下相关机关决策者所作的决策,通常涉及地区性、局部性,或者贯彻落实高层决策,确定本地区、本部门在某一时期、某一阶段的主要任务和目标等,主要体现为中观决策、战术决策和微观决策。三是基层决策。这种决策是由基层党委、办案机关所作,着眼于反腐败司法的具体实战问题,是贯彻落实高层决策、中层决策的实战决策,一般体现为战术决策和微观决策。

3.单项决策、多项决策和综合决策。这是按照决策目标多寡进行的划分。一是单项决策。这种决策只有一个目标,适用于解决相对简单的某一问题或者任务。比如对腐败犯罪具体个案是否决定立案调查或者侦查等。二是多项决策。这种决策是针对多项目标进行的,各目标之间可能存在矛盾,需要多角度、全方位进行考虑决定。比如制定一个办案专项行动方案,可能涉及多个部门、领域或者多方面的政策和法律问题等。三是综合决策。这种决策的目标是复杂的或者综合性的,各目标之间相交织或者相矛盾,需要运用系统论进行统筹考虑、贯通解决。比如制定反腐败斗争的方针策略,强化不敢腐的震慑,扎牢不能腐的笼子,增强不想腐的自觉,推动实施"不敢腐、不能腐、不想腐"战略实施,等等。

三、反腐败司法决策方法

反腐败司法决策方法是指在决策过程中,办案机关的领导机关及领导者作为决策主体,为完成反腐败司法工作的决策目标和任务所采取的步骤、规划、程序和手段等总和。从决策实践看,常用的反腐败司法决策方法主要有以下几种:

(一)信息决策法

信息决策法,就是对信息的收集、整理、预测和运用。主要包括以下一些具体的方法:一是调查。这是决策常用的技术方法,比如抽样调查、全面调查、重点调查、典型调查和个案调查等。二是观察和访问。这里的观察是从反腐败司法实践中获得决策对象资料的基本方法,根据特定的目的,利用人们的感官和观察、分析器材特别是信息技术、网络技术器材对处于自然状态下的观察对象进行考察、收集信息的方法;这里的访问与观察的含义相近,但也有区别,主要包括面对面交谈等直接访问方法和电话访问、问卷、网络调查、网络监测分析等间接访问。三是实验和试验。这里的实验,即收集决策所需的有关信息以及对决策方案进行检验、修正等;这里的试验,就是促使决策方法落地,适用于反腐败司法实践。四是预测。包括意见集中法、专家调查法、指标预测法和扩散指数法等定性预测方法,以及时间序列预测方法、因果关系预测方法、趋势特点预测方法等定量预测法。

(二) 确定性决策法、不确定性决策法和风险决策法

这是按照决策结果的确定程度进行的划分。一是确定性决策法。这种决策的结果是确定的,是在确定性的结果中选择,是比较容易的。就是说,只有一个决策方案和一个决策结果,并且事先是知道的。比如对腐败犯罪案件提起公诉,已经知道其符合构罪要件并将被判处有期徒刑等。但需要注意的是,这种所谓确定性是相对的,绝对的确定性是不存在的。比如有些腐败犯罪案件即使提起公诉,也可能因证据发生变化而影响有罪判决等。二是不确定性决策法。这种决策是在各种决策要素和信息无法全部测定的情况下,依靠决策者的心理素质系统运用经验而作出的,对于结果事先是无法确定的。比如对腐败犯罪案件的调查或者侦查过程中发生重大办案安全事故,一旦方法不当,就有可能使局面失控,因而在决策时应予慎重,切忌轻率莽撞,可以备用若干套方案,并及时进行调整。三是风险决策法。这种决策介于确定性与不确定性决策之间,根据历史资料和经验,考察其不确定性的程度,对其不同状况出现的概率进行预计,据此选择一种决策方案。需要指出的是,一个决策方案可能有多种不同的结果,但总的结果是可以预见的。比如对某一腐败犯罪案件决定立案调查或者侦查,在对被调查对象或者侦查对象的信息掌握不全面的情形下,如果根据以往经验进行判断或者情势紧急,可以确定被调查人或者腐败犯罪嫌疑人实施了腐败犯罪,对此就需要风险决策。特别是对其是否决定留置、是否移送审查起诉和提起公诉、是否采取刑拘、逮捕等强制措施或者予以释放等,往往均须采用风险决策方法解决问题。

(三) 系统决策方法

这里的系统,是指为完成反腐败司法工作目标,而由各种办案要素相互联系组成的、具有一定内部结构和一定功能的司法工作有机体。从操作层面讲,系统决策方法是以反腐败司法工作有机体为基础,统筹反腐败司法工作全局,强调反腐败司法工作整体与部分的联系,结合运用分析和综合方法,定量描述、分析反腐败司法决策对象的运动状态及规律,比如腐败犯罪的特点和规律,作出办案工作最佳的决策方案等。系统决策方法具有总体性、综合性和最佳化等特点。

(四) 控制论

这是自动控制、数理逻辑、统计力学、电子技术和无线电通信、工程学、生理学以及信息技术、网络技术等自然科学、社会科学技术相互渗透、融合的产物,以反馈理论、通信理论和信息理论为基础,将功能模拟法、反馈法与系统方法、信息方法等科学方法运用于反腐败司法决策之中。从反腐败司法实践看,这些方法对于加强和改进反腐败司法决策,提高决策水平和决策效果等具有重要作用。

(五) 博弈论

博弈论又称对策论,是模拟和仿真的方法,是解决多个决策者如何行动的理论和方法工具,而不是对抗。博弈论与反腐败司法工作紧密相关。"囚徒博弈"就是典型的博弈实例。按照博弈论原理,任何决策都是相关要素之间的一种函数,也就是包含应变量和自变量之间的逻辑关系。博弈的条件主要包括:一是参与博弈的所有各方都是独立行为者;二是有多个可选方案;三是事先规定方案选择的次序和规则;四是博弈的得失明确,并且通过博弈的方法进行调整并实现参加博弈各方的共赢。将博弈的原理运用于反腐败司法决策之中,需要符合以下条件和要求:一是具备反腐败司法决策所需的各种调查信息;二是一个支付函数即获益水平,也就是最佳反腐败司法决策方案的效果最大化;三是博弈的结果,即一个获益的集合;四是达到均衡。通过博弈实现共赢,也就是对选择最佳决策方案的共识。博弈论在对腐败犯罪个案是否决定立案调查或者侦查、提起公诉、公开审判、刑罚执行等实践中运用较多。

(六) "六帽法"(Six thing hats)

"六帽法"是当今世界先进的思维方法之一,是英国学者爱德华·德·波诺(Edward de Bono)开发的一种思维训练模式即全面思考问题的模型,提供了"平行思维"的工具,避免将时间浪费在互相争执上。将"六帽法"运用到反腐败司法工作之中,对于创新法治思维、提升司法方法、增强司法效益等具有十分重要的作用。"六帽法"强调"能够成为什么"而非"本身是什么",这是寻求一条向前发展的路,而不是去争论谁对谁错,促使混乱的思考变得更为清晰,使决策团队中无意义的争论变成集思广益的创造,使每个人变得富有创造性。创造这种方法的爱德华博士认为,任何人都具备六种基本思维功能,并将这六种功能用六顶颜色不同的帽子作比喻,即用白色、黄色、黑色、红色、绿色和蓝色分别代表不同的含义。这种方法是当下全球被广泛推广应用于各种社会实践中的决策管理方法,基本原理可以运用到反腐败司法决策之中。这里以调查为例,简要介绍"六帽法"在反腐败司法决策中的运用(见图4-1)。

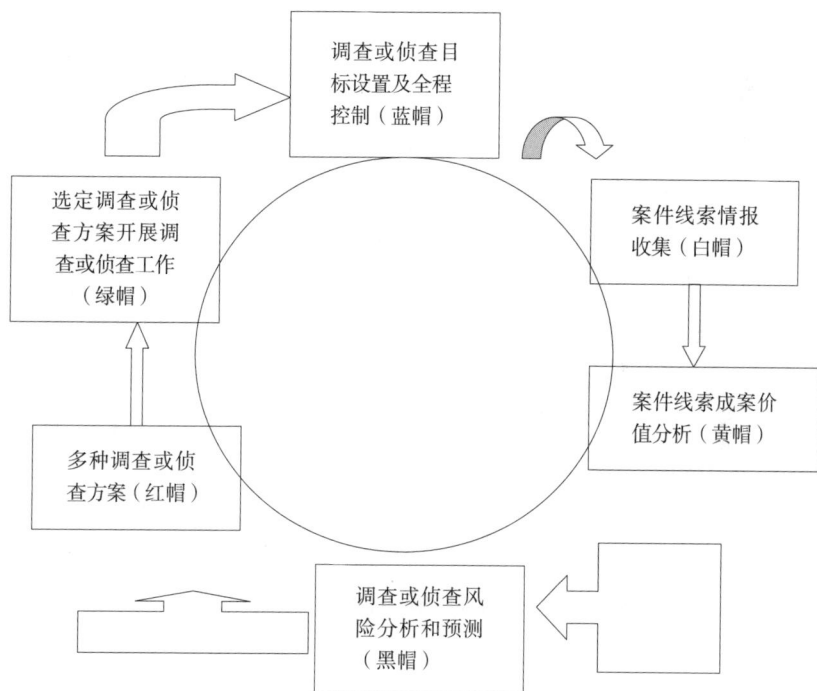

图4-1　"六帽法"决策示意图

1.了解掌握客观真实的情况,即白帽子。白色是中立、客观,代表事实和资讯,中性的事实与数据帽,处理信息的功能。反腐败司法工作的一条重要原则是客观公正。对于反腐败司法决策来说,首要的任务是了解掌握客观真实的情况。

2.正确对客观情况进行价值判断,即黄帽子。黄色是乐观,代表与逻辑相符合的正面观点,识别事物的积极因素的功能。对于反腐败司法决策来说,就是首先要对已经掌握的决策信息按照一定逻辑进行价值分析,判定是否能够为反腐败司法决策提供服务。

3.科学对客观情况进行价值分析和风险评估,即黑帽子。黑色是阴沉,意味着警示与批判,发现事物的消极因素的功能。对于反腐败司法决策来说,要对已经掌握的司法办案决策信息进行正反两方面的价值分析和风险评估,从而作出相应的决策。

4.制定决策方案,即红帽子。红色是情感色,代表感觉、直觉和预感,形成观点和感觉的功能。对于反腐败司法决策来说,就是在对决策信息进行价值分析和风险评估的基础上,制定出多种可供选择的反腐败司法决策方案。

5.准确选择最适合解决问题的方案,即绿帽子。绿色是春天色、创意色,创造解决问题的方法和思路的功能。对于反腐败司法决策来说,就是要针对所要解决的反腐败政策或者具体腐败犯罪个案侦破等问题或者任务,从多种方案中选择并实施一种最适合解决问题的方案。

6.实行对决策实施情况的全程管理和监控,即蓝帽子。蓝色是天空色,笼罩四野,是指挥帽,控制着事物的整个过程,指挥其他帽子,管理整个思维进程。对于反腐败司法决策来说,要掌握司法办案工作决策方案的实施情况,特别是要对司法办案决策实施活动进行全程管理和监控。一旦发现偏差,就要及时进行调整。

第三节　反腐败司法决策程序

反腐败司法决策程序,实质是决策过程中的一个技术操作问题。从某种意义讲,现代决策与传统决策有很大的不同。传统的决策以个人决策为主,加上几个幕僚,对某些事项及其处理就可作出决定。但现代决策通常需要事先对决策必具的信息资料进行收集、分析、评估,最终作出决定,还要对实施过程进行监控,对不符合要求的,及时加以调整。反腐败司法决策程序,又称反腐败司法决策过程或者决策步骤,是针对特定的反腐败司法工作目标、任务、问题等进行决策活动的过程。具体地说,一般包含五个环节:

一、确立决策目标

确立反腐败司法决策目标,是反腐败司法决策活动的开始阶段。这是办案机关的领导部门及其决策者进行决策首先要解决的课题。确立反腐败司法决策目标,首先通过腐败犯罪司法办案活动发现问题。这里的"问题",就是反腐败司法活动存在的矛盾,是办案机关实行反腐败司法活动所期望达到的结果与现实状态之间的差距。发现问题的前提,是认识反腐败司法工作与人民群众对办案机关严格规范公正文明查办腐败犯罪案件实际成效之间的差距,并从这些差距中界定问题。发现问题只是确立反腐败司法决策目标的第一步。第二步,分析产生这些问题的症结或者原因,进而确立解决问题所期望达到的目标,为反腐败司法活动指明正确的方向。

二、拟定决策方案

反腐败司法决策方案,是办案机关根据决策目标设计出的反腐败司法活动方案。拟定决策方案是反腐败司法决策活动的第二个阶段,是实现反腐败司法决策目标的整体规划,是反腐败司法活动的核心内容。反腐败司法决策方案从不同角度规定了实现反腐败司法决策目标的途径、阶段、步骤和做法。一般由办案机关按照决策者确定的目标,通过发挥集体智慧,拟定多种方案供决策者选择。由于反腐败司法决策方案的质量和数量直接影响反腐败司法决策效果,在拟定反腐败司法决策方案时,应当尽可能考虑到经济、政治、文化、社会、法律等各种因素对反腐败司法工作的影响,并对反腐败司法工作理想目标与现实可能性进行权衡,进行科学利弊分析评价,制定完整详细的多种备选方案。

三、选择决策方案

选择反腐败司法决策方案,是反腐败司法决策活动的第三个阶段,也是反腐败司法决策的关键性环节,应着重把握以下几个环节:

(一) 明确标准

反腐败司法决策者首先要制定一个标准,对各种反腐败司法决策方案进行评估和优选。这个标准要在反腐败司法工作的最高价值、最佳办案效果和期望实现的办案工作目标等各种决策方案评选标准体系的基础上进行综合、权衡来确定。

（二）精确优选

坚持从全局的高度运用经验判断、试点及数学分析等方法,审视各种拟定的反腐败司法决策方案,权衡其中利弊,选定最佳方案。

（三）风险评估

在评估、优选反腐败司法决策方案时,不仅考虑如何达到反腐败司法工作预期目标,而且还应对所选反腐败司法决策方案的潜在问题进行分析与防范。

（四）制定预案

监察机关或者检察、审判、刑罚执行等机关要在预估、评价反腐败司法工作潜在问题危险程度的基础上,及时制定防范、应急措施的预案,做到防患于未然。

四、实施决策方案

反腐败司法决策方案的实施,是将反腐败司法决策方案现实化的过程,但将不可避免地遇到各种新情况新问题。实践中应重视加强对这些新问题新情况的研究分析,完善反腐败司法决策方案。实施反腐败司法决策方案,应按照实事求是、统筹安排、突出重点和预测未来等原则制订实施计划。制订实施计划,是实施反腐败司法决策的开始,也是实现反腐败司法决策目标的前提,还是合理分配反腐败司法决策实施资源的重要条件。组织实施过程中,应当注意做到以下几个方面:

（一）严密组织

结合反腐败司法工作实际,确定组织,明确职责,抓好落实。

（二）正确指挥

运用办案工作的指挥职能,促使实现反腐败司法决策目标成为各级办案机关的领导和办案人员的自觉行动,促使反腐败司法决策机制各个环节处于高效、协调运行,进而保持完成反腐败司法工作既定任务的良性状态。

（三）及时协调

加强对反腐败司法决策机制运行中出现的问题,及时进行协商和调节,消除反腐败司法管理诸要素之间以及反腐败司法管理过程各阶段或者各环节之间的矛盾,整合反腐败司法决策实施资源,提高决策实施效能。

五、决策纠正和控制

反腐败司法决策纠正和控制,是反腐败司法决策运行过程的重要阶段。为确保反腐败司法决策的实施,要及时检查决策实施中的问题。一旦发现决策出现偏差,应当及时纠正并有效控制决策的实施。从实践看,需要纠正和控制的问题主要包括:

(一)反腐败司法决策目标评估

对于反腐败司法决策目标是否符合实际,能否达到反腐败司法工作所要求的最终目的。如果实现不了既定目标,就要及时调整。

(二)反腐败司法决策的手段是否正确

如果发现不符合反腐败司法工作的规律和要求的,应当及时纠正。

(三)反腐败司法决策的力量是否具备

如果没有足够的力量,就无法实现反腐败司法决策目标,需要及时调整和充实。

(四)反腐败司法决策的内容是否符合实际

如果发现反腐败司法决策时的客观或者主观情况已经发生变化,或者反腐败司法决策的内容与侦查办案的实际相偏离,甚至可能带来一些负面影响,就应当对决策内容及时调整,弥补决策方案的缺陷。

第四节　反腐败司法决策责任

在当今社会,权力从法定、有权必有责、用权受监督、侵权要赔偿,已成通例。对于决策不当或者失误行为进行责任追究,也是情理所致。反腐败司法决策责任,属于司法责任的一种,广义上属于法律责任乃至政治责任的范畴。所谓反腐败司法决策责任,是指办案机关及其决策者在行使司法办案权力的过程中,因对司法办案活动作出决定不当或者失误所导致的依法应当承担的不利法律后果。认定和处理反腐败司法决策责任,必须于法有据,就是要坚持责任法定、责任处罚相当、责任自负等原则。反腐败司法决策责任追究的前提,首先是建立决策责任机制,明确责任。由于决策正确与否,经过一定时间就会显现出来,一旦发现决策失误,就应严格追究决策者的责任。反之,应当给予相应的肯定和褒奖。只有这样,才能建立决策责任追究制度,促使决策者把对党和国家事业负责与对自己行为负责有机结合起来,不断强化责任决策意识,促进决策水平的提高,保证决策质量。

一、反腐败司法决策责任主体

反腐败司法决策责任主体,主要是办案机关主要负责人和领导成员、办案人员和主管人员。这里的办案人员,是指在反腐败司法活动中直接承担办案任务的调查人员或者侦查人员、公诉人员、审判人员和刑罚执行管理人员等。这里的主管人员,是指在反腐败司法活动中担负领导、指挥、审核等职责的负责人。

二、反腐败司法决策责任种类

反腐败司法决策责任,主要由反腐败司法决策活动所决定。反腐败司法活动,实质是办案活动,主要包括案件线索受理、立案调查或者侦查、提起公诉和出庭公诉、公开审判、刑罚执行等各个司法程序和司法环节的司法活动。反腐败司法决策责任,主要是办案过程中形成的决策责任,比如对案件证据调查和收集、证据材料的审查和案件事实的认定取舍,需要进行决策。在这个决策过程中,如果对于证据和事实的审查、认定、判断失误,就容易造成错案。在这种情形下,就应承担相应的办案决策责任。反腐败司法决策责任,由于决策主体不同,可分为不同的类型。以检察、审判为例,大体分为以下几种:

(一)检察人员司法决策责任①

检察人员应当对其履行检察职责的行为承担司法责任,并在职责范围内对办案质量终身负责。司法责任包括故意违反法律法规责任、重大过失责任和监督管理责任。

1.故意的司法决策责任。检察人员在司法办案工作中,故意实施下列行为之一的,应当承担司法责任:(1)包庇、放纵被举报人、犯罪嫌疑人、被告人,或使无罪的人受到刑事追究的;(2)毁灭、伪造、变造或隐匿证据的;(3)刑讯

---

① 参见《最高人民检察院关于完善人民检察院司法责任制的若干意见》,《检察日报》2015年9月29日。

逼供、暴力取证或以其他非法方法获取证据的;(4)违反规定剥夺、限制当事人、证人人身自由的;(5)违反规定限制诉讼参与人行使诉讼权利,造成严重后果或恶劣影响的;(6)超越刑事案件管辖范围初查、立案的;(7)非法搜查或损毁当事人财物的;(8)违法违规查封、扣押、冻结、保管、处理涉案财物的;(9)对已经决定给予刑事赔偿的案件拒不赔偿或拖延赔偿的;(10)违法违规使用武器、警械的;(11)其他违反诉讼程序或司法办案规定,造成严重后果或恶劣影响的。

2.重大过失的司法决策责任。检察人员在司法办案工作中有重大过失,怠于履行或不正确履行职责,造成下列后果之一的,应当承担司法责任:(1)认定事实、适用法律出现重大错误,或案件被错误处理的;(2)遗漏重要犯罪嫌疑人或重大罪行的;(3)错误羁押或超期羁押犯罪嫌疑人、被告人的;(4)涉案人员自杀、自伤、行凶的;(5)犯罪嫌疑人、被告人串供、毁证、逃跑的;(6)举报控告材料或其他案件材料、扣押财物遗失、严重损毁的;(7)举报控告材料内容或其他案件秘密泄露的;(8)其他严重后果或恶劣影响的。

3.监督管理失职的司法决策责任。负有监督管理职责的检察人员因故意或重大过失怠于行使或不当行使监督管理权,导致司法办案工作出现严重错误的,应当承担相应的司法责任。

(二) 审判人员的司法决策责任①

审判人员应当对其履行审判职责的行为承担责任,在职责范围内对办案质量终身负责。法官在审判工作中,故意违反法律法规的,或者因重大过失导致裁判错误并造成严重后果的,依法应当承担违法审判责任。

1.故意的司法决策责任。审判人员在审判中故意实施下列情形之一的,应当承担违法审判责任:(1)审理案件时有贪污受贿、徇私舞弊、枉法裁判行为的;(2)违反规定私自办案或者制造虚假案件的;(3)涂改、隐匿、伪造、偷换和故意损毁证据材料的;(4)向合议庭、审判委员会汇报案情时隐瞒主要证据、重要情节和故意提供虚假材料的;(5)制作诉讼文书时,故意违背合议庭

---

① 参见《最高人民法院关于完善人民法院司法责任制的若干意见》,新华社北京2015年9月21日。

评议结果、审判委员会决定的;(6)违反法律规定,对不符合减刑、假释条件的罪犯裁定减刑、假释的;(7)其他故意违背法定程序、证据规则和法律明确规定违法审判的。

2. 重大过失的司法决策责任。审判人员在审判中有重大过失,怠于履行或不正确履行职责,有下列情形之一的,应当承担违法审判责任:(1)因重大过失丢失、损毁证据材料并造成严重后果的;(2)因重大过失遗漏主要证据、重要情节导致裁判错误并造成严重后果的;(3)因重大过失导致裁判文书主文错误并造成严重后果的;(4)因重大过失对不符合减刑、假释条件的罪犯裁定减刑、假释并造成严重后果的;(5)因重大过失导致裁判结果错误并造成严重后果的。

3. 监督管理失职的司法决策责任。对于负有监督管理职责的人员等因故意或者重大过失,怠于行使或者不当行使审判监督权和审判管理权导致裁判错误并造成严重后果的,依照有关规定应当承担监督管理责任。追究其监督管理责任的,依照干部管理有关规定和程序办理。

三、反腐败司法决策责任的构成条件

反腐败司法决策责任的构成条件,是指反腐败司法决策中出现哪些要素,才能追究反腐败司法决策责任。从实践看,构成反腐败司法决策责任的条件主要体现在以下几个方面:

(一) 决策不当

比如不该立案调查或者侦查的决定立案调查、侦查,不该留置、拘留、逮捕的予以留置、拘留、逮捕,侵犯了被调查对象或者腐败犯罪嫌疑人的合法权利;不该判决有罪的判决有罪,以致发生错案等。这些都是决策不当的表现,实践中时有发生。

(二) 责任分摊

对于办理一宗腐败犯罪案件或者办理一项办案事务,由于决策失误可能出现责任分散的现象,涉及多方责任。比如办案机关的领导机关及领导者,负有反腐败司法决策失误的领导责任;具体司法办案人员,负有反腐败司法决策失误的直接责任;上级办案机关由于偏听下级部门的错误汇报造成决策失误,其中上级办案机关负有作风不深入等失察责任,下级部门负有汇报不实、不当

责任。

（三）存在过错

反腐败司法决策责任主要针对办案机关在司法办案中的过错责任。司法办案活动中发生的过错,一个重要方面是由反腐败司法决策不当或者失误造成。从某种意义讲,反腐败司法决策责任属于办案机关及具体办案人员司法过错责任的一种。因为,反腐败司法办案活动作为一种司法活动是按照反腐败司法决策进行的,反腐败司法决策是反腐败司法办案活动的核心环节。如果对于反腐败司法办案活动的不当或者失误追究相应的责任,那么反腐败司法决策者的责任是不可推卸的。这里的过错范畴,是指办案机关及具体办案人员在反腐败司法办案活动中故意违反法律和有关规定,或者工作严重不负责任,导致案件实体错误、程序违法以及其他严重后果或者恶劣影响的行为。对于具有执法司法过错的办案人员,应当追究相应的执法司法过错责任。

四、反腐败司法决策责任追究的原则

追究反腐败司法决策责任,应当遵循以下原则:

（一）实事求是原则

对于反腐败司法决策失误的事实、认定的事件经过以及事件的性质认定、处罚等调查,应当坚持实事求是原则,不能主观臆断。

（二）主观过错与客观行为相一致原则

对于调查处理反腐败司法决策失误行为,应当注意查清决策者的当时主观状况,与其客观行为进行详细比对,寻找因果关系。

（三）责任与处罚相适应原则

对于反腐败司法决策者因决策失误造成的行为后果,应当做到罚当其错,错与罚相当。

（四）惩戒与教育相结合原则

对于反腐败司法决策者的决策失误,应当坚持教育为主原则,着眼于解决实际问题,提高科学决策水平,加强对决策失误行为的防范,强化决策的能力和质量。

五、反腐败司法决策责任的追究程序和处罚

（一）决策过错责任追究的程序

主要包括以下几个环节：一是加强对决策过错责任线索的管理。二是及时移送决策过错线索。办案机关通过相关途径发现决策过错线索后，应当在职责范围内进行初步调查、核实，认为需要进一步调查、追究司法过错责任的，应当及时移送执法过错线索管理部门处理。三是受理和审核决策过错线索。决策过错线索管理部门收到司法过错线索后，应当及时填写司法过错线索受理登记表并完成审核，分别情况作出处理。四是开展司法过错线索调查和核实。五是对反腐败司法决策过错行为，经对涉嫌司法过错的事实、证据进行研究并确认后作出处理。六是制作并送达追究决定书、不追究决定书、无过错责任决定书等处理文书。

（二）决策过错责任的处罚

根据决策责任人的过错事实、情节、后果及态度进行处理，具体包括三个方面：一是批评教育。包括责令检查，诫勉谈话，通报批评，到上级办案机关检讨责任。二是组织处理。包括暂停执行职务，调离岗位，延期晋级晋职，责令辞职，免职，调离办案机关，或者辞退。三是纪律处分和刑事处理。司法过错构成违纪的，应当依照有关纪律规定给予纪律处分；构成犯罪的，应当依法追究刑事责任。

以上这些方式，可以单独适用，也可以同时适用。同时，根据反腐败斗争形势和任务的发展变化，可以及时进行相应的调整。

第五章　反腐败罪刑规制

　　腐败之罪与刑的确定及其变化,实质系执政党或者统治集团关于反对腐败的价值取向、治理导向和战略战术方法等政策考量和政策体现。研究反腐败罪刑规制,应当立足政治和全局的战略站位,聚焦当今刑法理论中有关司法政策能动主义、社会危害性非规范、罪刑双向关系、应受刑罚处罚性内在诉求、罪刑均衡、定罪思维、刑法实质解释与实质推理、疑难案件与司法方法的补充性、法律效果与社会效果统一论,以及外国刑法学界流行的本体论诠释学、现实主义法学等国内外刑法理论与刑事司法实践各种论点及其争议动态,厘清腐败行为的罪刑关系,正确处理刑从罪生、以罪制刑、刑当其罪与刑须制罪、以刑制罪、刑足制罪等之间的辩证关系,提高罪刑规制水平,为反腐败司法活动提供理论指引和法律依据。

第一节　反腐败罪刑规制概述

一、反腐败罪刑规制的基本定义

　　所谓反腐败罪刑规制,是指对腐败行为进行犯罪化或者去犯罪化处理,并确定或者废除其相应刑罚的刑事立法活动,具体分为罪行规制和刑罚规制两部分。根据这一定义,要正确认识反腐败罪刑规制的实质内涵,可从以下方面进行理解和把握:第一,反腐败罪刑规制是一种立法活动;第二,反腐败罪刑规制是一种刑事立法活动;第三,反腐败罪刑规制是采用犯罪化或者去犯罪化的方法进行;第四,反腐败罪刑规制的任务是解决罪与刑的立改废问题。

二、反腐败罪刑规制的主要特征

为深入了解和把握反腐败罪刑规制的内涵要旨,可从反腐败罪刑规制的基本定义切入。具体地说,反腐败罪刑规制主要具有以下特点:

第一,从性质上讲,反腐败罪刑规制包括腐败行为入罪及其刑罚量度或者出罪及其刑罚废除等,属于刑事立法活动,归属于立法范畴。

第二,从方式方法上讲,反腐败罪刑规制通常采用犯罪化、去犯罪化或者入罪、出罪等方式,并通过刑事立法、司法解释或者司法机关制定规范性司法文件等方法和途径,实现罪刑规制的目标和任务。从广义上讲,无论是进行入罪还是出罪规定,都是反腐败的政策工具,体现执政党或者统治集团关于反腐败的政策导向和价值取向。

所谓犯罪化,就是将立法之前不认为是犯罪的腐败行为,采用刑事立法的方法和途径将其规定为犯罪,纳入刑事法律规制及调整范畴。行为人如果实施这种被法律禁止的腐败行为,就将被追究刑事责任。比如,最高人民法院、最高人民检察院为适用2015年11月1日起生效施行的刑法修正案(九),制定颁布有关办理贪污贿赂刑事案件的司法解释,明确对事先没有任何请托而贿送国家公职人员财物的行为,如果在此后,该贿送财物者向该国家公职人员提出请托事项并再次贿送财物的话,那么之前该国家公职人员虽然没有接受任何请托而收受的贿赂财物,也应当认定为受贿,构成犯罪的,一并追究刑事责任。根据刑法规定,认定犯罪包括受贿罪应当按照主观和客观相统一原则进行。但上述案例中,由于贿送财物者在贿送财物时没有向该公职人员提出任何的请托,按照传统理论,该公职人员显然没有收受贿赂的主观故意,而在这种情形下如果对该国家公职人员收受贿送财物的行为认定为受贿罪,与主观和客观相统一的原则是相悖的。但是,由于司法实践中一些腐败分子往往利用刑法上有关理论、原则和规定,既收受贿赂又逃避法律制裁。为打击腐败分子这种具有很强反调查、反侦查性质的规避法律制裁活动,通过最高人民法院、最高人民检察院制定司法解释的形式,对事前没有任何请托的贿送财物行为,如果在之后又贿送财物并有请托事项的行为视为行贿,则将收受该请托人贿送财物的公职人员之行为视为受贿,从而通过依法惩治这种规避法律的行贿、受贿犯罪活动,并严密法网,发挥遏制和震慑腐败犯罪的功能。这个过程,就是犯罪化的过程。

　　所谓去犯罪化,就是将立法之前认为是犯罪的行为,通过立法的方式和途径,将这种行为修改调整为不是犯罪的刑事立法活动。比如,我国1979年刑法规定了投机倒把罪,但随着我国社会主义市场经济体制的建立和完善,有关投机倒把犯罪的规定显然已不合事宜,为此1997年通过立法的方式和途径,取消了对投机倒把罪的刑法规定。这个过程,就是去犯罪化或者非犯罪化的过程。同理,最高人民法院、最高人民检察院为适用2015年11月1日起生效施行的刑法修正案(九),制定颁布有关办理贪污贿赂刑事案件的司法解释,将此前贪污罪、受贿罪的起刑数额标准为5000元人民币的规定,修改调整为3万元人民币。那么,这个司法解释颁布施行后,贪污或者受贿数额在3万元人民币以下的行为,一般不能再作为犯罪论处。从广义上讲,这种司法解释及其施行的过程,可以视为去犯罪化或者非犯罪化的过程。

　　第三,从刑事规制主体上讲,按照宪法和立法法有关规定,刑事立法权是中央事权,不是地方事权,明确由全国人民代表大会及其常委会专属行使,地方各级人民代表大会及其常委会无权行使此项专权。由此可见,反腐败罪刑规制的主体系全国人民代表大会及其常委会,广义上还包括最高人民法院和最高人民检察院等。

三、反腐败罪刑规制的策略和方法

　　古人曰:法令弥彰,盗贼多有。这里的"法令",即法律。法令弥彰,可以理解为立法多、法律多。这里的"盗贼",意为坏人或者犯法的人。"盗贼多有",就是说一个国家的刑事立法越多,犯罪就越多。这昭示今人,对于法律规范或者刑事立法,应当辩证对待,并且需要统筹考虑、整体考虑、系统考虑,结合全面从严治党的要求和治国理政的实际进行权衡利弊。在作出立法决策时,既要看到有利的一面,也要重视避免不利的因素。保证反腐败罪刑规制的针对性、恰当性、有效性,需要讲究立法上的策略和方法。比如,腐败犯罪是有特定内涵的,不是所有不当行为都可归类为腐败问题。实践中,比如有的将国家公职人员上班迟到、上班打游戏、玩股票等行为视为腐败,这就偏离了认识和解决腐败问题的正确轨道。根据反腐败形势发展变化,对刑法进行适当、适度的修改调整,这是从实际出发的、坚持实践导向和需求导向的具体体现及现实需要。但在修改法律或者新立罪刑的过程中,应当防止和避免立法过度、过频甚至脱离实际、修改过滥等问题。

第二节　反腐败罪行规制

一、反腐败罪行规制的沿革

新中国成立以后,对于反腐败罪行的规制,主要通过刑事立法的方式和途径进行。我国刑法对腐败犯罪的规制经历了一个不断发展变化的过程,并逐步走向完善。早在 1952 年,为了整肃干部队伍,巩固新生人民政权,当时政务院在总结革命根据地时期立法经验的基础上,颁布实施了《中华人民共和国惩治贪污条例》。这个条例共 17 条,规定了贪污贿赂犯罪的三个具体罪名。其中,第二条规定了贪污罪;第六条规定了行贿罪、受贿罪。时至 1979 年,我国第一部刑法制定,并于 1980 年 1 月 1 日起施行。这部刑法,共八章、192 条,其中两章分别单独规定了贪污犯罪和渎职犯罪。具体是:贪污罪被规定在第五章"侵犯财产罪"中的第一百五十五条;而第八章的 7 个条文规定了 9 个罪,其中第一百八十五条分别规定了受贿罪、行贿罪、介绍贿赂罪。第一百八十六条至第一百九十一条,分别规定了其他五种渎职罪,包括:第一百八十六条的泄露国家重要机密罪;第一百八十七条的玩忽职守罪;第一百八十八条的徇私舞弊罪;第一百八十九条的体罚虐待罪;第一百九十条的私放罪犯罪;第一百九十一条的私拆或者隐匿、毁弃邮件、电报罪。

从理论上讲,腐败的核心特征突出表现为权力私化、权钱交易。这些特征反映在反腐败罪行规制上,主要体现在贪污、受贿、失职、渎职等刑事立法规制层面。从我国早期反腐败罪刑规制的情况看,我国第一部刑法在吸收和借鉴惩治贪污条例等立法例的基础上,规定了贪污、受贿、行贿、介绍贿赂以及渎职等犯罪,并将贪污罪列入侵犯财产罪的范围,将受贿、行贿介绍贿赂列入渎职罪的范围,同时规定其他少数渎职罪,包括泄露国家重要机密、玩忽职守、徇私舞弊、体罚虐待、私放罪犯以及私拆或者隐匿、毁弃邮件、电报等五种罪。这种刑事立法的简约性,主要是由我国当时社会经济环境和条件所决定的。在 20 世纪 70 年代末 80 年代初,"文化大革命"结束不久,人心思定,谋求发展,追求安宁生活。发展经济、保障民生、稳定人心等新任务摆到了党和国家面前。

中共十一届三中全会决定将党的工作重点转移到经济建设上来,并实行改革开放政策,掀起了社会主义经济建设的新高潮。我国第一部刑法是在这样的时代背景下制定的。由于当时正处于改革开放初期,虽然百废待兴,经济建设的任务很重,并且改革开放的工作也是全新的,对国家公职人员特别是各级领导干部提出了新的挑战和考验。少数国家公职人员包括个别领导干部在履行公共权力和公共职责过程中,利用手中的权力进行贪污受贿等腐败活动时有发生,但其做法和手段等在总体上都相对比较简单,腐败问题特别是腐败犯罪的复杂性尚没有充分暴露出来。

从腐败发生主体、领域、罪名等情况看,主要体现在以下方面:第一,腐败主体。主要是行政机关、司法机关以及一些掌握财经管理和使用权力的国营企业事业单位直接经手人员、管理人员和单位负责人等。第二,腐败领域。主要发生在行政、司法和经济管理等领域。比如,行政机关负有行政管理职责,在行政管理职责履行过程中发生腐败犯罪;司法机关负有司法职能,在司法职能的行使过程中发生腐败犯罪;经济实体单位和经济管理部门负有直接经营、经济管理、财物监管等职责,在直接经营、经济管理、财物监管等过程中发生腐败犯罪。第三,腐败行为触犯的具体罪名。比如,行政机关除了发生贪污、受贿犯罪,还发生玩忽职守、泄露国家重要机密等犯罪。这些犯罪与改革开放的实践是直接关联的,比如,一些领导干部向外商泄露国家机密,或者在改革过程中因各种原因而玩忽职守,给国家利益造成重大损失等。比如,司法领域发生除了贪污、受贿犯罪,还包括徇私舞弊、体罚虐待、私放罪犯等。这是与司法职业特点紧密相连的,并且这些犯罪通常与贪污、受贿等犯罪相交织,发生交互影响和作用。比如,经济领域发生比较多的案件,基本上是经济实体单位和经济管理部门直接管钱管物的经手人员、管理人员和负责人实施贪污、受贿等犯罪。还比如,邮电部门工作人员在履行职责过程中发生私自开拆或者隐匿、毁弃邮件、电报等侵犯公民通信自由权利犯罪以及贪污等犯罪。按照刑法规定,行为人在私自开拆邮件过程中,一旦发现邮件中的钱物并据为己有,就触犯贪污罪等。这些行为不仅亵渎自身的职守,并且侵犯被害人通信自由的民主权利,甚至财产权利等。从总体上看,这些腐败犯罪的手法基本上是相对比较简单,从而决定了当时反腐败刑事立法的简约性。

随着改革开放逐步深入,经济建设和社会发展逐渐复杂化,腐败犯罪活动也随之复杂化,当时的反腐败刑事规制策略和方法特别是刑事立法逐渐滞后,难以适应打击和惩治腐败犯罪新趋势的需要。特别是这一时期"官倒"、走私等腐败活动猖獗,腐败犯罪手法不断更新,刑事立法规制逐渐的并明显地落后于惩治腐败犯罪的实际。1988年全国人民代表大会常务委员会制定《关于惩治贪污罪贿赂罪的补充规定》,通过单行立法的方式和途径解决了贪污、受贿、行贿等腐败犯罪的行为形态、数额标准、处罚原则等具体问题,同时增设挪用公款罪、巨额财产来源不明罪,增加规定收受回扣、手续费等经济受贿、收礼不交公等行为分别以受贿罪、贪污罪等内容。这个决定,一定程度上解决了当时惩治腐败犯罪中遇到的司法实践问题。但是,随着形势进一步发展变化,一些深层次问题逐渐暴露出来。经过立法机关、司法实务部门和法学界等共同努力,1997年对我国第一部刑法进行了大修,制定公布了第二部刑法,并于1997年10月1日起施行。从刑法规定看,我国第二部刑法第八章、第九章分别规定了贪污贿赂罪和渎职罪。其中,第八章规定的贪污贿赂罪共14条,规定了12种罪名,包括贪污,挪用公款,受贿,单位受贿,行贿,对单位行贿,介绍贿赂,单位行贿,巨额财产来源不明,隐瞒境外存款,私分国有资产,私分罚没财物等犯罪;第九章规定的渎职罪共22条,规定了滥用职权,玩忽职守,故意泄露国家重要机密,过失泄露国家重要机密,徇私枉法,民事、行政枉法裁判,私放在押人员,失职致使在押人员脱逃,徇私舞弊减刑、假释、暂予监外执行,徇私舞弊不移交刑事案件,滥用管理公司、证券职权,徇私舞弊不征、少征税款,徇私舞弊发售发票、抵扣税款、出口退税,违法提供出口退税凭证,国家机关工作人员签订、履行合同失职被骗,违法发放林木采伐许可证,环境保护监管失职,传染病防治失职,非法批准征用、占用土地,非法低价出让国有土地使用权,放纵走私,商检徇私舞弊,商检失职,动植物检疫徇私舞弊,动植物检疫失职,放纵制售伪劣商品犯罪行为,办理偷越国(边)境人员出入境证件,放行偷越国(边)境人员,不解救被拐卖、绑架妇女、儿童,阻碍解救被拐卖、绑架妇女、儿童,帮助犯罪分子逃避处罚,招收公务员、学生徇私舞弊,失职造成珍贵文物损毁、流失等33种罪。此后,刑法在1998年至2017年间进行了10次修正,其中第八章贪污贿赂罪中增加了利用影响力受贿、对有影响力的人行贿两种罪名,使贪污贿赂罪增至14种;第九章渎职罪中增加执行判决、裁定失职,执行判决、裁定滥用职权,枉法仲裁,食品监管失职等四种罪名,并将非法批准

征用、占用土地罪修改为非法批准征收、征用、占用土地罪,使渎职罪增至 37
种。此外,刑法第四章侵犯公民人身权利、民主权利罪中,规定了国家机关工
作人员利用职权侵犯公民人身权利、民主权利的非法拘禁、诬告陷害、非法搜
查、刑讯逼供、暴力取证、虐待被监管人、报复陷害等 7 种罪;刑法第三章破坏
社会主义经济秩序罪第三节妨碍对公司、企业的管理秩序罪中,规定了非法经
营同类营业,为亲友非法牟利,签订、履行合同失职被骗,国有公司、企业、事业
单位人员失职,国有公司、企业、事业单位人员滥用职权,徇私舞弊低价折股、
出售国有资产等国有公司、企业、事业单位人员渎职犯罪等 6 种罪。2017 年
10 月 30 日至 11 月 4 日,全国人大常委会对反不正当竞争法关于商业贿赂的
行为及其处罚等规定进行了修订,比如进一步明确商业贿赂对象,包括交易相
对方的工作人员以及受交易相对方委托的单位和个人,国家机关、国有公司和
企业、事业单位、人民团体,或者国家工作人员,可能利用国家工作人员的职权
影响交易的其他单位或者个人。同时,对商业贿赂行为的处罚规定作了修改,
加大了处罚权重和力度。① 至此,我国反腐败刑事立法和罪刑规制渐趋完善,
为运用法治思维和法治方式反对腐败提供了制度和法律保障。

二、反腐败罪行认定理论和定罪规则

(一) 反腐败罪行认定理论

反腐败罪行的认定,是反腐败司法的核心任务之一。分析犯罪的逻辑起
点,即将哪个点作为考察犯罪的基点或起点,这是刑法学理论体系中的一项重
大命题。从本质上讲,一种行为是否属于犯罪,取决于一国统治集团的整体意
志和整体利益,并反映出一国统治集团的价值取向和所代表的利益阶层、利益
集团乃至统治性质。对于反腐败罪行规制而言,也不例外。从技术层面讲,对
于反腐败罪行的认定,应当依照刑法学原理进行。具体地说,首先依据刑法的
规定。所谓"法无明文规定不为罪",这是世界各国的通例。凡是刑法没有明
文规定为犯罪的行为,不能作为犯罪认定和处理。其次,应当依据定罪理论和
定罪规则进行指引。从国际上看,由于国家之间的差异,对于一种行为是否认
定为犯罪,理论模式有所不同。比如,大陆法系国家采用该当性、违法性和有

① 参见《中华人民共和国反不正当竞争法》第七条、第十九条、第三十一条。

责性的三阶层犯罪论体系,以德国、日本为代表。其中,该当性包括构成要件的行为、因果关系、构成要件的故意、构成要件的过失等要素。违法性,是指对于一种行为是否构成犯罪,不仅要考察该当性,还要考察是否具有违法性。如果符合构成要件,一般可以推定行为违法;如果具有刑法规定或者法律秩序认可的正当防卫、紧急避险等违法性阻却事由和自救行为、义务冲突等超法规的违法性阻却事由,就不能认定该行为属于犯罪。有责性,是指对行为人的犯罪行为能够谴责,包括责任能力、故意责任、过失责任、期待可能性等要素。而英美法系国家采用犯罪行为、犯罪意图、合法抗辩的犯罪构成理论模型,以美国、英国为代表。其中,犯罪行为是构成犯罪的首要因素;犯罪意图包括蓄意(mention)、明知(knowingly)、轻率(reckl-essly)、疏忽(negligence)四要素;合理抗辩包括未成年、错误、精神病、醉态、胁迫、圈套、安乐死、正当防卫、紧急避难等要素。

对于我国来说,新中国成立以后经过刑法学界与司法界的长期努力和长期司法实践,建立起了一套基本能够适应司法实践依法断案的、具有中国特色的、自主的罪行认定理论体系,称之为犯罪构成体系,采用犯罪客体、犯罪客观方面、犯罪主体、犯罪主观方面的"四要件"犯罪构成理论模型。这一理论体系于20世纪50年代取法于苏联,这是当时党和国家的政治决策。"四要件"犯罪构成理论的形成,并经过长期的司法实践,将刑法规范与案件事实及其认定、处理进行贯通对接,基本上解决了依法断案的司法实践问题,经受住了历史的考验和实践的检验,具有历史的必然性和现实的合理性。

(二)犯罪构成理论体系基本内涵

根据我国刑法理论和刑法实践的通行做法,"四要件"犯罪构成体系的要素,具体包括以下方面。

1. 犯罪客体。这是指刑法保护而为犯罪所侵害的社会关系。我国刑法总则在规定犯罪的概念时,概括性地列举了刑法保护社会关系的各个方面,分则规定了具体犯罪所侵犯社会关系的10个方面,其中反腐败罪行规制主要体现在刑法第三、四、八、九章。从理论上讲,犯罪的社会危害性具体表现在对社会关系的损害或者可能损害方面,决定了犯罪客体成为任何犯罪不可缺少的要件。同时,由于具体犯罪行为对社会关系的侵害,往往体现为对一定的物或者人即犯罪对象的侵害,从而使犯罪对象成为某些犯罪成立的必备条件。

2. 犯罪客观方面。这是指犯罪活动的外在表现或者行为表现。由于犯罪行为复杂多样，反映在具体行为或者手段、方式等事实方面的特征也是多种多样的，因此需要对其进行概括性表述，才能在司法实践中加以准确把握和适用。这些基本要素，主要包括危害行为、危害结果以及危害行为与危害结果之间的因果关系。其中，危害行为即犯罪行为，是犯罪构成的核心要件；危害结果，即危害行为对社会已经造成或可能造成的危害。危害行为和危害结果是所有犯罪成立的必备要件，而对某一类犯罪而言，特定的时间、地点、方法、手段等对其犯罪的成立具有决定性意义，因此属于犯罪构成客观方面的选择性要件。从反腐败罪行规制讲，随着反腐败斗争深入推进，腐败分子为了规避法律、逃避制裁，特别是进行权钱交易时，往往采取反调查或者反侦查等手法，以致一些贿赂犯罪发生了新的变化，出现了许多新类型和新的变种，在司法适用过程中应当予以重视。

3. 犯罪主体。这是指达到法定刑事责任年龄、具有刑事责任能力而实施危害行为的自然人与单位。犯罪是由人来实施的，毫无疑问，犯罪主体是犯罪构成的必备要件。但认定行为人的犯罪，必须考察刑事责任年龄、刑事责任能力等要素，才能确定行为人是否构成了犯罪。根据我国刑法规定，对于未达到法定刑事责任年龄，或者不能辨认、不能控制自己行为的自然人，不符合犯罪主体的法定条件，是不能追究刑事责任的。同时，我国刑法还规定了相对刑事责任年龄、相对刑事责任能力等，作为特定犯罪的主体。对于反腐败罪刑规制来说，腐败犯罪主体属于特殊主体，必须具备国家公职人员的身份资格，才能构成腐败犯罪。

4. 犯罪主观方面。这是指行为人对于危害社会结果的主观心理状态，包括犯罪的故意或过失，通称为罪过。根据我国刑法规定，如果主观上没有罪过，既无故意又无过失，即使客观上造成了损害结果，也不能追究行为人的刑事责任。同时，与罪过相关的还有一个要素，即目的。我国刑法规定，对某些犯罪明确要求必须具备一定的目的，这里的目的就成为构成这些特定犯罪的必备主观要件。对此，刑法理论上称之为目的犯。从反腐败罪行规制看，绝大多数是故意为之，也有部分属于过失，包括疏忽大意的过失和过于自信的过失。

（三）刑法确定的定罪规则

按照刑法理论要求，对于一种特定行为是否构成犯罪，应当遵循一定的规则。运用规则这个过程，就是定罪的过程。推而论之，定罪所遵循的规则，就是定罪规则。定罪必须以刑法规定和犯罪构成为根据，并按照主观与客观相统一的原则，将犯罪事实与犯罪责任有机结合。从司法实践讲，定罪在刑事司法认定和处理过程中具有十分重要的地位和作用。无论是调查或者侦查预审，还是审查起诉、提起公诉、审判等诉讼环节，定罪始终居于中心的位置，一刻都不可掉以轻心，否则就将可能发生偏差甚至出现冤假错案。

从历史上看，定罪经历了从客观归罪到主观归罪，再到主观与客观相统一的演变过程。其中，客观归罪以结果责任为特征，认为只要有危害结果，无论行为人是否有罪过，都应当以罪论。但是，随着人类社会发展进步，人们逐渐重视人的思想意识对于其行为的支配力，从而使客观归罪向主观归罪转变。主观归罪以主观责任为特征，根据行为人内心善恶以确定罪错，认为只要行为人具有主观恶意，无论客观上是否实行了危害行为或者发生了危害结果，也应当以罪论。从现代刑法看，对于主观与客观的关系是在刑事古典学派与刑事实证学派互相争论的过程中得以重塑的。比如，前者代表人物为贝卡里亚，其根据主观意图的差异性和变异性，认为不能以主观意图作为衡量犯罪的标准。后者以主观主义为特征，强调行为人本位，主张行为人刑法，认为行为人的人身危险性即再犯可能性，居于犯罪的核心地位。

总的来看，刑法史上虽然存在主观主义与客观主义的刑法思想分野，但是现代刑法的刑事责任，则体现了主观与客观或者主观恶性与客观危害相统一。从理论和实践的层面考量，对于犯罪的认定，既离不开客观危害的支撑，也离不开主观罪过的指导与支配。犯罪行为是主观罪过的外化，连接犯罪意图与客观存在，是将主观犯意付诸实现的必由之路。司法实践中进行定罪时，应当坚持主观与客观相统一，做到既防止客观归罪，又防止主观归罪，具体应当把握以下方法和技巧：

第一，找法落地。从我国刑法规定中寻找与特定行为相对应的法条，按照犯罪构成理论进行分析，对号入座。从反腐败司法实践看，这个环节十分重要，直接影响对特定行为的认定以及调查或者侦查取证的方向、质量和成果。

一旦发生认定偏差，调查或者侦查活动就将受到影响，甚至徒劳无功，严重影响查办腐败犯罪案件工作。

第二，分析客观要件。一个特定行为的客观方面，是该行为人实施各种行为活动轨迹的具体展开。在反腐败司法实践中，对于特定行为的分析和把握，重点是对犯罪行为在客观上造成实际危害方面的调查考察，并作出符合刑法规定和刑法原理的客观评价。由于对一个特定行为在客观方面的把握，直接影响对一个行为的评价，以及对该行为是否作出启动刑事追究程序的决定，司法实践中应当既坚决又慎重，务必搞准，方能做到不枉不纵，确保对某一特定行为的依法认定和公正处理。

第三，把握主观标准。一个特定行为的主观方面，是该行为人心理活动轨迹的具体展开。在反腐败司法实践中，对于特定行为人的主观活动分析，重点是对行为人主观性质即故意或者过失的主观恶性的考察，并进行主观评价。从腐败犯罪的罪行规制情况看，绝大多数是故意而为，也即故意犯罪，但其中也有一部分确因疏忽大意或者过于自信，导致国家利益或者公共利益的严重损失。反腐败司法实践表明，对于某一特定行为主观情形的分析和把握，一定程度上影响调查或者侦查的方向、质量和成果，承担对腐败犯罪调查或者侦查职责的监察机关或者司法机关及办案人员对此应予重视。

第四，坚持主观与客观相统一。我国刑法明确规定了对于某一特定行为是否认定为犯罪，应当遵循主观与客观相统一的原则和标准。在反腐败司法实践中，对于一个行为是否构成腐败犯罪，重点是看其是否造成了危害结果，而且这种危害结果是否达到了刑法规定的危害程度，包括现实的和可能出现的两种危害后果，这是对犯罪评价的重要根据。同时，应当考察行为人的罪过，分析揭示行为人的犯罪人格对于外部身体动作的支配性，做到客观标准与主观标准并重，防止发生性质认定上的误差。

三、反腐败具体罪种规制

反腐败具体罪种，主要体现在我国刑法的规定上。根据腐败犯罪的特征和我国刑法规定，反腐败具体罪种，主要包括以下几类：

（一）贪污贿赂犯罪

这类犯罪，主要规定在刑法第八章。所谓贪污贿赂罪，是指国家公职人员利用职务之便实施贪污、挪用、私分、收受贿赂以及转移或者隐匿腐败犯罪所得等行为,破坏国家机关和国有单位正常秩序、国家利益和公共利益以及国家公职人员职务廉洁性等一类贪利性犯罪。

从性质和特征上讲,贪污贿赂犯罪主要具有以下法律特征:

第一,贪污贿赂罪的客体是复杂客体,既侵犯国家机关、国有公司企业事业单位和群团组织的正常管理秩序和国有财产所有权,又侵犯国家公职人员的职务廉洁性。

第二,贪污贿赂罪的客观方面,表现为行为人利用职务上的便利实施侵害国家机关、国有公司企业事业单位和群团组织的正常活动或者致使国家和人民利益遭受重大损失的行为。在分析把握这类犯罪时,应当注意三点:一是行为人利用职务之便实施犯罪;二是属于结果犯;三是犯罪对象为财物。按照刑法等规定,唯有达到一定数额标准或者符合"数额加较重情节"之标准的行为,才能构成犯罪。

第三,贪污贿赂罪的主体。这类犯罪除了行贿罪、介绍贿赂罪、利用影响力受贿罪和对有影响力的人行贿罪等少数罪,绝大多数是特殊主体,即国家公职人员或者离职的国家公职人员,以及国有单位。这里的国有单位,广义上应当包括国家机关、国有公司企业事业单位和群团组织等。

第四,贪污贿赂罪的主观方面,由直接故意构成,并且具有明确的目的,即行为人在主观动念上明知自己的行为必然发生危害国家机关、国有公司企业事业单位和群团组织的正常管理秩序和国有财产所有权,以及侵犯国家公职人员的职务廉洁性的结果,并且希望危害结果发生的状态。

从犯罪类型讲,贪污贿赂犯罪具体可分为以下三种情形:一是侵占国家资产和公共财产等犯罪行为,包括贪污罪、挪用公款罪、私分国家资产罪、私分罚没财物罪。二是权力寻租、权钱交易、利益输送等涉嫌犯罪的行为,这是腐败的核心特征,主要反映在刑法规定的贿赂罪上,包括受贿罪、单位受贿罪、利用影响力受贿罪、行贿罪和对有影响力的人行贿罪、对单位行贿罪、单位行贿罪、介绍贿赂罪、单位行贿罪。三是转移或者隐匿腐败所得等犯罪行为,即腐败犯罪行为人为了规避法律和逃避制裁,往往对本人因贪污贿赂等犯罪所得资产进行转移、隐匿甚至外逃,在刑法规定上主要体现在对巨额财产来源不明罪、隐瞒境外存款罪的规制上。

（二）渎职罪

这类犯罪主要规定在刑法第九章。所谓渎职罪,是指国家机关公职人员利用职务上的便利进行徇私舞弊、滥用职权、玩忽职守,破坏国家机关正常秩序,损害人民群众对公权力的信赖,致使国家利益和人民利益遭受重大损失的行为。

从性质和特征上讲,渎职罪主要具有以下法律特征:

第一,渎职罪侵犯的客体。渎职罪侵犯国家机关的正常秩序,以及人民群众对公权力的信赖。这里的国家机关,包括党的机关、权力机关、政治协商机关、行政机关、监察机关、检察机关、审判机关、军事机关。

第二,渎职罪的主体。根据全国人民代表大会常务委员会关于《中华人民共和国刑法》第九章渎职罪主体适用问题的立法解释以及最高人民检察院关于渎职侵权犯罪案件立案标准的规定等司法解释,渎职罪的主体包括:一是在依照法律、法规规定行使国家行政、监察管理职权的组织中从事公务的人员;二是在受国家机关委托代表国家机关行使职权的组织中从事公务的人员;三是虽未列入国家机关人员编制但在国家机关中从事公务的人员;四是在乡、镇以上中国共产党机关、人民政协机关中从事公务的人员视为国家机关工作人员。

第三,渎职罪的客观方面,表现为利用职务上的便利进行徇私舞弊、滥用职权、玩忽职守,致使国家利益和人民利益遭受重大损失的行为。

第四,渎职罪的主观方面。多数出于故意,也有少数出于过失。故意与过失的具体内容,因具体犯罪的不同而异。

从犯罪类型讲,渎职罪具体可分为以下三种情形:

第一,滥用职权型渎职罪。共计11种,包括滥用职权罪,故意泄露国家秘密罪,执行判决、裁定滥用职权罪,枉法仲裁罪,私放在押人员罪,违法发放林木采伐许可证罪,食品监管渎职罪,办理偷越国(边)境人员出入境证件罪,放行偷越国(边)境人员罪,阻碍解救被拐卖、绑架妇女、儿童罪,帮助犯罪分子逃避处罚罪。

第二,玩忽职守型渎职罪。共计10种,包括玩忽职守罪,过失泄露国家秘密罪,失职致使在押人员脱逃罪,国家机关工作人员签订、履行合同失职被骗罪,环境监管失职罪,传染病防治失职罪,商检失职罪,动植物检疫失职罪,不解救被拐卖、绑架妇女、儿童罪，失职造成珍贵文物损毁、流失罪。

第三，徇私舞弊型渎职罪。共计 16 种，包括徇私枉法罪，民事、行政枉法裁判罪，执行判决、裁判失职罪，徇私舞弊减刑、假释、暂予监外执行罪，徇私舞弊不移交刑事案件罪，滥用管理公司、证券职权罪，徇私舞弊不征、少征税款罪，徇私舞弊发售发票、抵扣税款、出口退税罪，违法提供出口退税凭证罪，非法批准征收、征用、占用土地罪，非法低价出让国有土地使用权罪，放纵走私罪，商检徇私舞弊罪，动植物检疫徇私舞弊罪，放纵制售伪劣商品犯罪行为罪，招收公务员、学生徇私舞弊罪。

（三）其他腐败犯罪

这类犯罪，主要包括两类：第一类，国有公司企业事业单位人员腐败犯罪。这类犯罪规定在刑法第三章第三节，共计 6 种，包括非法经营同类营业罪，为亲友非法牟利罪，签订、履行合同失职被骗罪，国有公司、企业、事业单位人员失职罪，国有公司、企业、事业单位人员滥用职权罪，徇私舞弊低价折股、出售国有资产罪。第二类，国家机关工作人员利用职权侵犯公民人身权利、民主权利罪。这类犯罪规定在刑法第四章，共计 7 种，包括非法拘禁罪、诬告陷害罪、非法搜查罪、刑讯逼供罪、暴力取证罪、虐待被监管人罪、报复陷害罪。

第三节　反腐败刑罚规制

一、我国反腐败刑罚规制的沿革

从本质上讲，刑罚反映了人类社会追求公平正义的朴实理想。但是，自从人类进入有阶级社会以来，社会格局发生了剧烈变化，社会逐渐分化为各种利益集团，而整体上形成统治阶级与被统治阶级的两大阵营。在阶级社会，刑罚被打上政治的烙印，远离人类社会朴素的理想追求，不再是单纯的报复工具，并已承载着更多的政治元素，嬗变为统治的手段和工具，形成一种看得见的统治威慑力，反映了统治集团的阶级本性和统治模式，具有很强的政治性。从腐败治理的实践和效能讲，刑罚对于腐败犯罪的治理虽然不是主要的手段和工具，但其作为反腐败战略实施和政治权威可视化的一种策略，当今世界各国都离不开将刑罚用于腐败治理的路径依赖。从这个意义上讲，治理腐败对策选项中,刑罚是具有不可替代性的。这种不可替代性,决定了反腐败刑罚规制的地位和作用,并且对于科学有效地防治腐败犯罪,提升治理腐败的能力和水平乃至推进国家治理体系和治理能力现代化等都具有重要意义。

从我国的反腐败实践看,党和政府不仅始终如一地坚定不移反对腐败,而且高度重视反腐败刑罚规制及其改革创新。新中国成立以后,我国着手推进反腐败刑事法制建设,早在1952年就制定了《中华人民共和国惩治贪污条例》,明确规定了贪污罪、受贿罪、行贿罪、介绍贿赂罪,以及对这些腐败犯罪的惩治原则和刑罚标准。根据该条例规定,对于犯贪污罪者,依其情节轻重,按照下列规定分别惩治:

第一,一般惩治规定。包括以下方面:一是个人贪污的数额,在人民币一亿元①以上者,判处十年以上有期徒刑或无期徒刑;其情节特别严重者判处死刑。二是个人贪污的数额,在人民币五千万元以上不满一亿元者,判处五年以上十年以下徒刑。三是个人贪污的数额,在人民币一千万元以上不满五千万元者,判处一年以上五年以下徒刑,或一年至四年的劳役,或一年至二年的管制。四是个人贪污的数额,不满人民币一千万元者,判处一年以下的徒刑、劳役或管制;或免刑予以开除、撤职、降职、降级、记过或警告的行政处分。

第二,共同犯罪的惩罚和合并处刑。对于集体贪污的,按各人所得数额及其情节,分别惩治。贪污所得财物,应予追缴;其罪行特别严重者,并得没收其财产之一部或全部。因贪污而兼犯他种罪者,合并处刑。

第三,从重或加重处刑。对于犯贪污罪而有下列情形之一者,得从重或加重处刑:一是对国家和社会事业及人民安全有严重危害者;二是出卖或坐探国家经济情报者;三是贪赃枉法者;四是敲诈勒索者;五是集体贪污的组织者;六是屡犯不改者;七是拒不坦白或阻止他人坦白者;八是为消灭罪迹而损坏公共财物者;九是为掩饰贪污罪行嫁祸于人者;十是坦白不彻底,判处后又被人检举出严重情节者;十一是犯罪行为有其他特殊恶劣情节者。

第四,从轻或减轻处刑或缓刑或免刑处罚。对于犯贪污罪而有下列情形之一者,得从轻或减轻处刑,或缓刑,或免刑予以行政处分:一是未被发觉前自动坦白者;二是被发觉后彻底坦白、真诚悔过并自动地尽可能缴出所贪污财物

---

① 旧币制,一万元相当于现在一元。

者;三是检举他人犯本条例之罪而立功者;四是年岁较轻或一向廉洁,偶犯贪污罪又愿真诚悔改者。

第五,违法所得的处理。凡应追缴的贪污财物或其他违法所得,如无法追缴时,得由审判机关或议处机关商同主管行政机关酌情予以其他适当处置。

第六,附加刑的规定。对于犯该条例之罪者,依其犯罪情节,得剥夺其政治权利之一部或全部。同时,对于行贿罪、受贿罪、介绍贿赂罪,也规定了相应的惩治原则和刑罚标准。

中共十一届三中全会以来,党和国家加强反腐败法制建设步伐不断加快。1979年,我国制定颁布了第一部刑法,吸收新中国成立以来反腐败刑事立法的经验和做法,对腐败犯罪作了明文规定。其中,第一百五十五条对贪污罪的刑罚规定了三个量刑档次:一是贪污公共财物的,处五年以下有期徒刑或者拘役;二是数额巨大、情节严重的,处五年以上有期徒刑;三是情节特别严重的,处无期徒刑或者死刑。第一百八十五条至第一百九十二条,分别规定了受贿罪、行贿罪、介绍贿赂罪、泄露国家重要机密罪、玩忽职守罪、徇私舞弊罪等腐败犯罪的刑罚,具体如下:第一,受贿罪、行贿罪、介绍贿赂罪的刑罚。一是对于收受贿赂的,处五年以下有期徒刑或者拘役,对赃款、赃物予以没收,公款、公物予以追还。二是收受贿赂,致使国家或者公民利益遭受严重损失的,处五年以上有期徒刑。三是对于行贿或者介绍贿赂的,处三年以下有期徒刑或者拘役。第二,对于犯泄露国家重要机密罪,情节严重的,处七年以下有期徒刑、拘役或者剥夺政治权利。第三,对于犯玩忽职守罪,致使公共财产、国家和人民利益遭受重大损失的,处五年以下有期徒刑或者拘役。第四,对于犯徇私舞弊罪的,处五年以下有期徒刑、拘役或者剥夺政治权利;情节特别严重的,处五年以上有期徒刑。第五,对于犯体罚虐待被监管人罪,情节严重的,处三年以下有期徒刑或者拘役;情节特别严重的,处三年以上十年以下有期徒刑。第六,对于犯私放罪犯的,处五年以下有期徒刑或者拘役;情节严重的,处五年以上十年以下有期徒刑。第七,对于犯私自开拆或者隐匿、毁弃邮件、电报罪的,处二年以下有期徒刑或者拘役。犯前款罪而窃取财物的,依照贪污罪从重处罚。第八,对于国家公职人员犯上述之罪,情节轻微的,可以由主管部门酌情予以行政处分。从上述规定看,对于贪污贿赂、渎职等犯罪的刑罚规制趋于系统性、科学性、法治化,一定程度上表明反腐败刑罚规制的水平得到了大幅的提升。

1997 年第二部刑法,不仅规定了 12 种贪污贿赂犯罪、33 种渎职犯罪和 7 种侵犯人权犯罪,而且对这些腐败犯罪的刑罚也都作出了相应分类分级规定。比如,1997 年刑法第三百八十三条规定,对犯贪污罪的,根据情节轻重,分别依照下列规定处罚:一是个人贪污数额在十万元以上的,处十年以上有期徒刑或者无期徒刑,可以并处没收财产;情节特别严重的,处死刑,并处没收财产。二是个人贪污数额在五万元以上不满十万元的,处五年以上有期徒刑,可以并处没收财产;情节特别严重的,处无期徒刑,并处没收财产。三是个人贪污数额在五千元以上不满五万元的,处一年以上七年以下有期徒刑;情节严重的,处七年以上十年以下有期徒刑。个人贪污数额在五千元以上不满一万元,犯罪后有悔改表现、积极退赃的,可以减轻处罚或者免予刑事处罚,由其所在单位或者上级主管机关给予行政处分。四是个人贪污数额不满五千元,情节较重的,处二年以下有期徒刑或者拘役;情节较轻的,由其所在单位或者上级主管机关酌情给予行政处分。五是对多次贪污未经处理的,按照累计贪污数额处罚。对于犯受贿罪的,按照贪污罪的处罚规定进行。从刑法变化看,反腐败刑罚规制进一步精细化、系统化、科学化,增加了可操作性,表明反腐败刑罚规制的发展进步。

中共十八大以来,根据反腐败斗争深入发展的新形势要求,2015 年我国立法机关对 1997 年刑法进行了第九次修正,并对外公布了刑法修正案(九),自 2015 年 11 月 1 日起实施。根据刑法修正案(九)规定,对于贪污贿赂犯罪的刑罚规制主要体现在以下方面:

第一,贪污罪。刑法修正案(九)第四十四条对 1997 年刑法第三百八十三条关于贪污罪的刑罚规定进行了修改,规定对犯贪污罪的,根据情节轻重,分别依照下列规定处罚:一是贪污数额较大或者有其他较重情节的,处三年以下有期徒刑或者拘役,并处罚金。二是贪污数额巨大或者有其他严重情节的,处三年以上十年以下有期徒刑,并处罚金或者没收财产。三是贪污数额特别巨大或者有其他特别严重情节的,处十年以上有期徒刑或者无期徒刑,并处罚金或者没收财产;数额特别巨大,并使国家和人民利益遭受特别重大损失的,处无期徒刑或者死刑,并处没收财产。四是对多次贪污未经处理的,按照累计贪污数额处罚。五是对于犯贪污罪,在提起公诉前如实供述自己罪行、真诚悔罪、积极退赃,避免、减少损害结果的发生,如果贪污数额较大或者有其他较重情节的,可以从轻、减轻或者免除处罚;如果贪污数额巨大或者有其他严重情节或者贪污数额特别巨大或者有其他特别严重情节的,可以从轻处罚。六是对于犯贪污罪,如果贪污数额特别巨大或者有其他特别严重情节的第三项规定情形被判处死刑缓期执行的,人民法院根据犯罪情节等情况可以同时决定在其死刑缓期执行二年期满依法减为无期徒刑后,终身监禁,不得减刑、假释。

第二,行贿罪。刑法修正案(九)第四十五条将1997年刑法第三百九十条修改为:一是对犯行贿罪的,处五年以下有期徒刑或者拘役,并处罚金;二是因行贿谋取不正当利益,情节严重的,或者使国家利益遭受重大损失的,处五年以上十年以下有期徒刑,并处罚金;三是情节特别严重的,或者使国家利益遭受特别重大损失的,处十年以上有期徒刑或者无期徒刑,并处罚金或者没收财产。四是行贿人在被追诉前主动交待行贿行为的,可以从轻或者减轻处罚。其中,犯罪较轻的,对侦破重大案件起关键作用的,或者有重大立功表现的,可以减轻或者免除处罚。

第三,对有影响力的人行贿罪。刑法修正案(九)第四十六条规定,在1997年刑法第三百九十条后增加一条,作为第三百九十条之一即对有影响力的人行贿罪,其刑罚为:一是对于犯对有影响力的人行贿罪的,处三年以下有期徒刑或者拘役,并处罚金;二是情节严重的,或者使国家利益遭受重大损失的,处三年以上七年以下有期徒刑,并处罚金;三是情节特别严重的,或者使国家利益遭受特别重大损失的,处七年以上十年以下有期徒刑,并处罚金。四是对于单位犯对有影响力的人行贿罪的,对单位判处罚金,并对其直接负责的主管人员和其他直接责任人员,处三年以下有期徒刑或者拘役,并处罚金。

第四,对单位行贿罪。刑法修正案(九)第四十七条将1997年刑法第三百九十一条第一款对单位行贿罪的刑罚修改为:对于犯对单位行贿罪的,处三年以下有期徒刑或者拘役,并处罚金。

第五,介绍贿赂罪。刑法修正案(九)第四十八条将1997年刑法第三百九十二条第一款介绍贿赂罪的刑罚修改为:对于犯介绍贿赂罪,情节严重的,处三年以下有期徒刑或者拘役,并处罚金。

第六,单位行贿罪。刑法修正案(九)第四十九条将1997年刑法第三百九十三条单位行贿罪的刑罚修改为:一是对于犯单位行贿罪,情节严重的,对单位判处罚金,并对其直接负责的主管人员和其他直接责任人员,处五年以下有期徒刑或者拘役,并处罚金。二是因行贿取得的违法所得归个人所有的,依照刑法第三百八十九条、第三百九十条的规定定罪处罚。

综上,通过对刑法的修改,进一步适应了新形势下反腐败刑罚规制的实践需要。

二、反腐败刑罚规制的理论依据和刑罚体系

从刑法理论上讲,反腐败刑罚规制具有导向、示范和调节等功能。世界各国刑罚实践表明,无论处在哪个时代,刑罚的目的和意义始终是刑法理论和实践的重要命题,反腐败刑罚规制也不例外。根据刑罚目的理论乃至延伸为刑罚规制理论,其主要观点和内容体现在以下方面:

(一) 报应刑论

报应是一种古老的思想观念,与同态复仇、血仇报复等相联系。这种理论认为,刑罚为惩罚犯罪而存在,刑罚的目的及意义就在于对犯罪行为恶果的报复,给犯罪人以惩罚,用刑罚的痛苦来赎买犯罪人的罪过,实现人世间的正义。从具体的报应性质和类型讲,主要有神意报应、道义报应、法律报应等形式。

(二) 目的刑论

这种理论以功利主义、预防犯罪理论为基础,认为刑罚的目的和意义就在于通过对犯罪人的惩罚,达到预防犯罪、捍卫社会正义的结果。从技术要求上讲,刑罚主要在于针对未然之犯罪,而通过刑罚的规制、适用、执行等环节,达到预防犯罪、社会防卫的目的。从具体性质和类型讲,主要有双重预防、一般预防、个别预防等,其中包括刑罚威吓、刑罚警戒、刑罚改善、刑罚防卫等。

(三) 教育刑论

这种理论认为,犯罪不是犯罪人自由意志的选择,并且也不是犯罪人天生固有的,而是出于环境影响的产物。国家不应对作为环境牺牲品的犯罪人进行惩罚,而应当通过惩罚的手段对这些犯罪人进行教育改造,促使这些犯罪人尽快地改过自新、回归社会。

(四) 综合刑论

这种理论认为,报应和预防是刑罚的目的及意义的两大基石,两者之间是可以调和的。刑罚对犯罪的科处具有报应的性质,同时具有预防和防卫的品

格,统一于对犯罪的惩治、遏制和防范之中。具体到反腐败刑罚规制,刑罚的目的及意义是反腐败刑罚规制的出发点和归宿。刑罚作为一种看得见的措施、策略和方法,植根于刑罚目的理论,反映了一国统治集团在刑罚目的上所持有的基本立场或者价值取向。同时,这种立场或者价值取向从根本上决定了刑罚政策、刑罚规制、刑罚运用的基本过程和施刑结果。

从我国刑法规定讲,反腐败刑罚规制主要反映在刑罚体系及其构建上,具体包括以下方面:

(一) 刑罚的种类

刑罚分为两种:一是主刑。反腐败刑罚规制中的主刑,包括拘役、有期徒刑、无期徒刑和死刑。对于腐败犯罪,没有规定管制刑。二是附加刑。包括罚金、剥夺政治权利、没收财产。在附加刑的适用上,明确规定既可以附加适用,也可以独立适用。而对于实施犯罪行为的外国人,既可以独立适用,也可以附加适用驱逐出境。

(二) 主刑的期限和执行

一是拘役。拘役的期限,为一个月以上六个月以下。拘役的刑期,从判决执行之日起计算;判决执行以前先行羁押的,羁押一日折抵刑期一日。二是有期徒刑、无期徒刑。有期徒刑的期限,除判处死缓、数罪并罚外,为六个月以上十五年以下。这里的数罪并罚,具体规定如下:判决宣告以前一人犯数罪的,除判处死刑和无期徒刑的以外,应当在总和刑期以下、数刑中最高刑期以上,酌情决定执行的刑期。但是,拘役最高不能超过一年。有期徒刑总和刑期不满三十五年的,最高不能超过二十年;总和刑期在三十五年以上的,最高不能超过二十五年。同时,对于数罪中有判处附加刑的,附加刑仍须执行,其中附加刑种类相同的,合并执行,种类不同的,分别执行。有期徒刑的刑期,从判决执行之日起计算;判决执行以前先行羁押的,羁押一日折抵刑期一日。三是死刑。死刑只适用于罪行极其严重的犯罪分子。对于应当判处死刑的犯罪分子,如果不是必须立即执行的,可以判处死刑同时宣告缓期二年执行。死刑除依法由最高人民法院判决的以外,都应当报请最高人民法院核准。死刑缓期执行的,可以由高级人民法院判决或者核准。但犯罪的时候不满十八周岁的人和审判的时候怀孕的妇女,不适用死刑。判处死刑缓期执行的,在死刑缓期执行期间,如果没有故意犯罪,二年期满以后,减为无期徒刑;如果确有重大立功表现,二年期满以后,减为十五年以上二十年以下有期徒刑;如果故意犯罪,查证属实的,由最高人民法院核准,执行死刑。死刑缓期执行的期间,从判决确定之日起计算。死刑缓期执行减为有期徒刑的刑期,从死刑缓期执行期满之日起计算。同时,需要注意的是,对于犯贪污贿赂罪,如果数额特别巨大,并使国家和人民利益遭受特别重大损失,被判处死刑缓期执行的,人民法院根据犯罪情节等情况可以同时决定在其死刑缓期执行二年期满依法减为无期徒刑后,终身监禁,不得减刑、假释。这里的终身监禁,明确规定不可减刑,充分体现了对于严重腐败犯罪的处罚从严原则。

(三)附加刑的适用和执行

一是罚金。对于判处罚金,应当根据犯罪情节决定罚金数额。罚金在判决指定的期限内一次或者分期缴纳。期满不缴纳的,强制缴纳。对于不能全部缴纳罚金的,人民法院在任何时候发现被执行人有可以执行的财产,应当随时追缴。如果由于遭遇不能抗拒的灾祸缴纳确实有困难的,可以酌情减少或者免除。二是剥夺政治权利。这里的政治权利主要包括下列权利:选举权和被选举权;言论、出版、集会、结社、游行、示威自由的权利;担任国家机关职务的权利;担任国有公司、企业、事业单位和群团组织领导职务的权利。剥夺政治权利的期限,除判处死刑、无期徒刑应当剥夺终身外,为一年以上五年以下。如果独立适用剥夺政治权利的,依照规定进行。在死刑缓期执行减为有期徒刑或者无期徒刑减为有期徒刑的时候,应当把附加剥夺政治权利的期限改为三年以上十年以下。附加剥夺政治权利的刑期,从徒刑、拘役执行完毕之日或者从假释之日起计算;剥夺政治权利的效力当然施用于主刑执行期间。三是没收财产。没收财产是没收犯罪分子个人所有财产的一部或者全部。没收全部财产的,应当对被调查人或犯罪分子个人及其扶养的家属保留必需的生活费用。在判处没收财产的时候,不得没收属于犯罪分子家属所有或者应有的财产。没收财产以前犯罪分子所负的正当债务,需要以没收的财产偿还的,经债权人请求,应当偿还。同时,对于在调查或者侦查过程中死亡或者逃匿一年后尚未归案的,应当对被调查人或犯罪嫌疑人提起违法所得没收的程序,通过法院审理而依法没收其涉案财产。对于符合刑事缺席审判条件的,可以依法按照刑事缺席审判程序进行。

（四）刑罚的具体运用

具体如下：

第一，量刑。一是对于犯罪分子决定刑罚的时候，应当根据犯罪的事实、犯罪的性质、情节和对于社会的危害程度，依照规定判处。二是犯罪分子具有从重处罚、从轻处罚情节的，应当在法定刑的限度以内判处刑罚。三是犯罪分子具有规定的减轻处罚情节的，应当在法定刑以下判处刑罚。犯罪分子虽然不具有法定的减轻处罚情节，但是根据案件的特殊情况，经最高人民法院核准，也可以在法定刑以下判处刑罚。四是犯罪分子违法所得的一切财物，应当予以追缴或者责令退赔；对被害人的合法财产，应当及时返还；违禁品和供犯罪所用的本人财物，应当予以没收。没收的财物和罚金，一律上缴国库，不得挪用和自行处理。

第二，累犯。对于被判处有期徒刑以上刑罚的犯罪分子，刑罚执行完毕或者赦免以后，在五年以内再犯应当判处有期徒刑以上刑罚之罪的，是累犯，应当从重处罚，但是过失犯罪除外。这里的期限，对于被假释的犯罪分子，从假释期满之日起计算。

第三，自首和立功。一是犯罪以后自动投案，如实供述自己的罪行的，是自首。对于自首的犯罪分子，可以从轻或者减轻处罚。其中，犯罪较轻的，可以免除处罚。对于被采取强制措施的犯罪嫌疑人、被告人和正在服刑的罪犯，如实供述司法机关还未掌握的本人其他罪行的，以自首论。二是犯罪分子有揭发他人犯罪行为，查证属实的，或者提供重要线索，从而得以侦破其他案件等立功表现的，可以从轻或者减轻处罚；有重大立功表现的，可以减轻或者免除处罚。三是犯罪后自首又有重大立功表现的，应当减轻或者免除处罚。

第四，数罪并罚。一是判决宣告以前一人犯数罪的，除判处死刑和无期徒刑的以外，应当在总和刑期以下、数刑中最高刑期以上，酌情决定执行的刑期。但是，拘役最高不能超过一年。有期徒刑总和刑期不满三十五年的，最高不能超过二十年；总和刑期在三十五年以上的，最高不能超过二十五年。二是数罪中有判处附加刑的，附加刑仍须执行，其中附加刑种类相同的，合并执行，种类不同的，分别执行。三是判决宣告以后，刑罚执行完毕以前，发现被判刑的犯罪分子在判决宣告以前还有其他罪没有判决的，应当对新发现的罪作出判决，把前后两个判决所判处的刑罚，依照刑法规定，决定执行的刑罚。已经执行的刑期,应当计算在新判决决定的刑期以内。四是判决宣告以后,刑罚执行完毕以前,被判刑的犯罪分子又犯罪的,应当对新犯的罪作出判决,把前罪没有执行的刑罚和后罪所判处的刑罚,依照刑法规定,决定执行的刑罚。

第五,缓刑。一是对于被判处拘役、三年以下有期徒刑的犯罪分子,根据犯罪分子的犯罪情节和悔罪表现,适用缓刑确实不致再危害社会的,可以宣告缓刑。二是被宣告缓刑的犯罪分子,如果被判处附加刑,附加刑仍须执行。三是拘役的缓刑考验期限为原判刑期以上一年以下,但是不能少于二个月。四是有期徒刑的缓刑考验期限为原判刑期以上五年以下,但是不能少于一年。缓刑考验期限,从判决确定之日起计算。对于累犯,不适用缓刑。五是被宣告缓刑的犯罪分子,在缓刑考验期限内犯新罪或者发现判决宣告以前还有其他罪没有判决的,应当撤销缓刑,对新犯的罪或者新发现的罪作出判决,把前罪和后罪所判处的刑罚,依照刑法规定,决定执行的刑罚。六是被宣告缓刑的犯罪分子,在缓刑考验期限内,违反法律、行政法规或者国务院公安部门有关缓刑的监督管理规定,情节严重的,应当撤销缓刑,执行原判刑罚。

第六,减刑。一是被判处拘役、有期徒刑、无期徒刑的犯罪分子,在执行期间,如果认真遵守监规,接受教育改造,确有悔改表现的,或者有立功表现的,可以减刑。二是减刑以后实际执行的刑期,判处拘役、有期徒刑的,不能少于原判刑期的二分之一;判处无期徒刑的,不能少于十年。三是对于犯罪分子的减刑,由执行机关向中级以上人民法院提出减刑建议书。人民法院应当组成合议庭进行审理,对确有悔改或者立功事实的,裁定予以减刑。非经法定程序不得减刑。四是无期徒刑减为有期徒刑的刑期,从裁定减刑之日起计算。

第七,假释。一是被判处有期徒刑的犯罪分子,执行原判刑期二分之一以上,被判处无期徒刑的犯罪分子,实际执行十年以上,如果认真遵守监规,接受教育改造,确有悔改表现,假释后不致再危害社会的,可以假释。如果有特殊情况,经最高人民法院核准,可以不受上述执行刑期的限制。二是对累犯被判处十年以上有期徒刑、无期徒刑的犯罪分子,不得假释。三是对于犯罪分子的假释,依照刑法规定的程序进行。非经法定程序不得假释。四是有期徒刑的假释考验期限,为没有执行完毕的刑期;无期徒刑的假释考验期限为十年。假释考验期限,从假释之日起计算。五是被假释的犯罪分子,在假释考验期限内,由公安机关予以监督,如果没有刑法规定的情形,假释考验期满,就认为原判刑罚已经执行完毕,并公开予以宣告。六是被假释的犯罪分子,在假释考验期限内犯新罪,应当撤销假释,依照刑法的规定实行数罪并罚。七是在假释考验期限内,发现被假释的犯罪分子在判决宣告以前还有其他罪没有判决的,应当撤销假释,依照刑法的规定实行数罪并罚。八是对于被假释的犯罪分子,在假释考验期限内,有违反法律、行政法规或者公安机关有关假释的监督管理规定的行为,尚未构成新的犯罪的,应当依照法定程序撤销假释,收监执行未执行完毕的刑罚。

三、反腐败刑罚规制的基本实践

反腐败刑罚规制的基本实践,主要体现在最高司法机关的司法解释等司法规范性文件及其适用方面,同时与具体案件的处理紧密结合。

(一) 量刑和减刑假释等司法适用

1. 投案自首。投案自首,是认定处理腐败犯罪过程中经常遇到的一个情节问题,具体适用中应当注意以下问题:第一,纪检监察等机关采取调查措施期间的自首认定。如没有自动投案,在办案机关调查谈话、讯问、采取调查措施或者强制措施期间,犯罪分子如实交代办案机关掌握的线索所针对的事实的,不能认定为自首。因此,在适用中应当注意把握以下问题:首先,自动投案的认定。具体把握两个认定标准:一是犯罪事实或者犯罪分子未被办案机关掌握,或者虽被掌握,但犯罪分子尚未受到调查谈话、讯问,或者未被宣布采取调查措施或者强制措施时,向办案机关投案的,是自动投案。二是犯罪分子向所在单位等办案机关以外的单位、组织或者有关负责人员投案的,应当视为自动投案。其次,办案机关。这是特指纪检、监察、公安、检察等机关。第二,"准自首"的认定。这里的"准自首",包括两种情形:一是犯罪分子如实交代办案机关未掌握的罪行,与办案机关已掌握的罪行属不同种罪行的;二是办案机关所掌握线索针对的犯罪事实不成立,在此范围外犯罪分子交代同种罪行的。第三,认定自首的事实根据。对具有自首情节的犯罪分子,办案机关移送案件时,应予以说明并移交相关证据材料。第四,自首情节的具体运用的原则。对具有自首情节的犯罪分子,是否从轻、减轻或者免除处罚以及从轻、减轻处罚的幅度,需视犯罪行为和自首行为两个方面的具体情况而定。即:一是犯罪的事实、性质、情节和对于社会的危害程度;二是自动投案的动机、阶段、客观环境,交代犯罪事实的完整性、稳定性以及悔罪表现等。

2. 立功。立功是认定处理腐败犯罪过程中经常遇到的一个情节问题,具体适用中应当把握以下问题:第一,不属于立功的情形。这里涉及对立功的排除情形认定问题。以下三种情形不能认定为立功:一是非犯罪分子本人实施的行为;二是没有指明具体犯罪事实的"揭发"行为;三是犯罪分子提供的线索,或者协助行为,对于其他案件的侦破或者其他犯罪分子的抓捕不具有实际作用的。第二,立功的根据。对于判断是否立功,主要取决于"查证属实"的界定。这是认定立功的一个法定条件。具体审查是否构成立功,首先审查办案机关的说明材料,同时还应审查有关事实和证据及与案件定性处罚相关的法律文书等证据材料。第三,据以立功的线索、材料的来源限制。从司法实践看,一些腐败犯罪分子为了达到从轻、减轻处罚的目的,往往通过各种渠道提供本人以外所知但本人所不知悉的检举揭发材料等。这既影响了对犯罪分子的处罚,也影响了司法公信力和法律的权威。为了防止出现虚假立功等情形,明确规定以下情形不能认定为立功:一是犯罪分子通过非法手段或者非法途径获取的;二是犯罪分子因原担任的查禁犯罪等职务获取的;三是他人违反监管规定向犯罪分子提供的;四是负有查禁犯罪活动职责的国家机关工作人员或者其他国家公职人员利用职务便利提供的。第四,根据有关法律规定,准确把握重大立功中对无期徒刑以上刑罚的含义。第五,立功情节具体运用的原则。对具有立功表现的犯罪分子,具体裁量刑罚时,应充分考虑犯罪行为和立功表现两个方面的具体情况,并对两方面的具体情况作出了细化规定,以方便实践操作。

3. 坦白。坦白是一个酌定量刑情节。一般而言,犯罪分子在被动归案后,如实供述自己的罪行,不管司法机关掌握程度如何,均应视为坦白,一般应当从轻处罚。这主要考虑以下两点:一是落实刑事政策。坦白,对于案件的侦破和顺利起诉、审判等具有重要作用,特别是在查办一些腐败犯罪案件中,坦白所起的作用不一定小于自首等情节,但往往为办案人员所忽视,在量刑上没有得到应有体现,这是需要引起重视的。二是采用疏堵并举的策略。针对司法实践中一些地方在个别案件处理上有意识地放宽自首的认定标准,为解决这个问题,既要严格自首认定条件,也要强调坦白在量刑中的作用,并在具体适用时把握酌情从轻处罚和应当从轻处罚两个层面,从而有效防止自首认定的随意性,并确保在法律限度内尽可能实现个案公正。

4.缓刑、免予刑事处罚的适用。缓刑、免予刑事处罚,对于犯罪人来说,是一种从轻或者减轻的处罚,意义重大。第一,根据有关法律规定重点把握以下原则:一是全面把握原则。明确要求在全面把握犯罪事实和量刑情节的基础上,严格按照刑法规定的条件适用缓刑、免予刑事处罚。二是宽大与惩办相结合原则。既考虑从宽情节,又考虑从严情节。三是罪刑相适应原则。既做到刑罚与罪行相当,又做到刑罚执行方式与犯罪相当。四是听取意见原则。人民法院在审理贪污贿赂等腐败犯罪案件时,应当听取调查机关或者检察机关、被告人、辩护人提出的量刑意见,分析贪污贿赂等腐败犯罪案件案发前后的社会反映,必要时可以征求办案机关等意见。五是严格把关原则,也称例外原则。第二,排除适用情形。对于以下情形,一般不予适用:一是不如实供述罪行的;二是不予退缴赃款赃物或者将赃款赃物用于非法活动的;三是属于共同犯罪中情节严重的主犯的;四是犯有数个腐败犯罪依法实行并罚或者以一罪处理的;五是曾因职务违法违纪行为受过行政处分的;六是犯罪涉及的财物属于救灾、抢险、防汛、优抚、扶贫、移民、救济、防疫等特定款物的;七是其他不应适用缓刑、免予刑事处罚的情形。此外,对于情节恶劣、社会反映强烈的贪污贿赂等腐败犯罪案件,不得适用缓刑、免予刑事处罚。第三,可以适用的情形。如果没有有关法律规定情形,并全部退缴赃款赃物,依法判处三年以下有期徒刑刑罚,符合刑法规定的缓刑适用条件的贪污贿赂等腐败犯罪分子,可以适用缓刑。符合刑法有关规定,依法不需要判处刑罚的,可以免予刑事处罚。

5.赃款赃物追缴及其没收等情形的处理。第一,赃款赃物全部或者大部分追缴的,一般应当考虑从轻处罚。这主要基于贪污贿赂犯罪客体特殊性的考虑。从贪污罪侵犯的客体和对象讲,这种犯罪主要侵害国家利益和公共财产,退赃对此具有一定的恢复补救作用。但是,这种情形与受贿罪在量刑意义上是有所不同的。因为受贿罪侵犯的客体主要是职务廉洁性或者不可收买性,退赃对此所具补救作用远不如贪污罪的意义重大,因此对其需视具体情况酌定从轻处罚。第二,退赃与追赃的量刑意义,应当予以区别对待。区分主动退赃和办案机关依职权追缴,主要考虑两者所反映出的主观认罪态度有着明显的差别。司法实践中,对于犯罪分子及其亲友主动退赃,或者在办案机关追缴赃款赃物过程中积极配合的,在量刑时应当与办案机关查办案件过程中依职权追缴赃款赃物的区别开来,前者的意义和作用明显大于后者,在量刑时应当予以体现。也就是说,退赃的从宽处理幅度应当明显大于追赃。第三,贪污贿赂等腐败犯罪违法所得没收。根据刑事诉讼法的规定,对于重大腐败犯罪案件,腐败犯罪嫌疑人、被告人逃匿,在通缉一年后不能到案,或者腐败犯罪嫌疑人、被告人死亡,依照刑法有关规定应当追缴其违法所得及其他涉案财产的,人民检察院可以向人民法院提出没收违法所得的申请,按照刑事诉讼法规定的特别程序进行处理。对于符合刑事缺席审判条件的,可以依法按照刑事缺席审判程序进行。

（二）贪污贿赂等腐败犯罪量刑标准

2016 年 4 月 18 日,最高人民法院、最高人民检察院对外公布了《关于办理贪污贿赂刑事案件适用法律若干问题解释》,对贪污贿赂犯罪等量刑进行了细化规定。具体如下:

1. 贪污罪、受贿罪。采用数额加情节的方法,规定:一是贪污或者受贿数额在三万元以上不满二十万元的,应当认定为刑法第三百八十三条第一款规定的"数额较大",依法判处三年以下有期徒刑或者拘役,并处罚金。二是贪污数额在一万元以上不满三万元,具有下列贪污罪六种情形之一的,应当认定为刑法第三百八十三条第一款规定的"其他较重情节",依法判处三年以下有期徒刑或者拘役,并处罚金:(1)贪污救灾、抢险、防汛、优抚、扶贫、移民、救济、防疫、社会捐助等特定款物的;(2)曾因贪污、受贿、挪用公款受过党纪、行政处分的;(3)曾因故意犯罪受过刑事追究的;(4)赃款赃物用于非法活动的;(5)拒不交待赃款赃物去向或者拒不配合追缴工作,致使无法追缴的;(6)造成恶劣影响或者其他严重后果的。三是受贿数额在一万元以上不满三万元,具有受贿罪八种情形之一的,应当认定为刑法第三百八十三条第一款规定的"其他较重情节",依法判处三年以下有期徒刑或者拘役,并处罚金:(1)多次索贿的;(2)为他人谋取不正当利益,致使公共财产、国家和人民利益遭受损失的;(3)为他人谋取职务提拔、调整的;(4)曾因贪污、受贿、挪用公款受过党纪、行政处分的;(5)曾因故意犯罪受过刑事追究的;(6)赃款赃物用于非法活动的;(7)拒不交待赃款赃物去向或者拒不配合追缴工作,致使无法追缴的;(8)造成恶劣影响或者其他严重后果的。四是贪污或者受贿数额在二十万元以上不满三百万元的,应当认定为刑法第三百八十三条第一款规定的"数额巨大",依法判处三年以上十年以下有期徒刑,并处罚金或者没收财产。五是贪污数额在十万元以上不满二十万元,具有贪污罪六种情形之一的,应当认定为刑法第三百八十三条第一款规定的"其他严重情节",依法判处三年以上十年以下有期徒刑,并处罚金或者没收财产。六是受贿数额在十万元以上不满二十万元,具有受贿罪八种情形之一的,应当认定为刑法第三百八十三条第一款规定的"其他严重情节",依法判处三年以上十年以下有期徒刑,并处罚金或者没收财产。七是贪污或者受贿数额在三百万元以上的,应当认定为刑法第三百八十三条第一款规定的"数额特别巨大",依法判处十年以上有期徒刑、无期徒刑或者死刑,并处罚金或者没收财产。八是贪污数额在一百五十万元以上不满三百万元,具有贪污罪六种情形之一的,应当认定为刑法第三百八十三条第一款规定的"其他特别严重情节",依法判处十年以上有期徒刑、无期徒刑或者死刑,并处罚金或者没收财产。九是受贿数额在一百五十万元以上不满三百万元,具有受贿罪八种情形之一的,应当认定为刑法第三百八十三条第一款规定的"其他特别严重情节",依法判处十年以上有期徒刑、无期徒刑或者死刑,并处罚金或者没收财产。

2. 挪用公款罪。一是挪用公款归个人使用,进行非法活动,数额在三万元以上的,应当依照刑法第三百八十四条的规定以挪用公款罪追究刑事责任;数额在三百万元以上的,应当认定为刑法第三百八十四条第一款规定的"数额巨大"。具有挪用公款罪四种情形之一的,应当认定为刑法第三百八十四条第一款规定的"情节严重"。这些情形包括:(1)挪用公款数额在一百万元以上的;(2)挪用救灾、抢险、防汛、优抚、扶贫、移民、救济特定款物,数额在五十万元以上不满一百万元的;(3)挪用公款不退还,数额在五十万元以上不满一百万元的;(4)其他严重的情节。二是挪用公款归个人使用,进行营利活动或者超过三个月未还,数额在五万元以上的,应当认定为刑法第三百八十四条第一款规定的"数额较大";数额在五百万元以上的,应当认定为刑法第三百八十四条第一款规定的"数额巨大"。具有挪用公款罪四种情形之一的,应当认定为刑法第三百八十四条第一款规定的"情节严重":(1)挪用公款数额在二百万元以上的;(2)挪用救灾、抢险、防汛、优抚、扶贫、移民、救济特定款物,数额在一百万元以上不满二百万元的;(3)挪用公款不退还,数额在一百万元以上不满二百万元的;(4)其他严重的情节。

3.行贿罪。一是对于行贿数额在三万元以上的,应当依照刑法第三百九十条的规定以行贿罪追究刑事责任。二是对于行贿数额在一万元以上不满三万元,具有行贿罪六种情形之一的,应当依照刑法第三百九十条的规定以行贿罪追究刑事责任:(1)向三人以上行贿的;(2)将违法所得用于行贿的;(3)通过行贿谋取职务提拔、调整的;(4)向负有食品、药品、安全生产、环境保护等监督管理职责的国家公职人员行贿,实施非法活动的;(5)向司法工作人员行贿,影响司法公正的;(6)造成经济损失数额在五十万元以上不满一百万元的。三是对于犯行贿罪,具有行贿罪三种情形之一的,应当认定为刑法第三百九十条第一款规定的"情节严重":(1)行贿数额在一百万元以上不满五百万元的;(2)行贿数额在五十万元以上不满一百万元,并具有向三人以上行贿,将违法所得用于行贿,通过行贿谋取职务提拔、调整,向负有食品、药品、安全生产、环境保护等监督管理职责的国家公职人员行贿,实施非法活动、向司法工作人员行贿,影响司法公正等情形之一的;(3)其他严重的情节。四是为谋取不正当利益,向国家公职人员行贿,造成经济损失数额在一百万元以上不满五百万元的,应当认定为刑法第三百九十条第一款规定的"使国家利益遭受重大损失"。五是对于犯行贿罪,具有行贿罪三种情形之一的,应当认定为刑法第三百九十条第一款规定的"情节特别严重":(1)行贿数额在五百万元以上的;(2)行贿数额在二百五十万元以上不满五百万元,并具有向三人以上行贿,将违法所得用于行贿,通过行贿谋取职务提拔、调整,向负有食品、药品、安全生产、环境保护等监督管理职责的国家公职人员行贿,实施非法活动,向司法工作人员行贿,影响司法公正等情形之一的;(3)其他特别严重的情节。六是为谋取不正当利益,向国家公职人员行贿,造成经济损失数额在五百万元以上的,应当认定为刑法第三百九十条第一款规定的"使国家利益遭受特别重大损失"。此外,对于利用影响力受贿罪、对有影响力的人行贿罪、单位对有影响力的人行贿罪等都作了相应明确的细化规定,大大增强了可操作性,有利于保证法律的执行和权威。

(三) 适用减刑假释等规定和措施

减刑、假释是激励罪犯改造的刑罚制度,具体适用时应当贯彻宽严相济刑事政策,最大限度地发挥刑罚的功能,实现刑罚的目的。为确保依法公正办理减刑、假释案件,最高人民法院于2016年11月14日制定发布《最高人民法院

关于办理减刑、假释案件具体应用法律的规定》(简称《规定》),对减刑、假释作出新的规定。具体如下:

1.减刑条件及其综合考量。对于罪犯符合刑法关于"可以减刑"条件的案件,在办理时应当综合考察罪犯犯罪的性质和具体情节、社会危害程度、原判刑罚及生效裁判中财产性判项的履行情况、交付执行后的一贯表现等因素。具体地说,应当把握以下方面:第一,确有悔改表现。这是指同时具备以下条件:(1)认罪悔罪;(2)遵守法律法规及监规,接受教育改造;(3)积极参加思想、文化、职业技术教育;(4)积极参加劳动,努力完成劳动任务。第二,对腐败犯罪的罪犯,不积极退赃、协助追缴赃款赃物、赔偿损失,或者服刑期间利用个人影响力和社会关系等不正当手段意图获得减刑、假释的,不认定其"确有悔改表现"。第三,罪犯在刑罚执行期间的申诉权利应当依法保护,对其正当申诉不能不加分析地认为是不认罪悔罪。第四,立功表现。对于具有下列情形之一的,可以认定为有"立功表现":(1)阻止他人实施犯罪活动的。(2)检举、揭发刑罚执行内外犯罪活动,或者提供重要的破案线索,经查证属实的。(3)协助司法机关抓捕其他犯罪嫌疑人的。(4)在生产、科研中进行技术革新,成绩突出的。对于这一点,应当由罪犯在刑罚执行期间独立或者为主完成,并经省级主管部门确认。(5)在抗御自然灾害或者排除重大事故中,表现积极的。(6)对国家和社会有其他较大贡献的。对于这一点,应当由罪犯在刑罚执行期间独立或者为主完成,并经省级主管部门确认。第五,重大立功表现。对于具有下列情形之一的,应当认定为有"重大立功表现":(1)阻止他人实施重大犯罪活动的。(2)检举刑罚执行内外重大犯罪活动,经查证属实的。(3)协助司法机关抓捕其他重大犯罪嫌疑人的。(4)有发明创造或者重大技术革新的。对于这一点,应当是罪犯在刑罚执行期间独立或者为主完成并经国家主管部门确认的发明专利,且不包括实用新型专利和外观设计专利。(5)在日常生产、生活中舍己救人的。(6)在抗御自然灾害或者排除重大事故中,有突出表现的。(7)对国家和社会有其他重大贡献的。对于这一点,应当由罪犯在刑罚执行期间独立或者为主完成,并经国家主管部门确认。

2.减刑起始时间及减刑期限。具体如下:

第一,被判处有期徒刑的罪犯减刑起始时间为:不满五年有期徒刑的,应当执行一年以上方可减刑;五年以上不满十年有期徒刑的,应当执行一年六个月以上方可减刑;十年以上有期徒刑的,应当执行二年以上方可减刑。有期徒刑减刑的起始时间自判决执行之日起计算。这里所称"判决执行之日",是指罪犯实际送交刑罚执行机关之日。

第二,对于确有悔改表现或者有立功表现的,一次减刑不超过九个月有期徒刑;确有悔改表现并有立功表现的,一次减刑不超过一年有期徒刑;有重大立功表现的,一次减刑不超过一年六个月有期徒刑;确有悔改表现并有重大立功表现的,一次减刑不超过二年有期徒刑。

第三,对于被判处不满十年有期徒刑的罪犯,两次减刑间隔时间不得少于一年;被判处十年以上有期徒刑的罪犯,两次减刑间隔时间不得少于一年六个月。减刑间隔时间不得低于上次减刑减去的刑期。对于罪犯有重大立功表现的,可以不受上述减刑起始时间和间隔时间的限制。这里的"减刑间隔时间",是指前一次减刑裁定送达之日起至本次减刑报请之日止的期间。

第四,对于符合减刑条件的腐败犯罪罪犯,确有履行能力而不履行或者不全部履行生效裁判中财产性判项的罪犯,被判处十年以下有期徒刑的,执行二年以上方可减刑,减刑幅度应当比照《规定》第六条从严掌握,一次减刑不超过一年有期徒刑,两次减刑之间应当间隔一年以上。

第五,对被判处十年以上有期徒刑的腐败犯罪罪犯,数罪并罚且其中两罪以上被判处十年以上有期徒刑的罪犯,执行二年以上方可减刑,减刑幅度应当比照本规定第六条从严掌握,一次减刑不超过一年有期徒刑,两次减刑之间应当间隔一年六个月以上。对于罪犯有重大立功表现的,可以不受上述减刑起始时间和间隔时间的限制。

第六,被判处无期徒刑的罪犯在刑罚执行期间,符合减刑条件的,执行二年以上,可以减刑。减刑幅度为:确有悔改表现或者有立功表现的,可以减为二十二年有期徒刑;确有悔改表现并有立功表现的,可以减为二十一年以上二十二年以下有期徒刑;有重大立功表现的,可以减为二十年以上二十一年以下有期徒刑;确有悔改表现并有重大立功表现的,可以减为十九年以上二十年以下有期徒刑。无期徒刑罪犯减为有期徒刑后再减刑时,减刑幅度依照《规定》第六条的规定执行。两次减刑间隔时间不得少于二年。对于罪犯有重大立功表现的,可以不受上述减刑起始时间和间隔时间的限制。

第七,对于被判处无期徒刑的腐败犯罪罪犯,确有履行能力而不履行或者不全部履行生效裁判中财产性判项的罪犯,数罪并罚被判处无期徒刑的罪犯,符合减刑条件的,执行三年以上方可减刑,减刑幅度应当比照《规定》第八条从严掌握,减刑后的刑期最低不得少于二十年有期徒刑;减为有期徒刑后再减刑时,减刑幅度比照本规定第六条从严掌握,一次不超过一年有期徒刑,两次减刑之间应当间隔二年以上。罪犯有重大立功表现的,可以不受上述减刑起始时间和间隔时间的限制。

第八,对于被判处死刑缓期执行的罪犯减为无期徒刑后,符合减刑条件的,执行三年以上方可减刑。减刑幅度为:确有悔改表现或者有立功表现的,可以减为二十五年有期徒刑;确有悔改表现并有立功表现的,可以减为二十四年以上二十五年以下有期徒刑;有重大立功表现的,可以减为二十三年以上二十四年以下有期徒刑;确有悔改表现并有重大立功表现的,可以减为二十二年以上二十三年以下有期徒刑。被判处死刑缓期执行的罪犯减为有期徒刑后再减刑时,比照《规定》第八条的规定办理。

第九,对于被判处死刑缓期执行的腐败犯罪罪犯,确有履行能力而不履行或者不全部履行生效裁判中财产性判项的罪犯,数罪并罚被判处死刑缓期执行的罪犯,减为无期徒刑后,符合减刑条件的,执行三年以上方可减刑,一般减为二十五年有期徒刑,有立功表现或者重大立功表现的,可以比照本规定第十条减为二十三年以上二十五年以下有期徒刑;减为有期徒刑后再减刑时,减刑幅度比照本规定第六条从严掌握,一次不超过一年有期徒刑,两次减刑之间应当间隔二年以上。被判处死刑缓期执行的罪犯经过一次或者几次减刑后,其实际执行的刑期不得少于十五年,死刑缓期执行期间不包括在内。死刑缓期执行罪犯在缓期执行期间不服从监管、抗拒改造,尚未构成犯罪的,在减为无期徒刑后再减刑时应当适当从严。

第十,对于被限制减刑的死刑缓期执行罪犯,减为无期徒刑后,符合减刑条件的,执行五年以上方可减刑。减刑间隔时间和减刑幅度依照《规定》第九条的规定执行。

第十一,对于被限制减刑的死刑缓期执行罪犯,减为有期徒刑后再减刑时,一次减刑不超过六个月有期徒刑,两次减刑间隔时间不得少于二年。有重大立功表现的,间隔时间可以适当缩短,但一次减刑不超过一年有期徒刑。

第十二,对于被判处终身监禁的罪犯,在死刑缓期执行期满依法减为无期徒刑的裁定中,应当明确终身监禁,不得再减刑或者假释。

第十三,被判处拘役的罪犯以及判决生效后剩余刑期不满二年有期徒刑的罪犯,符合减刑条件的,可以酌情减刑,减刑起始时间可以适当缩短,但实际执行的刑期不得少于原判刑期的二分之一。

第十四,对于被判处有期徒刑罪犯减刑时,对附加剥夺政治权利的期限可以酌减。酌减后剥夺政治权利的期限,不得少于一年。对于被判处死刑缓期执行、无期徒刑的罪犯减为有期徒刑时,应当将附加剥夺政治权利的期限减为七年以上十年以下,经过一次或者几次减刑后,最终剥夺政治权利的期限不得少于三年。

第十五,对于被判处拘役或者三年以下有期徒刑,并宣告缓刑的罪犯,一般不适用减刑。如果罪犯在缓刑考验期内有重大立功表现的,可以参照刑法第七十八条的规定予以减刑,同时应当依法缩减其缓刑考验期。缩减后,拘役的缓刑考验期限不得少于二个月,有期徒刑的缓刑考验期限不得少于一年。

第十六,对在报请减刑前的服刑期间不满十八周岁,且所犯罪行不属于刑法第八十一条第二款规定情形的罪犯,认罪悔罪,遵守法律法规及监规,积极参加学习、劳动,应当视为确有悔改表现。对这些罪犯减刑时,减刑幅度可以适当放宽,或者减刑起始时间、间隔时间可以适当缩短,但放宽的幅度和缩短的时间不得超过《规定》中相应幅度、时间的三分之一。

第十七,对于老年罪犯、患严重疾病罪犯或者身体残疾罪犯减刑时,应当主要考察其认罪悔罪的实际表现。对于基本丧失劳动能力,生活难以自理的上述罪犯减刑时,减刑幅度可以适当放宽,或者减刑起始时间、间隔时间可以适当缩短,但放宽的幅度和缩短的时间不得超过本规定中相应幅度、时间的三分之一。这里,需要把握以下几个方面:一是所谓"老年罪犯",是指报请减刑、假释时年满六十五周岁的罪犯。二是所谓"患严重疾病罪犯",是指因患有重病,久治不愈,而不能正常生活、学习、劳动的罪犯。三是所谓"身体残疾罪犯",是指因身体有肢体或者器官残缺、功能不全或者丧失功能,而基本丧失生活、学习、劳动能力的罪犯,但是罪犯犯罪后自伤致残的除外。同时,对于刑罚执行机关提供的证明罪犯患有严重疾病或者有身体残疾的证明文件,人民法院应当审查,必要时可以委托有关单位重新诊断、鉴定。

第十八,对于被判处有期徒刑、无期徒刑的罪犯在刑罚执行期间又故意犯罪,新罪被判处有期徒刑的,或者被判处死刑缓期执行罪犯减刑后,在刑罚执行期间又故意犯罪的,自新罪判决确定之日起三年内不予减刑;新罪被判处无期徒刑的,自新罪判决确定之日起四年内不予减刑。罪犯在死刑缓期执行期间又故意犯罪,未被执行死刑的,死刑缓期执行的期间重新计算,减为无期徒刑后,五年内不予减刑。

3.假释的办理。第一,对于办理假释案件,认定"没有再犯罪的危险",除符合刑法第八十一条规定的情形外,还应当根据犯罪的具体情节、原判刑罚情况,在刑罚执行中的一贯表现,罪犯的年龄、身体状况、性格特征,假释后生活来源以及监管条件等因素综合考虑。第二,被判处有期徒刑的罪犯假释时,执行原判刑期二分之一的时间,应当从判决执行之日起计算,判决执行以前先行羁押的,羁押一日折抵刑期一日。而被判处无期徒刑的罪犯假释时,刑法中关于实际执行刑期不得少于十三年的时间,应当从判决生效之日起计算。判决生效以前先行羁押的时间不予折抵。被判处死刑缓期执行的罪犯减为无期徒刑或者有期徒刑后,实际执行十五年以上,方可假释,该实际执行时间应当从死刑缓期执行期满之日起计算。死刑缓期执行期间不包括在内,判决确定以前先行羁押的时间不予折抵。第三,刑法第八十一条第一款规定的"特殊情况",是指有国家政治、国防、外交等方面特殊需要的情况。对累犯不得假释。第四,对下列罪犯适用假释时可以依法从宽掌握:(1)过失犯罪的罪犯、中止犯罪的罪犯、被胁迫参加犯罪的罪犯;(2)因防卫过当或者紧急避险过当而被判处有期徒刑以上刑罚的罪犯;(3)犯罪时未满十八周岁的罪犯;(4)基本丧失劳动能力、生活难以自理,假释后生活确有着落的老年罪犯、患严重疾病罪犯或者身体残疾罪犯;(5)服刑期间改造表现特别突出的罪犯;(6)具有其他可以从宽假释情形的罪犯。罪犯既符合法定减刑条件,又符合法定假释条件的,可以优先适用假释。第五,对于生效裁判中有财产性判项,罪犯确有履行能力而不履行或者不全部履行的,不予假释。第六,对于罪犯减刑后又假释的,间隔时间不得少于一年;对一次减去一年以上有期徒刑后,决定假释的,间隔时间不得少于一年六个月。对于罪犯减刑后余刑不足二年,决定假释的,可以适当缩短间隔时间。第七,对于罪犯在假释考验期内违反法律、行政法规或者国务院有关部门关于假释的监督管理规定的,作出假释裁定的人民法院,应当在收到报请机关或者检察机关撤销假释建议书后及时审查,作出是否撤销假释的裁定,并送达报请机关,同时抄送人民检察院、公安机关和原刑罚执行机关。对于罪犯在逃的,撤销假释裁定书可以作为对罪犯进行追捕的依据。第八,依照刑法第八十六条规定被撤销假释的罪犯,一般不得再假释。但依照该条第二款被撤销假释的罪犯,如果罪犯对漏罪曾作如实供述但原判未予认定,或者漏罪系其自首,符合假释条件的,可以再假释。被撤销假释的罪犯,收监后符合减刑条件的,可以减刑,但减刑起始时间自收监之日起计算。第九,对于年满八十周岁、身患疾病或者生活难以自理、没有再犯罪危险的罪犯,既符合减刑条件,又符合假释条件的,优先适用假释;不符合假释条件的,参照《规定》第二十条有关的规定从宽处理。

4.减刑、假释裁定的法律效力。第一,对于人民法院按照审判监督程序重新审理的案件,裁定维持原判决、裁定的,原减刑、假释裁定继续有效。第二,对于再审裁判改变原判决、裁定的,原减刑、假释裁定自动失效,执行机关应当及时报请有管辖权的人民法院重新作出是否减刑、假释的裁定。重新作出减刑裁定时,不受本规定有关减刑起始时间、间隔时间和减刑幅度的限制。重新裁定时应综合考虑各方面因素,减刑幅度不得超过原裁定减去的刑期总和。第三,再审改判为死刑缓期执行或者无期徒刑的,在新判决减为有期徒刑之时,原判决已经实际执行的刑期一并扣减。再审裁判宣告无罪的,原减刑、假释裁定自动失效。

5.减刑后犯新罪或者漏罪的处理。第一,对于罪犯被裁定减刑后,刑罚执行期间因故意犯罪而数罪并罚时,经减刑裁定减去的刑期不计入已经执行的刑期。原判死刑缓期执行减为无期徒刑、有期徒刑,或者无期徒刑减为有期徒刑的裁定继续有效。第二,对于罪犯被裁定减刑后,刑罚执行期间因发现漏罪而数罪并罚的,原减刑裁定自动失效。如漏罪系罪犯主动交代的,对其原减去的刑期,由执行机关报请有管辖权的人民法院重新作出减刑裁定,予以确认;如漏罪系有关机关发现或者他人检举揭发的,由执行机关报请有管辖权的人民法院,在原减刑裁定减去的刑期总和之内,酌情重新裁定。第三,对于被判处死刑缓期执行的罪犯,在死刑缓期执行期内被发现漏罪,依据刑法第七十条规定数罪并罚,决定执行死刑缓期执行的,死刑缓期执行期间自新判决确定之日起计算,已经执行的死刑缓期执行期间计入新判决的死刑缓期执行期间内,但漏罪被判处死刑缓期执行的除外。第四,被判处死刑缓期执行的罪犯,在死刑缓期执行期满后被发现漏罪,依据刑法第七十条规定数罪并罚,决定执行死刑缓期执行的,交付执行时对罪犯实际执行无期徒刑,死缓考验期不再执行,但漏罪被判处死刑缓期执行的除外。第五,对于在无期徒刑减为有期徒刑时,前罪死刑缓期执行减为无期徒刑之日起至新判决生效之日止已经实际执行的刑期,应当计算在减刑裁定决定执行的刑期以内。原减刑裁定减去的刑期依照《规定》第三十四条处理。第六,对于被判处无期徒刑的罪犯在减为有期徒刑后因发现漏罪,依据刑法第七十条规定数罪并罚,决定执行无期徒刑的,前罪无期徒刑生效之日起至新判决生效之日止已经实际执行的刑期,应当在新判决的无期徒刑减为有期徒刑时,在减刑裁定决定执行的刑期内扣减。无期徒刑罪犯减为有期徒刑后因发现漏罪判处三年有期徒刑以下刑罚,数罪并罚决定执行无期徒刑的,在新判决生效后执行一年以上,符合减刑条件的,可以减为有期徒刑,减刑幅度依照《规定》第八条、第九条的规定执行。原减刑裁定减去的刑期依照《规定》第三十四条处理。

6.财产性判项的处置。所谓"财产性判项",是指判决罪犯承担的附带民事赔偿义务判项,及追缴、责令退赔、罚金、没收财产等判项。司法实践中,具体应当把握以下几点:第一,对于人民法院作出的刑事判决、裁定发生法律效力后,在依照刑事诉讼法第二百五十三条、第二百五十四条的规定将罪犯交付执行刑罚时,如果生效裁判中有财产性判项,人民法院应当将反映财产性判项执行、履行情况的有关材料一并随案移送刑罚执行机关。罪犯在服刑期间本人履行或者其亲属代为履行生效裁判中财产性判项的,应当及时向刑罚执行机关报告。刑罚执行机关报请减刑时应随案移送以上材料。第二,人民法院办理减刑、假释案件时,可以向原一审人民法院核实罪犯履行财产性判项的情况。原一审人民法院应当出具相关证明。第三,刑罚执行期间,负责办理减刑、假释案件的人民法院可以协助原一审人民法院执行生效裁判中的财产性判项。

第四节 反腐败罪刑规制重点

根据腐败的本质特征和反腐败实践,腐败犯罪活动中最为突出、人民群众反映最为强烈、危害后果最为严重的是权力寻租、权钱交易、利益输送等活动。这些腐败行为,不仅是腐败的核心特征,也是反腐败罪刑规制重点。具体地说,这些腐败行为反映在刑事规制上,主要为刑法规定的贿赂罪。这些犯罪行为,将商品经济交易规则带入党内政治生活、政务活动等公共活动领域,具有严重危害性。尤其是腐败分子为了规避法律和逃避制裁,不仅花样翻新、手段多变,甚至还非法结盟、结党营私,形成利益集团,直接冲击并危害党的执政基础和国家政权安全。

一、受贿罪

(一) 受贿罪的规制和定义

新中国成立以后,对受贿罪的规定经历了不断修改、补充和完善的过程。1952 年制定并公布施行的《中华人民共和国惩治贪污条例》,将受贿罪列入贪污罪中,作为贪污罪的一种形式。直至 1978 年我国第一部刑法颁布,首次将受贿罪作为单独罪名予以规定。随着我国政治经济形势发展和对外开放深入,受贿等腐败犯罪渐趋严重,全国人民代表大会常务委员会于 1982 年 3 月制定施行的《关于严惩严重破坏经济的罪犯的决定》,将受贿罪的法定刑从刑法规定的最高刑为 15 年有期徒刑提升到了死刑。1988 年全国人民代表大会常务委员会根据当时国家政治经济形势,又制定颁布了《关于惩治贪污罪贿赂罪的补充规定》,对受贿罪的构成特征和处罚原则作了较大修改,明确规定将受贿罪主体从国家工作人员扩大到国家工作人员、集体经济组织工作人员和其他从事公务的人员;受贿罪形式,包含利用职务便利非法收受他人财物而为他人谋利,利用职务便利索取他人财物,以及在经济往来中违反国家规定收受各种名义的回扣、手续费归个人所有等三种形式;进一步明确规定受贿罪的处罚原则和量刑幅度,增加了单位受贿罪的规定。然而,随着我国非公有制经济进一步发展,法律规定滞后性又显现出来。非公有制经济对刑事保护的要求与现行法律规定滞后之间的矛盾,促使法律进一步修改。1993 年 12 月制定公布的《中华人民共和国反不正当竞争法》,针对当时市场竞争中存在的贿赂性销售、采购问题,将账外暗中收受回扣的行为规定以受贿论处。全国人民代表大会常务委员会于 1995 年 2 月颁布施行的《关于惩治违反公司法的犯罪的决定》,专门规定了公司人员受贿罪。但由于法律规定一再修改、补充,造成法律规范的混乱以及司法机关的司法解释权对立法权造成侵害,进一步导致司法混乱。1997 年 3 月,八届全国人民代表大会五次会议审议通过了对刑法进行的大修,吸收了司法实践的有益因素和成果,对受贿罪进行相应的修改、规定。进入 21 世纪后,立法及司法机关制定了大量针对贿赂犯罪的法律规定或者司法解释,进一步丰富了受贿罪立法,一定程度上解决了司法实践中经常遇到并对认定处理有直接影响的一些困难和问题。比如,2006 年 6 月 29 日十届全国人民代表大会常务委员会第二十二次会议审议通过了刑法修正案(六),扩大了受贿罪的主体范围。2007 年 5 月 30 日中央纪委对外发布《关于严格禁止利用职务上的便利谋取不正当利益的若干规定》,简称"八项禁令"①,主要针对国家工作人员中的共产党员,特别是各级领导干部的新型受贿行为,加以明令禁止;同年 7 月 8 日,最高人民法院、最高人民检察院制定发布《关于办理受贿刑事案件适用法律若干问题的意见》,针对司法实践中经常遇到的 10 种新型受贿犯罪及其法律适用,提出具体的解决措施。2008 年 11 月 20 日最高人民法院、最高人民检察院制定发布《关于办理商业贿赂刑事案件适用法律若干问题的意见》,针对司法实践中遇到的商业贿赂犯罪包括受贿罪及其法律适用,提出具体的解决措施。2009 年 2 月 28 日十一届全国人民代表大会常务委员会第七次会议审议通过了刑法修正案(七),增设了利用影响力受贿罪。同年 3 月 12 日最高人民法院、最高人民检察院制定发布《关于办理职务犯罪案件认定自首、立功等量刑情节若干问题的意见》,针对司法实践中经常遇到的受贿罪等腐败犯罪及其自首、立功等量刑情节法律适用,提出具体的解决措施。2010 年 11 月 26 日最高人民法院、最高人民检察院制定发布《关于办理国家出资企业中职务犯罪案件具体应用法律若干问题的意见》,针对司法实践中遇到的国家出资企业在改制过程中发生的受贿罪等腐败犯罪及其法律适用若干问题,提出具体的解决措施。2012 年 8 月 8 日最高

---

① 《关于严格禁止利用职务上的便利谋取不正当利益的若干规定》,简称"八项禁令",具体包括:一是严格禁止以交易形式收受请托人财物;二是严格禁止收受干股;三是严格禁止由请托人出资,"合作"开办公司或者进行其他"合作"投资;四是严格禁止以委托请托人投资证券、期货或者其他委托理财的名义获取"收益";五是严格禁止通过赌博方式收受请托人财物;六是严格禁止特定关系人不实际工作却获取所谓薪酬;七是严格禁止授意请托人以本规定所列形式,将有关财物给予特定关系人;八是严格禁止在职时为请托人谋利,离职后收受财物。参见詹复亮著:《反贪侦查热点与战略》,人民出版社 2010 年版,第 63~86 页。

人民法院、最高人民检察院制定发布《关于办理职务犯罪案件严格适用缓刑、免予刑事处罚若干问题的意见》,就受贿罪等腐败犯罪案件办理当中适用缓刑、免予刑事处罚提出具体的意见和措施。2012年12月16日最高人民法院、最高人民检察院制定发布《关于办理行贿刑事案件具体应用法律若干问题的解释》,对受贿罪认定处理中涉及"谋取不正当利益"的含义作出明确界定。2015年8月29日十二届全国人民代表大会常务委员会第十六次会议通过刑法修正案(九),2016年4月18日最高人民法院、最高人民检察院对外发布《关于办理贪污贿赂刑事案件适用法律若干问题的解释》,对受贿罪等定罪量刑作出了新的修改调整。2017年11月4日十二届全国人民代表大会常务委员会第三十次会议审查通过了反不正当竞争法,对商业贿赂行为及其罚则等规定进行了修改。

深入系统研究受贿罪的基本含义及规制方式,对于准确界定和把握受贿罪本质特性至关重要。从理论上讲,受贿罪的概念有过多种不同的表述形式。我国首次采用明示方式,将受贿罪的概念规定在法律之中的是1988年1月21日颁布实施的全国人民代表大会常务委员会《关于惩治贪污罪贿赂罪的补充规定》。1997年刑法对这一概念又进行了修改。根据刑法第三百八十五条规定,受贿罪是指国家工作人员利用职务上的便利,索取他人财物的,或者非法收受他人财物,而为他人谋利的行为。从这一规定看,受贿罪主体是国家工作人员,客观上表现为利用职权或者与职务有关的便利条件非法收受他人财物而为他人谋利或者索取他人财物。受贿罪对象限于财物,行为人主观上具有受贿故意。但需要指出的是,2014年10月23日中共十八届四中全会通过的《中共中央关于全面推进依法治国若干重大问题的决定》明确提出,"完善惩治贪污贿赂犯罪法律制度,把贿赂犯罪对象由财物扩大为财物和其他财产性利益"。① 同时,2016年4月18日对外发布的最高人民法院、最高人民检察院《关于办理贪污贿赂刑事案件适用法律若干问题的解释》第十二条规定,贿赂犯罪中的"财物",包括货币、物品和财产性利益。财产性利益包括可以折算为货币的物质利益如房屋装修、债务免除等,以及需要支付货币的其他利益

---

① 《〈中共中央关于全面推进依法治国若干重大问题的决定〉辅导读本》,人民出版社2014年版,第13页。

如会员服务、旅游等。后者的犯罪数额,以实际支付或者应当支付的数额计算。此外,刑法规定了国家工作人员在经济往来中,违反国家规定,收受各种名义的回扣、手续费,归个人所有的,以受贿论处。按照理论界的通论,这是关于经济受贿的规定,其犯罪对象限于回扣、手续费。从规定的内容看,这是对我国反不正当竞争法相关内容的接纳。与此同时,刑法还增加了单位受贿、间接受贿和利用影响力受贿等规定。根据刑法第三百八十七条规定,单位受贿罪是指国家机关、国有公司、企业、事业单位、群团组织,索取、非法收受他人财物,为他人谋取利益,情节严重的行为。同样的,上述单位在经济往来中,在账外暗中收受各种名义的回扣、手续费的,以受贿罪论处。根据刑法第三百八十八条规定,国家工作人员利用本人职权或者地位形成的便利条件,通过其他国家工作人员职务上的行为,为请托人谋取不正当利益,索取请托人财物或者收受请托人财物的,以受贿论处。这是关于间接受贿的规定,是基于实践中党政干部或者司法人员及其"掮客"实施腐败犯罪的实际而作出的相应规定,旨在保证国家工作人员特别是党政领导干部的廉洁性。根据刑法第三百八十八条之一规定,国家工作人员的近亲属或者其他与该国家公职人员关系密切的人,通过该国家工作人员职务上的行为,或者利用该国家工作人员职权或者地位形成的便利条件,通过其他国家工作人员职务上的行为,为请托人谋取不正当利益,索取请托人财物或者收受请托人财物,数额较大或者有其他较重情节的,或者离职的国家工作人员或者其近亲属以及其他与其关系密切的人,利用该离职的国家工作人员原职权或者地位形成的便利条件,通过其他国家工作人员职务上的行为,为请托人谋取不正当利益,索取请托人财物或者收受请托人财物,数额较大或者有其他较重情节的,构成利用影响力受贿罪。从刑法的这一变化看,受贿犯罪的主体范围进一步扩大,从一定意义上表明我国立法机关对于受贿犯罪刑事政策的调整,充分体现出党和国家坚定不移深入推进反腐败斗争的坚强决心。

(二) 受贿罪的法律特征

主要体现在以下方面:

1.受贿罪客体。司法实践中,对于受贿罪客体的准确理解,应当把握以下两个方面:

(1)受贿罪客体。对于受贿罪的客体,中外学界的认识有所不同。外国法学理论界普遍认为,受贿罪侵犯的客体是国家法益,但对法益的界定在认识上却不一致。比如有的认为,受贿罪侵犯的是公务员职务行为的不可收买性;有的认为,受贿罪侵犯的是公务员职务行为的公正性;有的认为,受贿罪侵犯的是公务员职务行为的不可收买性和公正性;有的认为,受贿罪侵犯的是公务员的廉洁性。我国法学界对受贿罪客体的认定,大体上有单一说和复杂说两种。前者认为受贿罪侵犯的是国家机关的正常管理活动,包括国家机关对内对外职责的正常履行。后者认为受贿罪侵犯的直接客体是公务人员履行职务的廉洁性,国家机关的正常管理活动则是渎职罪的同类客体,如果将其作为受贿罪的直接客体,就不能解决以下三个难题:一是对利用职务之便收受贿赂而未为行贿人谋取利益的行为难以认定为受贿罪;二是对不违反职务的受贿行为难以定罪;三是将国家机关的正常管理活动作为受贿罪的客体,势必会因此提出应以受贿人为行贿人谋取了利益作为受贿罪既遂的结论,以致宽纵犯罪。事实上,司法实务部门按照这个理由适用法律的现象时有所见所闻,而这在理论上却往往是站不住脚的。

　　笔者认为,受贿罪侵犯的客体既包括国家工作人员职务行为的廉洁性,也包括国家机关正常管理秩序。第一,国家工作人员拥有大小不等的各种权力,履行一定的职责。这种权力和职责是国家权力的具体化。它作为一种公权力,应当服务于国家利益和公共利益,而不能私化为个人资本,为个人或者某些特殊利益群体服务。利用职务上的便利索取或者非法收受他人财物,势必与为政清廉背道而驰,侵犯国家工作人员职务行为的廉洁性,这是受贿罪的本质特征之一。第二,国家机关的正常活动、国家机器的正常运转,以国家工作人员正常履行职务为基础,政府的形象也是依靠国家工作人员正确履行职务行为而树立起来。国家工作人员在履行职务活动中,索取或者非法收受他人财物,必然会破坏政府形象,严重时还会导致人民群众丧失对政府的信任,从而影响国家机关的正常活动,这是受贿罪的深层次特征之一。第三,将受贿罪的客体界定为侵犯国家工作人员职务行为的廉洁性和国家机关正常管理秩序,有利于解决理论上和实践中的难题。受贿罪的表现形式多种多样,有违背职务的受贿行为,也有不违背职务的受贿行为;有为他人谋取正当利益的受贿行为,也有为他人谋取不正当利益的受贿行为;有利用本人职务上的便利受贿的,也有利用第三人的职务便利受贿的;有已经为他人谋取利益的受贿行为,*135*

也有尚未为他人谋取利益但已有承诺为他人谋取利益的受贿行为;等等。将国家工作人员职务行为的廉洁性和国家机关正常管理秩序规定为受贿罪的客体,有利于从整体上涵盖各种形式的受贿犯罪行为,便于在司法实践中适用。

(2)受贿罪的对象。受贿罪的对象即贿赂,毋庸置疑。但是,当今法学界对贿赂的范围究竟有多大,应包含哪些方面,分歧却比较大。归纳起来,大体有三种观点:

一是"财物说",即贿赂的范围限于财物,就是金钱和物品。做这样的界定,既便于司法部门适用时操作,也有历史根据。我国自古以来对贿赂均解释为"私赠财物,而行请托"之意。新中国成立以后颁布的各种法律法规,包括惩治贪污条例、第一部刑法及此后全国人民代表大会常务委员会的有关立法,都把贿赂的内容界定为财物。虽然 1993 年颁布施行的《反不正当竞争法》第八条规定,"经营者不得采用财物或者其他手段进行贿赂以销售或者购买商品",将贿赂的范围扩大为"人为地引诱刺激商品买卖的一切手段",但司法实务部门在具体操作中,仍将财物作为贿赂的内容,而未按上述规定执行。同时,我国刑法明确规定贿赂的范围限于财物,其他非财物的不正当利益,均不构成受贿罪。从司法实践看,对贿赂的认定尚有限制性,即对金钱贿赂是无可争议的,而对物品的内容却认定不一。比如有的仅将大件物品或者贵重物品,诸如将金银首饰、高档家具、文物古董或者一些贵重电子产品等认定为贿赂,其他如烟酒之类则不计其内;有的甚至将大件物品也不计入贿赂数额。而事实上,这种执法司法倾向一定程度上反映出一定时期的司法价值取向,以致出现一些腐败分子只收物品而不收金钱,用以逃避法律制裁等现象,造成灰色收入的滥化以及受贿犯罪的严重化。

二是"物质利益说"。认为贿赂不应限于财物,而应当包括其他财产性利益,比如无偿劳动、提供住房、免费旅游、设立债权、免除债务等能够用货币计算的财产性利益,这实际上是上述"财物说"的进一步延伸。

三是"不当利益说"。认为贿赂应当涵盖所有不正当利益,既包括财物和财产性利益,也包括非财产性利益,比如招工提干、调换工作、迁移户口、晋升职务、提供女色服务、出国留学、解决住房等等,即将贿赂的内容界定为"一切能够满足受贿人需要或者欲望的有形利益和无形利益"。这种观点实际上混淆了现实与理想的界限,以及刑事政策中重点与一般的关系。法不责众,是我国历史悠久的传统观念及其刑事政策。从理想的角度讲,"不当利益说"有其理论根据。但是从腐败犯罪的实际看,一方面,由于民俗风情的影响,礼尚往来甚于频繁,虽然其中不少是隐藏着腐败性质,或者就是冲着行为人手中的公权力而来,但是传统的面纱掩盖了罪恶的交易,使该学说失去具体的操作性。另一方面,送礼风的盛行,往往造成让司法部门无从下手的局面。全面有效防控受贿犯罪,是一项长期的战略任务,需要从战略上加以考虑,并从整体上进行谋划布局,首要的是控制其蔓延态势,然后采取措施逐步减少到政府和社会民众都能接受的程度,最终予以有效的彻底的解决。

笔者认为,"物质利益说"在我国惩治腐败犯罪的立法中是可以采纳的,并且从司法实践看,将受贿的范围限于财物及财产性利益,有利于突出打击重点,控制受贿腐败现象的蔓延。"财物利益说",即将贿赂的对象限于财物,包括金钱、物品及其他财产性利益,而不宜扩大至非财产性利益。否则,司法实践中不宜把握和处理。2014 年 10 月 23 日中共十八届四次全会通过的《中共中央关于全面推进依法治国若干重大问题的决定》和 2016 年 4 月 18 日对外发布的最高人民法院、最高人民检察院《关于办理贪污贿赂刑事案件适用法律若干问题的解释》对贿赂的对象都作出了明确规定,将贿赂的对象限于财物,包括货币、物品和其他财产性利益。对此,司法实践中应当正确适用。

2. 受贿罪主体。根据刑法第三百八十五条、第三百八十八条规定,受贿罪是一种贪利性腐败犯罪,也是一种身份犯,其主体是国家公职人员。这里的国家公职人员是一种通称,其范围大于国家工作人员。刑法第九十三条对国家工作人员作出了明确而具体的界定。换言之,受贿罪的主体包含以下 4 类:

(1)国家公务员,按照国家公务员法第二条规定,国家公务员是指依法履行公职、纳入国家行政编制、由国家财政负担工资福利的工作人员。包括:中国共产党机关的工作人员;人大机关的工作人员;政协机关的工作人员;行政机关的工作人员;监察机关的工作人员;审判机关的工作人员;检察机关的工作人员;民主党派及工商联机关的工作人员。

(2)国有公司、企业、事业单位、群团组织中从事公务的人员,即公司财产属于国家所有的公司、国家控股的股份有限公司以及财产属于国家所有的从事生产或者经营活动的企业、国家投资兴办管理的科研、教育、文化、卫生、体育、新闻、广播、出版等事业单位和各级工会、共青团、妇联等群团组织中从事公务的人员。

（3）国家机关、国有公司、企业、事业单位委派到非国有公司、企业、事业单位、社会团体中从事公务的人员，即由国家机关、国有公司、企业、事业单位委托、派出的在国有公司、企业、事业单位以外的各种公司、企业、事业单位以及各种依法设立的学会、协会、基金会等社会团体中从事公务的人员。

（4）其他依照法律从事公务的人员，即依照法律规定被选举或者任命的从事公务的人员，包括村民委员会的组成人员。根据我国村民委员会组织法的规定，村民委员会是村民自我管理、自我教育、自我服务的群众性自治组织，办理本村的公共事务和公益事业，并依照法律规定管理本村所有的土地和其他财产等。可见，村民委员会成员显然符合依照法律从事公务的条件。在具体认定时，应当依照全国人民代表大会常务委员会关于《中华人民共和国刑法》第九十三条第二款的解释进行理解把握和适用。

需要指出的是，法学界对国家工作人员的界定存在较大的分歧。从司法实践看，最高人民法院、最高人民检察院在1995年分别对全国人民代表大会常务委员会颁布《关于惩治违反公司法的犯罪的决定》中有关国家工作人员的司法解释是相左的。最高人民检察院强调行为人的管理职能，将是否具有管理职能作为评判国有企业相关人员是否属于国家工作人员，学界称之"职能论"或者"公务论"。最高人民法院强调的是行为人身份，即不仅要求行为人具备行使管理职权的条件，同时必须具有国家工作人员身份，学界称之"身份论"。最高人民法院和最高人民检察院上述解释曾带来司法实践的混乱，致使地方各级司法机关无从适用。从规定内容看，最高人民法院和最高人民检察院的司法解释又都有各自缺陷所在。为此，立法机关在1997年修订刑法时以"公务论"取代了上述两论，一定程度上解决了司法适用的混乱问题。但细究之，何为公务？何为私务？在国有企业中除了从事公务的人员，是否存在从事非公务即私务的人员？事实上也不具有可操作性。由于上述三论均有缺陷，为弥补"公务论"的不足，有人提出"劳务"的概念，旨在借此区别和界定国家公职人员。从逻辑上讲，公务与劳务是不相对应的，以致司法实践中一直争论不休，影响了法律公正统一实施。

从我国香港特别行政区有关法律规定看，其防止贿赂条例将受贿罪之主体分为三种，具体包括：一是政府雇员，即在政府中担任永久或者临时受薪职位之人员,是政府雇员索取或者接受利益罪的主体;二是公职人员,即公共机构之任何雇员,包括政府各部门、各类委员会及其他公营、公益机构的雇员,这是一般受贿罪的主体;三是代理人,即公共机构及任何受雇或者代他人办事的人,包括私营机构雇员在内,是代理人贪污犯罪之主体。上述三者之间是包含关系,其代理人的范围涵盖了前两者。我国台湾地区的贪污治罪条例对受贿罪主体,规定为公务员和仲裁人两种。对公务员的界定并无统一,但一般认为公务员系依法令从事于公务的人员,包括政府机关公职人员、公营事业机构以及公私合营公司中政府股份在50%以上的公司职员。其中,这里的政府机构公职人员,不论是任命、选举、雇佣及临时或者永久、专职或者兼职、有无薪俸等,均属公务员之列。同时,还规定了拟制公务员,即受公务机关委托承办公务之人,如私营店主承办公务机关所转移之事务。此外,对仲裁人,其规定为依法令仲裁双方当事人民商事争议之人,如劳资争议仲裁人、商务纠纷仲裁人等。从我国香港、台湾地区的立法经验看,它们对受贿罪主体的界定和划分对内地立法是有一定借鉴意义的。从长远考虑,我国立法机关应在深入调查研究的基础上,对受贿罪主体进行符合我国实际的界定和划分,这有利于司法实际部门的具体适用和操作,保证法律的正确、统一实施。笔者认为,从我国国情实际出发,结合司法实践,现行法律对受贿罪主体的界定总体上是适应的,只是由于缺乏权威部门具有操作性的有效解释,以致造成法律适用上的混乱,对此,需要采用有针对性的措施加以解决。

需要注意的是,2008年11月20日最高人民法院、最高人民检察院《关于办理商业贿赂刑事案件适用法律若干问题的意见》第四至第六条规定的受贿罪主体中,有几种特殊的情形,包括医疗机构中的国家工作人员;学校及其他教育机构中的国家工作人员;中介组织尤其是工程建设、政府采购等领域中,依法组建的评标委员会、竞争性谈判采购中谈判小组、询价采购中询价小组中国家机关或者其他国有单位的代表。这些工作人员可以构成受贿罪主体。同时,根据该《意见》第二至第六条规定,事业单位、社会团体、村民委员会、居民委员会、村民小组等常设性的组织,以及组织体育赛事、文艺演出或者其他正当活动而成立的组委会、筹委会、工程承包队等非常设性的组织中的非国家工作人员,国有公司、企业以及其他国有单位中的非国家工作人员,特别是医疗机构中的非国家工作人员、医务人员,学校及其他教育机构中的非国家工作人员、教师,依法组建的评标委员会、竞争性谈判采购中谈判小组、询价采购中询价小组的组成人员,不能构成受贿罪主体,而只能认定为非国家工作人员受贿罪主体。

需要进一步注意的是,司法实践中离职国家工作人员收受财物的现象大量存在。比如有的国家工作人员在职期间为他人谋取了利益,但当时没有收受他人的财物,而在其离职后再予以索要或者收受;有的约定在其辞职后给予超常的高薪聘用等。对于这种行为如何定性,司法实践中有争议。笔者认为,在具体认定这类行为的性质时,应当参照最高人民法院《关于国家工作人员利用职务上的便利为他人谋取利益离退休后收受财物行为如何处理问题的批复》的精神认定处理。如果国家工作人员利用职务上的便利为请托人谋取利益,并与请托人事先约定,在其离职后收受请托人财物、构成犯罪的,以受贿罪定罪处罚。对此,司法实践中应注意区分。从实践看,不是所有离职后收受他人财物的行为,都属非法或者犯罪。同时,根据2010年11月26日最高人民法院、最高人民检察院《关于办理国家出资企业中职务犯罪案件具体应用法律若干问题的意见》第五条第三款规定,国家工作人员在国家出资企业改制过程中利用职务上的便利为请托人谋取利益,事先约定在其不再具有国家工作人员身份后收受请托人财物,或者在身份变化前后连续收受请托人财物的,依照刑法第三百八十五条、第三百八十六条的规定,以受贿罪定罪处罚。

3. 受贿罪客观方面。根据刑法修正案(九)及2016年4月18日对外发布的最高人民法院、最高人民检察院《关于办理贪污贿赂刑事案件适用法律若干问题的解释》,我国现行法律规定的受贿罪是一个罪名集群,包括九种行为形态,涉及4个罪名。这九种行为形态是指:一般受贿;经济受贿;单位受贿;间接受贿或者斡旋受贿;事前受贿;事后受贿;推定受贿,即上级索取或者收受下级的贿赂、管理者索取或者收受被管理者的贿赂;利用影响力受贿;非国家工作人员受贿。这些行为涉及刑法规定的受贿罪、单位受贿罪、利用影响力受贿罪、非国家工作人员受贿罪4个罪名。这里,重点就一般受贿罪或者称之普通受贿罪、经济受贿罪、间接受贿罪或者称斡旋受贿罪等客观方面的行为形态分别进行阐述。

(1)一般受贿。根据刑法第三百八十五条规定,一般受贿罪的客观方面,表现为行为人利用职务上的便利索取他人财物或者非法收受他人财物为他人

谋利益的行为。准确把握这一构罪要件,需要研究以下问题:

第一,利用职务上的便利。根据刑法第三百八十五条规定,实施受贿犯罪必须利用职务上的便利。这说明,利用职务上的便利是受贿罪的一个极为重要的客观要件。法学界对这一要件的认识有较大分歧,主要有两种观点:一是认为利用职务上的便利不是受贿罪的构成要件。行为人只要主观上有犯罪的故意,客观上收受了他人的财物就构成受贿罪,至于在上述行为过程中是否利用了职务上的便利不影响犯罪的成立;二是认为利用职务上的便利是受贿罪的构成要件,缺乏这一要件,受贿罪就不能成立,这是刑法明确规定的。同时,对利用职务上的便利的理解,法学界也有不同的认识,主要有三种观点:一是认为利用职务上的便利,只能限于本人的职务便利;二是认为利用职务上的便利包括利用本人职务上的便利,也包括利用他人职务上的便利;三是认为利用职务上的便利包括利用本人职权上的便利和工作上的便利。笔者认为,根据刑法的立法精神,一般受贿罪涉及利用职务上的便利,应当是指利用行为人本人职权上形成的便利条件。这里的本人职权,是指本人职务范围内的权力;这里的职权便利,主要表现为行为人利用本人的领导权、指挥权、管理权、经办权等职权内容。需要明确的是,最高人民法院对如何认定"利用职务上的便利",作了较为详细的阐述,即"刑法第三百八十五条第一款规定的'利用职务上的便利',既包括利用本人职务上主管、负责、承办某项公共事务的职权,也包括利用职务上有隶属、制约关系的其他国家公职人员的职权。担任单位领导职务的国家工作人员通过不属自己主管的下级部门的国家工作人员的职务为他人谋取利益的,应当认定为'利用职务上的便利'为他人谋取利益"。司法实践中,应当按照这一规定进行适用。

第二,索取或者收受他人财物。这里的索取,意为主动索要、收取。索取的主要特征在于:一是主动性。行为人收取他人财物是其主动提出进行权钱交换的要求并予实现的。二是索要与收取是一种行为的连续过程。行为人在主动索取时,可表现为明示的形式,即明目张胆地索要请托人的财物;也可表现为暗示的形式,即通过婉转的方式进行卡要。三是索要的对象是请托人,即有事求助于行为人的人。这里的收受,意为收取、管理和使用。收受的主要特征在于:一是被动性。行为人在为他人谋利益的过程中没有权钱交换的非分之想,在事后对方送给财物或者行为人虽然心中有权钱交换的故意,但没有明示也没有暗示,只是在具体的办事过程中,请托人或者行贿人主动送给财物。但无论是哪种情况,行为人收受他人财物都是被动的。二是收受行为必须与利用职务便利为他人谋取利益相结合。如果没有利用职务上的便利,仅仅出于工作上的方便,这种行为不能构成一般受贿罪。三是收受的方式多样化。归结起来,有直接和间接两种。直接收受,顾名思义就是行为人本人从请托人处接受财物;间接收受,则无定式。从实践反馈的情况看,其花样层出不穷,手段不断翻新,如通过家属、亲朋收受,或者中间层即"掮客"收受,或者通过赌博形式收受等,或者设立专门的公司收受等。但不管通过哪种形式收受,法律都没有限制,都不影响犯罪的成立。

第三,为他人谋取利益。这里的他人,一般包括行贿人本人和行贿人指定的特定利益获得者。这里的谋取,包含两方面内容:一是行为人只要有承诺就可构成,而不要求请托人必须实际取得了利益。二是谋取利益的手段能够实施,行为人在本人职务范围内能做得到。这里的利益,法律上未作限制。从词义上理解,利益的外延应当比较宽泛,既包括合法的、正当的利益,也包括非法的、不正当的利益;既可以是行贿人与受贿人双方预先约定的预期利益,也可以是双方非预约的即期利益,也就是一手交权、一手交钱;既可以是物质性利益,也可以是非物质性利益。需要指出的是,如何认定"为他人谋取利益",最高人民法院作出了相关司法解释,即"为他人谋取利益包括承诺、实施和实现三个阶段的行为。只要具有其中一个阶段的行为,比如国家工作人员收受他人财物时,根据他人提出的具体请托事项,承诺为他人谋取利益的,就具备了为他人谋取利益的要件。明知他人有具体请托事项而收受其财物的,视为承诺为他人谋取利益"。司法实践中,应当按照这一规定进行适用。

需要指出的是,以上所述及所涉受贿犯罪,主要针对传统的受贿行为及其法定的犯罪构成要件。

第四,新型受贿行为。2016年4月18日对外发布的最高人民法院、最高人民检察院《关于办理贪污贿赂刑事案件适用法律若干问题的解释》,增加了以下新规定:

一是事前受贿。按照该解释第十五条第二款规定:国家工作人员利用职务上的便利为请托人谋取利益前后多次收受请托人财物,受请托之前收受的财物数额在1万元以上的,应当一并计入受贿数额。

对此,认定处理时,应当把握以下几点:一是国家工作人员已经构成受贿犯罪。这种行为在法定处理时需要"向后看",也就是看受贿行为发生之前的贿送财物情况,查清案发时间节点之前的贿送事实情况,但向后看多远,由于没有明确规定,比如发现之前收受的财物数额总计,按照现时法律规定已经超过追诉时效的,是否还予以认定等,需要加强研究,进一步加以明确。但如果收受财物的行为尚未构成受贿犯罪,则不仅可能发现不了之前的受贿事实,也无法对其进行累计计算。二是请托人在受请托事项之前给国家工作人员贿送了财物。请托人贿送的财物可能用于感情投资,或者有其他的目的,但在贿送物品时,没有请托国家工作人员任何事项。三是请托人给国家工作人员贿送的财物价值超过了1万元人民币。这里的1万元,不必要求一次性收受或者索取,而是累计的数额。四是事前受贿的实质。从司法解释的规定内容讲,凡是国家工作人员受托并利用职务便利为请托人谋取了利益,收受或者索取了请托人的财物,构成了受贿犯罪,则受托之前收受的财物也属于受贿,所谓"新账旧账"一起算。从性质上讲,这是法律上的一种推定,同传统的主观和客观相一致原则相冲突,不能以传统的主客观相一致原则处理这种行为。对于以感情投资之名义贿送财物的行为,一旦发现贿送财物之人在事后某一阶段或者时期向该国家工作人员提出请托事项的,就将请托之前贿送的财物一并计入受贿数额。除非贿送财物的人从来不向国家工作人员提出请托事项。这是全面从严治党在司法领域的具体政策体现。

二是事后受贿。按照该解释第十三条第一款第三项规定:履职时未被请托,但事后基于该履职事由收受他人财物的,应当认定为"为他人谋取利益",构成犯罪的,应当依照刑法关于受贿犯罪的规定定罪处罚。

对此,认定处理时应当把握以下几点:一是国家工作人员履行职权之时,事后向其贿送财物的人没有向该国家工作人员提出任何的请托事项。二是该国家工作人员履行了职责,为事后贿送财物的人办成了事。三是该国家工作人员为事后贿送财物的人办成的事并非该贿送财物的人所托,而是该国家工作人员按照职责办成的。四是事后贿送财物的人得知该国家工作人员为其办成的事,即向该国家工作人员贿送了财物,目的是为了感谢该国家工作人员为其办成了事。对于这种行为,在性质上推定为该国家工作人员为事后贿送财物的人谋取了利益。五是贿送的财物数额如果达到了受贿罪的起刑数额标准,就构成受贿罪,应当追究受贿罪的刑事责任。从性质上讲,这也是法律上的一种推定,其机理是:国家工作人员履行职责时,没有接受任何人的请托,办理了某项事项。该项事项的受益人事后发现是该国家工作人员为其办成的事项,为感谢办成特定事项的国家工作人员,就给该国家工作人员贿送财物。这些财物的数额如果达到了受贿罪的起刑数额标准,就应认定为构成受贿罪。这种定罪机理与传统的主观和客观相一致原则是相冲突的,不能以传统的主客观相一致原则处理这种行为。这是全面从严治党在司法领域的具体政策体现。

三是推定受贿。按照该解释第十三条第二款规定:国家工作人员索取、收受具有上下级关系的下属或者具有行政管理关系的被管理人员的财物价值3万元以上,可能影响职权行使的,视为承诺为他人谋取利益。

对此,认定处理时,应当把握以下几点:一是国家工作人员索取或者收受他人的财物。这里的他人与国家工作人员具有上下级的关系或者管理与被管理的关系。二是国家工作人员索取或者收受下属或者被管理者的财物,价值超过了3万元。这里的3万元,不要求一次性索取或者收受,也不是仅限于从特定的一人手中索取或者收受,而是累计数额,不受贿送财物的人数、笔数所限。三是国家工作人员索取或者收受财物的行为,可能影响其职权行使的公正性、合法性等。四是对于国家工作人员索取或者收受下属或者被管理者的财物,一律视为承诺为下属或者被管理者实际谋取利益。五是国家工作人员索取或者收受财物的行为构成受贿罪。从性质上讲,这是法律上的一种推定,其机理是:国家工作人员索取或者收受具有上下级关系的下属、被管理者的财物,在行使职权时就有可能发生偏差,出现倾向性的意见或者处理结果,而这种倾向性意见或者处理结果就视为对履行职权的影响。这种影响,从法律上视为承诺为其谋取利益。这种法律上的规定,属于一种推定,而不管国家工作人员索取或者收受财物后,是否为该下属或者被管理者实际谋取了利益。这种定罪机理与传统的主观和客观相一致原则相冲突,不能以传统的主客观相一致原则处理这种行为。这是全面从严治党在司法领域的具体政策体现。

第五,非典型受贿行为。从性质上讲,非典型受贿行为实质上是为了规避法律、逃避制裁而与传统受贿行为相异化的受贿行为,以致在法律适用上制造麻烦或者设置障碍,达到腐败犯罪人企图逃避法律制裁的目的。

第一种行为,以交易形式收受贿赂。适用时,应当注意以下问题:

首先,行为表现形式。主要体现在以下方面:①低价购买。行为人利用职务上的便利为请托人谋取利益,以明显低于市场的价格向请托人购买房屋、汽车等物品的。认定时需要注意:一是市场价格。这里的市场价格是指全国性的还是地方性的?因为我国生产力发展水平不平衡,不同地区物价水平是有差异的,不同地区间价格差是客观存在的。笔者认为,这是指当时、当地的价格。也就是交易当时的当地价格。认定时需要委托法定的价格鉴定机构进行价格鉴定。二是明显低于。既然是"明显"低于,那就不是一般的低于。那么,这个低价如何确定?除了正常打折优惠,也就是"商品经营者事先设定的不针对特定人的最低优惠价格"以外的低价,并且绝对数额应当有相当大的量,比如超过 20 万元或者超过当地职工平均年收入的一定比例。当然,对此需要进一步作出司法解释。实践中这类情形比较常见。比如靖某受贿案。靖某被一审法院以受贿罪判处有期徒刑 13 年。经查,靖某受贿犯罪中有一笔是采取低价购房的方式受贿的。靖某在担任某市建设局长期间,打电话给房产开发商韩某,说要买一套好房子住,韩某推荐了某花园一套住房。当时市场销售价格约为每平方米 3800 元,韩某考虑到靖某在担任某市开发区管委会主任时对其有很大的照顾以及担任建设局长对自己业务的影响力,就将房价以每平方米 2110 元出售,使靖某从中获取差价 15 万元。又如马某受贿案。马某被二审法院以受贿罪判处有期徒刑 13 年。经查,马某在担任某县委书记期间,利用职务便利为某公司在该县的投资项目谋利,伙同其妻沈某收受该公司以免除部分房款、低价购买门面房等形式的贿赂折合人民币 205 万余元等。此案马某受贿中的免除及低价属于象征性的,较为典型。②高价出卖。行为人利用职务上的便利为请托人谋取利益,以明显高于市场的价格向请托人出售房屋、汽车等物品的。认定时需要注意,这里的"市场价格"和"明显高于",在认定上与低价购买的道理一样。如某区公安局原局长王某受贿案。王某采用不值钱的书画或者字画的赝品充当名画高价卖给有求于他的人,从中谋取巨额不法利益,就是典型的例子。③其他方式。行为人利用职务上的便利为请托人谋取利益,以其他交易形式非法收受请托人财物的。实践中,比如请托人将矿产等所有权或者股权低价出卖或者高价收购,采用不等价的物物交换形式以高价之物换取低价甚至无用之物;以及以正品当副品、以等内品当等外品低价卖给受贿人;以明显低于市场价格为受贿人套购畅销、紧俏商品;等等。以上这些,都属于这种类型。

其次,价格认定。市场价格怎么定?以上进行了一些讨论。按照2007年7月8日最高人民法院、最高人民检察院《关于办理受贿刑事案件适用法律若干问题的意见》规定,这里的市场价格,是指商品经营者事先设定的不针对特定人的最低优惠价格。因为市场经济条件下优惠让利是一种正常而普遍的营销方式,属于企业的自主经营行为,应当依法予以尊重和认可。这个价格是针对所有消费者的,不是针对某个特定对象,即通常看到或者听到的打折扣,以及讨价还价后的价格等。对此,明确根据商品经营者事先设定的各种优惠交易条件,以优惠价格购买商品的,不属于受贿。

最后,数额计算。受贿数额按照交易时当地市场价格与实际支付价格的差额计算。这里有三种情形:一是低价购买的公式是:"受贿数额等于当地市场价格减去实际支付价格";二是高价出卖的公式是:"受贿数额等于实际支付价格减去当地市场价格";三是其他方式如物物交换的公式是:"受贿数额等于高价物(请托人所有)的价格减去低价物(受贿人所有)的价格"。对于这一点,有关规定比较明确。

第二种行为,收受干股。即国家公职人员利用职务上的便利为请托人谋取利益,收受请托人提供的干股的,以受贿论处。实践中,这类案例较多,比如姜某受贿案。经查,姜某在担任某县国土资源局党组成员、耕地保护规划科科长期间,利用职务之便为某土石方有限公司经理陶某谋取利益。陶某为表示感谢,以"合伙分成款"名义、实为干股送给姜某。姜某被一审法院以受贿罪判处有期徒刑5年。对此,适用时应注意以下问题:

一是干股的含义。干股是指未出资而获得的股份。从公司法讲,干股是指股东不必实际出资,占有公司一定比例股份份额的股份。这是在公司的创设或者存续过程中,公司设立人或者股东依照协议无偿赠予非股东的第三人的股份。也就是说,干股是不出一分钱,但占有股份分红,并不承担任何风险。干股主要有四个特点:①干股是股份的一种。②干股是协议取得,不是出资取得。③干股具有赠与性质。④干股受无偿赠予协议的制约。我国公司法没有"干股"的规定。需要指出,干股与暗股不同,暗股有的是实际出资,只是不愿显名而匿名,比如有的商家或者名人对显名投资有顾虑,便入暗股并由他人代持;但有的与干股是一回事,实践中要具体分析。由于干股股东没有实际出资,股东资格的确认以赠股协议为准。如果赠股协议具有可撤销、无效、解除等情形,则干股股东就会失去股东资格。从性质上讲,干股实质是一种股份赠与,必须符合股份转让的要件,也就是说需要股东全体一致,没有人行使优先权才能成立。否则,由于有限责任公司本质特性对股东进入公司的限制,以及如果出现其他股东的优先权问题,干股就无法成立。因此,股份赠与必须经股东会全体一致通过。干股自签订协议之日起,附条件的在条件成就之日起生效,如果不在章程上变更,不得对抗善意第三人。

二是干股正常取得或者失去的几种情形:①干股可以是部分股东也可以是全体股东给予非股东的赠与股份。②干股可以在创设时取得,也可以在公司存续期间取得。如果股东在公司存续期间取得,公司没有扩资、发行新的股份,原有股东所持股份比例就会随之稀释而下降。③干股可以是附条件的股份赠与,也可以是不附条件的股份赠与。附条件股份赠与协议中的所附条件,对股份转让方和受让方产生约束力。在所附条件成就时,受让方取得或者失去相应股份。由于对所附条件是否成就可能存在异议,国家市场监管部门在股权登记变更时对该情况也难以认定,客观上要求法院判决后,依据判决办理变更登记。④干股的取得,可以是因个人技术能力或者经营才能得,也可以因其他原因。干股的效力,最终要视赠与协议的效力和履行情况确定。需要注意的是,这里收受的"干股",是一种非正常股份,实质是国家工作人员特别是各级领导干部收受的贿赂,只是为逃避法律制裁,制造出的一种借口或者托词。

三是干股变动及其对受贿数额认定的影响。①股权转让。如果进行了股权转让登记,或者相关证据证明股份发生了实际转让的,受贿数额按转让行为时股份价值计算,所分红利按受贿孳息处理。按照公司法规定,股权可以依法转让。但需要注意,对于行为人收受干股后,进行转让登记的,无论是以其本人名义,还是以其指定的其他人名义,干股本金应当认定为受贿数额。这里对受贿数额的认定,分为两种情形:一是干股股份发生转让。这里的转让分为两种,一种是已经进行股权转让登记,另一种是虽然没有进行转让登记,但相关事实证明股份已经发生实际转让。对于收受干股是否应当以登记作为成立要件,刑事犯罪行为和民商事法律行为在认定上有所区别。刑事所强调的是客观事实,民商事所侧重的是法律形式齐备。刑事上规定,只要有证据证明收受的就构成既遂。同时,考虑到对打击面的控制,明确对事实转让包括没有转让登记的认定,必须具有相关的证据证明。但无论是哪一种情形,都应将其股份价值计入受贿数额,具体按转让行为时股份价值计算。二是干股红利的性质。在股份转让的情况下,干股所分红利,是受贿犯罪孳息,按照违法所得论,不计入受贿数额。主要机理是:经过转让登记或者实际转让的干股,具有资本依托,是一种具有实质性财物的价值,但其不同于其他物品,因为干股具有实际价值不确定、处于动态变化状态等特点。红利对股份具有依附性,是股份的孳息,与把受贿的钱进行投资获取利润,具有相同的道理。②股份未转让。对于股份未实际转让,以股份分红名义获取利益的,实际获利数额应当认定为受贿数额。对此,需要注意,没有进行股权转让登记的干股,没有资本依托,实质是一种口头承诺,是名义上的没有价值的股份。实践中,往往以送干股为名,行为人收取的实际是没有依据的分红。因此,应当把行为人实际收取的分红认定为受贿数额,不能把干股本金认定为受贿。

第三种行为,以开办公司等合作投资名义收受贿赂。对于国家公职人员利用职务上的便利为请托人谋取利益,由请托人出资,"合作"开办公司或者进行其他"合作"投资的,以受贿论处。受贿数额为请托人给国家公职人员的出资额。同时,对于国家公职人员利用职务上的便利为请托人谋取利益,以合作开办公司或者其他合作投资的名义获取"利润",没有实际出资和参与管理、经营的,以受贿论处。从实践看,所谓合作投资,实际上是一种名义或者幌子,实质是权钱交易,也就是贿赂行为。比如杜某,为开展某镇企业报税业务,与时任国税分局征收管理科科长陈某合谋成立财务顾问公司。公司由杜某出资,陈某利用职务之便将辖区企业介绍到该公司办理记账、报税等财务顾问业务,杜将所得利润的50%分给陈某。至案发,陈某先后收受杜某贿赂款人民币26万元。此后,杜某采用上述同样手法,与时任国税分局局长郑某、征收管理科科长叶某合谋成立另一个财务顾问公司,杜某将公司所得利润的60%送给二人。至案发,杜某先后送给郑某19万元、叶某16万元。对此,适用时应当注意把握以下问题:

一是请托人出资,国家公职人员或者其指定的其他人参与经营。这里行为人收受请托人的出资,与直接收受贿赂财物没有本质区别,应以受贿处理。

按照公司法规定,合作是需要出资的,股东可以用货币,也可以用实物、工业产权、非专利技术、土地使用权作价等。但这里的"合作"只是个名义,国家公职人员实际没有出资,也不需要出资。对此,适用时应当注意以下几点:①国家公职人员没有出资,只是"出人""出面""出口"等。②国家公职人员或者其指定的其他人参与投资经营活动,包括开办公司或者进行其他"合作"投资,也就是采用开办公司以外的其他方式,如进行"合作"直接购买名贵字画等投资活动。③形式上、名义上"合作"投资,与干股有区别,但实质上没有区别。④受贿数额。按照请托人为国家公职人员或者其指定第三人的出资额计算。

二是请托人出资,国家公职人员或者其指定的其他人不参与管理、经营。这种行为是以"合作"开办公司或者其他"合作"投资名义的一种变相受贿,实际上国家公职人员没有任何正当理由获取所谓的"利润"。适用时要注意以下几点:①国家公职人员没有出资。②国家公职人员不参与任何管理、经营活动。③形式上以合作开办公司或者进行其他合作投资的名义。这是同干股的区别所在。干股没有任何借口或者理由。④受贿数额以实际获取的"利润"认定。

第四种行为,以委托请托人投资证券、期货或者其他委托理财的名义收受贿赂。对于国家公职人员利用职务上的便利为请托人谋取利益,以委托请托人投资证券、期货或者其他委托理财的名义,未实际出资而获取"收益",或者虽然实际出资,但获取"收益"明显高于出资应得收益的,以受贿论处。受贿数额,前一情形,以"收益"额计算;后一情形,以"收益"额与出资应得收益额的差额计算。在适用时,应当注意以下几点:

一是没有实际出资,委托请托人投资理财从中获利。主要把握以下几点:①国家公职人员没有实际出资。②委托请托人投资证券、期货或者其他委托理财。③以委托理财名义从中获利。④受贿数额认定,以实际"收益"额计算。对于这种情形,实践中没有分歧。

二是实际出资,获利明显高于正常的回报。主要把握以下几点:①国家工作人员有实际出资。②委托请托人投资证券、期货或者其他委托理财。③获取"收益"明显高于出资应得收益。这里的"明显高于",应当按照当时当地投资理财市场的实际情况而定。④受贿数额认定,以"收益额"与出资应得收益额的差额计算。⑤按照主客观相一致原则认定。由于现实生活中,投资收益及其比例都具有不确定性,尤其是在具有高风险、高回报特点的证券、期货领域。认定这种行为构成受贿罪,以国家公职人员在主观上对于所获"收益"高于出资应得收益的明知为条件。如果国家公职人员是不明知的,就不能认定。为了防止行为人推托,这里的"明知",应当按照刑法原理适用"推知",即按照其知识水平推知其是否实际知道。对于这种情形的认定处理,主要法理依据在于:既然是委托投资理财,就要按照市场规律办事。国家公职人员虽然有实际出资,但获取"收益"明显高于出资应得收益,如果没有利用职务便利的因素,那是不可能的。因此,由于职务因素作祟,这一行为在性质上属于变相受贿,应以受贿处理。

三是实际出资,请托人未将出资实际用于投资活动而获利。在这种情况下,国家公职人员获取实际"收益"。对此,实践中应当注意分析以下因素:①双方有无事先约定回报率;②约定回报率是否合理;③获取的"收益"是否明显高于出资应得收益。由于考虑到以下两种情况:首先,委托理财操作比较复杂,做法不尽一致,在有实际投资的情况下,不好判断也不宜区分钱款的出资者归属;其次,收益回报不一定必须以实际用于投资为条件,约定高回报额虽然不受法律保护,但实践中的确存在。为此,鉴于实际情况比较复杂,为避免客观归罪,对此在具体认定处理时应当注意慎重处理。

第五种行为,以赌博形式收受贿赂。根据最高人民法院、最高人民检察院《关于办理赌博刑事案件具体应用法律若干问题的解释》第七条规定,国家工作人员利用职务上的便利为请托人谋取利益,通过赌博方式收受请托人财物的,构成受贿。改革开放以来,利用赌博形式行贿、受贿的现象较为普遍。从实践看,国家公职人员利用赌博活动收受贿赂的情形主要有两种形式:①收受请托人提供的赌资,这属于典型的直接受贿,应当以受贿罪认定处理;②通过与请托人等有关人员进行赌博的形式赢取钱物,这属于变相收受贿赂。适用时,应当注意区分贿赂与赌博活动、娱乐活动的界限,把握以下几个问题:①赌博的背景、场合、时间、次数;②赌资来源;③其他赌博参与者有无事先通谋;④输赢钱物的具体情况和金额大小。认定处理时,应当查清以上事实,综合全案,研究认定处理问题。

第六种行为,特定关系人"挂名"领取薪酬。国家公职人员利用职务上的便利为请托人谋取利益,要求或者接受请托人以给特定关系人安排工作为名,使特定关系人不实际工作却获取所谓薪酬的,以受贿论处。实践中,一些有求于国家公职人员特别是领导干部的人,往往采用给国家公职人员近亲属、情人或者其他与其有共同利益关系的人安排工作等方式,请求国家公职人员为自己谋利或者对国家公职人员的关照表示感谢。对于这类行为,认定处理时有分歧。对此,适用时应当注意把握以下几点:

一是特定关系人的范围。这里所称"特定关系人",是指与国家公职人员有近亲属、情妇(夫)以及其他共同利益关系的人。需要注意,认定是否属于"特定关系人",关键在于该第三人是否与国家公职人员有共同利益关系。对于共同利益关系的理解,主要看两点:首先,共同利益关系,主要是指经济利益关系。纯粹的同学、同事、朋友关系不属于共同利益关系。其次,共同利益关系,不限于共同财产关系。

二是表现形式。从实践看,国家公职人员要求或者接受他人给其特定关系人安排工作情况较为复杂,主要有三种情形:首先,特定关系人不实际参加工作,仅"挂名"领取薪酬。对这种情形认定为受贿,实践中一般没有分歧。其次,特定关系人参与工作,但领取的薪酬明显高于该职位正常薪酬水平。对此,由于现行工资体系较为复杂,尤其是在私营企业,有些岗位薪酬差别大又不透明,对于领取薪酬明显高于该职位正常薪酬水平的认定有困难,对这种情形是否认定为受贿罪的分歧也较大,应当视情而定。最后,特定关系人正常参加工作并领取薪酬。对于这种情形,虽然有国家工作人员的职务因素影响,但特定关系人正常参加工作,理应领取薪酬。对于这种情形,不宜认定为受贿。对于以上所谓特定关系人,刑法修正案(七)第十三条等规定为与国家工作人员关系密切的人。

第七种行为,由特定关系人收受贿赂。国家公职人员利用职务上的便利为请托人谋取利益,授意请托人以本意见所列形式,将有关财物给予特定关系人的,以受贿论处。特定关系人与国家公职人员通谋,共同实施前款行为的,对特定关系人以受贿罪的共犯论处。特定关系人以外的其他人与国家公职人员通谋,由国家公职人员利用职务上的便利为请托人谋取利益,收受请托人财物后双方共同占有的,以受贿罪的共犯论处。从实践看,一些国家公职人员尤其是职务较高的国家公职人员,利用职务上便利为请托人谋取利益,往往不是由本人收受请托人的财物,而是指使、授意请托人与特定关系人以买卖房屋、汽车等物品及其他一些交易方式等进行权钱交易,有关财物则由特定关系人收取,此前实践中对这种行为能否认定为受贿,往往有分歧。事实上,这是一种规避法律的受贿行为。对此,适用时应注意以下几点:

一是特定关系人的范围。上文已提及,是指与国家公职人员有近亲属、情妇(夫)以及其他共同利益关系的人。

二是由特定关系人收受财物行为的定性。由特定关系人收受财物,从表面上看国家公职人员本人没有获得财物,但权钱交易的实质是比较明确的。适用时注意以下几点:首先,请托人的行贿指向是明确的。送给特定关系人财物,是基于国家公职人员意思表示,也就是收受人的授意。其次,特定关系人获利。是出于国家公职人员与他人的权钱交易后,国家公职人员对交易对象即贿赂的处分。由特定关系人收受财物,应当视同国家公职人员本人收受。最后,认定国家公职人员受贿,必须具备国家公职人员对请托人的授意。也就是说,国家公职人员利用职务上的便利为请托人谋取利益,"授意"请托人以本意见所列形式,将有关财物给予"特定关系人"的,以受贿论处。这主要考虑到不排除国家公职人员没有受贿主观故意的情形,并且在这种情形下国家公职人员本人没有收受好处,这就不宜将所有第三人收受财物的行为,一律归责到国家公职人员本人身上。关键是要看国家公职人员有没有"授意"行为。对于这一点,在调查取证时应当特别给予重视。

三是第三人共同犯罪的具体认定。在适用时,注意以下几点:首先,特定关系人是否构成共犯,关键是看有没有通谋。这里的通谋,是指共同谋划,这是特定关系人成立受贿共犯必须具备的主观要件。这一主观要件,比一般共同犯罪的规定要严格,主要是考虑受贿行为既要求具备为他人谋利要件,又要求具备非法收受他人财物要件,两者之间具有复合性,强调通谋是为突出特定关系人与国家公职人员在为他人谋利方面的意思联络。因此,对于特定关系人与国家公职人员有通谋的,构成受贿共犯。笔者认为,从某种意义讲,基于社会和谐稳定的考虑,对于这些行为的处理应注意贯彻宽严相济刑事政策。其次,非特定关系人,即特定关系人以外的第三人,是否构成共犯,关键是看两点:一看有没有通谋,二看是否共同占有。非特定关系人,如果与国家公职人员有通谋,又"共同占有"受贿财物的,则构成受贿共犯。可见,认定非特定关系人是否构成受贿共犯的条件比特定关系人的要严格。主要理由在于:从有无通谋角度讲,主要是出于主客观相一致原则的考虑;从是否"共同占有"角度讲,主要是出于适度控制刑事打击面的考虑。考虑到特定关系人与国家公职人员有共同利益关系,因此没有必要再规定以"共同占有"为要件,但对非特定关系人需要明确规定,以防止打击面过宽。最后,特定关系人或者关系密切的人,可以单独构成犯罪。按照刑法修正案(七)第十三条、第十四条规定,与国家工作人员关系密切的人,利用国家工作人员的身份、地位和影响力,通过其他国家工作人员职务上的行为,为请托人谋取不正当利益的,构成利用影响力受贿罪。

第八种行为,收受贿赂物品未办理权属变更。国家公职人员利用职务上的便利为请托人谋取利益,收受请托人房屋、汽车等物品,未变更权属登记或者借用他人名义办理权属变更登记的,不影响受贿的认定。认定以房屋、汽车等物品为对象的受贿,应注意与借用的区分。具体认定时,除双方交代或者书面协议之外,主要应当结合以下因素进行判断:①有无借用的合理事由;②是否实际使用;③借用时间的长短;④有无归还的条件;⑤有无归还的意思表示及行为。具体适用时,应当注意把握以下几点:

一是未办理权属变更不影响受贿的定性。从实践看,对于收受房屋、汽车等,不必要求以办理权属变更手续为构成受贿的条件。主要理由是:刑事犯罪行为和民商事法律行为在司法认定上的要求有所不同,是否从法律上取得对房屋、汽车等的所有权,并不影响对事实上占有房屋、汽车等的认定。实践中,即使行贿人以受贿人名义办理了产权证书,但如果行贿人还没有交付的,也应视情认定受贿未遂或者不构成受贿。这就是说,未办理权属变更,并不影响对受贿的定性。关键是看有没有把房屋、汽车等交到国家公职人员手上。

二是认定以房屋、汽车等物品为对象的受贿,应当注意区分受贿与借用的界限。实践中具体认定以房屋、汽车等物品为对象的受贿时,要结合以下因素进行判断:①查明有无双方交代或者书面协议;②有无借用的合理事由;③是否实际使用;④借用时间的长短;⑤有无归还的条件;⑥有无归还的意思表示及行为。

第九种行为,收受财物后退还或者上交。国家公职人员收受请托人财物后及时退还或者上交的,不是受贿。国家公职人员受贿后,因自身或者与其受贿有关联的人、事被查处,为掩饰犯罪而退还或者上交的,不影响认定受贿罪。

从实践看,这方面的问题比较多,并且国家公职人员收受他人财物后,案发前退还或者上交所收财物的情况复杂,要区分不同情况,分别定性处理。对此,在适用时应注意把握以下方面:

一是国家公职人员收受他人财物后,及时退还或者上交的,不是受贿。对于这种情况,主要法理依据是:行为人主观上没有受贿故意。需要注意,所谓"及时"是基于受贿故意而言,不限于当时、当刻。如果行为人主观上有归还或者上交的意思,但因客观上的原因未能立即归还或者上交,在客观障碍消除后立即归还或者上交的,同样认定为"及时"。这主要是鼓励行为人悔罪自新,减少惩罚、教育的成本。

二是国家公职人员受贿后,因自身或者与其受贿有关联人、事被查处而退还或者上交的,属于受贿。对于这种情形,主要法理依据是:考虑到国家公职人员退还或者上交的目的,是为了掩饰犯罪,不是真正悔罪、自愿实施的。从法律上讲,行为人的受贿行为已经实施完毕,构成受贿罪既遂,行为人在主观上也没有悔罪的意思。为此,于法于理都应对其定罪处罚。

第十种行为,在职为请托人谋利,离职后收受财物。国家公职人员利用职务上的便利为请托人谋取利益之前或者之后,约定在其离职后收受请托人财物,并在离职后收受的,以受贿论处。国家公职人员利用职务上的便利为请托人谋取利益,离职前后连续收受请托人财物的,离职前后收受部分均应计入受贿数额。从实践看,这种现象比较突出,有人将其称为"期权腐败"。事实上,行为人实施权力"期权化"的目的,是为了规避法律、逃避制裁。对此,在适用时应注意把握以下方面:

一是"期权"的实质是权钱交易。从实践看,所谓"期权腐败",就是行为人利用手中的权力为请托人谋取利益,并在离职后收受请托人的财物,其实质是权钱交易,只是把收受财物的时间往后拖延。这里的权力是现期的、实在的,不是像期货一样可以在离职后使用。

二是行为人之间必须"事先约定"。2000年7月最高人民法院在给江苏省高级人民法院的《关于国家工作人员利用职务上的便利为他人谋取利益离退休后收受财物行为如何处理问题的批复》(以下简称《批复》)指出:"国家工作人员利用职务上的便利为请托人谋取利益,并与请托人事先约定,在其离退休后收受请托人财物,构成犯罪的,以受贿罪定罪处罚。"从实践看,有的认为《批复》所规定的"事先约定"要件,主要依靠行、受贿双方的口供,如果双方或者一方否认,就很难认定,建议取消《批复》关于"事先约定"的要件。但从犯罪构成及其可操作性角度讲,如果没有"事先约定"的限制要件,就有可能出现客观归罪的情况,将离职后不再具有国家工作人员身份的人收受他人财物行为,一概作为受贿罪追究,显然于法无据,扩大打击面。因此,"事先约定"这个要件是必要的,不是可有可无的。

三是注意把握两种情形的认定。从实践看,为提高适用法律能力,保证公正司法,对上述最高人民法院《批复》内容应进一步具体化。也就是说,对下列两种情形可以认定为受贿罪:首先,国家工作人员为他人谋利之前或者之后,约定在离职后收受财物并已经实际收受的行为。对于这种情形,形式上收受财物是在事后,但实质上行为人的犯意产生时仍然具有国家工作人员身份,符合受贿罪构成要件。其次,国家工作人员利用职务上的便利为他人谋取利益,离职前后连续多次收受他人财物的行为。这种情形属于受贿罪的连续犯,将基于同一事由而在其离职后继续收受的财物计入受贿数额,符合刑法的连续犯原理。[1]

需要指出的是,根据 2016 年 4 月 18 日对外发布的最高人民法院、最高人民检察院《关于办理贪污贿赂刑事案件适用法律若干问题的解释》第一条规定,受贿罪的定罪标准发生了变化,定罪标准采用双重标准,具体如下:一是常态标准,即数额标准。凡受贿数额在 3 万元以上不满 20 万元的,属于数额较大,构成受贿罪。二是最低标准,即数额+情节标准。即受贿的数额加犯罪的较重情节,明确规定受贿数额在 1 万元以上不满 3 万元,但具有下列八种情形之一的,也构成受贿罪,具体如下:一是曾因贪污、受贿、挪用公款受过党纪、行政处分的。这是对违纪前科的规定,凡是有违纪前科又贪污 1 万至 3 万元的,构成受贿罪。但需要注意的是,这里的违纪前科限于因贪污、受贿、挪用公款受党纪、行政处分的行为。如果因贪污、受贿、挪用公款以外的行为受过党纪、政纪处分的,则不属此列。二是曾因故意犯罪受过刑事追究的。这是对犯罪前科的规定,凡是有故意犯罪前科又受贿 1 万元以上 3 万元以下的,构成受贿罪。但这里的犯罪前科规定,只要是故意犯罪即可,对故意犯罪的行为类型是

---

[1]　参见詹复亮:《反贪侦查热点与战略》,人民出版社 2010 年版,第 63~86 页。

没有任何限制的。三是赃款赃物用于非法活动的。这是对赃款赃物用途的规定。四是拒不交待赃款赃物去向或者拒不配合追缴工作,致使无法追缴的。这是对追缴赃款赃物配合态度的规定,主要目的是追回腐败资产,不让腐败犯罪分子占有任何的经济利益和经济好处。五是多次索贿的。六是为他人谋取不正当利益,致使公共财产、国家和人民利益遭受损失的。七是为他人谋取职务提拔、调整的。八是造成恶劣影响或者其他严重后果的。对于经济受贿、间接受贿等认定处理,也应当按照这个标准进行适用。同时,对于上述非典型受贿行为,最高人民法院、最高人民检察院《关于办理贪污贿赂刑事案件适用法律若干问题的解释》作了相应的吸收或者调整。对此,应当按照这个司法解释所吸收或者调整的规定和要求进行适用。

(2)经济受贿。根据刑法第三百八十五条第二款规定,国家工作人员在经济往来中,违反国家规定,收受各种名义的回扣、手续费,归个人所有的,以受贿论处。对此,通常称之经济受贿。从严格意义讲,这是一种准受贿罪。从法律上规定对经济受贿的制裁,目的在于从刑法上维护我国社会主义市场经济公平竞争秩序。根据2017年11月4日十二届全国人民代表大会常务委员会第三十次会议审议通过新修订的反不正当竞争法第七条规定,经营者不得采用财物或者其他手段贿赂下列单位或者个人,以谋取交易机会或者竞争优势:①交易相对方的工作人员;②受交易相对方委托办理相关事务的单位或者个人;③利用职权或者影响力影响交易的单位或者个人。经营者在交易活动中,可以以明示方式向交易相对方支付折扣,或者向中间人支付佣金。经营者向交易相对方支付折扣、向中间人支付佣金的,应当如实入账。接受折扣、佣金的经营者也应当如实入账。经营者的工作人员进行贿赂的,应当认定为经营者的行为;但是,经营者有证据证明该工作人员的行为与为经营者谋取交易机会或者竞争优势无关的除外。准确把握这一法律规定,需要深入研究以下几个问题:

第一,经济受贿行为发生在经济往来中。这里的经济往来,实际上就是指经济活动,包括生产、经营等各项活动,其范围包括国家经济管理活动和国家公职人员直接参与的经济交往活动。需要注意的是,这种受贿形式有其特定的范围限制。如果受贿行为不是发生在经济领域的各种往来之中,则不能认定为经济受贿。

第二,经济受贿行为在客观上表现为收受各种名义的回扣、手续费归个人所有。首先,回扣通常是指在商品交易中,卖方从收取的价款中扣出一部分回送给买方或者其委托代理人即经办人的财物。回扣具有以下几个特征:①回扣发生在商品流通过程的买卖双方之间。②回扣在形式上由卖方支付,用以酬谢买方或者其委托代理人,而不是付给中介人。这是与佣金的本质区别。佣金是中介人的一种劳务报酬。③回扣是买方从货款中支付的部分返还款。④接受回扣的行为在性质上属于对销售利益的再分配。⑤回扣具有可逆性和双向性,即有"顺扣"和"倒扣"之分。⑥回扣的本质特征是它的不公开性。这也是与折扣的本质区别。折扣具有公开性和明示性,通常明码标价或者在合同中公开标明。其次,手续费是指因办理一定事务或者付出一定劳动而收取的费用。如单位或者个人为了推销产品、购买原料、联系承包业务或者进行其他经济活动而给予对方单位或者购销等业务人员的酬金,通常称之好处费、辛苦费、介绍费、信息费、酬劳费等等。需要指出的是,新修订的反不正当竞争法,对商业贿赂的对象规定为回扣和佣金。这里的佣金,是中介人的劳务报酬,实际上类似于上文所释之手续费。行为人收受上述回扣、手续费归个人所有,没有充公。最后,归个人所有即指个人账外暗中据为已有。

第三,行为人利用了职务上的便利。行为人收受各种名义的回扣、手续费,基于本人的职务因素,与职务行为紧密相关。也就是说,行为人在代表其所在单位从事公务活动中收受的回扣、手续费,否则不构成经济受贿。

第四,行为人收受回扣、手续费,违反了国家规定。这里的国家规定,主要是指反不正当竞争法、国务院有关法规等规定,也包括 2008 年 11 月 20 日最高人民法院、最高人民检察院《关于办理商业贿赂刑事案件适用法律若干问题的意见》以及 2012 年 12 月 16 日发布的《关于办理行贿刑事案件具体应用法律若干问题的解释》等。比如,反不正当竞争法规定,经营者向交易相对方支付折扣、向中间人支付佣金的,应当如实入账。接受折扣、佣金的经营者也应当如实入账。不在账外暗中进行,而以合同或者协议等形式明示入账归单位所有的回扣,则不在禁止之列。也就是说,法律承认账内公开收受归单位所有的回扣。同时,根据国务院《关于严禁在社会经济活动中牟取非法利益的通知》规定,国有企业、事业单位在经营活动中,根据国家规定收取的手续费,必须按照财政制度全部列入单位收入,除国家另有明文规定的外,不分给个人;任何单位、个人在国际贸易等活动中根据国际惯例收取的回扣,必须按照财政制度全部列入单位收入,不准归个人所有。可见,凡违反上述法律法规等规定,将收受的回扣、手续费暗中不入账而占为己有的,便构成经济受贿罪,依法追究其受贿罪的刑事责任。

(3)间接受贿。根据刑法第三百八十八条规定,国家工作人员利用本人职权或者地位形成的便利条件,通过其他国家工作人员职务上的行为,为请托人谋取不正当利益,索取请托人财物或者收受请托人财物的,以受贿论处。对此,通常称之为斡旋受贿,类似于日本刑法中规定的斡旋受贿罪,即公务员接受请托使其他公务员在其职务上从事不正当的行为或者不从事应当为的行为,作为其进行或者已进行斡旋的报酬而收受或者要求、约定贿赂的犯罪。我国刑法将这种情形作为受贿罪的一种特殊形态,即规定为准受贿,以受贿罪论处。准确把握这一规定,应当深入研究以下问题:

第一,利用本人职权或者地位形成的便利条件。在认定上,如何把握这一要件,法学界有不同的意见。有的认为是利用"行为人与被利用的国家公职人员之间存在职务上的制约关系"的便利条件。这种"制约关系"具体可分为两类:一类是纵向制约关系,即上级领导对下级国家公职人员在职务上的制约关系;另一类是横向制约关系,即不同部门、单位的国家公职人员之间职务上的制约关系。有的认为是利用"本人职权或者地位形成的能够制约、影响其他国家工作人员的关系"的便利。有的认为,间接受贿与一般受贿的区别之一,是间接受贿在行为人与被利用的国家公职人员之间不存在职务上的制约关系,而一般受贿则存在职务上的制约关系。笔者认为,按照刑法规定,准确认定"利用本人职权或者地位形成的便利条件",应把握以下几个问题:①行为人不是利用本人的职权便利,而是利用第三人的职权便利条件。②行为人与第三人之间的关系,从理论上可划分为两类:一类是具有通常所说的制约关系,包括纵向、横向两个方面。实际上,凡具备这种制约关系的,应当属于直接受贿,即普通受贿罪,而不是这里所说的间接受贿;另一类是没有制约关系。间接受贿应当属于这种情形。行为人对第三人的影响基于本人的社会地位和声望,或者工作上的联系。③行为人与第三人之间不存在亲属、友情等以血缘、婚姻或者感情、友谊为纽带的人身关系。对此,最高人民法院认为,刑法第三百八十八条规定的"利用本人职权或者地位形成的便利条件",是指行为人与被其利用的国家工作人员之间在职务上虽然没有隶属、制约关系,但是行为人利用了本人职权或者地位产生的影响和一定的工作联系,如单位内不同部门的国家工作人员之间、上下级单位没有职务上隶属、制约关系的国家工作人员之间、有工作联系的不同单位的国家工作人员之间等。

第二,为请托人谋取不正当利益。这里的不正当利益,法学界较为一致的认识,是指非法利益及其他不应得的利益。非法利益主要指通过诸如贪污、走私、贩毒等非法手段获取的利益;其他不应得的利益主要包括通过违反国家政策、社会公共秩序、道德规范等途径而获取的不当利益,以及通过不正当手段获取的其他不确定利益。需要指出的是,通过不正当手段获取的利益,不一定都是不正当利益,两者之间不存在绝对的逻辑关系。根据2012年12月16日最高人民法院、最高人民检察院《关于办理行贿刑事案件具体应用法律若干问题的解释》第十二条规定,行贿犯罪中的"谋取不正当利益",是指行贿人谋取的利益违反法律、法规、规章、政策规定,或者要求国家工作人员违反法律、法规、规章、政策、行业规范的规定,为自己提供帮助或者方便条件。违背公平、公正原则,在经济、组织人事管理等活动中,谋取竞争优势的,应当认定为"谋取不正当利益"。对此,在受贿罪中涉及"谋取不正当利益"的认定处理时,笔者认为可以参照适用。因为受贿人为他人谋取不正当利益中的"他人",实际上就是行贿人,对于这种贿赂关系中的"利益"性质认定,参照上述规定是符合逻辑关系的,也是合情合理的。同时,需要指出的是,根据新修订的反不正当竞争法规定,不得采用财物或者其他手段贿赂交易相对方的单位或者个人,谋取交易机会或者竞争优势。这里的利益,显然扩大到既包括竞争优势,又包括交易机会。

第三,为请托人谋取不正当利益是通过其他国家工作人员职务上的行为实现的。行为人与第三人即其他国家工作人员之间不存在制约关系,但是可能存在一定的工作联系,但这不影响间接受贿行为的成立。

第四,行为人索取或者非法收受了请托人的财物。这一要件,与普通受贿罪相同。

此外,无论是一般受贿或者普通受贿、经济受贿还是间接受贿,受贿罪客观方面都涉及犯罪对象及数额的认定。从实践看,随着经济社会不断发展变化,贿赂手法呈现出不断翻新趋势。一些人为规避法律,采用货币、物品之外的方式贿赂对方,有的提供房屋装修、含有金额的会员卡、代币卡(券)、旅游服务等,有的通过虚设债权、减免债务等方式增加对方的财产价值等。特别是权利交易、权权交易、权色交易,采用设立债权、无偿劳务、免费旅游等财物以外的财产性利益,以及晋级招工、迁移户口、提供女色服务等非财产性利益进行贿赂。对这些案件特别是采用非财产性利益进行贿赂的案件能否认定贿赂犯罪,理论界和实际部门都存在不同认识。2008年11月20日最高人民法院、最高人民检察院《关于办理商业贿赂刑事案件适用法律若干问题的意见》第七条规定,将贿赂范围由财物扩大至财产性利益。这里的财物,包括:一是金钱和实物;二是可以用金钱计算数额的财产性利益,如提供房屋装修、含有金额的会员卡、代币卡(券)、旅游费用等。对于这些财产性利益,在认定具体数额时,以实际支付的资费为准。在认定受贿数额时,还应注意把握收受银行卡的数额认定。具体包括:一是卡内有存款的,按照其存款全额认定。也就是说,不论受贿人是否实际取出或者消费,卡内的存款数额一般应全额认定为受贿数额。二是卡内无存款的,以实际使用的数额认定。这种情形即按照银行卡透支数额的认定。也即对于使用银行卡透支的,如果由给予银行卡的一方承担还款责任,则以实际透支的数额认定为受贿数额。需要指出的是,2014年10月23日中共十八届四中全会通过的《中共中央关于全面推进依法治国若干重大问题的决定》和2016年4月18日对外发布的最高人民法院、最高人民检察院《关于办理贪污贿赂刑事案件适用法律若干问题的解释》作出明确规定,把贿赂犯罪对象由财物扩大为财物和其他财产性利益;贿赂犯罪中的"财物",包括货币、物品和财产性利益。

4.受贿罪主观方面。我国法学界对受贿罪的主观方面,也有不同的认识。有的认为,受贿罪主观方面只能由直接故意构成,即行为人认识到自己正利用职务之便为他人谋利益,从而使自己换得财物,而且这种为人谋利和自己取财的行为是不正当的,违背了自己的职务规范和廉洁义务,具有很大的社会危害性,但仍然希望这样去做。受贿的目的在于收受贿赂和为他人谋取利益。也有的认为,受贿的故意可以产生于为他人谋取利益之前,也可以产生于其中或者其后。有些行为人在为他人谋取利益时,并未与他人约定贿赂,甚至并未想到对方会在事后送给财物。而当行为人在为他人谋取利益之后,他人以感谢为名送给财物,行为人明知这种财物是对自己实施职务行为的回报仍予以收受。因此,这种行为应认定具有受贿犯罪故意而须追究其刑事责任。笔者认为,从刑法规定看,受贿罪的主观方面表现为故意,即行为人明知自己利用职务上的便利为他人谋取利益而非法收受贿赂的行为是一种损害其职务行为廉洁性的行为,而故意地实施这种行为。需要指出的是,这种受贿故意包含了两个方面的内容。一方面包括非法收受他人财物的故意,另一方面非法收受他人财物是以自己利用职务上的便利为他人谋取利益作交换条件的,反映出了权钱交易的故意。对于事前没有贿赂的约定,包括明示或者暗示的约定,在正常的职务行为中给他人带来利益,他人出于报恩而在事后向行为人送钱送物以示感谢,行为人予以收受的,按照传统理论、法律规定和实践做法是不构成受贿的。但需要指出的是,2016年4月18日最高人民法院、最高人民检察院《关于办理贪污贿赂刑事案件适用法律若干问题的解释》,将推定规则引入刑法,改变了以往这种传统的理论、法律规定和实践做法,对于这种事后报恩型的贿送财物行为,如果国家工作人员予以收受,则构成受贿罪,而不受国家工作人员履职之前有否事先约定等事实因素的影响。还需要引起重视的是,受贿罪的构成要件中"为他人谋利益",是主观要件还是客观要件,也是有争议的。有的认为是主观要件,就是说为他人谋利益只是主观上的一种意图,只要行为人具有为他人谋利益的意图,无论谋利益的行为是否实施、利益是否谋取,都不影响受贿罪的构成。有的则认为为他人谋利益是客观要件。因为他人之所以行贿,正是由于有求于受贿人,希望通过行贿来达到目的。而受贿人也明知行贿人之所以贿送财物,就是因为对自己有利益上的需求,这种行为的实质就是权力和金钱的交换关系。如果行贿人没有任何请求而向国家工作人员提供财物,那就不是贿赂而是赠与。当然,受贿人收受财物后是否已实际为行贿人谋取利益,以及客观上有无谋取利益的可能,都不影响受贿罪的成立。从立法的本意看,笔者认为"为他人谋利益"是一种主观要件。主要理由:一是"为他人谋利益"首先是因行为人明知才能成立。二是"为他人谋利益"不要求客观上是否已为他人谋取了利益,只要行为人有为他人谋利益的意图或者承诺即可。对于这一点,认为"为他人谋利益"是客观要件者,也认为客观上无谋取利益不影响受贿罪的构成。实质上,这是违反其内在逻辑的。三是受贿罪是一种结果犯,这种犯罪有数额上的界限,只有受贿数额达到数额较大等法定标准的,犯罪才能成立。如果"为他人谋利益"是客观要件,那必须有结果上的反映。实际上,在对法律的解释时,都认为不需要结果,即"为他人谋利"是否已经实施无关紧要。四是从实践看,从主观上把握"为他人谋利益"远比从客观上把握更具可操作性,并且体现从严惩治的刑事政策精神。

（三）受贿罪的认定和处理

主要把握以下方面:

1.受贿罪与非罪的界限。司法实践中认定处理受贿罪时,首先应当区分受贿罪与非罪的界限。

（1）接受馈赠与受贿的界限。馈赠是基于个人之间长期交往的友谊和感情而产生的一种合法民事行为。从民事法律讲,馈赠是一种无偿性的单方法律行为,并且有其特定的公开性。但在司法实践中,时常遇到借馈赠之名行受贿之实即"形礼实贿"的问题,给准确认定带来困难。笔者认为,对馈赠或者受贿的认定,应注意以下几个问题:一是考察双方之间是否具有馈赠的基础。只有双方之间具有长期的友情交往,一方才有可能向另一方馈赠财物。如果不具备友情基础,馈赠很可能是虚假的,是另有所图。二是馈赠的限度。馈赠作为无偿的单方民事行为,基于民间伦理、礼仪,一般是有限度的。如果馈赠价值远已超过正常额度,其中很可能是一宗不真实的交易,也就可能存在权钱交易的嫌疑。三是馈赠有其特定的公开性。也就是说,真实的馈赠行为在一定范围内是公开的。凡是秘密进行的馈赠,至少是令人怀疑的,对此应结合其他因素综合考虑。但是,无论如何,对于馈赠,首先应当认为是真实的,如果没有确凿证据证明是权钱交易行为或者嫌疑,就必须予以依法保护,而不能以任何借口予以干预。根据 2008 年 11 月 20 日最高人民法院、最高人民检察院《关于办理商业贿赂刑事案件适用法律若干问题的意见》第十条规定,要划清贿赂与馈赠的界限,主要应当结合以下因素全面分析、综合判断。具体地说,对贿赂犯罪罪与非罪的界限,要综合四个因素进行区分:一是发生财物往来的背景,如双方是否存在亲友关系及历史上交往的情形和程度。二是往来财物的价值大小。三是财物往来的缘由、时机和方式,提供财物方对于接受方有无职务上的请托。四是接受方是否利用职务上的便利为提供方谋取利益。但需要指出的是,2016 年 4 月 18 日对外发布的最高人民法院、最高人民检察院《关于办理贪污贿赂刑事案件适用法律若干问题的解释》,对于馈赠或者长期感情投资的行为作出了限制性规定,即无论以往如何馈赠或者感情投资,但一且该"送礼人"或者"投资人"有求于国家工作人员,而该国家工作人员利用职务上的便利为该"送礼人"或者"投资人"办了实事、谋取了利益,此前的馈赠或者感情投资行为即告终止,该行为的性质立即转化为贿赂性质,对于符合构罪条件的,应当依法追究国家工作人员受贿罪的刑事责任。

(2)受贿罪与合法收入的界限。现实生活中,国家工作人员尤其是有一技之长的科技人员及其他国家工作人员,利用业余时间从事兼职活动,以获取相应报酬的现象是普遍存在的。从法律上讲,对在法律、政策和组织纪律允许的范围内,通过业余、休假时间,用自己的特长和劳动能力,为他人临时进行某项工作或者提供咨询服务获取的报酬,法律上是予以保护的。但司法实践中,一些受贿分子往往打着"合法报酬"的幌子,行受贿之实,并故意混淆两者之间的界限,规避法律。对此,认定时应注意以下几个问题:一是行为人是否确实付出了劳动。这里的劳动包括各种体力、智力劳动和中介服务等。如果行为人确实付出了劳动,其所获取的报酬应当是合法的。二是行为人的劳动是职务范围内的工作还是分外事,行为人是否利用职务上的便利收受财物。司法实践中,一些受贿分子往往以虚假的、巧立名目的劳动及劳务费来掩盖权钱交易的事实,对此应当予以注意。在认定是合法收入还是受贿行为时,应当分析考察行为人是否利用职务上的便利,以及行为人的劳动是其职权和职责使然还是职权、职责以外的所谓分外事。比如科技人员在业余兼职中,其利用的技术成果是职务成果还是非职务成果。前者属单位所有,后者属个人。同时,利用在本职工作中积累和掌握的知识、技术、经验和信息为经济建设服务,不属于本单位技术权益范围的,不受限制。因此,这种情况下的科技兼职所获取的报酬是合法的。此外,如果行为人付出的劳动是其职权、职责所规定的必须履行的义务,又从中收受他人财物的,就不属于合法报酬,而要依法追究相应责任。

(3)贿赂的去向是否影响受贿罪的成立。从理论上讲,行为人利用职务上的便利,索取或者非法收受了他人财物,其行为就已构成受贿罪。至于贿赂的去向,比如向希望工程捐款、接待上级部门开支、支付所在单位电话费等,不影响受贿罪的成立。因为收受了他人财物的行为已是既遂。但在司法实践中,认定处理涉及贿赂去向的受贿罪时,司法机关一般作相应的让步。比如,有的宣告无罪,有的免予刑事处罚,也有的作了相对不起诉甚至绝对不起诉。 *163*

笔者曾建议立法机关对于这种现象应当引起重视,对贿赂的去向等影响司法公正和法律权威的问题应作出明确规定,避免司法实践中出现随意性甚至以案谋私搞腐败活动等现象。从司法实践看,已有判例否定了审判机关以往实践中认定受贿罪数额时,将被告人辩解认为贿赂款用于公家支出或者捐赠的部分加以扣除的做法。这进一步表明,受贿款的去向不影响对受贿数额的认定。也就是说,即使受贿款用于公出或者捐赠等,也不能从受贿总数额中扣除。2016年4月18日对外发布的最高人民法院、最高人民检察院《关于办理贪污贿赂刑事案件适用法律若干问题的解释》第十六条明确规定,国家工作人员出于贪污、受贿的故意,非法占有公共财物、收受他人财物之后,将赃款赃物用于单位公务支出或者社会捐赠的,不影响贪污罪、受贿罪的认定,但量刑时可以酌情考虑。因此,司法实践中处理类似的案件时,应当依照这个司法解释予以依法适用。

(4)受贿罪与违法违纪行为的界限。首先,受贿罪与一般受贿行为的区别。从法律规定看,受贿罪与一般受贿行为两者之间的界限主要有两个方面:一是数额。根据刑法第三百八十六条、第三百八十三条以及2016年4月18日最高人民法院、最高人民检察院《关于办理贪污贿赂刑事案件适用法律若干问题的解释》等有关规定,受贿数额不满3万元的,或者不满1万元的,或者受贿数额在1万元以上不满3万元,但不具备其他较重情节的,一般属于受贿行为,不构成犯罪。二是情节。除了从数额上区分受贿罪与非罪之外,情节轻重也是区分受贿罪与非罪的一个标准。受贿数额1万元以上不满3万元,但情节较重的,也要追究刑事责任。这里的情节较重,主要是根据受贿的动机、手段、危害后果以及犯罪后的态度等情节综合考虑认定的。对于情节没有达到较重标准的,则不构成犯罪。这里的情节较轻,主要是指初犯、偶犯、因生活困难而受贿或者具有其他较轻情节等情况。如确属情节显著轻微,则不认为是犯罪。根据2016年4月18日最高人民法院、最高人民检察院《关于办理贪污贿赂刑事案件适用法律若干问题的解释》第一条第三款规定,受贿数额在1万元以上不满3万元,具有以下种情形之一的,应当认定为刑法第三百八十三条第一款规定的"其他较重情节",依法判处3年以下有期徒刑或者拘役,并处罚金。这八种情形具体如下:(一)曾因贪污、受贿、挪用公款受过党纪、行政处分的;(二)曾因故意犯罪受过刑事追究的;(三)赃款赃物用于非法活动的;(四)拒不交待赃款赃物去向或者拒不配合追缴工作,致使无法追缴的;(五)多次索贿的;(六)为他人谋取不正当利益,致使公共财产、国家和人民利益遭受损失的;(七)为他人谋取职务提拔、调整的;(八)造成恶劣影响或者其他严重后果的。

其次,受贿罪与违纪行为的界限。从司法实践看,国家公职人员利用职务上的便利收受财物的行为,并不一定都构成犯罪。这里既有数额、情节方面的因素,也有是否为他人谋利的意图等因素。比如纯粹的感情投资。一些下属单位或者有业务往来的其他单位以及下级在逢年过节或者搬迁新房等特定时期,给上级领导或者上级机关人员送红包、礼品等。收受这些红包、礼品的国家公职人员,既没有利用职务上的便利为送礼者谋取利益,送礼者也没有明确要求谋取利益的意图。这种情况下的收礼,属于通常所谓的"灰色收入",是违反党纪、政纪的行为,而不是贿赂。事实上,这种情况在司法实践中大量存在,以往由于为刑事规范所调整不到,但又具有危害性,笔者曾经建议从立法上予以重视解决,明确其涉罪的性质、界限及处罚等。① 需要指出的是,2016年4月18日最高人民法院、最高人民检察院《关于办理贪污贿赂刑事案件适用法律若干问题的解释》对此问题进行了明确规定。该解释第十三条第二款规定,"国家工作人员索取、收受具有上下级关系的下属或者具有行政管理关系的被管理人员的财物价值3万元以上,可能影响职权行使的,视为承诺为他人谋取利益"。据此,如果符合以上条件,则应当依法追究受贿罪的责任。

(5)以借款为名索取或者非法收受财物的行为定性。国家公职人员利用职务上的便利,以借为名向他人索取财物或者非法收受财物为他人谋取利益,或者在案发后将受贿行为伪装成借款行为等现象,司法实践中大量存在,也容易与借款行为混淆。这种行为,从法律上讲属于一种受贿行为。具体认定时,要注意不能仅仅审查是否有书面借款手续,以及借款手续的真伪,而且还应当根据以下因素进行综合判定:一是有无正当、合理的借款事由;二是款项的去向;三是双方平时关系如何,有无经济往来;四是出借方是否要求国家公职人员利用职务上的便利为其谋取利益;五是借款后是否有归还的意思表示及行为;六是是否具有归还的能力;七是未归还的原因;等等。

---

① 参见詹复亮:《贪污贿赂犯罪及其侦查实务(第二版)》,人民出版社2013年版,第194页。

（6）购买股票过程中的受贿罪与非罪的认定。国家公职人员利用职务上的便利收受股票的受贿行为，由于存在投资风险、股票价格波动而不确定等因素，对其性质的界定有一定难度，并且在这种行为认定是否属于受贿时还有一定的伪装性，一般不能轻易识破。因此，实践中应当注意分析把握以下要素：一是国家公职人员利用职务上的便利，索取或者非法收受股票，没有支付股本金，为他人谋取利益，构成受贿罪的，其受贿数额按照收受股票时的实际价格计算；二是行为人支付股本金而购买较有可能升值的股票，由于不是无偿收受请托人财物，不以受贿罪论处；三是股票已经上市且已经升值，行为人仅支付股本金，其"购买"股票时的实际价格与股本金的差价部分应认定为受贿。为规避法律、逃避制裁，司法实践中发现有的行贿人为达到行贿目的，采用"劣后受益人"等金融工具，设计特定的基金出售发行流程、流量等方式向国家公职人员进行利益输送。由于这种手法既十分隐蔽，又具有很强的专业性，如果没有金融专业知识背景，一般情况下很难识别，对此需要引起重视。

2.受贿罪与彼罪的界限。司法实践中，对于此罪与彼罪的界限区分，主要应当把握以下几个方面：

（1）受贿罪与非国家工作人员受贿罪的界限。根据刑法第一百六十三条规定，非国家工作人员受贿罪是指公司、企业或者其他单位工作人员利用职务上的便利，索取他人财物或者非法收受他人财物，为他人谋取利益，数额较大的行为。两罪的主要区别在于：一是主体不同。受贿罪的主体是国家工作人员，非国家工作人员受贿罪的主体是非国有公司、企业及其他单位的工作人员，不具有国家工作人员的身份。二是两罪行为人利用的职务在性质上是不同的。受贿罪所涉及的是管理国家和社会公共事务的职务，而非国家工作人员受贿罪所涉及的限于非国有公司、企业或者其他单位人员经营管理过程中的职务。三是犯罪数额标准不同。根据2016年4月18日最高人民法院、最高人民检察院《关于办理贪污贿赂刑事案件适用法律若干问题的解释》第一条规定，受贿罪的起刑数额为3万元以上或者1万元以上不满3万元，但具有刑法第三百八十三条规定其他较重情节，应当认定为受贿罪，依法追究受贿罪的刑事责任。但是，根据该解释第十一条规定，刑法第一百六十三条规定的非国家公职人员受贿罪的"数额较大"的数额起点，按照本解释关于受贿罪相对应的数额标准规定的2倍执行。换言之，非国家工作人员受贿罪的起刑数额标准为 6 万元。

（2）受贿罪与敲诈勒索罪的界限。刑法第二百七十四条规定的敲诈勒索罪，是指以非法占有为目的，使用威胁或者要挟等手段，索取公私财物的行为。两者之间的界限一般来说是比较清楚的。但是，如果国家公职人员利用职务上的便利索取他人财物，则在认定时对此两罪往往容易混淆。首先，从法律规定上讲，索贿和敲诈勒索，虽然都有一个"索"字，但其性质、特点是相异的。敲诈勒索罪中的勒索是采用实施暴力威胁或者其他要挟的方法，强制迫使他人不得不交出公私财物。受贿罪中的索取财物行为，一般只是提出索取财物的意向或者要求，并不采用暴力威胁等强行勒索手段。其次，两罪的重要区别还在于是否具有利用职务上的便利条件。如果利用职务上的便利条件索取他人财物的，属受贿罪。否则，就是敲诈勒索罪。在一般情况下，受贿罪中的敲诈勒索行为不可能以暴力相威胁。行为人利用职务上的便利索取他人财物，通常有两种情形：一是以履行或者不履行职务行为相要挟；二是以如果不交付财物就要利用职务上的便利进行打击报复为要挟。如果给付财物，就可以得到好处，比如入党、晋级、提干等。否则，就进行打击报复，比如扣发工资、福利，甚至调离原先优厚的工作岗位、降职、不予晋升等。虽然后一种情况更接近于敲诈勒索罪，但司法实践中认定处理时还应以受贿罪论处。最后，两罪侵犯的客体不同。敲诈勒索罪侵犯的是公私财产所有权，受贿罪侵犯的是国家公职人员职务行为的廉洁性和国家机关的正常管理秩序。

（3）受贿罪与诈骗罪的界限。诈骗罪是指以非法占有为目的，采取虚构事实或者隐瞒事实真相的方法，骗取公私财物、数额较大的行为。两罪的构成有较为明显的不同，是容易区分的。但在司法实践中，往往遇到国家公职人员利用职务上的便利骗取他人财物的情况。对此，主要看行为人利用职务上的便利骗取他人财物时，主观上有否为他人谋取利益的意图。如果行为人具备这种意图，客观上也进行了努力，只是由于意志以外的原因未能为他人谋取利益，那么行为人的行为就构成受贿罪。如果行为人既不具备为他人谋取利益的客观条件，主观上也没有为他人谋取利益的意图，那么这种行为就符合诈骗罪的特征，不能定受贿罪。

3.受贿罪处罚时的法律适用。根据刑法第三百八十六条及第三百八十三条和 2016 年 4 月 18 日最高人民法院、最高人民检察院《关于办理贪污贿赂刑

事案件适用法律若干问题的解释》等有关规定,对受贿罪追究刑事责任时,应当把握以下几个问题:

(1)受贿罪的量刑幅度。根据犯罪数额和情节,受贿罪的量刑分为四档。一是受贿数额在300万元以上的,应当认定为刑法第三百八十三条第一款规定的"数额特别巨大",依法判处10年以上有期徒刑、无期徒刑或者死刑,并处罚金或者没收财产。同时,对于受贿数额在150万元以上不满300万元,具有该解释规定的八种情形之一的,应当认定为刑法第三百八十三条第一款规定的"其他特别严重情节",依法判处10年以上有期徒刑、无期徒刑或者死刑,并处罚金或者没收财产。这是对上述规定的补充。对于受贿数额特别巨大,犯罪情节特别严重、社会影响特别恶劣、给国家和人民利益造成特别重大损失的,可以判处死刑。如果符合这一规定的情形,但具有自首,立功,如实供述自己罪行、真诚悔罪、积极退赃,或者避免、减少损害结果的发生等情节,不是必须立即执行的,可以判处死刑缓期2年执行。如果符合这一规定情形的,根据犯罪情节等情况可以判处死刑缓期2年执行,同时裁判决定在其死刑缓期执行2年期满依法减为无期徒刑后,终身监禁,不得减刑、假释。二是受贿数额在20万元以上不满300万元的,应当认定为刑法第三百八十三条第一款规定的"数额巨大",依法判处3年以上10年以下有期徒刑,并处罚金或者没收财产。对于受贿数额在10万元以上不满20万元,具有受贿罪中八种其他情节较重的情形之一的,应当认定为刑法第三百八十三条第一款规定的"其他严重情节",依法判处3年以上10年以下有期徒刑,并处罚金或者没收财产。三是受贿数额在3万元以上不满20万元的,应当认定为刑法第三百八十三条第一款规定的"数额较大",依法判处3年以下有期徒刑或者拘役,并处罚金。对于受贿数额在1万元以上不满3万元,具有下列情形之一的,应当认定为刑法第三百八十三条第一款规定的"其他较重情节",依法判处3年以下有期徒刑或者拘役,并处罚金。这些较重的情节包括:曾因贪污、受贿、挪用公款受过党纪、行政处分的;曾因故意犯罪受过刑事追究的;赃款赃物用于非法活动的;拒不交待赃款赃物去向或者拒不配合追缴工作,致使无法追缴的;多次索贿的;为他人谋取不正当利益,致使公共财产、国家和人民利益遭受损失的;为他人谋取职务提拔、调整的;造成恶劣影响或者其他严重后果的。四是数额不满1万元,或者贪污数额为1万元以上不满3万元,但情节较轻的,由其所在单位或者上级主管机关酌情给予行政处分。此外,对多次受贿未经处理的,按照累计受贿数额处理。

(2)受贿罪量刑情节。通常情况下,这里的情节是指影响受贿罪危害大小、量刑轻重的各种因素。首先,这些情节包括是收受贿赂还是索取贿赂,违背职务还是没有违背职务,间接利用本人职务上的便利还是直接利用本人职务上的便利,为他人谋取的利益是正当的还是不当的,受贿行为给国家和社会造成的损失轻重程度等。其次,量刑幅度中涉及的情节较轻,是指为他人谋取的利益没有违反有关规定,贪赃不枉法,没有给国家和社会造成重大损失,事发后能坦白交代或者有自首、立功表现等。这里的情节较重,是指根据受贿动机、手段、后果、犯罪后的态度相对较重等情节综合考虑的。这里的情节严重,是指索贿,手段恶劣,受贿后串供或者翻供而拒不坦白,销匿罪证,向外商索贿等。这里的情节特别严重,一般是指受贿行为给国家和社会造成了特别严重的经济损失或者特别恶劣的政治影响,受贿后支持、怂恿、包庇和放纵重大犯罪分子或者有组织犯罪组织,向外商、侨胞等收受贿赂,手段极其恶劣以及受贿后掩盖罪行、嫁祸于人、打击报复举报人、证人及办案人员等。总之,对受贿犯罪行为人量刑时,除了考虑其受贿数额外,还必须考虑上述不同的情节。这里,特别需要强调的是,在具体适用量刑情节时,应当根据立法及相关司法解释比如最高人民法院、最高人民检察院 2008 年 12 月 20 日发布的《关于办理商业贿赂刑事案件适用法律若干问题的意见》,2009 年 3 月 12 日发布的《关于办理职务犯罪案件认定自首、立功等量刑情节若干问题的意见》,2012 年 8 月 8 日发布的《关于办理职务犯罪案件严格适用缓刑、免予刑事处罚若干问题的意见》,以及 2012 年 12 月 16 日发布的《关于办理行贿刑事案件具体应用法律若干问题的解释》等规定进行。比如,对于受贿犯罪分子适用缓刑、免予刑事处罚的法律规定,《关于办理职务犯罪案件严格适用缓刑、免予刑事处罚若干问题的意见》第二条明确规定了一般不适用的情形,包括不如实供述罪行的;不予退缴赃款赃物或者将赃款赃物用于非法活动的;属于共同犯罪中情节严重的主犯的;犯有数个职务犯罪依法实行并罚或者以一罪处理的;曾因职务违法违纪行为受过行政处分的;具有索取情节的;其他不应适用缓刑、免予刑事处罚的情形。该《意见》第四条还规定,对于情节恶劣、社会反映强烈的受贿等职务犯罪案件,不得适用缓刑、免予刑事处罚。同时,需要注意的是,

2016 年 4 月 18 日最高人民法院、最高人民检察院《关于办理贪污贿赂刑事案件适用法律若干问题的解释》，对于受贿罪较重情节作了明确规定，具体如下：（一）曾因贪污、受贿、挪用公款受过党纪、行政处分的；（二）曾因故意犯罪受过刑事追究的；（三）赃款赃物用于非法活动的；（四）拒不交待赃款赃物去向或者拒不配合追缴工作，致使无法追缴的；（五）多次索贿的；（六）为他人谋取不正当利益，致使公共财产、国家和人民利益遭受损失的；（七）为他人谋取职务提拔、调整的；（八）造成恶劣影响或者其他严重后果的。司法实践中，凡涉及犯罪情节认定的，应据此处理。

（3）受贿共犯的处理。受贿罪是一种身份犯，由特殊主体构成，不具备特定身份的主体不能单独构成受贿罪，即不能成为受贿罪的实行犯。但是，如果一般主体与国家工作人员相勾结伙同受贿的，就可以构成共犯。从司法实践看，一方面，构成这种共犯的有两种情况：一是教唆犯，二是帮助犯。教唆犯即非国家工作人员教唆国家工作人员利用职务上的便利索取或者收受贿赂，前者为教唆犯，后者为主犯；帮助犯即非国家工作人员帮助国家工作人员索取或者收受贿赂，前者为帮助犯，一般系从犯，后者系主犯。另一方面，司法实践中对共犯的处理相对较为慎重和宽容。在具体认定时，要注意以下问题：根据刑法关于共同犯罪的规定，非国家工作人员与国家工作人员勾结，伙同受贿的，应当以受贿罪的共犯追究刑事责任。非国家工作人员是否构成受贿罪共犯，取决于双方有无共同受贿的故意和行为。国家工作人员的近亲属向国家工作人员代为转达请托事项，收受请托人财物并告知该国家工作人员，或者国家工作人员明知其近亲属收受了他人财物，仍然按照近亲属的要求利用职权为他人谋取利益的，对该国家工作人员的行为应认定为受贿罪，其近亲属以受贿罪共犯论处。近亲属以外的其他人与国家工作人员通谋，由国家工作人员利用职务上的便利为请托人谋取利益，收受请托人财物后双方共同占有的，构成受贿罪共犯。但是，国家工作人员利用职务上的便利为他人谋取利益，并指定他人将财物送给其他人，构成犯罪的，应以受贿罪定罪处罚。从实践看，受贿与行贿犯罪往往以共同犯罪形式出现，特别是非国家工作人员与国家工作人员通谋，收受他人财物的情形时有发生。根据 2008 年 12 月 20 日最高人民法院、最高人民检察院《关于办理商业贿赂刑事案件适用法律若干问题的意见》有关规定，在认定处理时，对非国家工作人员与国家工作人员通谋，分别利用各自的职务便利为他人谋取利益,共同收受他人财物的行为,如何追究刑事责任,实践中有分歧。该意见第十一条明确了区分责任的认定处理原则:一是构成受贿罪。利用国家工作人员的职务便利为他人谋取利益的,以受贿罪追究刑事责任。二是构成非国家工作人员受贿罪。利用非国家工作人员的职务便利为他人谋取利益的,以非国家工作人员受贿罪追究刑事责任。三是罪从主犯。分别利用各自职务便利为他人谋取利益的,按照主犯的犯罪性质追究刑事责任。四是从重处罚。对分别利用各自职务便利为他人谋取利益,不能分清主从犯的,以受贿罪追究刑事责任。

二、行贿罪

（一）行贿罪的规制和定义

新中国成立后,中央人民政府在 1952 年颁布实施的《中华人民共和国惩治贪污条例》中对行贿罪做了明文规定。该条例第六条第一款规定:"一切向国家工作人员行使贿赂、介绍贿赂者,应按其情节轻重参酌本条例第三条的规定处刑。其情节特别严重者,并得没收其财产之一部或者全部;其彻底坦白并对受贿人实行检举者,得判处罚金,免予其刑事处分。"同条第二款规定:"凡为偷税而行贿者,除依法补税、罚款外,其行贿罪,依本条例的规定予以惩治。"第七条规定:"在本条例公布前,曾因袭旧社会恶习在公平交易中给予国家工作人员的小额回扣者,不以行贿论。但在本条例公布后,如在与国家工作人员交易中仍有送收小额回扣情事,不论送者收者,均分别以行贿、受贿治罪。"1979 年,我国第一部刑法对行贿罪做了明文规定。该刑法第一百八十五条第三款第一项规定:"向国家工作人员行贿或者介绍贿赂的,处三年以下有期徒刑或者拘役。"需要指出的是,上述两部法律均未对行贿赂罪的概念作出明确规定,对罪状的表述也十分简单,以致司法实践中因认识分歧而经常发生争议。1988 年全国人大常委会通过《关于惩治贪污罪贿赂罪的补充规定》,首次以法条形式明文规定行贿罪的概念。该规定第七条第一款规定:"为谋取不正当利益,给予国家工作人员、集体经济组织工作人员和其他从事公务的人员以财物的,是行贿罪。"该条第三款还规定:"因被勒索给予国家工作人员、集体经济组织工作人员或者其他从事公务的人员以财物,没有获得不正当利益的,不是行贿。"1997 年刑法基本吸收了上述法律规定的内容,并作了进一步完善。进入 21 世纪后,立法及司法机关制定了大量针对贿赂犯罪的法律规定或者司法解释,进一步丰富了受贿罪立法,在一定程度上解决了司法实践中经常遇到并对认定处理具有直接影响的一些困难和问题。比如,2006 年 6 月 29 日十届全国人民代表大会常委会第二十二次会议审议通过的刑法修正案(六),增加规定了行贿罪中给予公司、企业以外的其他单位的工作人员财物的行为。2008 年 11 月 20 日最高人民法院、最高人民检察院制定发布《关于办理商业贿赂刑事案件适用法律若干问题的意见》,针对司法实践中遇到的商业贿赂犯罪包括行贿罪及其法律适用,提出具体的解决措施。2012 年 8 月 8 日最高人民法院、最高人民检察院制定发布《关于办理职务犯罪案件严格适用缓刑、免予刑事处罚若干问题的意见》,就行贿罪刑事案件办理中适用缓刑、免予刑事处罚提出具体的意见。2012 年 12 月 16 日最高人民法院、最高人民检察院制定发布《关于办理行贿刑事案件具体应用法律若干问题的解释》,对行贿罪的认定处理若干重大问题进行了明确界定。2015 年 8 月 29 日第十二届全国人民代表大会常务委员会第十六次会议通过的刑法修正案(九)以及 2016 年 4 月 18 日对外发布的最高人民法院、最高人民检察院《关于办理贪污贿赂刑事案件适用法律若干问题的解释》对行贿罪的定罪量刑等进行了相应的修改。

行贿罪与受贿罪是一种对合犯罪。按照刑法第三百八十九条规定,所谓行贿罪,是指为谋取不正当利益,给予国家工作人员以财物的行为。从这一概念可知:行贿罪主体是一般主体;客观方面表现为给予国家工作人员以财物;主观上表现为为谋取不正当利益。实践表明,通过行贿而获取巨额不正当利益的案件,严重危害国家和集体利益,危害市场主体之间的平等竞争秩序。同时,一些国家工作人员放弃原则、丧失立场,拿国家和人民赋予的权力与行贿人进行"权钱交易",严重影响了党和政府的信誉。由于行贿与受贿之间具有对合关系,因此从立法上对行贿与受贿以两种罪分别规定,具有重要意义。从国际上看,在刑法中规定行贿罪及量刑幅度,并非我国独创。比如《德国刑法典》、《法国刑法典》、新加坡《防止贿赂法》等就有类似规定。有人认为,国家工作人员之所以受贿,这是由行贿人引诱所致的,行贿是受贿犯罪的源头。如果没有行贿人行贿,就不会有受贿犯罪。因此,要预防受贿犯罪,首先必须惩治和预防行贿犯罪。从理论上讲,受贿与行贿是对合犯罪,两者之间具有交互影响。犯罪学原理告诉人们,受贿犯罪之所以发生,根源在于国家公权力以及国家工作人员自身。凡有公权力存在,就必然存在腐败的诱惑及其隐患。一旦国家工作人员手中掌握的权力失控,腐败就必然产生。绝对的权力,将产生绝对的腐败。腐败的总病根在公权力、在国家工作人员。当然,对于行贿方的诱引作用必须予以高度重视,特别是有的行贿人嚣张到对国家工作人员尤其领导干部进行围猎的地步,甚至行贿与受贿双方形成利益同盟和利益集团,对此应当依法予以严惩。笔者认为,正基于此,中共十九大报告中明确提出,要坚持受贿行贿一起查,坚决防止党内形成利益集团。这是严厉打击行贿犯罪、深入推进反腐败斗争的重要政策依据。

（二）行贿罪的法律特征

重点是要把握以下方面:

1.行贿罪的客体。一般的刑法学教科书和专业著作,认为行贿罪侵犯的客体是国家工作人员职务行为的廉洁性。从理论界对行贿罪客体的研究现状看,大体有以下几种观点:一是认为行贿罪侵犯的客体是国家机关的正常活动。这些学者认为,行贿人为谋取不正当利益而用钱财收买、腐蚀国家工作人员,必然干扰和破坏国家机关的正常管理活动,包括国家正常的经济管理活动。二是认为行贿罪侵犯的客体是社会管理秩序。这些学者认为,从立法技术角度看,我国刑法对犯罪客体同为国家机关正常活动的犯罪在归类上是有区别的。除复杂客体按其主要客体归类外,又分两类:一类是国家工作人员职务上侵害国家机关正常活动的犯罪,归于渎职罪;另一类是一般主体侵害国家机关正常活动的犯罪,归于妨害社会管理秩序罪。由于行贿罪的主体是一般主体,因此,其侵犯的客体则是国家的社会管理秩序。三是认为行贿罪侵害的客体是复杂客体,而且因具体案件不同,其侵害的主要的直接客体也各异。这些学者认为,行贿罪客体的侵犯是通过受贿罪来实现的。应予注意的是,受贿人为行贿人谋取利益可能违背职务,也可能不违背职务。在违背职务时,行贿罪主要侵害了国家机关的正常活动;在不违背职务时,行贿罪侵犯的客体主要是社会风尚和社会政治生态。同时,按照全国人大常务委员会1982年制定实施的《关于严惩破坏经济的罪犯的决定》,行贿罪是一种经济犯罪,也侵犯社会主义经济秩序。此外,在有些情况下,行贿人是以小利收买国家工作人员后,用以换取更大的利益,使国家、集体财产化为私有。这时,其侵犯了公共财产所有权。四是认为行贿罪的基本客体是国家工作人员职务行为的不可收买性,选择客体是国家经济管理的正常活动。这些学者认为,行贿行为本质上说是一种收买行为,其收买对象就是国家工作人员的职务行为。而国家工作人员的职务行为应具有不可收买性,因而其侵害的基本客体是国家工作人员职务行为的不可收买性。同时,全国人大常务委员会 1988 年制定实施的《关于惩治贪污罪贿赂罪的补充规定》专门规定了经济行贿罪,因而说其选择客体是国家经济管理的正常活动,是有法律依据的。五是认为行贿罪的直接客体是公务人员职务的廉洁性。这些学者认为,行贿罪对公务人员以贿赂加以收买,引诱其违背职责为行贿人谋取不正当利益。这种行为一经实施,不管公务人员是否接受贿赂,或者是否为行贿人谋利,其思想上都会不同程度地受到腐蚀和影响,即职务上的廉洁性受到侵害。至于其他各种后果,均是公务人员职务廉洁性受到侵害后所造成的间接损失,而非直接客体。

笔者认为,行贿罪侵害的客体是国家工作人员职务行为的廉洁性和国家机关等正常的管理秩序。这里的廉洁性,是指国家工作人员以及国家机关、国有企业、事业单位和群团组织的基本要求,国家工作人员必须接受、服从和践行廉洁纪律和要求。行贿罪与受贿罪这一对合关系中,行贿罪是一种外部侵害行为,受贿罪则是内部危害行为,即通过行贿这一外部侵害,使国家工作人员对职务廉洁性要求造成侵害。与此同时,国家工作人员职务行为受到侵蚀后,必然影响职务活动的公正性,进而影响到国家机关、国有公司企业事业单位和群团组织的正常管理秩序,实质是对国家机器的运行秩序的危害。由此可见,行贿行为是对职务行为的收买,受贿行为则是国家工作人员对职务廉洁性要求的亵渎,行贿行为的危险性正是通过对职务行为的收买,进而危害职务行为的廉洁性和国家机关、国有公司企业事业单位和群团组织等正常管理秩序。

2. 行贿罪的主体。我国刑法规定的行贿罪主体是一般主体,限于自然人,即年满 16 周岁、具有刑事责任能力的人,就可成为行贿罪主体。至于行贿主体的职业、身份等,则不影响其构成。需要指出的是,对单位行贿的,我国刑法第三百八十九条有专条规定,因此单位行贿不构成刑法第三百八十九条和第三百九十一条之规定的行贿罪。同时,需要指出的是,根据 2017 年 11 月修订的反不正当竞争法规定,商业贿赂的主体从原先规定的经营者细化为三类人员:一是交易相对方的工作人员;二是受交易相对方委托办理相关事务的单位或者个人;三是利用职权或者影响力影响交易的单位或者个人。在认定上,明确规定对经营者的工作人员进行贿赂的,应当认定为经营者的行为;但是,经营者有证据证明该工作人员的行为与为经营者谋取交易机会或者竞争优势无关的除外。这表明,对于商业贿赂中的行贿罪主体,需要进行甄别,从而保证法律正确适用。

3. 行贿罪的客观方面。根据刑法修正案(九)及2016年4月18日对外发布的最高人民法院、最高人民检察院《关于办理贪污贿赂刑事案件适用法律若干问题的解释》,我国法律规定的行贿罪实质是一个罪名集群,包括六种形态,涉及6个罪名。这六种形态是指:一是一般行贿;二是单位行贿;三是对单位行贿;四是对有影响力的人行贿;五是对非国家工作人员行贿;六是对外国公职人员、国际公共组织官员行贿。每一种形态均构成一个独立的罪名。对于这些行贿行为从不同的对象、角度进行规制,目的是为了严密法网,从立法上形成行贿犯罪集群,强化对行贿犯罪的有效打击和防治。这里,重点研究讨论行贿罪的客观特征。从性质上讲,行贿罪的客观方面主要表现在行贿行为与贿赂两部分。根据刑法第三百八十九条等规定,这种犯罪中的行贿行为有两种类型:

(1)行贿人给予国家工作人员以财物。这是行贿罪的典型行为。行贿人为了谋取不正当利益,给予国家工作人员以财物,数额达到起刑标准时即构成行贿罪。至于不正当利益是否获取,不影响此罪构成。如果行贿人不是以谋取不正当利益为目的,而所谋取的是正当利益,其行为则不构成本罪。在此,如何理解"不正当利益",往往成为司法适用中的关键问题之一。根据2012年12月16日最高人民法院、最高人民检察院制定发布的《关于办理行贿刑事案件具体应用法律若干问题的解释》第十二条规定,这里的"谋取不正当利益",是指行贿人谋取的利益违反法律、法规、规章、政策规定,或者要求国家工作人员违反法律、法规、规章、政策、行业规范的规定,为自己提供帮助或者方便条件。违背公平、公正原则,在经济、组织人事管理等活动中,谋取竞争优势的,应当认定为"谋取不正当利益"。行贿罪在客观上所表现的这一行贿行为,通常有主动给予和被动给予两种。其中,被动给予是在国家工作人员的主动要求下给予,可能属于被对方勒索的情形。根据我国刑法第三百八十九条第三款规定,如果行为人因被国家工作人员勒索而给予国家工作人员以财物,又没有获得不正当利益的,不是行贿。而主动给予,是一种以实际获取不正当利益为前提的犯罪,实践中如果行为人不存在获取不正当利益的目的和动机,就不构成行贿罪。

(2)在经济往来中,行为人违反国家规定,给予国家工作人员以财物,数额较大的,或者违反国家规定,给予国家工作人员以各种名义的回扣、手续费的行为。这里的"经济往来",是指签订、履行经济合同等活动。这里的"国家规定",是指全国人大及其常委会制定的法律法规,国务院制定的行政法规、规章及发布的命令、决定等规定。

对于行贿罪客观方面的行为标准,法学界有不同的认识。有学者认为,行贿行为除给付财物行为外,还应包括行求或者期约行为。也就是说,行贿并非是某一个具体的自然动作,而是一系列行为过程。比如,行贿行为可以表现为行求阶段,即提出贿赂的请求后其行为没有继续进行下去,也就是行贿伊始之时就支付财物而被对方拒绝,或者因某种原因对方未收到贿赂。又比如,行贿行为可以表现为期约阶段,即与对方约定贿赂之后,当时没有实际给付,待过一定时期比如事成之后或者某个时期过去之后再予兑现。还比如,行贿行为可以表现为交付阶段,即贿赂已经实际交付并为对方所接受,这个时候送收两个环节均已完成。需要指出的是,并非每一个行贿行为都要求同时具备行求、期约和交付三个过程。在确定行贿行为所处阶段时,应当以前一行为吸收后一行为。行贿人虽未交付财产,但有行求或者期约行为的,也可构成行贿罪。然而,从我国刑法规定的情形看,构成行贿罪的客观行为表现为给予财物。这里的"给予",就是交付,也即实际交付,不包括行求或者期约。对行求、期约者,只是我国刑法所规定的两种程度不同的犯罪预备行为。对此,司法适用时应当予以注意。这里需要进一步指出的是,2016 年 4 月 18 日最高人民法院、最高人民检察院《关于办理贪污贿赂刑事案件适用法律若干问题的解释》对行贿罪的起刑数额标准进行了修改。根据该解释第七条规定,行贿罪的起刑标准分为两种情形:一是常态标准。起刑数额为 3 万元。即为谋取不正当利益,向国家工作人员行贿,数额在 3 万元以上的,应当依照刑法第三百九十条的规定以行贿罪追究刑事责任。二是最低标准。即数额+情节标准。行贿数额在 1 万元以上不满 3 万元,具有下列 6 种情形之一的,应当依照刑法第三百九十条的规定以行贿罪追究刑事责任:(一)向 3 人以上行贿的;(二)将违法所得用于行贿的;(三)通过行贿谋取职务提拔、调整的;(四)向负有食品、药品、安全生产、环境保护等监督管理职责的国家工作人员行贿,实施非法活动的;(五)向司法工作人员行贿,影响司法公正的;(六)造成经济损失数额在50 万元以上不满 100 万元的。

4.行贿罪的主观方面。行贿罪的主观方面表现为故意,并且是一种直接故意的心理态度,同时还必须具备谋取不正当利益的目的。行贿罪中,行为人对于其行为的性质、目的、后果等均有明确认识。实施行贿的目的就是希望以较小的利益作为贿赂,用以谋取更大的不正当利益。这种主观心态是十分明确的,不可能存在过失或者间接故意的情形。同时,从刑法理论上讲,行为人实施行贿行为,旨在诱引或者围猎国家工作人员利用职务上的便利为自己谋取不正当利益。这种故意包括两方面内容:一是认识因素,即行为人明知行贿的对象是国家工作人员,并且其行贿行为是一种收买国家工作人员利用职务上的便利为自己谋取不正当利益的行为,因而对自己这种行为的违法性质是明知的。二是意志因素,即在具备认识因素的基础上,在谋取不正当利益动机的驱使下,决意实施行贿行为。当然,应予指出的是,行贿人对行贿对象即国家工作人员的具体职务、职权是否有明确的了解,不影响行贿罪的成立。即行为人对行贿对象的身份特征,只要有一般的或者概括的认识即可。换言之,行为人只要认识到贿赂对象是国家工作人员,对方能利用其职务之便利为自己谋取非法利益,从而进行行贿的,就构成行贿罪。至于受贿人是否确有为其谋取不正当利益的可能,或者是否实际上为行贿人谋取了不正当利益,不影响行贿罪的构成。

从司法实践看,行贿活动一般具有以下几种情形:一是行为人实施行贿行为所谋求的利益是国家刑事法律所禁止的,比如偷税、走私等。二是行为人实施行贿行为所谋求的利益是违反除刑法之外的国家法律法规的,比如违法进行金融活动、经营活动等。三是行为人实施行贿行为所谋求的是上述犯罪、违法两种情形以外的其他不正当利益的,比如进行不正当竞争,违反常规的升级、晋资等。四是行为人实施行贿行为所谋求的是正当合法利益,但因国家工作人员利用职务之便进行刁难、拖延或者要挟而被迫行贿的,或者被国家工作人员利用职务之便进行勒索的。对上述前三种情形,可以构成行贿罪;对后一种情形,则不能构成行贿罪。原因在于这后一种情形的行为人没有行贿的主观故意。

需要注意的是,根据行贿罪的构成条件和要求,行为人实施行贿行为所谋求的是一种不正当利益。那么,何为"不正当利益"？由于认识上的分歧,司法部门在认定处理时并不一致。1999年3月4日,最高人民法院、最高人民检察院联合发出《关于在办理受贿犯罪大要案的同时要严处严重行贿犯罪分子的通知》,对谋取不正当利益作了界定。这里的"谋取不正当利益"包括两种情况:一是谋取违反法律、法规、国家政策和国务院各部门规章规定的利益。二是要求国家工作人员或者有关单位提供违反法律、法规、政策和规章所规定的帮助或者方便条件。这是指通过行贿手段所要最终获取的利益本身可能不违反法律、法规、政策和规章的规定,但其要求国家工作人员或者有关单位为其获得利益所采取的手段却违反法律、法规、政策和规章的规定,或者要求国家工作人员或者有关单位通过违反法律、法规、政策和规章或者规定的手段提供该利益。比如工程招投标过程中,为了中标而向招标单位负责人行贿而由其违法提供有关投标者不应当知道的情况,从而使投标者中标,使其他投标者失利。这种提供有关情况的帮助,就是不正当的帮助,属于谋取"不正当利益"的范畴。同时,要求国家工作人员或者有关单位提供的帮助或者方便条件,必须违反法律、法规、政策和规章的规定。如果国家工作人员或者有关单位提供的帮助或者方便条件,没有违反上述规定的,即使通过行贿手段要求提供各种帮助或者方便条件,也不属于谋取不正当利益。比如办理结婚登记,条件方面均具备,只是为了尽快办理而对有关经办人员进行行贿,从而达到行贿方的目的。这种通过行贿手段要求提供的帮助或者方便条件,显然不属于"不正当利益"的范围。2012年12月16日最高人民法院、最高人民检察院制定发布的《关于办理行贿刑事案件具体应用法律若干问题的解释》第十二条规定,这里的"谋取不正当利益",是指行贿人谋取的利益违反法律、法规、规章、政策规定,或者要求国家公职人员违反法律、法规、规章、政策、行业规范的规定,为自己提供帮助或者方便条件。违背公平、公正原则,在经济、组织人事管理等活动中,谋取竞争优势的,应当认定为"谋取不正当利益"。同时,根据2017年11月修订的反不正当竞争法规定,行贿者的目的是为了谋取交易机会或者竞争优势。总之,对于以上各种情形,实践中应当注意把握。

需要进一步指出的是,按照我国刑法规定,"为谋取不正当利益"是构成行贿罪的必备要件。但对这一要件是属于主观要件还是客观要件,法律没有明确规定。有学者认为,根据我国刑法第三百八十九条第三款关于"因被勒索给予国家工作人员以财物,没有获得不正当利益的,不是行贿"的规定,可以得出这样两个结论:一是即使因被勒索给予国家工作人员以财物,但如果获得了不正当的利益,也是行贿;二是如果不是因为被勒索而给予国家工作人员以财物,即使最终没有获得不正当利益,也是行贿。在被勒索的情况下,"谋取不正当利益"是行贿罪的客观要件。如果没有获得不正当利益,则不构成行贿罪;在未被勒索的情况下,"谋取不正当利益"是行贿罪的主观要件。即使没有获得不正当利益,只要主观上具有谋取不正当利益的目的,并给予国家工作人员以财物的,也构成行贿罪。对于这一点,笔者认为尚需进一步探讨。实际上,根据刑法原理和我国刑法规定,"谋取不正当利益"应当属于行为人的主观目的,是否被勒索不影响这一目的的本质特性。认定是否属于行贿罪,关键在于行贿人所获取的利益是否正当。如果谋取的利益是正当的,则不构成行贿罪;如果谋取的利益是不正当的,则可能构成行贿罪。

（三）行贿罪的认定和处理

重点要把握以下方面:

1.行贿罪与非罪的界限。区分行贿罪与非罪的界限,应当把握以下两个方面的问题:

（1）行贿与赠与的区别。赠与是财产所有人将财产无偿地给予他人,从而产生财产所有权转移的法律后果的民事行为。赠与行为在社会生活中普遍存在。如果出于友情或者亲情等,将自己的财产无偿给予他人,这是我国法律所允许并予以保护的。然而,贿赂犯罪中,有人往往出于某种不正当的企图,采取十分巧妙的方法给予国家公职人员以财物,用以达到不可告人的目的,表面上则往往表现得冠冕堂皇,很难让人察觉。这时的行贿与赠与往往容易混淆。区分两种行为,关键在于对行为人主观故意的认定和结果的调查,并可通过以下途径进行。首先,查清行为人与国家公职人员之间的关系,比如原先是否认识、如何认识,有否亲戚关系、同学关系等。如果两人之间平时交往很少,或者从不往来,这就很难证明赠与的合理性。其次,行为人是否求助国家公职人员办理特定的事务,并针对国家公职人员的职务而给予财物。如果查清属于这种情形,则行为人具有行贿之嫌。再次,查清行为人给予财物出于自愿还是被人强迫索取,以及给予财物的数额大小。如果一次给予财物的数额巨大,就应仔细查究原由。最后,查清接受财物的国家公职人员是否为行为人实际谋取了某种利益、其利益是否正当,以及与国家公职人员接受财物之间是否具有因果关系等。总之,对于行贿行为或者赠与活动的判定,应当依据事实进行综合分析。

(2)行贿罪与违法行为的界限。两者的区别主要在于行贿数额大小和情节轻重上。根据刑法及 2016 年 4 月 18 日对外发布的最高人民法院、最高人民检察院《关于办理贪污贿赂刑事案件适用法律若干问题的解释》等有关规定,为谋取不正当利益而实施行贿行为,且行贿数额达到 3 万元以上的,或者行贿数额在 1 万元以上不满 3 万元,具有下列 6 种情形之一的,应当依照刑法第三百九十条的规定以行贿罪追究刑事责任。这些情形包括:(一)向 3 人以上行贿的;(二)将违法所得用于行贿的;(三)通过行贿谋取职务提拔、调整的;(四)向负有食品、药品、安全生产、环境保护等监督管理职责的国家工作人员行贿,实施非法活动的;(五)向司法工作人员行贿,影响司法公正的;(六)造成经济损失数额在 50 万元以上不满 100 万元。除了上述情形之外,凡是达不到数额标准和情节一般的,属一般违法行为,不构成行贿罪。同时,对于数次行贿而未处理的,应累计计算。对于金银珠宝等首饰品,按照有关部门核定价格计算。对外币则按有关外汇价格计算。对于贿送股票,受贿人没有支付股本金的,按照贿送股票时的实际价格计算;受贿人已支付股本金而股票已上市且已增值的,按照贿送股票时实际价格与股本金差价部分计算。

2.既遂与未遂的界限。对于行贿罪既遂与未遂的界限,理论界观点不一。有学者认为,应以行为人实施给付财物的行为作为既遂的标准,不要求对方实际接受财物。有学者则认为,应当以行贿人实际给付财物,并请求对方为其谋取不正当利益作为既遂的标准,但不要求谋取不正当利益的目的一定达到。这主要考虑行贿罪具有诱惑性、围猎性和腐蚀性的特点,而国家公职人员职务上必须保持廉洁性。行贿人以财物收买国家公职人员,并使之丧失原则立场、败坏党风政风,实际上造成破坏国家机关正常活动的后果。因此,即使行贿人在行贿后没有从中谋取不正当利益,也应以行贿罪既遂认定。也有学者认为,应以受贿人实际为行贿人谋取不正当利益作为既遂的标准。这主要考虑构成行贿罪的法定条件是既要求给付对方财物，又要求对方为行为人谋取不正当利益。这里的给付财物，并非行为人的最终目的。其最终目的在于通过对方渎职为其谋取不正当利益，而使国家机关正常活动受到侵害。因此，应当以行为人谋取不正当利益的目的是否达到作为既遂与未遂的标准。还有学者认为，对行贿罪的既遂和未遂，要分别不同情况进行处理。对为今后获取不正当利益而预先给予财物的，以是否给付财物为既遂和未遂的标准；对先已获取不正当利益，然后给付财物的，以是否获取不正当利益为既遂和未遂的标准。这主要考虑到行贿罪侵犯的客体，不仅是国家机关的正常活动，还包括社会风尚。对上述前者，其侵犯的客体是社会风尚，后者则侵犯国家机关的正常活动。总之，不论是给付财物还是获取不正当利益，都属于行贿罪客观要求并侵害行贿罪客体，只要其中一个行为实施完毕，就应视为既遂；行为人因意志以外的原因而未得逞的为未遂。

笔者认为，一般情况下，行贿罪的既遂应当同时具备以下几个条件：一是行为人出于谋取不正当利益的目的；二是行为人实施了给予国家公职人员以财物的行为；三是国家公职人员接受了该财物而未予拒绝。至于行为人通过行贿行为的实施，是否实际获取了不正当利益，则不影响既遂的成立。如果国家公职人员拒绝受理财物，则属于行贿未遂，但拒绝受理财物的国家公职人员不构成受贿罪。同时，根据我国刑法第三百八十九条第三款规定，因被勒索给予国家公职人员以财物的，不存在行贿未遂问题，并且不构成行贿罪，而索取贿赂的国家公职人员则构成受贿罪。综上，行为人如果为谋取不正当利益而给予了国家公职人员以财物，并获取了不正当利益，就构成行贿罪既遂；行为人如果没有获取不正当利益的目的，而被国家公职人员强行勒索，就不是行贿。

3. 行贿罪与彼罪的界限。司法实践中，对于此罪与彼罪之间的界限，重点是要把握以下几个方面：

（1）行贿罪与对非国家工作人员行贿罪的区别。根据刑法第一百六十四条和刑法修正案（六）第八条规定，对非国家工作人员行贿罪，是指行为人为谋取不正当利益，给予公司、企业或者其他单位人员以财物，数额较大的行为。两者的主要区别在于：一是行贿对象不同。行贿罪的对象是国家公职人员；对非国家工作人员行贿罪的对象则是非国有公司、企业或者其他单位工作人员。

二是主体不同。行贿罪的主体是自然人;对非国家工作人员行贿罪的主体除了自然人,还包括单位。三是危害程度不同。行贿罪的危害性较之对非国家工作人员行贿罪的危害性大。四是犯罪数额标准不同。行贿罪的起刑数额标准为双重标准:一是以数额为标准,即3万元;二是以数额+情节标准,即1万元以上不满3万元并具有6种情形之一:(一)向3人以上行贿的;(二)将违法所得用于行贿的;(三)通过行贿谋取职务提拔、调整的;(四)向负有食品、药品、安全生产、环境保护等监督管理职责的国家工作人员行贿,实施非法活动的;(五)向司法工作人员行贿,影响司法公正的;(六)造成经济损失数额在50万元以上不满100万元。而根据2016年4月18日对外发布的最高人民法院、最高人民检察院《关于办理贪污贿赂刑事案件适用法律若干问题的解释》第十一条第三款规定,刑法第一百六十四条第一款规定的对非国家工作人员行贿罪中的"数额较大"的数额起点,按照该解释第七条第一款关于行贿罪的数额标准规定的2倍执行,即对非国家工作人员行贿罪的起刑数额标准为6万元。

(2)行贿罪与对有影响力的人行贿罪、对单位行贿罪、单位行贿罪的区别。第一,行贿罪与对有影响力的人行贿罪的区别。对有影响力的人行贿罪是2015年8月29日第十二届全国人民代表大会常务委员会第十六次会议通过的刑法修正案(九)第四十六条所规定的。该条规定:在刑法第三百九十条后增加一条,作为第三百九十条之一:为谋取不正当利益,向国家工作人员的近亲属或者其他与该国家工作人员关系密切的人,或者向离职的国家工作人员或者其近亲属以及其他与其关系密切的人行贿的,处3年以下有期徒刑或者拘役,并处罚金。单位犯前款罪的,对单位判处罚金,并对其直接负责的主管人员和其他直接责任人员,处3年以下有期徒刑或者拘役,并处罚金。从以上规定可见,两者之间的区别如下:一是行贿对象不同。行贿罪的行贿对象是国家工作人员,而对有影响力的人行贿罪的行贿对象是国家工作人员的近亲属或者其他与该国家工作人员关系密切的人,或者离职的国家工作人员或者其近亲属以及其他与其关系密切的人。二是行贿主体不同。行贿罪的主体是自然人,但不限是否国家工作人员;对有影响力的人行贿罪的主体包括自然人和单位。第二,行贿罪与对单位行贿罪的区别。根据刑法第三百九十一条规定,对单位行贿罪是指为谋取不正当利益,给予国家机关、国有企业事业单位、群团组织以财物,或者在经济往来中,违反国家规定给予各种名义的回扣、手续费的行为。两者的区别在于行贿对象不同。前者的对象是国家工作人员,后者的对象则是国有单位。第三,行贿罪与单位行贿罪的区别。根据刑法第三百九十三条规定,单位行贿罪是指单位为谋取不正当利益而行贿,或者违反国家规定,给予国家工作人员以回扣、手续费,情节严重的行为。两者的主要区别在于:一是犯罪主体不同。行贿罪的主体是自然人;单位行贿罪的主体是单位,包括国有单位和非国有单位。二是处罚原则不同。行贿罪处罚的是自然人,采取单罚制;单位行贿罪处罚的是单位及其直接负责的主管人员和其他直接责任人员,采取双罚制。

4. 行贿罪处罚时的法律适用。根据刑法第三百九十条、刑法修正案(九)第四十七条以及 2016 年 4 月 18 日对外发布的最高人民法院、最高人民检察院《关于办理贪污贿赂刑事案件适用法律若干问题的解释》的规定,对行贿罪的处罚要把握以下方面:

(1)对犯行贿罪的,处 5 年以下有期徒刑或者拘役,并处罚金。

(2)因行贿谋取不正当利益,情节严重的,或者使国家利益遭受重大损失的,处 5 年以上 10 年以下有期徒刑,并处罚金。这里的情节严重是指:一是行贿数额在 100 万元以上不满 500 万元的。二是行贿数额在 50 万元以上不满 100 万元,并具有下列 5 种情形之一:(一)向 3 人以上行贿的;(二)将违法所得用于行贿的;(三)通过行贿谋取职务提拔、调整的;(四)向负有食品、药品、安全生产、环境保护等监督管理职责的国家工作人员行贿,实施非法活动的;(五)向司法工作人员行贿,影响司法公正的。三是具有其他严重的情节。这里的"使国家利益遭受重大损失"是指为谋取不正当利益,向国家工作人员行贿,造成经济损失数额在 100 万元以上不满 500 万元的情形。

(3)情节特别严重的,或者使国家利益遭受特别重大损失的,处 10 年以上有期徒刑或者无期徒刑,并处罚金或者没收财产。这里的情节特别严重是指:一是行贿数额在 500 万元以上的。二是行贿数额在 250 万元以上不满 500 万元,并具有下列 5 种情形之一:(一)向 3 人以上行贿的;(二)将违法所得用于行贿的;(三)通过行贿谋取职务提拔、调整的;(四)向负有食品、药品、安全生产、环境保护等监督管理职责的国家工作人员行贿,实施非法活动的;(五)向司法工作人员行贿,影响司法公正的。三是具有其他特别严重的情节。这里的"使国家利益遭受特别重大损失"是指为谋取不正当利益,向国家工作人员行贿,造成经济损失数额在500万元以上的情形。

(4)准确适用从宽处理的政策。根据2012年12月16日最高人民法院、最高人民检察院制定发布的《关于办理行贿刑事案件具体应用法律若干问题的解释》以及刑法修正案(九)和2016年4月18日对外发布的最高人民法院、最高人民检察院《关于办理贪污贿赂刑事案件适用法律若干问题的解释》等有关规定,具体如下:一是可以从轻或者减轻处罚。行贿人在被追诉前主动交待行贿行为的,可以从轻或者减轻处罚。这里的主动交待行贿行为,是指因行贿人在被追诉前主动交待行贿行为而破获相关受贿案件的,对行贿人不适用刑法第六十八条关于立功的规定,可以从轻或者减轻处罚。二是减轻或者免除处罚。行贿人在被追诉前主动交待行贿行为,犯罪较轻的,对侦破重大案件起关键作用的,或者有重大立功表现的,可以减轻或者免除处罚。这里的"犯罪较轻",是指根据行贿犯罪的事实、情节,可能被判处3年有期徒刑以下刑罚的,可以认定为刑法第三百九十条第二款规定的"犯罪较轻"。这里的"重大案件"是指根据犯罪的事实、情节,已经或者可能被判处10年有期徒刑以上刑罚的,或者案件在本省、自治区、直辖市或者全国范围内有较大影响的案件。这里的"对侦破重大案件起关键作用"是指具有下列情形之一:(一)主动交待办案机关未掌握的重大案件线索的;(二)主动交待的犯罪线索不属于重大案件的线索,但该线索对于重大案件侦破有重要作用的;(三)主动交待行贿事实,对于重大案件的证据收集有重要作用的;(四)主动交待行贿事实,对于重大案件的追逃、追赃有重要作用的。

(5)严格把握缓刑和免予刑事处罚的适用。根据2012年12月16日最高人民法院、最高人民检察院制定发布的《关于办理行贿刑事案件具体应用法律若干问题的解释》第十条规定,对于以下几种情形,一般不能缓刑或者免予刑事处罚。一是向3人以上行贿的;二是因行贿受过行政处罚或者刑事处罚的;三是为实施违法犯罪活动而行贿的;四是造成严重危害后果的;五是其他不适用缓刑和免予刑事处罚的情形。同时,凡是具有刑法第三百九十条第二款规定"行贿人在被追诉前主动交待行贿行为"的情形的,则可以作出相应的从轻、减轻处罚或者免除处罚,是否适用缓刑或者免予刑事处罚,应当视案情而定,而不受该《解释》第十条的限制。

（6）依法处理行贿犯罪获取的不正当利益。根据 2012 年 12 月 16 日最高人民法院、最高人民检察院制定发布的《关于办理行贿刑事案件具体应用法律若干问题的解释》第十一条规定，行贿犯罪获取的不正当利益主要包括两个方面：一是不正当财产性利益。所谓不正当财产性利益，实质是行贿所得。对于行贿犯罪取得的不正当财产性利益，应当依照刑法第六十四条的规定予以追缴、责令退赔或者返还被害人。二是不正当非财产性利益。主要是指因行贿犯罪取得财产性利益以外的经营资格、资质或者职务晋升等其他不正当利益。根据 2017 年 11 月修订的反不正当竞争法规定，从行贿的角度讲，这里的行贿对象包括采用财物或者其他手段；从行贿者的目的讲，这里的利益包括交易机会或者竞争优势。

三、其他贿赂罪

（一）其他贿赂罪的规制和定义

从理论上讲，贿赂罪是一个类罪名，是指各种形式的受贿罪、行贿罪和介绍贿赂罪的总称。1952 年的《中华人民共和国惩治贪污条例》第二条、第六条，将受贿罪纳入贪污罪之中，作为贪污罪的一种行为形式，同时规定对行贿与介绍贿赂两种行为以贪污罪的规定刑罚进行处刑。1979 年刑法第一百八十五条将受贿罪、行贿罪和介绍贿赂罪分别单列罪名，但仍按照贪污罪的法定刑进行处罚。此后，针对贿赂犯罪的多样化和复杂化，1988 年全国人民代表大会常务委员会对刑法有关贿赂罪的规定进行了修改，制定颁布了《关于惩治贪污罪贿赂罪的补充规定》。该《补充规定》第六条、第九条增设了单位受贿罪和单位行贿罪。1997 年刑法修订，根据贿赂犯罪的实际情况，在第三百八十五条至第三百九十三条规定了受贿罪、行贿罪、单位受贿罪、对单位行贿罪、介绍贿赂罪和单位行贿罪六种具体贿赂罪，以严密法网，有效遏制和防范贿赂犯罪的滋生蔓延。

进入 21 世纪后，立法及司法机关制定了大量针对贿赂犯罪的法律规定或者司法解释，进一步丰富了贿赂罪立法，在一定程度上解决了司法实践中经常遇到并对认定处理有直接影响的一些困难和问题。比如，2006 年 6 月 29 日十届全国人民代表大会常务委员会第二十二次会议审议通过的刑法修正案（六），扩大了受贿罪的主体范围，增加了行贿行为的内涵。同时，修改确立了非国家工作人员受贿罪、对非国家工作人员行贿罪。2007 年 5 月 30 日中共中央纪委发布的《关于严格禁止利用职务上的便利谋取不正当利益的若干规定》(简称"八项禁令"),其主要是针对国家工作人员中的共产党员,特别是各级领导干部的新型受贿行为,加以明令禁止。同年 7 月 8 日,最高人民法院、最高人民检察院制定发布《关于办理受贿刑事案件适用法律若干问题的意见》,针对司法实践中遇到的 10 种新型受贿犯罪及其法律适用,提出具体的解决措施。2008 年 11 月 20 日最高人民法院、最高人民检察院制定发布《关于办理商业贿赂刑事案件适用法律若干问题的意见》,针对司法实践中遇到的商业贿赂犯罪及其法律适用,提出具体的认定处理措施。2009 年 2 月 28 日十一届全国人民代表大会常务委员会第七次会议审议通过的刑法修正案(七),增设了利用影响力受贿罪。同年 3 月 12 日最高人民法院、最高人民检察院制定发布《关于办理职务犯罪案件认定自首、立功等量刑情节若干问题的意见》,对办理贿赂等职务犯罪案件认定自首、立功等量刑情节提出明确具体的措施和意见。2010 年 11 月 26 日最高人民法院、最高人民检察院制定发布《关于办理国家出资企业中职务犯罪案件具体应用法律若干问题的意见》,针对司法实践中遇到的国家出资企业在改制过程中发生的受贿罪等职务犯罪及其法律适用若干问题,提出具体的解决措施。2011 年 2 月 25 日十一届全国人民代表大会常务委员会第十九次会议审议通过的刑法修正案(八),增设了对外国公职人员、国际公共组织官员行贿罪。2012 年 8 月 8 日最高人民法院、最高人民检察院制定发布《关于办理职务犯罪案件严格适用缓刑、免予刑事处罚若干问题的意见》,就贿赂罪等职务犯罪案件办理当中适用缓刑、免予刑事处罚提出具体的意见和措施。2012 年 12 月 16 日最高人民法院、最高人民检察院制定发布《关于办理行贿刑事案件具体应用法律若干问题的解释》,对行贿罪及单位行贿罪的认定处理进行明确界定,提出处理的措施和意见。2015 年 8 月 29 日第十二届全国人民代表大会常务委员会第十六次会议通过的刑法修正案(九),增设了对有影响力的人行贿罪。2016 年 4 月 18 日对外发布的最高人民法院、最高人民检察院《关于办理贪污贿赂刑事案件适用法律若干问题的解释》对有影响力的人行贿罪的起刑数额标准等作出明确的规定,提高了法律适用过程中的可操作性。

　　根据刑法规定,贿赂罪中除受贿罪和行贿罪以外,还包括非国家工作人员受贿罪,对非国家工作人员行贿罪,对外国公职人员、国际公共组织官员行贿罪,以及单位受贿罪、利用影响力受贿罪、对有影响力的人行贿罪、对单位行贿罪、介绍贿赂罪、单位行贿罪9种。其中,后6种贿赂罪涉及到国家工作人员,这里简要阐述。

1. 单位受贿罪。根据刑法第三百八十七条规定,单位受贿罪是指国家机关、国有公司、企业、事业单位和群团组织,索取或者非法收受他人财物,为他人谋取利益,情节严重的行为。

2. 利用影响力受贿罪。根据刑法第三百八十八条之一规定,利用影响力受贿罪是指国家工作人员的近亲属或者其他与该国家工作人员关系密切的人,通过该国家工作人员职务上的行为,或者利用该国家工作人员职权或者地位形成的便利条件,通过其他国家工作人员职务上的行为,为请托人谋取不正当利益,索取请托人财物或者收受请托人财物,数额较大或者有其他较重情节的,或者离职的国家工作人员或者其近亲属以及其他与其关系密切的人,利用该离职的国家工作人员原职权或者地位形成的便利条件,通过其他国家工作人员职务上的行为,为请托人谋取不正当利益,索取请托人财物或者收受请托人财物,数额较大或者有其他较重情节的行为。

3. 对有影响力的人行贿罪。根据刑法第三百九十条之一规定,对有影响力的人行贿罪是指个人或者单位为谋取不正当利益,向国家工作人员的近亲属或者其他与该国家工作人员关系密切的人,或者向离职的国家工作人员或者其近亲属以及其他与其关系密切的人行贿的行为。

4. 对单位行贿罪。根据刑法第三百九十一条规定,对单位行贿罪是指为谋取不正当利益,而给予国家机关、国有公司、企业、事业单位和群团组织以财物,或者在经济往来中,违反国家规定,给予各种名义的回扣、手续费的行为。

5. 介绍贿赂罪。根据刑法第三百九十二条规定,介绍贿赂罪是指行为人在行贿和受贿双方之间进行沟通、撮合,促使行贿与受贿这一对合关系现实化的行为。

6. 单位行贿罪。根据刑法第三百九十三条规定,单位行贿罪是指公司、企业、事业单位、机关、团体为谋取不正当利益而行贿,或者违反国家规定,给予国家工作人员以回扣、手续费,情节严重的行为。

（二）单位受贿罪

重点要把握以下方面：

1. 单位受贿罪的法律特征。我国刑法将单位危害社会的行为规定为犯罪并处以刑罚，这是迎合当今世界许多国家刑事立法趋势之举，也是与社会化大生产以及市场经济高速发展相适应的，是与国家经济、政治、文化、社会生活日益组织化或者集团化相关联的立法趋势。在今天，各种性质的社会组织、团体日益成为社会生产生活的主角，社会生活组织化、集团化趋势日益明显。由于各种社会组织或者团体的活动能量及活动领域的日益扩大，其对社会的贡献与破坏、危害同样与之俱增，运用刑事手段对这类组织或者团体的危害社会行为进行阻却和遏制，是社会发展的客观要求。单位受贿罪就是在这样的时代大背景下，进入了刑事规范所调整的视野。

单位受贿罪的法律特征，主要体现在以下几个方面。

（1）单位受贿罪侵犯客体，是侵害国有单位的正常职能活动。对于单位受贿罪侵犯的客体，法学界有三种观点：第一，认为单位受贿罪的客体属单一客体。即其所侵犯的是国有单位包括国家机关、国有公司、企业、事业单位和群团组织的正常职能活动。国家设立上述机关、公司、企业、事业单位和群团组织，从根本上要求这些国有单位依法履行国家法律赋予的职权，为国家建设、改革、发展和稳定服务。换言之，就是要求其通过履行法定职权保障国家机器的正常运转。这些国有单位为自身利益而不顾国家和人民的利益，擅权谋利，势必破坏国家机器的正常运转，并使这些国有单位的正常职能活动受损。第二，认为单位受贿罪的客体是双重客体。即不仅侵犯国有单位正常职能活动，还侵犯了公私财产所有权。第三，认为单位受贿罪侵权的客体是三重客体。即不仅侵犯了国有单位正常职能活动和公私财产所有权，还侵犯了社会主义经济正常发展。从犯罪社会危害性的本质讲，对社会主义经济正常发展的侵害，是所有经济犯罪侵犯的一般客体或者总客体，而不是单位受贿罪的独有特征，这种观点显然是不妥的。笔者认为，上述第一种观点较为妥当，即单位受贿罪侵犯的是国有单位包括国家机关、国有公司、企业、事业单位和群团组织的正常职能活动。

（2）单位受贿罪主体，是国有单位，包括国家机关、国有公司、企业、事业单位和群团组织。这里的国家机关，包括立法机关、行政机关、监察机关、司法机关、军队和政党等机关。这里的国有公司,是指我国公司法规定的国有股份有限公司和国有有限责任公司。这里的国有企业,是指我国公司法规定的两类公司以外的其他依法成立并具备一定的组织形式,以营利为目的的独立从事生产经营活动和商业服务的国有经济组织。根据2010年11月26日最高人民法院、最高人民检察院《关于国有出资企业中职务犯罪案件具体应用法律若干问题的意见》有关规定,这里的国有企业与该《意见》规定的国家出资企业基本相似,包括国家出资的国有独资公司、国有独资企业,以及国有资本控股公司、国有资本参股公司。对于是否属于国家出资企业不清的,应遵循"谁投资、谁拥有产权"的原则进行界定。企业注册登记中的资金来源与实际出资不符的,应根据实际出资情况确定企业的性质。企业实际出资情况不清楚的,可以综合工商注册、分配形式、经营管理等因素确定企业的性质。这里的事业单位,是指依照法律或者行政命令而成立的、从事各种社会公益活动的组织。这里的群团组织,是指工会、共青团、妇联等组织。

(3)单位受贿罪客观方面,表现为国有单位在实施职能活动的过程中,索取或者非法收受他人财物,为他人谋取利益,情节严重的行为。从中可知,单位受贿罪的客观方面,具体表现为:一是单位受贿罪是由单位直接负责的主管人员和其他直接责任人员实施的。非本单位成员不构成单位受贿罪。二是单位直接负责的主管人员和其他直接责任人员,须按照单位领导集体或者决策层的意志实施索取或者非法收受贿赂的行为。否则,就不能认为单位受贿罪。三是必须是单位直接负责的主管人员和其他直接责任人员在执行本单位职务的过程中,在单位法定职责范围内实施的行为。四是为他人所谋取的利益,不论是合法的还是非法的,均不影响行为定性。需要注意的是,这里的"他人",包括其他单位和个人。五是实施索取或者非法收受贿赂,为他人谋利,必须达到情节严重的程度。这主要是指索取或者收受他人财物,数额较大或者手段恶劣,或者使国家利益遭受重大损失等。根据刑法第三百八十七条第二款规定,国家机关、国有公司、企业、事业单位和群团组织,在经济往来中,在账外暗中收受各种名义的回扣、手续费的,以受贿罪论处。这里的回扣、手续费,既可以成为正当的经济行为,也可以成为受贿的犯罪行为。其关键在于:前者是在账内收受,后者则是在账外暗中收受。实践中适用法律时,应当加以区别。

（4）单位受贿罪主观方面，表现为故意。即单位明知是在利用自身法定职能和权力来索取或者收受他人财物，为他人谋利，并且故意为之。产生这种故意的方式有两种：一是由单位领导集体或者决策机构决定；二是由单位法定代表人或其主要负责人决定。当然，无论属于哪种方式的故意，都是通过单位内直接负责的主管人员和其他直接责任人员这类自然人的故意形式体现出来。对于自然人来说，这些自然人的故意内容不是由自然人本人所决定的，而是体现或者执行单位的意志，也即单位集体或者决策层乃至法定代表人的意志。如果这些自然人假借单位名义索取或者收受他人财物而为他人谋利的，则也不是单位意志的体现，而是这些自然人本人的意志体现，如果构成犯罪的，应当依法追究自然人个人刑事责任，而不累及单位。

2. 单位受贿罪的认定和处理。司法实践中，对于单位受贿罪的认定和处理，主要应当把握以下几个方面：

（1）单位受贿罪与非罪的界限。首先，凡构成单位受贿罪的，其受贿行为必须达到情节严重的程度。这里的情节严重，一般需要以数额加情节来衡量。按照刑法等有关法律规定，这里数额必须达到数额较大的标准。如果索取或者收受贿赂的数额达不到数额较大标准，同时又不具有其他严重情节的，则不构成犯罪；如果数额已经达到数额较大标准，但情节不够严重的，也不构成犯罪；只有数额达到数额较大标准，并具备情节严重的，才构成犯罪。其次，随着我国经济市场化的进一步发展，经济领域的活动进一步复杂化。比如有关单位的赞助、捐献活动，这种情况与单位受贿罪颇相似。但是赞助、捐献等情形包含了比较复杂的因素，一般情况下多属正当的或者可能是违法的行为，但不是犯罪，这与单位受贿罪的性质是截然不同的。实践中具体区别时，应当注意考察送受双方有否正常交往，相互间的关系是否自愿、合法以及有否不当企图等因素，然后进行综合分析，依法进行确定。

（2）单位受贿罪与个人受贿罪的界限。两者之间容易混淆，主要区别在于：一是主观上，主要考察分析行为人出自个人意志实施犯罪还是体现单位意志。如果出自个人意志实施犯罪的，则属个人受贿罪；如果体现单位意志实施犯罪的，则属于单位受贿罪。二是客观上，主要考察分析行为人索取或者非法收受的财物归单位所有还是行为人个人所有。如果归个人所有，则就属个人受贿罪；如果归单位所有，而单位将收受的财物以单位名义作为单位福利、津贴等分给行为人的,则也不属于个人受贿罪。需要指出的是,对于一些单位内设机构利用所在单位或者部门的职权收受或者索取他人或者其他单位贿赂的行为,应当如何认定和处理,尚无明确的法律规定。2000年9月20日至22日最高人民法院在湖南长沙召开全国法院审理金融犯罪案件工作座谈会,并于2001年1月21日公布了《全国法院审理金融犯罪案件工作座谈会纪要》(法[2001]8号),其中对单位犯罪问题作了规定:"以单位的分支机构或者内设机构、部门的名义实施犯罪,违法所得亦归分支机构或者内设机构、部门所有的,应认定为单位犯罪。不能因为单位的分支机构或者内设机构、部门没有可供执行罚金的财产,就不将其认定为单位犯罪,而按照个人犯罪处理。"对此,笔者认为这个纪要就单位犯罪所作的规定是针对金融犯罪而言的,不是针对所有的单位犯罪包括单位受贿罪。由于金融系统分支机构或者内设机构、部门有其特殊性,因此,这方面的规定尚不应当具有普遍适用力。由于实践中的情形十分复杂,主要应当注意区分分支机构或者内设机构、部门的法律地位和性质,准确把握认定处理问题:一是有的单位分支机构或者内设机构、部门是二级法人,具有法人资格。对这类分支机构或者内设机构、部门实施收受或者索取贿赂行为以单位受贿罪处理是符合法律规定精神的。二是有的单位分支机构或者内设机构、部门虽然不具有二级法人资格,但是可以独立地以所在单位名义或者以自身名义对外联系工作、开展业务活动,比如单位基建部门往往是以所在单位名义对外联系并开展业务活动的,政府部门设立在基层的站所比如税务部门的基层税务所、公安机关的基层派出所等,往往是以自身名义对外开展税收活动或者执法活动的。这些单位的分支机构或者内设机构、部门利用职权从中收受或者索取贿赂的,应当以单位受贿罪认定处理。三是有的单位分支机构或者内设机构、部门既没有二级法人资格,又没有独立以所在单位或者自身名义的资格对外联系、开展业务活动,无论其收受或者索取的贿赂归单位所有,都不应当简单地以单位受贿罪追究刑事责任,而要区别不同情况,慎重处理。对符合共同受贿要件的,可以认定为共同受贿。对符合单位受贿其他要件,而主体要件不符合的,如果没有明确的法律依据,就不能以单位受贿罪认定处理。需要进一步指出的是,单位受贿罪与个人受贿罪之间的刑事追究起刑数额标准及其罪责是不同的。如果把握不准,将个人受贿行为认定为单位受贿罪,就势必造成执法司法上对犯罪的轻纵。同样,将单位受贿罪认定为个人受贿罪,就势必对应当从轻处理的行为人予以重罚。这都与公正司法格格不入,司法实践中应当加强研究,严格把握法律界限。

(3)单位受贿罪处罚时的法律适用。根据刑法第三百八十七条规定,国家机关、国有公司、企业、事业单位、群团组织,索取或者非法收受他人财物,为他人谋取利益,情节严重的,对单位判处罚金,并对其直接负责的主管人员和其他直接责任人员,处5年以下有期徒刑或者拘役。对单位多次受贿未经处理的,应当按照累计受贿数额处罚。对于索贿的,应当从重处罚。从上述规定可知,对单位受贿罪采取双罚制。

(三) 利用影响力受贿罪

主要应把握以下方面:

1.利用影响力受贿罪的法律特征。21世纪以来,随着我国经济社会快速发展,尤其是反腐败斗争的力度不断加大,受贿犯罪分子为了规避法律、逃避制裁,实施受贿犯罪的手段越来越隐蔽,牵涉到案件中的人员也越来越多、越来越复杂。一些国家工作人员特别是各级领导干部的近亲属或者与其有某种密切关系的人,利用国家工作人员的职务行为或者其职权或者地位的影响力收受请托人的贿赂,并为请托人谋取不正当利益,严重败坏了党纪国法。2007年5月30日中共中央纪委对外发布《关于严格禁止利用职务上的便利谋取不正当利益的若干规定》,对于国家工作人员中的共产党员,明令禁止其利用职务上的便利谋取不正当利益等八类新型受贿行为。为依法查处和惩治新型受贿犯罪,同年7月8日最高人民法院、最高人民检察院制定发布《关于办理受贿刑事案件适用法律若干问题的意见》,规定了受贿行为的十种情形。该《意见》第六条规定:"国家工作人员利用职务上的便利为请托人谋取利益,要求或者接受请托人以给特定关系人安排工作为名,使特定关系人不实际工作却获取所谓薪酬的,以受贿论处。"该《意见》第七条规定:"国家工作人员利用职务上的便利为请托人谋取利益,授意请托人以本意见所列形式,将有关财物给予特定关系人的,以受贿论处。""特定关系人与国家工作人员通谋,共同实施前款行为的,对特定关系人以受贿罪的共犯论处。特定关系人以外的其他人与国家工作人员通谋,由国家工作人员利用职务上的便利为请托人谋取利益,收受请托人财物后双方共同占有的,以受贿罪的共犯论处。"从中可知,该《意见》第七条明确规定了国家工作人员利用职务便利为请托人谋取利益,而被授意的特定关系人收受财物的行为,将以受贿罪论处,不因其自己没有直接收受财物而免究其责。该条同时明确规定,对于特定关系人在与国家工作人员通谋的情形下,其可以构成受贿罪共犯。但从司法实践看,对于一些行为人利用国家工作人员的职务行为或者其职权或者地位的影响力接受他人财物、为他人谋取不正当利益的行为,如果其与特定的国家工作人员没有通谋,则因缺乏明确的法律规定,而往往难以认定处理。《联合国反腐败公约》第18条规定了影响力交易犯罪。为有力打击和预防影响力交易犯罪,我国立法机关借鉴吸收该《公约》有关规定,于2009年2月28日十一届全国人民代表大会常务委员会第七次会议上审议通过的刑法修正案(七),增设了利用影响力受贿罪。对于这个罪名的确定,无论是学界还是司法机关,在起始阶段,绝大多数建议定"影响力受贿罪"。从比较的角度讲,行为人利用国家工作人员的职务上的便利,或者其职权或者地位形成的影响力收受请托人财物、为请托人谋取不正当利益的行为,与《联合国反腐败公约》规定的影响力交易犯罪存在一些契合因素。但是,笔者认为,"影响力受贿罪"的提法,没有准确把握这个罪的罪状本质。深究之,此罪行为人系利用国家工作人员的职务上的便利,或者国家工作人员、离职的国家工作人员的职权或者地位所形成的影响力而实施犯罪,而不是利用其本人的职务上的便利比如其职权或者地位所形成的影响力,因此不要求行为人是否属于国家工作人员,也不要求其利用本人的职务上的便利或者职权或者地位所产生的影响。从这个角度讲,如果将这个罪的罪名确定为"利用影响力受贿罪",就抓住了并且准确反映出了这个罪的罪状本质。笔者提出这一建议,被最高司法机关所采纳。从履行《联合国反腐败公约》的角度讲,我国政府作为该《公约》缔约国,具有履行该《公约》的义务。我国立法机关明文规定利用影响力受贿罪,事实上是将该《公约》规定的相关内容转化为国内立法,是我国政府履行该《公约》义务的重要体现和具体措施。

利用影响力受贿罪,其核心特征是影响力交易。从刑法学原理讲,利用影响力受贿罪的法律特征,主要体现在以下几个方面。

(1)利用影响力受贿罪侵犯的客体,表现为侵犯国家机关和社会管理秩序以及国家工作人员的职务廉洁性,系双重客体也即复杂客体。对于利用影响力受贿罪的客体,学界有不同的认识。有的认为是侵犯国家工作人员的职务廉洁性或者不可收买性;有的认为是侵犯国家工作人员职务行为的公正性;有的认为是侵犯国家工作人员职务行为的公正性以及不可收买性;有的认为是侵犯行政部门或者公共机构的社会管理活动及其形成的公共秩序;有的认为是侵犯社会管理秩序;还有的认为是侵犯市场公平竞争秩序;①等等。笔者认为,上述观点各有偏颇。对于利用影响力受贿罪的客体,应当并且必须从此罪自身所具有法律特性入手进行分析和把握。因为利用影响力受贿罪,是行为人利用国家工作人员或者离职的国家工作人员的职务行为或者其职权或者地位所形成的影响力收受请托人财物,为请托人谋取不正当利益的行为。这里的行为人,无论是国家工作人员还是非国家工作人员,即国家工作人员的近亲属或者关系密切的人,其所利用的是国家工作人员或者离职的国家工作人员的职权或者地位形成的影响力。行为人实施犯罪时,被利用的该国家工作人员或者离职的国家工作人员是不知情的,并且事先也没有通谋。在这种情形下,行为人的行为首先侵害的是国家机关和社会领域的正常管理秩序。无论是为请托人谋取市场经济活动中的不正当利益,还是司法活动中的不正当利益,或者行政活动甚至政治领域的不正当利益等等,都表现为对现实社会中国家机关以及社会领域管理秩序的破坏。同时,行为人的行为对国家工作人员的清正廉洁形象或者职务廉洁性也带来一定的损害。因为,行为人实施利用影响力受贿,打的牌子是与其具有近亲属或者密切关系的该国家工作人员的职权或者地位所形成的影响力。无论该国家工作人员事前知情或者不知情,行为人的行为一旦实施,该国家工作人员的清正廉洁形象或者职务廉洁性就会受侵害。所以,利用影响力受贿罪的客体是双重客体或者复杂客体,既侵害国家机关及社会领域的正常管理秩序,又侵害该被利用的国家工作人员的清正廉洁形象或者职务廉洁性。

(2)利用影响力受贿罪的主体。此罪主体是特殊主体,即与国家工作人员或者离职的国家工作人员具有近亲属或者其他关系密切的人。由于影响力交易活动往往具有相向性,因此必然涉及双方当事人,包括具有影响力的人和

---

① 参见《〈联合国反腐败公约〉与中国刑事法治的协调完善学术研讨会论文集》(2006年)相关文章观点。

利用影响力的人。对于利用影响力受贿罪主体来说，其行为主体是后者即利用影响力的人，既包括非国家工作人员，也包括没有利用本人职务便利的国家工作人员。这里的非国家工作人员，必须具备一个附带条件，这就是其与国家工作人员或者离职的国家工作人员之间必须具有某种密切关系，包括近亲属的关系，情人的关系，或者其他密切的关系。需要指出的是，正确界定关系密切的人，应当重点把握"关系"及"关系密切"的内涵。这里的"关系"，是指行为人与国家工作人员或者离职的国家工作人员之间的某种密切关系。这里的"关系密切"，主要反映在以下四种情形：一是基于亲缘的关系；二是基于地缘、学缘、工缘等关系；三是基于情人、黑社会等不正当的密切关系；四是基于共同投资等其他共同利益的关系。实践中，由于近亲属及老乡、同学、战友、老部下、老朋友乃至情人、黑社会及共同投资等关系，以致其间过从甚密，关系密切。据此，此罪的主体主要有四种：

第一，国家工作人员或者离职的国家工作人员的近亲属。主要包括国家工作人员或者离职的国家工作人员的夫、妻、父、母、子女、兄弟姐妹、祖父母、外祖父母、孙子女、外孙子女和其他具有扶养、赡养关系的亲属等。对于"近亲属"，在民事诉讼法、行政诉讼法和刑事诉讼法中，其有不同的范围界定。首先，民事诉讼法中的近亲属。按照最高人民法院《关于贯彻执行〈中华人民共和国民法通则〉若干问题的意见（试行）》第十二条规定等司法解释，民事诉讼中的近亲属包括：配偶、父母、子女、兄弟姐妹、祖父母、外祖父母、孙子女、外孙子女。其次，行政诉讼法中的近亲属。按照《最高人民法院关于执行〈中华人民共和国行政诉讼法〉若干问题的解释》第十一条规定，行政诉讼法第二十四条规定的"近亲属"，包括配偶、父母、子女、兄弟姐妹、祖父母、外祖父母、孙子女、外孙子女和其他具有扶养、赡养关系的亲属。再次，刑事诉讼法中的近亲属。按照2012年3月刑事诉讼法第一百零六条规定，这里的"近亲属"，是指夫、妻、父、母、子、女、同胞兄弟姊妹。根据三大诉讼法有关"近亲属"范围界定的比较，刑事法与民事法关于"近亲属"的规定显然是不统一的，刑法上的近亲属范围比民法上的近亲属范围窄得多。与刑事法相比，民事法将近亲属的范围扩大到祖父母、外祖父母、孙子女、外孙子女，兄弟姐妹的范围也未限定于同胞兄弟姐妹。从亲等关系看，祖父母、外祖父母，孙子女、外孙子女与兄弟姐妹同为二等亲，而前者为直系血亲，后者为旁系血亲。司法实践中，对于近亲属的范围界定是有分歧的。从利用影响力受贿罪的构罪要件分析,无论是"同胞系"即"自然血亲系"的祖父母、外祖父母、孙子女、外孙子女和同胞兄弟姐妹以及同父异母、同母异父的兄弟姐妹,还是"养系"即"拟制血亲系"的养父母、养兄弟姐妹、有扶养关系的继兄弟姐妹以及姻亲关系等,都有被利用的影响力的可能。因此,笔者认为,对于利用影响力受贿罪中涉及"近亲属"的范围,应当结合中国血浓于水的人情社会习俗以及有利于预防犯罪的实际,可以界定为夫、妻、父、母、子女、兄弟姐妹、祖父母、外祖父母、孙子女、外孙子女和其他具有扶养、赡养关系的亲属等。这样的范围界定,比较符合我国国情以及对此类犯罪打击和预防的实际。需要指出的是,这里的"离职的国家工作人员",是指按照我国公务员法规定的辞职、辞退、退休的国家工作人员。根据国家公务员法有关规定,离职的国家工作人员包括以下三种情形:一是辞职。据公务员法第八十条至第八十二条、第八十六条规定。二是辞退。据公务员法第八十三条至第八十六条规定。三是退休。据公务员法第八十七条至第八十九条规定。

第二,与国家工作人员或者离职的国家工作人员关系密切的人。这里的"关系密切",是指近亲属以外的其他密切关系。据此,结合司法实践,这类主体主要包括:一是国家工作人员或者离职的国家工作人员主要是领导干部的秘书、司机等身边工作人员。二是基于地缘、学缘、工缘等因素,与国家工作人员或者离职的国家工作人员形成的老乡、同学、战友、老部下、老朋友等关系的行为人。三是与国家工作人员或者离职的国家工作人员保持情人关系的行为人。这里的情人,既包括情妇,也包括情夫,还可能是同性恋的男男、女女"同志"关系。从司法实践看,对于情人的认定具有一定的难度,主要是涉及认定标准的界定问题。比如司法实践中以什么标准认定两人之间具有情人的关系,能否包括有否发生性关系及次数、赠送礼物及其次数和数额大小,以及"柏拉图式精神恋爱"能否认定等。由于实践中对其标准的确定有难度,这也必将影响具体案件的认定处理。对此,需要实践中进行积极探索,积累经验,并形成案例,指导实践中具体案件的处理。四是与国家工作人员或者离职的国家工作人员具有其他关系密切的人。这里的"其他关系密切的人",是指除具有上述关系以外的与国家工作人员或者离职的国家工作人员具有其他的密切关系,比如国家工作人员或者离职的国家工作人员参加黑社会,与黑社会组织高层人员的不正当关系等;比如因入股、入暗股、共同办厂开矿、共同投资珍贵字画等共同投资,行为人与国家工作人员或者离职的国家工作人员形成的密切关系等。

第三,与本人职务活动无关的国家工作人员。根据我国刑法第三百八十八条规定,对于间接受贿行为,以受贿罪论处。这里的间接受贿,是指国家工作人员利用本人职权或者地位形成的便利条件,通过其他国家工作人员职务上的行为,为请托人谋取不正当利益,索取请托人财物或者收受请托人财物的行为。据此规定,如果国家工作人员不构成间接受贿,也就是既没有利用本人职务上的行为,又没有利用本人职权或者地位形成的便利条件而通过其他国家工作人员职务上的行为,但是其利用了与国家工作人员或者离职的国家工作人员比如该国家工作人员伯父担任某中央机关负责人的职务便利或者该负责人职权、地位形成的便利条件,而通过其他国家工作人员职务上的行为为请托人谋取不正当利益,索取或者收受请托人的财物,则该行为即构成利用影响力受贿罪。

第四,离职的国家工作人员。从实践看,国家工作人员离职后,其职务无论多高,都将依照法律等有关规定自然解除。从犯罪学和刑法学的角度讲,该国家工作人员已经失去了实施腐败犯罪的条件。但是,该国家工作人员比如中央机关某负责人或者地方某省委书记或者市委书记、市长或者某县委书记、县长等离职后,由于受其在职时的权位影响,其职权或者地位形成的影响力仍然存在,有的还将存在相当长的一段时间,并且其影响力强弱、影响范围大小等将受其职务大小所影响。司法实践中,离职的国家工作人员利用其原职权或者地位形成的便利条件,通过其他国家工作人员职务上的行为,为请托人谋取不正当利益,而收受请托人财物的现象仍然存在。对此,按照刑法第三百八十八条之一规定,这种行为可以构成利用影响力受贿罪。这表明,离职的国家工作人员也可以构成利用影响力受贿罪的主体。

(3)利用影响力受贿罪的客观方面。从利用影响力受贿罪形成机制及运行情况看,此罪客观方面主要体现在以下几点:

第一,行为人利用了本人或者他人的影响力。影响力,其内涵十分复杂,具体界定时也有一定的难度。从性质上讲,这种影响力交易涉及的影响力,与本人的职务或者现职务无关。否则,对其可以认定为受贿罪包括直接受贿及间接受贿,按照刑法第三百八十五条、第三百八十八条规定处理。从功能上讲,这里的影响力既有强制性的,也有非强制性的。行为人利用的既可能是本人的影响力,也可能是他人的影响力。其中,这里的利用本人的影响力,主要是指离职的国家工作人员利用其本人原职权或者地位形成的便利条件,对其他国家工作人员的职务活动产生影响。这里的利用他人的影响力,既包括行为人利用在位的国家工作人员的影响力,也包括利用离职的国家工作人员的原职权或者地位形成的便利条件。比如,行为人利用在位国家工作人员的影响力时,如果利用该国家工作人员本人职务比如手中握有的某种行政审批、项目决定权、人事调动或者职务晋升等权力行为,就将对其他相关的国家工作人员产生直接的强制性影响。但是如果不是利用其既没有纵向制约也没有横向制约的、直接的职务行为,而是利用其职权或者地位形成的便利条件,则属于非强制性的影响。这里的便利条件,是指国家工作人员的职权或者地位形成的有利条件,比如利用其伯父担任甲省省长或者乙市市长的影响力,为请托人在丙省谋取某种不正当利益。此种情形下,该行为人利用的显然是甲省省长或者乙市市长的非强制性影响力,即其伯父担任省长、市长的职权或者地位形成的便利条件。对于离职的国家工作人员来说,这里的影响力是指该离职的国家工作人员原职权或者地位形成的便利条件。这里的便利条件,是指离职的国家工作人员在位时的职权、地位形成的有利条件。行为人利用离职的国家工作人员在位时的职权或者地位所形成的便利条件,或者离职的国家工作人员利用其本人在位时的职权或者地位形成的便利条件,通过其他国家工作人员职务上的行为,为请托人谋取不正当利益,而索取或者收受请托人的财物。但从实践看,通常情况下离职的国家工作人员原职权或者地位形成的影响力,应当足以对其他国家工作人员的职务活动产生影响。否则,如果对其他国家工作人员职务活动产生不了影响,那么在此种情形下影响力交易就往往难以实现。

第二,行为人实施了影响力交易行为。这里的交易行为,包括交易的事项、交易的对象及交易的内容等,极其丰富也十分复杂。比如,市场经济活动中的商品贸易,重大工程项目承建,人事领域的个人职务升迁,劳动就业和人事管理领域的就业机会、人事安排,房地产领域的购房、卖房及租赁,城镇化领域的房产拆迁补偿,司法领域刑事、民事、商事案件的审理等等。总之,现代社会生活中,交易非常普遍,大量存在。按照利用影响力受贿罪构成要件的特点和要求,这里的交易活动介入了权力影响力元素,即行为人利用了影响力因素进行交易。在交易双方当事人中,一方是请托人即行贿人包括造意者或者起意者及其他任何人,另一方是受托人即利用影响力的人,包括非国家工作人员,与本人职务活动无关的国家工作人员,离职的国家工作人员。具体交易活动中,造意的当事一方即行贿人获取交易所得的不正当利益,另一方即利用影响力的行为人或者称为受贿人则索取或者收受对方的财物。需要注意的是,这里的被利用的国家工作人员或者离职的国家工作人员,对于行为人的影响力交易是不知情的,也没有从中获取利益。否则,如果被利用的国家工作人员或者离职的国家工作人员与利用影响力交易的行为人进行事前通谋,或者事后从中获取利益的,就构成受贿共犯。

第三,行为人为请托人谋取了不正当利益。行为人应请托人的委托,利用与其有密切关系的国家工作人员或者离职的国家工作人员的影响力,通过其他国家工作人员为请托人谋取了不正当利益,请托人实际上是否得到了该不正当利益则不影响犯罪的认定。根据2012年12月16日最高人民法院、最高人民检察院制定发布的《关于办理行贿刑事案件具体应用法律若干问题的解释》第十二条规定,这里的"谋取不正当利益",是指行贿人谋取的利益违反法律、法规、规章、政策规定,或者要求国家工作人员违反法律、法规、规章、政策、行业规范的规定,为自己提供帮助或者方便条件。违背公平、公正原则,在经济、组织人事管理等活动中,谋取竞争优势的,应当认定为"谋取不正当利益"。

第四,行为人索取或者收受了请托人的财物。行为人实施利用影响力受贿犯罪,其目的是为了收受请托人的财物。如果不是为了贪财、图利,就不会发生利用影响力受贿犯罪。这里的行为人贪财、图利的方式有两种:一是索取。即主动向请托人索取财物。二是收受请托人所送的财物。但无论是索取或者被动收受,行为人贪财、图利的意愿和目的,在双方交易协议达成时就已明确。从犯罪客观要件的要求上讲,其表现为行为人已经索取或者收受了请托人所送的财物。这里需要注意的是,对于影响力交易是否既遂的认定,主要视其交易意向或者交易协议是否已经达成。具体交易过程中,交易双方以国家工作人员或者离职的国家工作人员的职务影响力或者其职权、地位形成的影响力,通过其他国家工作人员的职务行为作为交易的对价,以获取不正当利益或者好处作为交易的标的,最终实现交易行为,使请托人从行政机关或者国有企业事业单位等公共机构中获取不正当利益,利用影响力交易行为人从中索取或者收受请托人财物。根据《联合国反腐败公约》有关规定,对于交易既遂的认定,认为只要交易双方达成"交易协议"即既遂,而不要求交易双方真正实现"协议"的内容。同时,对于行贿人即造意方只要具有许诺给予、提议给予不正当利益要求进行影响力交易的行为,则应予以制裁。这表明,交易双方只要达成了交易协议,就足以体现双方交易行为的危害性,而不需要交易双方是否真正实现交易协议的内容或者目的。

(4)利用影响力受贿罪的主观方面。此罪在主观上属于故意。即行为人或者受托人明知本人利用他人的影响力,并通过其他国家工作人员为请托人谋取不正当利益,并从中索取或者收受请托人的财物,而故意为之。利用影响力受贿犯罪的目的,就在于利用与其有密切关系的国家工作人员或者离职的国家工作人员的公权力形成的便利条件,并通过其他国家工作人员为请托人谋取不正当利益,而从中索取或者收受请托人的财物。对于请托人来说,其明知在利用他人的影响力为本人谋取不正当利益,并且希望这种结果发生,目的是要从行政机关或者国有企业事业单位等公共机构中获得不正当利益。对于受托人或者受贿人来说,其目的是利用他人的影响力并通过其他国家工作人员为请托人谋利而与请托人进行财物上的交易,实质是对请托人犯罪目的的承认、认可以及为其提供帮助。从此罪的整体来看,受托人或者受贿人的故意包括两个方面:一是行为人故意利用他人的影响力并通过其他国家工作人员为请托人谋取不正当好处;二是行为人以索取或者收受请托人的财物为目的。司法实践中,只要行为人利用他人的影响力并通过其他国家工作人员为请托人谋取不正当利益的行为已经实施,不论是事前索取或者收受请托人财物,还是事后获取请托人的财物,均不影响其主观要件成立。

2.利用影响力受贿罪的认定和处理。司法实践中,对于利用影响力受贿罪的认定和处理,重点应把握以下几个方面:

(1)利用影响力受贿罪与非罪的界限。这里,主要涉及涉案数额及情节问题。凡构成利用影响力受贿罪的,其行为必须达到情节较重的程度。这里的情节较重,一般以数额加情节进行衡量。即达到一定的数额或者具有一定的情节,比如收受多人次、对国家工作人员的清正廉洁形象或职务廉洁性产生严重损害的后果等。按照刑法等有关法律规定,这里数额必须达到较大的标准。根据 2016 年 4 月 18 日对外发布的最高人民法院、最高人民检察院《关于办理贪污贿赂刑事案件适用法律若干问题的解释》第十条规定,刑法第三百八十八条之一规定的利用影响力受贿罪的定罪量刑适用标准,参照受贿罪的规定执行。对于受贿罪的起刑标准,采用双重标准:一是数额标准,即起刑数额标准为 3 万元;二是数额+情节标准,即 1 万以上不满 3 万,并具有 8 种情形之一,包括:(一)曾因贪污、受贿、挪用公款受过党纪、行政处分的;(二)曾因故意犯罪受过刑事追究的;(三)赃款赃物用于非法活动的;(四)拒不交待赃款赃物去向或者拒不配合追缴工作,致使无法追缴的;(五)多次索贿的;(六)为他人谋取不正当利益,致使公共财产、国家和人民利益遭受损失的;(七)为他人谋取职务提拔、调整的;(八)造成恶劣影响或者其他严重后果的。如果索取或者收受财物的数额达不到"数额较大"标准,或者不具有上述 8 种情节之一的,则不构成犯罪。

(2)利用影响力受贿罪与受贿罪的界限。根据我国刑法第三百八十五条、第三百八十八条规定,受贿罪是指国家工作人员利用本人职务上的便利索取或者非法收受他人的财物,为他人谋取利益的行为,或者国家工作人员利用本人职权或者地位形成的便利条件,通过其他国家工作人员职务上的行为,为请托人谋取不正当利益,索取请托人财物或者收受请托人财物的行为。两罪的区别主要体现在以下方面:一是主体不同。利用影响力受贿罪的主体虽然是特殊主体,但明确界定为与国家工作人员或者离职的国家工作人员具有近亲属及其他关系密切的人;受贿罪的主体是国家工作人员。二是客观行为不同。利用影响力受贿罪在客观上表现为行为人利用了与本人职务无关的国家工作人员及离职的国家工作人员职务或者职权、地位形成的影响力;受贿罪在客观上表现为利用了本人职务上的便利或者其职权、地位形成的对其他国家工作人员具有纵向或者横向制约的便利条件。三是获取的利益性质不同。利用影响力受贿罪中行为人为请托人获取的必须是不正当利益,而受贿罪中为请托人获取的利益包括正当的或者不正当的利益,均可构成犯罪。

(3)利用影响力受贿罪与受贿罪共犯、教唆犯的界限。利用影响力受贿罪的确立,其目的是为了严密法网,防止腐败分子钻法律的空子,逃避法律的制裁。从司法实践看,在我国确立利用影响力受贿罪之前,司法部门对受贿罪共犯及其身份的处理,通常结合刑法总则与分则相关规定进行,除了证明行为人之间存有共同受贿行为,还应证明国家工作人员对其近亲属或者其他与其关系密切的人索取或者收受他人财物的行为系明知,否则国家工作人员同其近亲属或者其他与其关系密切的人不能构成受贿罪共犯。而在利用影响力受贿罪确立之后,国家工作人员的近亲属及其他与其关系密切的人索取或者收受他人的贿赂行为,可以单独构成犯罪,而不必以同该国家工作人员构成受贿罪共犯为前提。但是,司法实践中在认定处理利用影响力受贿罪时,可能还将涉及对受贿罪共犯、教唆犯等认定问题。对于利用影响力受贿罪与受贿罪共犯的区别,笔者认为,最根本的是看两者之间有否通谋。如果有通谋,则该行为人构成受贿罪共犯,否则不构成共犯。比如,行为人没有将请托事项告知与其有关系密切的国家工作人员,而是利用本人与该国家工作人员的特殊关系,再影响其他国家工作人员的职务行为,为请托人谋取不正当利益的行为。这里,行为人则构成利用影响力受贿罪,而不构成受贿罪共犯。如果行为人事前把具体请托事项告诉了该国家工作人员,在该国家工作人员默许的情况下,利用该国家工作人员的职务影响力影响其他国家工作人员,最终为请托人谋取了不正当利益,并收受请托人的财物。这里,行为人与国家工作人员则构成受贿共犯。如果被影响的该其他国家工作人员因行为人的唆使,利用职务上的便利进行滥用职权、徇私枉法等,构成滥用职权罪或者徇私枉法罪,那么行为人不构成滥用职权罪或者徇私枉法罪的共犯,而构成利用影响力受贿罪。

(4)利用影响力受贿罪与诈骗罪、招摇撞骗罪及敲诈勒索罪的界限。根据我国刑法第二百六十六条规定,所谓诈骗罪是指行为人虚构事实,隐瞒真相,骗取公私财物,数额较大的行为。刑法第二百七十九条规定,所谓招摇撞骗罪是指行为人冒充国家机关工作人员招摇撞骗的行为。利用影响力受贿罪与诈骗罪、招摇撞骗罪的区别,主要是看行为人是否利用与其有密切关系的国家工作人员的影响力并通过其他国家工作人员职务上的行为为请托人谋取不正当利益。首先,行为人如果同国家工作人员没有密切关系,但冒充系该国家工作人员的近亲属或者其他与其关系密切的人,并通过其他国家工作人员职务上的行为为请托人谋取不正当利益,从中索取或者收受请托人的财物,则该行为属于采取虚构事实、隐瞒真相的骗取手段,不论其主观上是否为他人谋取不正当利益,其行为符合诈骗罪的构成要件,应当认定为诈骗罪。其次,行为人如果是国家工作人员的近亲属或者其他与其关系密切的人,只要其承诺,通过影响其他国家工作人员职务上的行为为请托人谋取不正当利益,并且实际上索取或者收受了请托人的财物,尽管其在主观上没有利用该国家工作人员的影响力为请托人谋取不正当利益的故意,对此应当认定为利用影响力受贿罪。但是,行为人如果没有承诺,主观上也没有利用该国家工作人员的影响力,通过影响其他国家工作人员职务上的行为为请托人谋取不正当利益的故意,却收受了请托人的财物,对此应当认定为诈骗罪。再次,行为人如果系国家工作人员的近亲属或者其他与其关系密切的人,并且具有利用该国家工作人员的影响力,通过影响其他国家工作人员职务上的行为为请托人谋取不正当利益的故意,实际上索取或者收受了请托人的财物,对此应当认定为利用影响力受贿罪。第四,行为人如果与国家工作人员没有近亲属或者其他密切关系,但其编造事实、冒充是国家机关工作人员或者人民警察,促使被害人自愿交出财物或者出让其他合法权益的,对此行为应当认定为招摇撞骗罪。最后,行为人如果不是国家工作人员但以国家机关以外的国家工作人员自居,或者本人与国家工作人员具有近亲属或者其他密切关系,并以这种特定的关系威胁、要挟被害人,强迫其出于精神上的恐惧等,交出财物或者其他财产性利益的,对此应当认定为敲诈勒索罪。

(5)利用影响力受贿罪处罚时的法律适用。根据刑法第三百八十八条之一规定,国家工作人员的近亲属或者其他与该国家工作人员关系密切的人,通过该国家工作人员职务上的行为,或者利用该国家工作人员职权或者地位形成的便利条件,通过其他国家工作人员职务上的行为,为请托人谋取不正当利益,索取请托人财物或者收受请托人财物,数额较大或者有其他较重情节的,处 3 年以下有期徒刑或者拘役,并处罚金;数额巨大或者有其他严重情节的,处 3 年以上 7 年以下有期徒刑,并处罚金;数额特别巨大或者有其他特别严重情节的,处 7 年以上有期徒刑,并处罚金或者没收财产。离职的国家工作人员或者其近亲属以及其他与其关系密切的人,利用该离职的国家工作人员原职权或者地位形成的便利条件,通过其他国家工作人员职务上的行为,为请托人谋取不正当利益,索取请托人财物或者收受请托人财物,数额较大或者有其他较重情节的,依照前款的规定定罪处罚。

（四）对有影响力的人行贿罪

对有影响力的人行贿罪,与利用影响力受贿罪之间属于对合关系,是一种对合犯罪。关于对有影响力的人行贿罪有关法律特征及认定处理等方面的问题,这里进行简要阐述。

1. 对有影响力的人行贿罪的法律特征。根据刑法修正案（九）第四十六条并刑法第三百九十条之一规定,认定和处理对有影响力的人行贿罪,主要应把握以下方面:

（1）对有影响力的人行贿罪侵犯的客体。由于对有影响力的人行贿罪与利用影响力受贿罪属于对合犯罪,因此两罪侵犯的客体是一致的,表现为侵犯国家机关和社会管理秩序以及国家工作人员的清正廉洁形象或者职务廉洁性,系双重客体也即复杂客体。

（2）对有影响力的人行贿罪的主体。此罪主体为一般主体,包括自然人和单位,这里的单位包括法人和非法人单位。

（3）对有影响力的人行贿罪的客观方面。主要表现为:为谋取不正当利益,向国家工作人员的近亲属或者其他与该国家工作人员关系密切的人,或者向离职的国家工作人员或者其近亲属以及其他与其关系密切的人行贿的行为。此罪中的行贿对象与利用影响力受贿罪主体相吻合。这里的行贿对象是有影响力的人,但这种影响力是行为人利用的他人影响力,而不是本人的影响力。如果利用本人的影响力,可能涉及到受贿罪或者间接受贿、斡旋受贿,与之相对应的是行贿罪,司法实践中需要加以甄别和把握。还需要指出的是,根据2016年4月18日对外发布的最高人民法院、最高人民检察院《关于办理贪污贿赂刑事案件适用法律若干问题的解释》第十条第二款规定,对有影响力的人行贿罪的定罪量刑适用标准,参照行贿罪的规定执行。按照这个司法解释,行贿罪的起刑数额标准分为两类:一是常态标准,即行贿数额3万元为起刑数额标准。二是最低标准,即数额+情节,行贿数额在1万元以上不满3万元,具有下列6种情形之一的,应当追究刑事责任:（一）向3人以上行贿的;（二）将违法所得用于行贿的;（三）通过行贿谋取职务提拔、调整的;（四）向负有食品、药品、安全生产、环境保护等监督管理职责的国家工作人员行贿,实施非法活动的;（五）向司法工作人员行贿,影响司法公正的;（六）造成经济损失数额在50万元以上不满100万元的。同时,对于单位对有影响力的人行贿数额在 20 万元以上的,应当依照刑法第三百九十条之一的规定以对有影响力的人行贿罪追究刑事责任。

(4)对有影响力的人行贿罪的主观方面。此罪的主观方面属于故意,目的是为了谋取不正当利益,这里的不正当利益,与行贿罪的相关规定一致。

2. 对有影响力的人行贿罪的认定和处理。司法实践中,对于对有影响力的人行贿罪,定罪处罚上主要分以下几档:

(1)一般构成犯罪的,处 3 年以下有期徒刑或者拘役,并处罚金。

(2)情节严重的,或者使国家利益遭受重大损失的,处 3 年以上 7 年以下有期徒刑,并处罚金。

(3)情节特别严重的,或者使国家利益遭受特别重大损失的,处 7 年以上 10 年以下有期徒刑,并处罚金。

(4)单位犯对有影响力的人行贿罪的,对单位判处罚金,并对其直接负责的主管人员和其他直接责任人员,处 3 年以下有期徒刑或者拘役,并处罚金。

(五) 对单位行贿罪

在适用时,主要应把握以下方面:

1. 对单位行贿罪的法律特征。我国刑法规定的对单位行贿罪,是与单位受贿罪相对应的一个新罪名。这种犯罪是随着我国经济市场化和社会快速发展变化,以及经济社会生活中经济主体、社会组织实施违法犯罪行为的大量出现而产生的。在我国计划经济时代,由于社会化生产规模和组织程度低,社会分层不明显,经济利益集团化或者群体化、部门化的现象也不突出。因此,行使国家职能的相关经济组织、社会组织收受贿赂的现象是极为少见的。但是,随着我国市场经济不断发展,以单位为主的经济社会组织,为了谋取自身利益而实施违反国家法律规定的行为甚至进行经济犯罪活动的现象日趋严峻。各种经济社会组织为了谋取不正当利益,向国有单位包括国家机关、国有公司、企业、事业单位甚至群团组织进行行贿的现象,已经严重危及正常的经济社会秩序,直至危害我国改革开放成果的巩固乃至这一长期政策的深入发展。因此,从法律上对单位犯罪尤其是以单位为主体的经济犯罪进行刑事调控,是完全必要的。早在 1988 年 1 月 21 日全国人民代表大会常务委员会审议通过的《关于惩治贪污罪贿赂罪的补充规定》,就将单位规定为受贿罪与行贿罪的主体,明确规定对于单位实施受贿或者行贿犯罪的,必须追究刑事责任。1997

年我国刑法修订时,吸收了这一补充规定的立法经验,规定了对单位行贿罪。这一罪名的规定,是我国刑事立法技术的进一步发展和日臻成熟的表现。

对单位行贿罪的法律特征,主要表现在以下几个方面:

(1)对单位行贿罪的客体,是侵害国有单位即国家机关、国有公司、企业、事业单位和群团组织的正常管理活动。国有单位依法设立,并依照法律履行法定职责,一旦被行贿人所收买,其正常管理活动就必将受到干扰和破坏,甚至危及经济政治社会稳定和国家长治久安。

(2)对单位行贿罪的主体,是一般主体。这类犯罪主体包括两类:一类是自然人,即达到法定刑事责任年龄、具有刑事责任能力的任何自然人,均可以构成这类犯罪主体。根据刑法第十七条等有关规定,这类主体的刑事责任年龄为满16周岁。另一类是单位,包括国有单位和非国有单位。也就是说,国家出资企业包括国有独资公司、国有独资企业、国有资本控股公司、国有资本参股公司以及集体所有的公司、企业、事业单位,依法设立的合资经营、合作经营企业和具有法人资格的独资、私营等公司、企业、事业单位以及机关、团体等,均可构成对单位行贿罪主体。

(3)对单位行贿罪的客观方面,表现为两种行为形态:第一种形态是行为人给予国有单位即国家机关、国有公司、企业、事业单位和群团组织以财物的行为。这里的财物限于财产性利益,包括经济性利益,比如为对方带来客户、为对方单位负责人或者职工免费安排旅游等。同时,行为人行贿目的是为了谋取不正当利益。如果行为人是为谋取正当利益的,则不构成此罪。第二种形态是行为人在经济往来中违反国家规定,给予国家机关、国有公司、企业、事业单位、群团组织以各种回扣、手续费的行为。这里的"经济往来"包括:一是在各类经济行政管理或者被管理活动中的往来;二是双方在履行各类经济合约过程中的经济往来。这里的"国家规定",是指国家有关回扣、手续费的规定,比如我国2017年11月修订的反不正当竞争法第七条对回扣、佣金作了明确的禁止性规定等。这里的"回扣",是指购销合同中的销售方或者服务、承揽合同中的承揽方为推销自己的产品或者服务,而从购方、委托服务方付给自己的货款、酬金中扣除一部分,作为返还给购方或者承揽方的佣金。需要注意的是,对单位行贿罪中的购方或者承揽方特限国有单位。这里的"手续费",是指以办理各种手续的名义,而付给有关相对人的酬金。而佣金,则是指支付给中间人的酬劳。

　　（4）对单位行贿罪主观方面表现为直接故意，并且具有谋取不正当利益的目的。这里的"不正当利益"相对于正当利益而言，一般意义上包括一切违法、违规利益乃至损人利己的不道德利益。需要指出的是，从学理上分析，这种不正当利益可以涵盖违法利益、违规利益和不道德利益。但从立法角度讲，笔者认为，2012年12月16日最高人民法院、最高人民检察院联合发布的《关于办理行贿刑事案件具体应用法律若干问题的解释》第十二条，明确规定了行贿犯罪中的"谋取不正当利益"。该规定对"谋取不正当利益"的界定，可以借鉴运用在对单位行贿罪中对"谋取不正当利益"的认定处理。所谓"谋取不正当利益"，是指行贿人谋取的利益违反法律、法规、规章、政策规定，或者要求国家工作人员违反法律、法规、规章、政策、行业规范的规定，为自己提供帮助或者方便条件。同时，对于违背公平、公正原则，在经济、组织人事管理等活动中，谋取竞争优势的，应当认定为"谋取不正当利益"。从上述规定可知，"不正当利益"包括三类：一是违反法律、法规、规章、政策规定所谋取的利益；二是要求国家工作人员违反法律、法规、规章、政策、行业规范的规定，为自己提供的帮助或者方便条件；三是违背公平、公正原则，在经济、组织人事管理等活动中所谋取的竞争优势。

　　2. 对单位行贿罪的认定和处理。司法实践中，对于对单位行贿罪的认定和处理，主要应当把握以下几个方面：

　　（1）对单位行贿罪与非罪的界限。对单位行贿罪与对单位行贿行为之间，属于两种性质不同的行为。两者的主要区别在于，行贿数额大小和情节轻重不同。只有向单位行贿的数额达到较大标准，即按规定分别为10万元或者20万元以上，并且其他严重情节的，才构成犯罪。具体地说，一是个人向单位行贿，数额较大标准为10万元，并且情节严重。二是单位向单位行贿的，数额较大标准为20万元，并且情节严重。如果数额未达到较大标准，或者尚不具备严重情节的，都不构成犯罪。同时，需要指出的是，行为人如果不是为谋取不正当利益，而是为谋取正当利益而给予对方单位财物的，均不构成犯罪。

　　（2）对单位行贿罪与行贿罪的界限。两罪的主要区别在于，行贿对象不同。前者对象限于国有单位，即国家机关、国有公司、企业、事业单位和群团组织。后者对象限于国家工作人员。对单位行贿罪的行为人实施行贿过程中，针对的是国有单位,而不是针对个人。但从司法实践看,行为人实施行贿行为,而接受贿赂的往往是相对方的国有单位直接负责的主管人员,即单位的领导或者其他直接负责人员,无论其直接收受贿赂或者转入单位的账外账,其在表面上与行贿罪并无两样,因此容易混淆,对此应予注意。如果接受贿赂的一方,以单位名义收受又私下侵吞,或者有关人员加以私分的,则属一般受贿罪,而不构成单位受贿罪。对于行贿人来说,只要其主观上是对单位行贿的,对收受贿赂者采取私吞或者私分等形式,均不影响对单位行贿罪的成立。

(3)对单位行贿罪处罚时的法律适用。根据刑法第三百九十一条规定,对犯对单位行贿罪的处罚,分两种情况:一是自然人犯对单位行贿罪的,处3年以下有期徒刑或者拘役。二是单位犯对单位行贿罪的,采取双罚制,即对行贿单位处以罚金,对行贿单位直接负责的主管人员和其他直接责任人员判处3年以下有期徒刑或者拘役。

(六)介绍贿赂罪

在适用时,主要应把握以下方面:

1.介绍贿赂罪的法律特征。介绍贿赂罪,是一种与行贿罪、受贿罪一样古老的犯罪。新中国成立后,中央人民政府1952年制定公布的《中华人民共和国惩治贪污条例》第六条明确规定,介绍贿赂者应按该《条例》第三条规定的贪污罪进行惩治。1979年刑法第一百八十五条和第三百九十二条都规定了介绍贿赂罪。

从这一概念可知,介绍贿赂罪的法律特征主要表现在以下几个方面:

(1)介绍贿赂罪的客体,与行贿罪的客体相同,即侵害国家工作人员职务行为的廉洁性。有观点认为,此罪的客体是国家机关、国有公司、企业、事业单位和群团组织正常管理活动以及国家工作人员职务行为的不可收买性。笔者认为,从贿赂犯罪原理讲,介绍贿赂罪与行贿罪的客体并无两样,侵犯的都是对国家工作人员职务行为的廉洁性。

(2)介绍贿赂罪主体,是一般主体。凡达到法定刑事责任年龄、具有刑事责任能力的任何自然人,均可成为介绍贿赂罪主体。根据刑法第十七条规定,这里的法定刑事责任年龄是指已满16周岁。对于此罪主体,有的认为对于国家机关、企业、事业单位、群团组织和集体经济组织,如果为谋取非法利益而介绍贿赂,数额巨大或者情节严重的,应当追究其主管人员和直接责任人员的刑事责任。从立法意旨讲,这种观点是不妥当的。一方面,刑法未单独对单位犯此罪作出规定;另一方面,现实社会生活中由单位出面的,往往是违法充当中介,比如代为说情、越权担保等,这与介绍贿赂罪的法律特征是有区别的。对于当前经常出现私营企业主充当中介的现象和做法,通常是以自然人名义即该私营业主的身份发生作用的,依法也不能以单位来认定。

（3）介绍贿赂罪客观方面,表现为向国家工作人员介绍贿赂,情节严重的行为。这里的介绍贿赂行为,是指行为人为促使行贿人与作为行贿对象的国家工作人员之间的贿赂交易得以实现,而通过各种手段,在双方之间牵线搭桥,起到引见、沟通和撮合等中介作用的行为,具体表现为两种情形:一是接受行贿人的委托介绍贿赂,即为行贿人物色行贿对象,疏通行贿渠道,引荐受贿人,代为行贿人表达需求等。二是接受受贿人的委托,居间介绍,即为受贿人设租物色可能的行贿者,为其寻找并转告受贿人的要求。需要指出的是,介绍贿赂行为必须达到情节严重的程度,才能构成犯罪。对于"情节严重"的认定,一般需要综合考察介绍贿赂的动机、手段、作用和后果以及谋利与否等因素。比如,行为人是否积极从中撮合,或者纯属偶然机会撞上的;因行贿受贿的实现使国家、集体或者国有公司的利益造成严重损害的,还是只造成一般性危害,没有产生严重后果;介绍贿赂数额巨大甚至特别巨大,还是只是礼节性的财物;等等。如果属于前者,则应属情节严重,依法追究其刑事责任;如果属于后者,则一般不作犯罪处理。

（4）介绍贿赂罪主观方面,表现为直接故意,即明知自己为行贿人和作为行贿对象的国家工作人员之间提供贿赂交易中介而积极主动地促成该交易的实现。如果行为人不知道行贿人的行贿意图而从中引见或者沟通的,由于行为人没有介绍贿赂的故意,因此不构成犯罪。需要指出的是,行为人实施介绍贿赂的目的、动机不影响介绍贿赂罪的成立。从司法实践看,行为人的动机和目的复杂。比如有的为牟利而充当"掮客",也有的是为自己赚得一时虚荣,或者出于哥们义气等等。总之,对介绍贿赂的动机、目的等,可在具体量刑时予以考虑。

2. 介绍贿赂罪的认定和处理。司法实践中,对于对介绍贿赂罪的认定和处理,主要应当把握以下几个方面:

（1）介绍贿赂罪与非罪的界限。首先,构成介绍贿赂罪,贿赂数额必须达到较大的标准,并且情节严重。否则,就属于一般介绍贿赂的违法行为,不构成犯罪。其次,介绍贿赂行为人必须具有介绍贿赂的直接故意。如果行为人在不明知行贿人的行贿意图或者受贿人的设租、索贿意图的情况下,从中引见、沟通的,则不构成此罪。再次,如果介绍贿赂行为成立,而行贿、受贿双方因情节显著轻微不构成犯罪的,则在这种情况下也不构成介绍贿赂罪。最后,进行正常的中介活动收取中介费,与介绍贿赂中的"非法中介"是有本质区别的,不能混为一谈。前者不属于违法犯罪行为,是国家法律所允许的中介营利活动。

(2)介绍贿赂罪与行贿罪、受贿罪的共同犯罪之间的界限。从法理上讲,介绍贿赂罪是我国刑法规定的一个独立罪名,尽管实施这一犯罪行为是行为人按照行贿受贿双方的意图进行的,但这种行为不是行贿或者受贿一方的从犯或者教唆犯。如果行为人只与行贿或者受贿一方联系,为一方出谋划策,而不是在双方之间进行撮合,则属于该方当事人的共犯。如果行贿或者受贿一方当事人原先没有行贿或者受贿的故意,只是在行为人的提示、劝说、诱导下实施行贿或者受贿犯罪的,则该行为人成为行贿或者受贿一方的教唆犯。如果在实施教唆行为之后,又进行介绍贿赂的,按照刑法原理,则应当以行贿罪或者受贿罪的共犯追究刑事责任。

(3)介绍贿赂罪与诈骗罪的界限。司法实践中,通常会遇到行为人以介绍贿赂、牵线搭桥的名义收受他人财物,而没有实施介绍贿赂行为的现象。在这种情况下,如果行为人对其所收取的财物予以占有,则这种行为应当认定为诈骗罪而不是介绍贿赂罪。因为行为人没有充当中介、从中斡旋,而是以替请托人办事为由,骗取请托人的财物。因此,这种行为不是介绍贿赂罪,而符合刑法关于诈骗罪的规定。如果行为人积极实施撮合行为,唆使原先无行贿故意的对象产生行贿故意,并付诸实施的,则依法构成诈骗罪和行贿罪(教唆犯)的想象竞合犯,根据刑法原理,应当对其从一重罪予以处罚。如果行为人从中介绍贿赂并代为赂送财物,将其中的一部分送予受贿人收受,而侵吞其中另一部分的,则应当依法以介绍贿赂罪和诈骗罪进行数罪并罚。

(4)介绍贿赂罪处罚时的法律适用。根据刑法第三百九十二条规定,向国家工作人员介绍贿赂,情节严重的,处3年以下有期徒刑或者拘役。同时,该条第二款规定,介绍贿赂人如在被追诉前主动交待介绍贿赂行为的,可以减轻处罚或者免除处罚。这里的"追诉前",是指司法机关依法立案之前,这既属于自首情节,同时也是一种检举、揭发行贿受贿犯罪的立功行为。按照法律规定,对此类行为可以减免处罚。需要指出的是,刑法作出这样的规定,显然是为了鼓励介绍贿赂行为人进行检举、揭发,旨在瓦解贿赂犯罪同盟,依法查处行贿受贿犯罪。

（七）单位行贿罪

在适用时,主要应把握以下方面:

1. 单位行贿罪的法律特征。单位行贿罪,是行贿罪的一种特例。这是我国经济社会结构变迁及社会利益格局大调整的产物。为了自身利益,一些单位不惜代价包括采取行贿手段以赚取不正当利益,严重破坏经济社会正常秩序,甚至影响社会政治稳定。我国刑法第三百九十三条将单位行贿行为明确规定为一种单独的罪名,对这种行为纳入刑事调整范畴。2012年12月16日最高人民法院、最高人民检察院制定发布的《关于办理行贿刑事案件具体应用法律若干问题的解释》第七条第二款规定:"单位行贿的,在被追诉前,单位集体决定或者单位负责人决定主动交待单位行贿行为的,依照刑法第三百九十条第二款的规定,对单位及相关责任人员可以减轻处罚或者免除处罚;受委托直接办理单位行贿事项的直接责任人员在被追诉前主动交待自己知道的单位行贿行为的,对该直接责任人员可以依照刑法第三百九十条第二款的规定减轻处罚或者免除处罚。"

单位行贿罪的法律特征,主要表现在以下几个方面:

（1）单位行贿罪侵犯的客体,是国家工作人员职务行为的廉洁性,其犯罪对象限于国家工作人员。从实践看,社会主义市场经济条件下的各种利益,包括物质利益、精神利益、文化利益乃至权力、权利等其他利益,都应当依照法律、政策规定,通过正常途径获得。但是,一些公司、企业、单位甚至社会团体,为谋取不正当利益,采取以利换权的交易方式,诱使国家工作人员在依法行使职务行为时弄权渎职,非法收受单位财物,为单位谋取不正当利益,这就损害了国家工作人员职务活动的廉洁性。

（2）单位行贿罪主体,是单位。根据1999年6月18日最高人民法院制定发布的《关于审理单位犯罪案件具体应用法律有关问题的解释》第一条规定,这里的单位包括国家机关、国有公司、企业、事业单位和群团组织,以及集体所有的公司、企业、事业单位,依法设立的合资经营、合作经营企业和具有法人资格的独资、私营等公司、企业、事业单位。

(3)单位行贿罪客观方面,表现为以下两种形式:一是实施了为谋取不正当利益而向国家工作人员行贿的行为。其行贿方式多种多样,如直接送钱送物给国家工作人员,或者明赠暗送,通过赌博形式故意"输给"国家工作人员等。二是实施了违反国家规定,账外给予国家工作人员以回扣、手续费,情节严重的行为。这里的国家规定,是指国家法律、法规、规章、政策等。同时,构成单位行贿罪的,还要求达到情节严重的程度。这里的"情节严重",一般包括:行贿数额在20万元以上不满100万元的;行贿数额在10万元以上不满20万元,并具有下列情形之一的:一是向3人以上行贿的;二是将违法所得用于行贿的;三是为实施违法犯罪活动,向负有食品、药品、安全生产、环境保护等监督管理职责的国家工作人员行贿,严重危害民生、侵犯公众生命财产安全的;四是向行政执法机关、司法机关的国家工作人员行贿,影响行政执法和司法公正的;五是其他情节严重的情形;等等。

(4)单位行贿罪主观方面,表现为直接故意,并且具有谋取不正当利益的目的。这里的"不正当利益",根据2012年12月16日最高人民法院、最高人民检察院联合发布的《关于办理行贿刑事案件具体应用法律若干问题的解释》第十二条规定,包括三类:一是违反法律、法规、规章、政策规定所谋取的利益;二是要求国家工作人员违反法律、法规、规章、政策、行业规范的规定,为自己提供的帮助或者方便条件;三是违背公平、公正原则,在经济、组织人事管理等活动中所谋取的竞争优势。

2.单位行贿罪的认定和处理。司法实践中,对于单位行贿罪的认定和处理,主要应当把握以下几个方面:

(1)单位行贿罪与非罪的界限。两者的区别,关键在于单位实施行贿行为是否达到情节严重的程度。如果达到了情节严重的程度,就构成单位行贿罪。否则,就属一般违法行为。

(2)单位行贿罪与行贿罪的区别。两者的区别,关键是体现在以下两个方面:一是行为主体不同。单位行贿罪主体是单位,包括国有单位和非国有单位;行贿罪主体是自然人。二是处罚原则不同。对单位行贿罪,采取"双罚制",既罚单位,又罚单位直接负责的主管人员和其他直接责任人员;对行贿罪,则采取单罚制,也就是只对行贿人即自然人进行处罚。同时,区别单位行贿罪与行贿罪时,应当注意对假借单位名义实施的个人行贿罪与单位行贿罪之间的区别。对假借单位名义实施的行贿罪,其目的是为谋取个人的不正当利益。对这类犯罪,应当依照刑法第三百八十九条规定的行贿罪予以处罚。

（3）单位行贿罪处罚时的法律适用。首先,单位行贿罪的处罚及原则。刑法第三百九十三条规定:"单位为谋取不正当利益而行贿,或者违反国家规定,给予国家工作人员以回扣、手续费,情节严重的,对单位判处罚金,并对其直接负责的主管人员和其他直接责任人员,处5年以下有期徒刑或者拘役。因行贿取得的违法所得归个人所有的,依照本法第三百八十九条、第三百九十条的规定定罪处罚。"从上述规定可见,对单位行贿罪的处罚采取"双罚制",既对单位处以罚金,又对单位直接负责的主管人员和其他直接责任人员处以5年以下有期徒刑或者拘役。其次,单位行贿罪的转化问题。这里,需要指出的是,如果行为人以单位名义行贿所取得的违法所得即不正当利益归个人所有的,则应依照刑法第三百八十九条和第三百九十条规定,以行贿罪追究该行为人的刑事责任,对单位则不应追究责任。这是一种罪刑转化现象,司法适用时应当注意认真加以区别。再次,单位自首的认定及处理。根据2009年3月12日最高人民法院、最高人民检察院制定发布的《关于办理职务犯罪案件认定自首、立功等量刑情节若干问题的意见》,单位行贿罪在立案查处过程中,如果遇到单位自首的认定问题,则其关键把握四个要点:一是单位可以成立自首。二是分析投案人代表谁。区分单位自首与个人自首、检举、揭发的关键,在于投案人代表的是单位还是个人。如果代表单位,则属于单位自首。否则,属于个人自首。三是单位自首的法律后果。单位自首的后果及于个人,但是需以个人如实交待其掌握的罪行为条件。四是个人自首的后果,则不能及于单位。最后,单位行贿罪的减轻或者免除处罚。根据2012年12月16日最高人民法院、最高人民检察院联合发布的《关于办理行贿刑事案件具体应用法律若干问题的解释》第七条第二款,明确规定了单位行贿罪的减轻处罚或者免除处罚,司法实践中对此应当依法准确适用。

第六章 反腐败司法程序和措施

反腐败司法程序和司法措施,是反腐败司法活动的秩序保障和手段支撑。从价值论、目的论的原理讲,司法程序具有消解矛盾、维护秩序、防止权力滥用以及保障人权等功能。而在一定程序制约和规范下的司法措施,是实现惩治腐败犯罪、维护被调查人或者犯罪人合法权益,修复被腐败犯罪所侵害的政治生态、社会安宁、法治秩序乃至文化环境的重要手段。

第一节 反腐败司法程序和措施概述

一、反腐败司法程序的含义和功能

(一) 司法程序与反腐败司法程序的界定和内涵

程序,在通常情形下,是指为进行某项活动或某个过程所规定的途径,是由一定序列组成的、为实现特定目标或者解决特定问题所采取的命令序列的集合。所谓司法程序,顾名思义,是指司法活动的先后次序,是司法所涉各方之间的权益博弈和交互作用过程中以及司法权力行使过程中所必须遵循的法定的方式、方法、顺序、步骤的总称。司法程序包括案件受理程序、立案调查程序或者立案侦查程序、审查起诉程序、提起公诉程序、审判程序、刑罚执行程序等。现代国家治理实践表明,所有的司法活动都必须按照事先制定或者约定的程序进行,唯有如此,才能保证司法活动顺利进行以及司法公信力,也才能实现司法的根本目的和历史使命。由此推而论之,所谓反腐败司法程序,是指反腐败司法活动的先后次序。这种次序,是针对通过腐败犯罪调查或者侦查、处置而实现国家监察、刑事惩罚等国家权力活动所设定的，涉及到被调查人或者腐败犯罪主体的各项法定权利，是保证一国执政党或者统治集团反腐败意志、政策和法律等有效实施的方式、方法、顺序、步骤和要求，也是规范和促使调查或者侦查、审查起诉、提起公诉、刑事审判、刑罚执行等国家权力公正行使、有效运行、防止滥用等重要秩序保障。如果离开了既定程序的保障，调查或者侦查乃至司法权力在行使过程中就有可能失范、失度、失效、失信，甚至犹如一匹脱缰的野马，嬗变成公权力的肆虐病灶或者现象，最终反过来危害国家政治秩序、政权安全和社会安宁。正因基于这样的考量，现代法治国家都重视对腐败犯罪调查或者侦查等国家权力及其行使的有效规制，预先制定一套程序，使其循规蹈矩、依规用权，依法办案、依次进行。国内外反腐败实践表明，打击腐败犯罪应当高度重视程序安排问题，并力求做到未雨绸缪、有备无患，保证用权有效、规范、安全、高质。

（二）反腐败司法程序的功能

反腐败司法程序的功能，主要体现在以下方面：

第一，权力制约功能。腐败犯罪调查或者侦查、公诉、审判、刑罚执行等国家权力由于具有较强的扩张性、进攻性、限制性和惩罚性，必将伴随对被调查人或者腐败犯罪分子个人权利的强制性介入、限制甚至剥夺等实质性、整体性的影响。在这样的背景下，反腐败司法程序的设定，将起到限制腐败犯罪调查或者侦查、公诉、审判、刑罚执行等国家权力恣意行使、约束权力任意扩张的功能。从功能上讲，腐败犯罪调查或者侦查等国家权力是针对腐败犯罪分子的腐败犯罪行为而发动的，考虑到腐败犯罪行为本身的隐蔽性、预谋性、智能性和对抗性，为保证在特定时间、空间以及目的、手段等方面能够有效地对腐败犯罪及时作出反应，国家权力在司法活动之中的运用尤其重要。腐败犯罪调查或者侦查、公诉、审判、刑罚执行等活动的逐步展开以及司法措施的使用，往往都是以介入、限制甚至剥夺被调查人或者腐败犯罪嫌疑人及其相关涉案人员人身、财产、通信等自由权利为前提，从而往往难以防止和避免给被调查人等涉案人特别是腐败犯罪嫌疑人或者被告人政治、财产、生活等各种自由权利带来实质性的影响甚至客观上的损害。基于保障宪法赋予公民个人权利、落实刑事诉讼法关于无罪推定的法律原则等实际需要，或者鉴于司法活动的现实顾虑，在制度安排时需要对腐败犯罪调查或者侦查、公诉、审判、刑罚执行等国家权力及其运行机制的建构进行战略性谋划和设计。具体而言,既要从实体层面建立"以权制权"的分权体制和运行机制,加强对腐败犯罪调查或者侦查、公诉、审判、刑罚执行等各种国家权力的分权制约,又要从程序上建立"以程序制权"的限制或者约束腐败犯罪调查或者侦查、公诉、审判、刑罚执行等国家权力具体运行的机制,设置严密的调查程序和司法程序,将腐败犯罪调查或者侦查、公诉、审判、刑罚执行等国家权力及其运行规制在合理的制度框架下,限制、约束乃至避免腐败犯罪调查或者侦查、公诉、审判、刑罚执行等国家权力的无序运行和恣意妄为。

第二,权力正当功能。司法程序的设置和运行,具有促使腐败犯罪调查或者侦查、公诉、审判、刑罚执行等国家权力有序化、合法化、正当化等功能。通过建立严密的反腐败司法程序,使得具有腐败犯罪调查或者侦查、公诉、审判、刑罚执行等强制特性的反腐败权力取得合法、正当的依据,做到有章可循、有法可依、有序运行,同时还保证腐败犯罪调查或者侦查、公诉、审判、刑罚执行等国家权力在受制约或者受限制的条件下运行,赢得社会民众包括广大国家工作人员的信赖和尊重。从现代法治国家的治理实践看,建立科学、合理、有序的腐败犯罪调查或者侦查、公诉、审判、刑罚执行等权力运行程序,已经成为各国的普遍共识、理性决策和实践模式。但在具体的制度选择和安排过程中,将涉及一种"零和博弈"的状态。具体的情形是:如果要维护政治生态、政治秩序以及执政地位和政权安全,就必须强化国家惩罚腐败犯罪的权力,建立高压反腐机制,实现严惩腐败犯罪的目的,这必将涉及对公民包括国家工作人员特别是各级领导干部的个人自由权利强制性介入、限制甚至剥夺。如果强调对公民包括国家工作人员特别是各级领导干部个人自由权利的伸张和保障,就将对腐败犯罪调查或者侦查、公诉、审判、刑罚执行等权力及其运行可能带来相应限制、约束或者分权制衡,从而将影响、削弱甚至损害国家追究腐败犯罪、严厉惩罚腐败的能力。对此,按照"两利相权取其重、两害相权取其轻"的哲理,可以通过价值选择和平衡进行合理定位,建立相应的程序及其运行机制。

第三,稀释矛盾和信法服法功能。腐败犯罪调查或者侦查、公诉、审判、刑罚执行等国家权力及其运行程序的构建,无论从哪个角度进行价值选择或者价值权衡,但凡通过立法途径建立起腐败犯罪调查或者侦查、公诉、审判、刑罚执行等司法程序,就具有正当性。在这种程序下开展腐败犯罪调查或者侦查、公诉、审判、刑罚执行等各种反腐败活动,便具有合法性和正当性。具体司法活动中,比如通过对腐败案件线索的分析判断,依照法律规定决定立案调查或者侦查,并采取各种司法措施收集、固定各种证据,再依据各种证据对腐败犯罪事实进行认定,而后依照实体法规定对腐败犯罪人处以相应的刑罚。这个过程是在监察机关与被调查人之间,或者司法机关与腐败犯罪嫌疑人、被告人及其辩护人或者辩护律师之间的多次较量之下,由法院进行审理并作出判决,被调查人或者腐败犯罪嫌疑人、被告人则始终参与其中,还担任一方的主角,经历了各种调查或者侦查取证及其辩解等活动和过程,对于自身行为的性质及其惩罚的认识,显然具有亲力、亲为、亲知的蕴味,可谓深入其境、深知其道、深明其理,无须再予说教释理。在这样的背景下,就极有利于被调查人或者腐败犯罪人、被告人释放对抗情绪、抱怨心理、矛盾纠结,进而认罪、悔罪、信法、服法。从政治和全局的战略角度讲,这种程序的设定,显然有利于化解矛盾,维护政治秩序、政权安全和社会大局稳定。

二、反腐败司法措施的含义和特点

(一) 反腐败司法措施的基本含义

反腐败司法措施包括调查措施,是实现反腐败司法办案目的的方法、手段和途径,在保证及时有效查处和惩罚腐败犯罪活动、完成法律赋予监察机关或者司法机关的职责任务中居于重要地位。实践表明,离开了司法措施包括调查措施,收集证据、查清腐败犯罪事实以及查获腐败犯罪嫌疑人、惩罚腐败犯罪人等都将无从谈起。顾名思义,反腐败司法措施包括调查措施是指监察机关或者司法机关对腐败犯罪进行调查或者侦查、公诉、审判、惩罚等过程中所采取的各种方法、手段和途径。从上述定义可见,对于反腐败司法措施,需要把握以下方面:

一是适用主体。反腐败司法措施包括调查措施的适用主体是监察机关或者检察、审判、刑罚执行等司法机关。这些部门行使调查或者侦查、公诉、审判、刑罚执行等查办腐败犯罪案件的职权,由宪法和法律明确授权。二是司法措施的种类。从不同的角度可以进行不同的分类,比如从性质上看,主要可以分为纪律检查措施、监察调查措施、司法措施、工作措施等;从对象和功能的不同进行分类,主要可以分为控制被调查人或者腐败犯罪嫌疑人、被告人人身自由权利的强制性措施、控制财产性权利的强制性措施和控制被调查人或者腐败犯罪嫌疑人、被告人隐私权、通讯自由权的强制性措施。根据有关法律规定及反腐败实际,这里的调查措施可以归纳为谈话、讯问、询问、查询、冻结、调取、查封、扣押、搜查、勘验检查、鉴定、留置以及技术调查、限制出境等。而结合司法实际,司法措施还包括辨认、侦查实验、技术侦查、检验会计资料等控制、通缉、追捕、追赃、没收违法所得等司法措施。三是司法措施的价值功能。反腐败司法措施的价值功能,在于实现对腐败犯罪进行调查或者侦查、公诉、审判、刑事惩罚的目的。通过运用司法措施收集、固定、认定证据,实现查明腐败犯罪事实、查获被调查人或者腐败犯罪嫌疑人、惩罚腐败犯罪分子的司法目的。从这个意义讲,反腐败司法措施是查处和惩罚腐败犯罪人的方法、手段和途径,对于实现对腐败犯罪调查或者侦查、公诉、审判和刑事惩罚等司法目的和司法功能、使命具有重要作用。

(二) 反腐败司法措施的特点

从反腐败的司法实践看,反腐败司法措施主要有以下特点:

第一,强制性。司法措施是实现反腐败司法办案目的和任务的重要手段,以国家强制力作保证。腐败犯罪调查或者侦查过程中,比如监察机关依职权使用调查措施,对于被调查人来说应当承担"忍受"义务,甚至需要让渡相关的法定权利,而不能对抗调查活动。比如司法机关采取强制性措施,限制或者短时剥夺腐败犯罪嫌疑人的人身自由权利,这是不以腐败犯罪嫌疑人的意志为转移的。这里的限制或者短时剥夺,体现的是国家权力的强迫性。从性质上讲,司法措施包括调查措施的强制性,由监察机关或者司法机关与腐败犯罪活动之间的对抗性所决定。腐败犯罪行为人实施犯罪后,往往采取各种手段毁灭或者伪造证据、制造假象,甚至会威胁、打击报复证人和办案人员,逃避法律制裁。监察机关或者司法机关肩负打击腐败犯罪、消除腐败的政治毒瘤的重大使命,与腐败犯罪分子必然进行斗智斗勇,而且这种对抗是激烈的。为了取得对抗的成功,及时发现犯罪、有效收集和固定证据,及时有效地缉捕嫌犯和惩罚腐败犯罪人,这种情况下采用调查措施、司法措施,将不可避免地对涉案人的权利造成侵犯,而这种侵犯是国家法律授予的、允许的,并以强制力作保障,否则就无法实现反腐败司法目的。

　　第二,法定性。从实践看,反腐败司法措施在保障腐败犯罪调查或者侦查的目的任务顺利实现的同时,也存在限制、侵犯相对人权利的可能性和现实性。司法行为越是通过强制手段来实施,侵犯相对人私域权利的可能性也就越大。进一步而言,政府运用强制性权力对公民生活的干涉,如果不可预见或者不可避免,就将对公民产生极大的妨碍和侵害。为避免因司法措施滥用而导致相对人的私权利成为牺牲品,就需要明确司法措施及其行使的边界,而这种边界源于法律的规定和授权,这是司法措施的法定性。具体要求:一是措施种类法定。监察机关或者司法机关不能随意创设调查措施和司法措施,不得使用法律没有规定的法外措施。二是适用主体法定。按照法律规定,调查措施和司法措施是由特定机关即宪法和法律授权的监察机关或者司法机关使用,法律没有明确授权的机关不得适用。三是适用对象法定。针对具体被调查人或者腐败犯罪嫌疑人、被告人适用哪种司法措施,应当符合法律规定。四是适用程序法定。适用任何一种调查措施和司法措施,都应按照法律规定的程序进行。监察机关或者司法机关在查办腐败案件中适用调查措施和司法措施,应当按照有关法律规定,并符合调查措施和司法措施适用的条件、程序、期限等要求,防止和避免措施使用的随意性、程序不合法、对象不准确、扩大使用范围、超过法定强度等问题的发生。

　　第三,整体性。按照系统论的观点,反腐败司法措施是一个有机整体,每一项具体的司法措施各有其特殊功能,并且司法措施整体功能大于部分功能之和。具体制度安排时,对于司法措施的配置不应孤立也不应将其简单组合或者机械相加。这要求,对司法措施进行制度设计时必须考虑它的完整性、系统性、协同性。比如获取腐败犯罪线索的措施,依法审查、调查或者侦查的措施,依法收集证据、防止串供翻供、毁灭证据和控制腐败犯罪嫌疑人、控制赃款赃物等调查或者侦查措施,审查起诉和提起公诉的措施,审判、刑罚执行的措施,等等。对此,在制度安排时都要求从整体上统筹考虑,保证司法措施的最佳配置和优化组合,才能形成司法措施资源合力,适应反腐败司法办案工作实际需要。

　　第四,有效性。从司法措施的功能和目的讲,这里的有效性集中体现在全面收集和固定证据、查清犯罪事实、查缉腐败犯罪嫌疑人以及对腐败犯罪人采取强制措施、审查起诉和提起公诉、依法审判和惩罚等各个环节和方面。司法实践表明,由于反腐败司法办案的特殊性,要求每一项具体的司法措施都应当有效解决司法办案中遇到的特定问题,为实现司法办案目的铺路搭桥。比如,就调查与反调查、侦查与反侦查而言,负责监察调查或者司法侦查的办案人员与被调查人、腐败犯罪嫌疑人的目的之间处于互相冲突、互相排斥等状态,调查与反调查、侦查与反侦查双方之间对是非评价标准、评价态度等也必然产生截然不同的看法,并通常处于势不两立的对抗状态,决定了调查或者侦查对抗中充斥着调查与反调查、揭露与反揭露、查缉与反查缉的激烈斗争。司法措施包括调查措施的设置,应当围绕调查与反调查、侦查与反侦查的规律和特点进行,努力促使监察机关或者司法机关不断提高制服对手、有效查办案件的水平。

三、反腐败司法程序与司法措施的关系

反腐败司法程序与司法措施属于两个不同的范畴,在性质、功能、目的等方面均有差异,但两者同属于反腐败司法制度组成部分,在一定阶段或者层面又有着不可分割的联系,主要体现在以下方面:

(一)反腐败司法程序与司法措施的主要区别

从性质和着力点上讲,反腐败司法程序是规范和控制反腐败司法活动先后次序的方式、方法、顺序及步骤和要求,着力点在于保证反腐败司法活动顺利进行。反腐败司法措施则是发现、揭露、证实、惩罚腐败犯罪等方法、手段和途径,着力点在于发现、揭露、证实、惩罚腐败犯罪。从对象和功能上讲,反腐败司法程序针对反腐败司法活动而言,主要发挥对反腐败司法程序的启动、运行、终结等过程规制功能。反腐败司法措施则针对腐败犯罪而言,主要发挥对腐败犯罪的发现、揭露、证实、惩罚等功能。从目的和特点上讲,反腐败司法程序主要是为了规范和控制反腐败司法活动过程,保证反腐败司法活动在预先设定的轨道运行,具有引领、规范、控制和纠偏等特点。反腐败司法措施主要是为发现腐败犯罪,并收集揭露和证明腐败犯罪的证据,用以惩罚腐败犯罪,保证对腐败犯罪的及时发现、精准打击、有效惩罚,具有手段管控、方法指引、目的导向等特点。

(二)反腐败司法程序与司法措施的相互联系

反腐败司法制度的建立和运行过程中,反腐败司法程序与司法措施作为反腐败司法制度的组成部分,基于制度安排中不同目的、功能、手段、方法等,

发挥各自的功能。但是,在反腐败司法制度运行过程中,反腐败司法程序与司法措施两者之间的相互联系,却一刻也不会停止。首先,从规制和效用的角度讲,反腐败司法措施的运用离不开司法程序引导,要求遵循既定的司法程序,不能超越司法程序的规制和约束。否则,如果违反了司法程序,就会发生司法措施的失效、无效等法律后果。其次,从控权和防止权力滥用的角度讲,反腐败司法程序对于司法措施的运用具有约束和控制滥用权力等导向和作用。实践表明,所有反腐败司法措施的设定和运用,都须在反腐败司法程序规定的范围和步骤中进行,这既是将司法措施限定在预先轨道的考量,也是对司法措施运用的控制,主要目的在于司法措施由于具有强制性等权力的功能和特性,从制度上防止司法措施的滥用,便有利于防止对被调查人、腐败犯罪嫌疑人合法权益带来的不当侵害。再次,从两者之间相互影响和互动关系的角度讲,反腐败司法程序对于司法措施具有规范、控制、引领等作用,而反腐败司法措施对于司法程序具有反作用,主要体现在一旦司法程序出现抑制、阻碍甚至严重影响反腐败司法措施功能发挥等情形,反腐败司法措施对司法程序将会产生反向作用,促进反腐败司法程序作出符合反腐败司法办案活动需求的适应性调整。特别是司法措施发生偏差或者出现新的形式时,司法程序应当及时跟进,实行动态调整完善,防止程序规制的滞后甚至出现规制真空,失去对司法措施滥用甚或失控的监督。同时,对司法程序需要及时进行评估,防止司法程序失当、失序、失效,影响甚至阻碍司法措施功效发挥,保证反腐败司法制度正常运行并发挥应有的作用。

(三) 反腐败司法程序与司法措施的互动效用

反腐败司法程序和司法措施是反腐败司法制度的两大要素,对于促进反腐败司法制度功能发挥等具有重要保障和推动作用。实践表明,反腐败司法程序在一定程度上反映出一国执政党或者统治集团的反腐败价值取向和政策导向,影响甚至决定反腐败司法活动的走向,直接关系到反腐败司法工作目标实现,是保证反腐败司法工作"方向正确"的制度基础。建立符合反腐败司法活动实际的科学的反腐败司法程序,是运用法治思维和法治方式反对腐败的重要制度保证。而对于反腐败司法措施而言,如何进行反腐败司法措施的设计和安排,一定程度上反映出一国执政党或者统治集团的反腐败政策和策略导向,影响甚至决定反腐败司法活动的实际效果,同样地直接关系到反腐败司法工作目标实现。因此,反腐败司法程序和司法措施在制度设计、手段配置以及动态适度调整等方面,应当注重整体性、系统性、协同性,既要发挥司法程序对司法措施的规制和约束功能,防止司法措施在使用过程中的失度、失当、失误甚至失控,保证司法措施的正确使用,又要发挥司法措施对腐败犯罪的发现、揭露、证实、惩罚等功能,防止司法程序对司法措施使用过程中因规制和约束的偏差、不当限制、反向抑制甚至阻碍反腐败司法功能发挥和目标实现,保证司法措施使用的有效性。总之,应当正确处理反腐败司法程序与司法措施之间的辩证关系,既要重视反腐败司法程序的正当性、合理性、科学性,又要注重反腐败司法措施的实用性、灵活性、有效性,促进和保证反腐败司法制度功能发挥以及司法目的和司法使命的实现。

第二节　反腐败司法程序和运行

按照反腐败司法规律,完整的反腐败司法程序应当涵盖反腐败司法办案各个环节和方面,具体包括腐败犯罪案件的管辖、受理、立案、调查或者侦查、公诉、审判、刑罚执行以及刑满释放以后的后续管理等。

一、腐败犯罪案件的管辖和受理程序

案件线索与案件的管辖和受理,是反腐败司法活动的起点,也是反腐败司法权力分工的重要基点。从反腐败司法实践看,对于哪些案件或者案件线索由哪个部门负责办理,涉及的是案件管辖问题。

所谓腐败犯罪案件的管辖,顾名思义,就是确定某一类腐败犯罪案件具体由哪个机关负责受理立案、调查或者侦查,以及由哪个法院或者哪一类法院负责审判的制度安排。前者是调查与侦查之间的分工,后者是审判机关之间的分工。可见,案件管辖与特定机关职责职能有关。根据监察法等有关规定,监察机关负责受理立案调查的案件,包括贪污贿赂、滥用职权、玩忽职守、权力寻租、利益输送、徇私舞弊以及浪费国家资财等职务违法和职务犯罪。[①] 根据政

---

　　① 参见《中华人民共和国监察法》,人民出版社 2018 年版。

治学、监督学、刑法学及刑事诉讼法学、侦查学等理论,具体如下:一是贪污贿赂犯罪。落实到刑法规定上,这主要是指刑法第八章规定的贪污、挪用公款、受贿等14种犯罪,以及刑法第三章规定的非国家工作人员受贿罪,对非国家工作人员行贿罪,对外国公职人员、国家公共组织官员行贿罪等3种犯罪,共计17种。二是滥用职权、玩忽职守犯罪。落实到刑法规定上,这主要是指刑法第九章规定的犯罪等37种犯罪,以及刑法第三章规定的签订、履行合同失职被骗罪,国有公司、企业、事业单位人员失职罪,国有公司、企业、事业单位人员滥用职权罪,徇私舞弊低价折股、出售国有资产罪等4种犯罪,共计41种。三是权力寻租行为。这是腐败犯罪的核心要素及典型特征之一,是基于公权力的行使以谋取私利。从腐败滋生规律和特点看,公权力寻租并被用以谋取私利,与国家对经济领域、社会领域的管制政策等相关,是政府、市场与社会之间博弈的产物。比如国家对微观经济领域进行干预和管制,就将限制市场竞争,造成人为垄断或者资源稀缺,这种垄断及资源稀缺性就将会产生利益,成为各种利益主体特别是逐利集团的追逐对象,以致产生权力寻租现象。可见,权力租金是政府干预的结果,利益集团追求租金,而寻租活动则造成社会的浪费。解决权力寻租的一条重要途径,就是正确处理政府与市场的关系,清晰两者之间的边界,建立两者之间博弈的控制机制。权力寻租行为落实到刑法规定上,主要体现为贿赂犯罪活动,具体包括刑法规定的受贿、利用影响力受贿、单位受贿以及事前受贿、事后受贿等15种犯罪。四是利益输送行为。这是腐败犯罪的核心要素及典型特征之一,与权力寻租紧密相关,并且日益呈现腐败犯罪的隐蔽化、智能化、复杂化等特性。落实到刑法规定上,这主要是指刑法第八章规定的贪污罪、行贿罪等5种犯罪,刑法第三章规定的对非国家工作人员行贿罪,对外国公职人员、国家公共组织官员行贿罪,职务侵占罪,挪用资金罪,非法经营同类营业罪,为亲友非法牟利罪等共计13种犯罪。五是徇私舞弊犯罪。落实到刑法规定上,这主要是指刑法规定的徇私舞弊减刑、假释、暂予监外执行罪,徇私舞弊不移交刑事案件罪,徇私舞弊不征、少征税款罪,徇私舞弊发售发票、抵扣税款、出口退税罪,商检徇私舞弊罪,动植物检疫徇私舞弊罪,招收公务员、学生徇私舞弊罪等7种犯罪。六是浪费国家资财行为。从历史上看,贪污、浪费和官僚主义被称为“三害”,反浪费曾是20世纪50年代中共“三反”的重点任务之一。当今,铺张浪费等现象比较突出。落实到刑法规定上,这主要是指刑法规定的滥用职权、玩忽职守罪,徇私舞弊不征、少征税款罪,徇私舞弊发售发票、抵扣税款、出口退税罪,签订、履行合同失职被骗罪,国有公司、企业、事业单位人员失职罪,国有公司、企业、事业单位人员滥用职权罪,徇私舞弊低价折股、出售国有资产罪等 7 种犯罪。此外,根据监察法等规定,监察机关认为依法应当调查的其他犯罪,也属于监察机关管辖,比如国家公职人员涉嫌破坏选举罪等。这也体现了立法的灵活性,为监察机关机动调查提供依据。

所谓腐败犯罪案件的受理,顾名思义,是指受理管辖范围之内或者之外的报案、控告、举报和犯罪嫌疑人自首以及监察机关或者司法机关在查办案件中发现的案件线索等活动。根据有关规定,国家执法和司法机关、审计机关发现公职人员涉嫌贪污贿赂、失职渎职等职务违法或者职务犯罪的问题线索,应当移送监察机关依法调查处置。① 对于这类案件或者案件线索,主要是指由监察机关负责受理并审查立案调查的案件。

二、腐败犯罪案件的立案调查程序

腐败犯罪案件的立案和调查由监察机关负责。这里所指的是立案和调查,是特指涉嫌构成职务违法和职务犯罪的腐败案件而言。在这个环节之前,监察机关经过线索处置、谈话函询、初步核实等大量工作,掌握了被调查人涉嫌犯罪的相关证据,认为其已经构成职务犯罪,按照有关规定应当追究刑事责任的情况下,经集体研究决定进入立案调查阶段。这个阶段的程序规定及其运行,是专门针对腐败犯罪调查进行设定的。从反腐败司法原理讲,开展案件的立案和调查活动,在程序上需要把握以下环节:

(一) 案件或者案件线索的成案性分析

对于受理的案件或者案件线索等问题线索,主要分析是否涉嫌违纪、违法还是涉嫌腐败犯罪,也即职务犯罪,主要任务是根据刑法等有关法律规定,分析行为主体、客观行为、危害后果以及行为主体心理特性,比如故意或者过失等要素。

(二) 决定立案调查的请示报告

经审查分析,认为案件或者案件线索等问题线索涉嫌腐败犯罪的,应当经

---

　　① 　参见《中华人民共和国监察法》,人民出版社 2018 年版。

集体研究,并按照有关请示报告制度,及时办理有关请示报告的程序性审批手续。

（三）决定立案调查

经有关请示报告,同意对案件或者案件线索等问题线索立案调查的,应当及时办理立案调查手续,制订调查方案,同时做好调查的各项准备。

（四）开展案件调查活动

按照有关规定,采取各种有针对性的调查措施,对案件或者案件线索等问题线索所涉行为人即被调查人进行调查。

（五）提前介入和案件整理

按照监察法等有关规定,监察机关在案件调查过程中,视情可以邀请检察机关派员介入,主要任务是审查案件证据材料,分析确认案件证据收集是否符合法律规定,是否形成了证明链条,是否具备足以证实腐败犯罪事实的证据数量以及证据的证明力、合规性等证据品格。对于证据欠缺者,应当及时补齐;对于证据适格者,应当及时整理和装订案件材料,做好移送检察机关审查起诉和提起公诉等准备。

（六）调查终结和案件移送

经过调查,监察机关认为腐败犯罪案件事实已经查清,证据确实、充分的,应当制作起诉意见书,连同案卷材料、证据一并移送检察机关依法审查、提起公诉。

对于监察机关移送检察机关审查、提起公诉的涉嫌职务犯罪案件,结合司法实践,这里特就案件标准、程序衔接等方面进行理论和实践上的一些探讨。

1.关于案件移送标准。对于监察机关调查的案件,发现涉嫌腐败犯罪的,应当查清犯罪事实;认为犯罪事实清楚,证据确实、充分,依法需要移送检察机关审查和提起公诉的,应当及时移送人民检察院审查、提起公诉。这里的案件移送标准有二:一是犯罪事实清楚,二是证据确实、充分。根据司法实践,具体包括以下几个方面:

（1）关于犯罪事实清楚标准。认为犯罪事实清楚,包括以下情形:一是身份事实,包括被调查人姓名、性别、国籍、出生年月日、职业、所在单位、职务以及是否人大代表、政协委员等犯罪身份事实已经查清;单位犯罪的,被告单位的登记时间、住所地、主要营业地或者主要办事机构所在地、营业范围、营业情况等相关事实已经查清。二是犯罪事实、性质、罪名、共犯等事实,包括被调查人实施犯罪的时间、地点、手段、后果等犯罪事实、性质、罪名已经查清;被调查人实施犯罪应当负刑事责任能力、罪过、动机、目的等事实已经查清;共同犯罪案件的被调查人在犯罪活动中的犯罪事实、地位、作用、责任等事实已经查清。三是犯罪情节。犯罪情节是由具体的事实状态反映出来的,主要包括被调查人的前科、认罪态度、从重或者从轻、减轻、免除处罚的情节,酌定从重、从轻、减轻情节已经查清。四是漏罪漏犯、免除追究等事实,包括被调查人知道的其他情况已经查清,没有发现被调查人有遗漏的犯罪事实、同案犯,没有发现被调查人有不应当追究刑事责任的情形。这里的"犯罪事实已经查清"标准,是指具有以下情形之一的情况:一是单一罪行中的定罪量刑事实已经查清,是指属于单一罪行的案件,查清的事实足以定罪量刑,或者与定罪量刑有关的事实已经查清,其他有关事实无法查清,但不影响定罪量刑的;二是数个罪行中的定罪量刑事实已经查清,是指属于数个罪行的案件,部分罪行已经查清,其他罪行无法查清,但这些无法查清的事实不影响定罪量刑的;三是作案工具、赃款缺失的处理情形,是指无法查清作案工具、赃物去向,但有其他证据足以对被调查人定罪量刑的情形;四是情节矛盾的处理情形,是指证人证言、被调查人供述和辩解、被害人陈述的内容中主要情节一致,但个别情节不一致且不影响定罪等情形。

(2)关于证据确实、充分标准。监察机关认为证据确实、充分,应当包括以下情形:第一,证据法定与移送一致性的要素。监察机关移送人民检察院提起公诉的腐败犯罪案件的证据,应当同刑事诉讼法等规定的证据种类和证明要求相一致,超出刑事诉讼法等有关规定的证据材料,不能作为刑事诉讼证据使用。第二,证据收集合法性的要素。监察机关移送人民检察院提起公诉的腐败犯罪案件的证据,应当符合法定程序和要求。违反法定程序和要求收集的证据,应当重新收集。发现采用刑讯逼供等非法方法收集的被调查人供述和采用暴力、威胁等非法方法收集的证人证言、被害人陈述,应予排除。第三,证据确实充分性的要素。监察机关移送人民检察院提起公诉案件的证据,符合以下条件的,属于证据确实、充分:一是定罪量刑的事实都有证据证明;二是据以定案的证据均经法定程序查证属实;三是综合全案证据,对所认定事实已排除合理怀疑。

2.关于移送案件材料的种类和内容。监察机关认为犯罪事实清楚,证据确实、充分,决定移送人民检察院提起公诉的,应当制作移送案件意见书,并随案移送以下案卷材料:一是证据材料。即能够证明犯罪事实的证据材料,包括采取技术调查措施的决定书及证据材料。二是涉案财物。即涉案财物及清单,证明涉案财物系违法所得的证据材料。三是证据材料的免移情形。即指不宜移送的证据的清单、复制件、照片或者其他证明文件。四是其他认为需要移送的案件材料。

3.关于移送证据材料的范围和要求。监察机关移送人民检察院提起公诉案件的证据材料,应当包括:一是物证。一般为原物,包括犯罪实施后遗留的痕迹、现场遗留物品、作案工具、侵害的对象、与案件事实有关的其他物品。对于原物提取、移送确有困难的,可以使用并移送物证的照片、录像、复制品,并同时随案移送说明原物存放于何处的文字说明和签名。二是书证。一般为原件,包括文字书证、符号书证、公文性书证、非公文性书证等。对于原件提取、移送确有困难的,可以使用书证的副本、复制件,并同时随案迎送说明原件存放于何处的文字说明和签名。三是证人证言。包括证人证言笔录,证人提供的书面材料,有录音录像资料并认为有必要提供的一并提供。四是被害人陈述。包括被害人陈述笔录,被害人提供的书面材料,有录音录像资料并认为有必要提供的一并提供。五是被调查人陈述和辩解。包括被调查人供述笔录,被调查人提供的书面材料,以及有讯问录音录像资料并认为有必要提供的讯问录音录像资料。六是鉴定意见。包括法医类鉴定、物证类鉴定、司法会计鉴定、文书鉴定、电子数据鉴定、声像资料鉴定及其他相关的专门性鉴定材料。七是勘验、检查、搜查、提取、辨认等笔录。包括对与犯罪有关的场所、物品、尸体或人身进行实地勘验、检查、搜查、提取、辨认等笔录,提取、扣押的物证、书证及清单,以及实地勘验、检查、搜查、提取、辨认等调查活动的照片、录像资料。八是视听资料、电子数据。包括以声、像形式证明案件事实的录像带、电视片、电影片、录音磁带、唱片等录像、录音资料;网页、博客、微博客、朋友圈、贴吧、网盘、手机短信、电子邮件、即时通信、通讯群组、用户注册信息、身份认证信息、电子交易记录、通信记录、登录日志、文档、图片、音视频、数字证书、计算机程序等电子数据。

4.关于提请派员审查案件材料。监察机关在移送案件前,如果认为需要人民检察院派员对案件材料进行审查的,应当在对被调查人留置期满前一定时限内,提请人民检察院派员审查,人民检察院应当配合。

5.关于案件材料初步审查、补充材料和涉案人交接。监察机关移送人民检察院提起公诉的案件,人民检察院应当受理,并及时审查是否属于本院管辖,是否符合采取强制措施的条件。主要包括以下环节和内容:一是涉案人交接。人民检察院审查认为案件属于本院管辖,并符合采取强制措施条件的,应当要求监察机关在案件移送、人民检察院受理之日起一定时限以内办理涉案人交接手续。二是补充案件材料。人民检察院审查认为案件属于本院管辖,但尚不符合采取强制措施条件的,应当告知监察机关,并提出补充有关案件材料的意见。监察机关应当按照人民检察院的意见,及时补充有关案件材料。案件材料补充后,具备采取强制措施条件的,人民检察院应当及时办理接收涉案人的手续。三是告知移送有管辖权的人民检察院办理。人民检察院审查认为案件不属于本院管辖的,应当告知移送案件的监察机关,并提出由其将案件移送有管辖权的人民检察院审查起诉和提起公诉的意见。

6.提出从宽处罚建议。首先,对于被调查人主动认罪认罚的处理。对于涉嫌职务犯罪的被调查人具有下列情形之一的,监察机关领导人员集体研究,并报上一级监察机关批准,可以在移送人民检察院时提出从宽处罚的建议。这些情形包括:一是自动投案,真诚悔罪悔过的;二是积极配合调查,如实供述监察机关尚未掌握的违法犯罪行为;三是积极退赃,减少损失;四是具有重大立功表现或者案件涉及国家重大利益等。其次,对于被调查人揭发、立功的处理。对于职务违反犯罪的涉案人员揭发有关被调查人职务违法行为,查证属实的,或者提供重要线索,有助于调查其他案件的,监察机关经领导人员集体研究,并报上一级监察机关批准,可以在移送人民检察院时提出从宽处罚的建议。最后,监察机关从宽处罚的建议应当以书面形式提出。

此外,检察机关对依照法律规定由其办理的刑事案件行使侦查权的,应当适用刑事诉讼法等有关法律规定。

三、腐败犯罪案件的提起公诉程序

监察机关在调查案件中认为被调查人涉嫌腐败犯罪、应当追究刑事责任的,依法移送检察机关提起公诉。这里的提起公诉,包括审查起诉、后续补充侦查或者退回补充调查、案件处理及提起公诉。同时,检察机关对于依照法律规定由其办理的刑事案件行使侦查权,并在侦查终结后移送审查起诉或者提起公诉的,应当由本院公诉部门办理。从总体来说,具体程序如下:

（一）**受理审查并决定采取强制措施**

监察机关认为案件涉嫌腐败犯罪,犯罪事实已经查清,证据确实、充分的,应当制作移送提起公诉意见书,连同证据材料和其他案卷材料,一并移送检察机关审查起诉、提起公诉。检察机关应当受理,并及时办理对涉案人的交接等手续,以及对案卷材料的审查。审查的内容主要包括:一是案件是否属于本院管辖。二是依法是否需要追究刑事责任。三是案件审查的具体内容,包括犯罪事实、情节是否清楚;证据是否确实、充分;有无遗漏罪行和其他应当追究刑事责任的人;是否属于不应当追究刑事责任的;有无附带民事诉讼;调查活动是否合法等。四是排除非法证据。对于发现案件证据有违法情形的,应当依法进行审查并作出是否排除非法证据的决定。经审查,认为监察机关移送的腐败犯罪案件事实清楚,证据确实、充分,应当追究刑事责任的,及时决定对涉案人采取拘传、取保候审、监视居住、拘留、逮捕等相应的强制措施。这里的强制措施就是控制被调查人及其他涉案人的措施,也是检察机关接收移送案件以后的第一道程序。对于依法应当逮捕的,检察机关应当按照审查批准逮捕的程序办理。同时,留置措施自动解除。检察机关审查后认为符合提起公诉条件并决定提起公诉的,应当与人民法院审判管辖相适应。对于检察机关侦查终结、移送本院审查起诉的案件,适用上述程序。

（二）**确定承办人**

根据刑事诉讼法等有关规定,检察机关应当指定具有员额资格的检察官办理,或者由具有员额资格的检察长、分管副检察长直接办理。

（三）**告知法定事项**

根据刑事诉讼法等有关规定,检察机关公诉部门收到移送审查起诉的案件材料之日起三日以内,应当告知被调查人有权委托辩护人,同时还应当告知被害人及其法定代理人或者其近亲属、附带民事诉讼的当事人及其法定代理人有权委托诉讼代理人。

（四）**接收审查辩护人或者诉讼代理人的申请**

根据刑事诉讼法等有关规定,检察机关公诉部门对辩护人的申请进行受理并审查,及时作出决定,依法保障辩护人有关查阅、摘抄、复制本案的案卷材料,同在押的被调查人会见和通信,证据材料的申请调取等执业权利。

（五）审查全案材料

根据刑事诉讼法等有关规定,承办人接到案件后,应当及时、认真阅卷审查,制作阅卷笔录,复核犯罪事实、证据。审查的内容主要包括以下方面:一是审查案件证据链情况,全面查明被调查人的犯罪事实和情节;二是审查是否正确适用法律,准确认定腐败犯罪性质和相应的罪名;三是审查是否遗漏罪行和遗漏追诉人;四是审查被调查人是否具有刑事责任能力,是否属于不应追究刑事责任的人;五是审查是否有刑事附带民事诉讼。

（六）讯问腐败犯罪嫌疑人

根据刑事诉讼法有关规定,办案人员审查案件,应当讯问被调查人。

（七）审查证人证言和询问证人

根据刑事诉讼法有关规定,办案人员对证人证言笔录存在疑问,或者认为对证人的询问不具体或者有遗漏的,可以对证人进行询问并制作笔录附卷。询问证人时,应当分别告知其在审查起诉阶段所享有的诉讼权利。

（八）审查物证、书证、视听资料、电子数据及勘验、检查、辨认、侦查实验、录音录像等证据资料

审查案件时,对监察机关在调查阶段进行的勘验、检查,认为需要复验、复查的,应当要求监察机关复验、复查,检察机关可以派员参加;也可以自行复验、复查,商请监察机关派员参加,必要时也可以聘请专门技术人员参加。

（九）听取被调查人或者被害人委托的辩护人或者诉讼代理人的意见

审查案件时,办案人员应当听取辩护人、诉讼代理人的意见,并记录在案。

（十）听取被害人意见

审查案件时,办案人员应当听取被害人的意见,并记录在案。

（十一）自行补充侦查

根据有关法律规定,人民检察院对监察机关移送提起公诉的案件进行审查后,认为证据不足,不能确定被调查人构成犯罪和需要追究刑事责任,需要补充核实的,可以由人民检察院补充侦查。补充侦查期限为一个月,案情重大、复杂的,可以延长半个月。补充侦查期限,不计入提起公诉的办案期限。

230　这里的证据不足,是指不能确定被调查人构成犯罪和需要追究刑事责任的,是指具有以下情形之一：一是犯罪构成要件事实缺乏必要的证据予以证明的；二是据以定罪的证据存在疑问，无法查证属实的；三是据以定罪的证据之间、证据与案件事实之间的矛盾不能合理排除的；四是根据证据得出的结论具有其他可能性，不能排除合理怀疑的；五是根据证据认定案件事实不符合逻辑和经验法则，得出的结论明显不符合常理的。对于案件补充侦查后，人民检察院认为犯罪事实已经查清，证据确实、充分的，应当依法提起公诉。认为仍然证据不足，不能确定被调查人构成犯罪和需要追究刑事责任的，应当依法作出证据不足的不起诉决定。在决定不起诉后，发现新的证据，符合起诉条件时，可以提起公诉。上述程序，适用于检察机关侦查终结后由本院公诉部门审查起诉和提起公诉的案件。

（十二）退回补充调查

根据有关法律规定，人民检察院对监察机关移送提起公诉的案件进行审查后，认为证据不足，不能确定被调查人构成犯罪和需要追究刑事责任，需要补充核实的，可以退回监察机关补充调查，并说明退回补充调查的理由，提出需要补充调查核实的案件事实和证据清单。监察机关应当根据人民检察院的补充调查意见和要求，在一个月以内补充调查完毕。退回补充调查以二次为限。监察机关认为经过补充调查，犯罪事实已经查清，证据确实、充分的，应当移送人民检察院提起公诉。监察机关补充调查期满后，认为仍然不能查清犯罪事实，证据不足的，应当根据党纪、政纪处分有关规定作出处理。上述程序，适用于检察机关侦查终结后由本院公诉部门审查起诉的案件。

（十三）制作案件审查报告

办案人员经过审查认为，全案事实和情节已经查清，认为可以结案时，应当制作案件审查报告，提出起诉或者不起诉、撤销案件以及是否需要提起附带民事诉讼的意见，在规定权限内由具有员额资格的办案人员直接签发，或者对于案情重大复杂的，报经公诉部门负责人审核，并报请检察长或者检察委员会决定。

（十四）办案期限要求

检察机关公诉部门对经监察机关调查移送检察机关提起公诉的腐败犯罪案件，依法应当在一个月以内作出决定；对重大、复杂的案件，一个月以内不能作出决定的，经检察长批准，可以延长十五日。人民检察院审查起诉的案件，对于改变管辖的,从改变后的人民检察院收到案件之日起计算审查起诉期限。上述程序,适用于检察机关侦查终结后由本院公诉部门审查起诉和提起公诉的案件。

(十五)其他需要依法处理的问题

主要包括对非法证据、翻供翻证等材料、补充或者申请调取材料、涉案财物、量刑建议的提出以及上下级之间监督等刑事诉讼事务性工作的处理。

(十六)提起公诉

人民检察院对监察机关移送提起公诉的案件进行审查后,认为犯罪事实已经查清,证据确实、充分,依法应当追究刑事责任的,应当在受理案件后一个月以内向人民法院提起公诉。案情重大、复杂的,可以延长半个月。主要包括以下环节和内容:一是制作起诉书。起诉书是人民检察院将腐败犯罪案件向人民法院提起公诉的法律凭证。检察机关向人民法院提交起诉书,意味着其代表国家对被告人行使公诉权,是将涉嫌腐败犯罪的被告人交付审判的唯一标志。二是移送案件。人民检察院提起公诉的腐败犯罪案件,应当依法向有管辖权的人民法院移送,并向人民法院移送起诉书、案卷材料和证据。三是补充追诉与撤诉。补充追诉是指人民检察院对已经提起公诉的腐败犯罪案件,一旦发现遗漏罪行或者依法应当移送审查起诉同案被调查人的,应当要求监察机关补充移送审查起诉;对于腐败犯罪事实清楚,证据确实、充分的,也可以直接提起公诉,主动补充追诉。一旦发现提起公诉的腐败犯罪案件事实不清、证据不足时,应当主动撤回起诉,进行补充侦查。如果发现被告人属于不应当追究刑事责任的,应主动撤回起诉,依法作出不起诉处理。四是做好出庭支持公诉前的准备。主要包括确定公诉人和书记员;进一步研究案情和证据,了解被告人的思想动态,熟悉和掌握与案件有关的法律规定、政策精神、法学理论和专业技术知识等;重视做好证人等工作;拟好庭审提纲和答辩提纲;做好发表公诉意见的准备;对反映非法证据有关材料的审查和调查核实;参加庭前会议;其他需要注意的问题,比如公诉人出庭公诉的人身安全保护,配合人民法院做好法庭安保工作,做到万无一失;等等。上述程序,适用于检察机关侦查终结后由本院公诉部门审查起诉和提起公诉的案件。

(十七)作出不起诉、撤销案件或者重新调查等决定

人民检察院经审查,认为证据不足、犯罪行为较轻或没有犯罪事实的,可以

作出不起诉或撤销案件、重新调查等决定。具体包括以下程序:一是人民检察院对监察机关移送案件材料审查后,发现被调查人没有犯罪事实的,应当依法退回监察机关,由监察机关依法作出撤销案件的决定;认为犯罪情节轻微,依照刑法规定不需要判处刑罚或者免除刑罚的,可以依法作出不起诉决定。监察机关认为不起诉的决定有错误的,可以要求复议。对于由本级人民检察院侦查终结并决定提起公诉的案件,经审查认为具有下列情形之一的,应当依法决定撤销案件。这些情形包括:(1)具有刑事诉讼法第十五条规定情形之一的;(2)依照刑法规定不负刑事责任或者不是犯罪的;(3)虽有犯罪事实,但不是犯罪嫌疑人所为的。对于共同犯罪案件,如果犯罪嫌疑人中具有这三种情形之一的,应当撤销对该犯罪嫌疑人的立案。同时,对于犯罪事实不是被调查人所为,认为需要重新调查的,应当将案卷材料退回监察机关建议重新调查。总之,审查后认为符合不起诉等条件的,应当制作不起诉决定书等决定书。二是进行诉外处分。根据案件的不同情况,对被不起诉人或者腐败犯罪嫌疑人予以训诫或者责令具结悔过、赔礼道歉、赔偿损失。对被不起诉人或者腐败犯罪嫌疑人需要给予行政处罚、政务处分的,人民检察院应当提出检察意见,连同不起诉决定书一并移送监察机关处理,并要求有关主管机关及时通报处理情况。三是涉案财物的处理。对决定不起诉或者决定撤销案件的,对被不起诉人或者腐败犯罪嫌疑人违法所得及其他涉案财产的处理,应当区分不同情形,依法作出处理。四是宣布和送达。对不起诉或者撤销案件的决定分别由监察机关或者人民检察院公开宣布,公开宣布不起诉或者撤销案件的决定的活动应当记录在案。不起诉或者撤销案件决定书自公开宣布之日起生效。被不起诉人或者腐败犯罪嫌疑人在押的,应当立即释放;被采取其他强制措施的,应当通知执行机关解除。同时,对不起诉或者被撤销案件决定书应当送达被害人或者其近亲属及其诉讼代理人、被不起诉人、腐败犯罪嫌疑人及其辩护人以及被不起诉人、腐败犯罪嫌疑人的所在单位。送达时,应当告知被害人或者其近亲属及其诉讼代理人,如果对不起诉决定不服,可以自收到不起诉决定书后7日以内向上一级人民检察院申诉,也可以不经申诉,直接向人民法院起诉;告知被不起诉人,如果对不起诉决定不服,可以自收到不起诉决定书后7日以内向人民检察院申诉。五是司法等救济。包括对不起诉决定书的复议复核、被害人不服的申诉、被不起诉人对不起诉决定不服的申诉等处理,以及上级检察机关的监督纠正等。对于监察机关认为人民检察院作出提起公诉、不起诉等决定不当的,可以向人民检察院提出,人民检察院应当及时回复。监察机关对人民检察院的回复意见仍然不满意的,可以向上一级监察机关提出,由上一级监察机关会同其本级人民检察院协商处理。上述程序,适用于检察机关侦查终结后由本院公诉部门审查起诉和提起公诉的案件。

四、腐败犯罪案件的审判程序

腐败犯罪案件的审判,由人民法院负责。这里的审判程序,包括第一审、第二审、生效裁判监督、死刑复核等程序以及附带民事诉讼、未成年人诉讼、单位腐败犯罪诉讼、违法所得没收等特殊程序,涉外诉讼程序和司法协助等。就第一审程序来说,主要包括以下环节:

(一) 审判组织确定

根据审判原理及有关规定,合议庭是人民法院审判工作的基本组织形式。对于适用普通程序审理的一般腐败犯罪案件,基层人民法院、中级人民法院应当由具有员额资格的审判员三人组成合议庭,或者由具有员额资格的审判员和人民陪审员共三人或者七人组成合议庭进行。高级人民法院审判第一审案件,应当由审判员三人至七人或者由审判员和人民陪审员共三人或者七人组成合议庭进行。最高人民法院审判第一审案件,应当由审判员三人至七人组成合议庭进行。合议庭成员进行评议案件的时候,如果意见分歧,应当按多数人的意见作出决定,但是少数人的意见应当写入笔录。评议笔录由合议庭的组成人员签名。评议情况应当保密。合议庭开庭审理并且评议后,应当作出判决。对于疑难、复杂、重大的案件,合议庭认为难以作出决定的,由合议庭提请院长决定提交审判委员会讨论决定。审判委员会的决定,合议庭应当执行。

(二) 案件受理和审查

对于检察机关提起公诉的腐败犯罪案件,人民法院都应当受理。受理案件后,应当进行审查。人民法院对人民检察院提起公诉的腐败犯罪案件进行审查,决定是否将腐败犯罪被告人交付审判的诉讼活动。对腐败犯罪案件的审查是人民法院行使国家审判权的开始程序,其法律性质和职责特征主要体现为对案件的受理审查,而不是审判。审查的任务,是解决案件是否符合开庭审判的条件、是否将腐败犯罪被告人交付法庭审判的问题。

（三）开庭前的准备

这是法庭审判得以正常开展的前提条件。经审查，凡决定开庭审判的腐败犯罪案件，在开庭前必须做好与开庭审判有关的各项准备工作，以保证法庭审判的正常开展。开庭前的准备工作，一般包括以下几个方面：一是开庭前的司法事务。包括确定审判长及合议庭组成人员，送达起诉书副本，开庭通知，以及对于公开审理的案件，在开庭三日前公布案由、被告人姓名、开庭时间和地点等。二是召开庭前会议。由审判人员主持，主要解决控辩双方在案件管辖、回避、证据等方面的分歧问题。三是准备庭审提纲。主要包括合议庭成员在庭审中的分工；对起诉书指控犯罪事实的重点和认定案件性质的要点；对讯问被告人时需了解的案情要点；对出庭的证人、鉴定人、有专门知识的人、调查或侦查人员的名单；对控辩双方申请当庭出示的证据的目录；对庭审中可能出现的问题要进行有针对性的预测等都应做好准备。同时，根据具体案件情况制定明确而具体的应对措施。

（四）法庭审判

主要包括以下环节：

1.开庭。包括确定案件公开或者不公开审判；做好开庭审理前书记员的工作；审判长宣布开庭，传被告人到庭；审判长宣布案由；审判长做好宣布、告知等有关事项；审判长询问当事人及其法定代理人、辩护人、诉讼代理人，其是否申请回避、申请何人回避和申请回避的理由；宣布法庭纪律和秩序维护等事项。

2.法庭调查。主要包括公诉人宣读起诉书；被告人、被害人陈述；公诉人讯问被告人；被害人、附带民事诉讼的原告人及其诉讼代理人或者辩护律师发问被告人；审判人员讯问被告人或者发问被害人及附带民事诉讼原告人、被告人；质证以及出示、宣读、播放证据；休庭和庭外调查；等等。

3.法庭辩论。这是法庭审判的一个重要阶段。在法庭调查的基础上，由审判长主持，通过控诉与辩护双方对法庭调查的总结归纳，就被告人的行为是否构成犯罪、应否受到刑罚追究、犯罪的性质、罪责轻重以及对刑罚的适用等实质性问题，各自阐明自己的结论性意见，法庭在听取控辩双方的意见和理由之后，更全面、更正确地了解全案情况和证据材料，为正确适用法律作出判决奠定基础。辩论次数不限，实践中多有反复。

4. 被告人最后陈述。这是法庭审判的一个独立阶段。审判长宣布法庭辩论终结后，合议庭应当保证被告人充分行使最后陈述的权利。被告人在最后陈述中多次重复自己的意见的，审判长可以制止。陈述内容蔑视法庭、公诉人，损害他人及社会公共利益，或者与本案无关的，应当制止。在公开审理的案件中，对于被告人最后陈述的内容涉及国家秘密、个人隐私或者商业秘密的，审判长应当制止。对于被告人在最后陈述中提出新的事实、证据，合议庭认为可能影响正确裁判的，应当恢复法庭调查；如果被告人提出新的辩解理由，合议庭认为可能影响正确裁判的，应当恢复法庭辩论。

5. 评议案件与宣告判决。主要包括：

（1）评议案件，对案件的实体问题作出处理。评议活动，应当依法制作评议笔录。

（2）宣告判决。合议庭经评议后，应当依法宣判，即对经过法庭审理的案件，依据事实和法律作出有罪或者无罪判决。具体地说，宣判时应当按照下列情形分别作出判决、裁定：对于起诉指控的事实清楚，证据确实、充分，依据法律认定指控被告人的罪名成立的，应当作出有罪判决；对于起诉指控的事实清楚，证据确实、充分，指控的罪名与审理认定的罪名不一致的，也应作出相应的有罪判决，但应当按照审理认定的罪名作出有罪判决；对于案件事实清楚，证据确实、充分，依据法律认定被告人无罪的，应当判决宣告被告人无罪；对于证据不足，不能认定被告人有罪的，应当以证据不足、指控的犯罪不能成立，判决宣告被告人无罪；对于案件部分事实清楚，证据确实、充分的，应当作出有罪或者无罪的判决；对事实不清、证据不足部分，不予认定；对于犯罪已过追诉时效期限且不是必须追诉，或者经特赦令免除刑罚的，应当裁定终止审理；对于被告人死亡的，应当裁定终止审理；根据已查明的案件事实和认定的证据，能够确认无罪的，判决宣告被告人无罪。宣告判决一律公开进行。公诉人、辩护人、诉讼代理人、被害人、自诉人或者附带民事诉讼原告人未到庭的，不影响宣判的进行。对于符合缺席审判程序的条件和要求的，应当依照法律规定的缺席审判程序进行审理、宣判。

（3）撤案和裁定。人民法院在宣告判决前，人民检察院如果要求撤回起诉的，人民法院应当审查撤回起诉的理由，作出是否准许的裁定。在审判期间，人民法院如果发现新的事实，可能影响定罪的，可以建议人民检察院补充或者变更起诉;人民检察院不同意或者在 7 日内未回复意见的,人民法院应当就起诉指控的犯罪事实,依照有关规定作出判决、裁定。对于依照刑事诉讼法有关规定宣告被告人无罪后,人民检察院根据新的事实、证据重新起诉,人民法院根据该项规定依法受理的案件,人民法院应当在判决中写明被告人曾被人民检察院提起公诉,因证据不足,指控的犯罪不能成立,被人民法院依法判决宣告无罪的情况;并且对于前案依照刑事诉讼法有关规定作出的判决,不予撤销。

6. 审理期限。根据刑事诉讼法等有关规定,主要把握以下几个环节和方面:(1)人民法院审理公诉案件,应当在受理后二个月内宣判,至迟不得超过三个月;对于可能判处死刑的案件或者附带民事诉讼的案件,以及有刑事诉讼法有关规定情形之一的,经上一级人民法院批准,可以延长三个月;因特殊情况还需要延长的,报请最高人民法院批准。对于申请上级人民法院批准延长审理期限的,应当在期限届满十五日前层报上级人民法院。有权决定的人民法院不同意延长的,应当在审理期限届满十五日前作出决定。因特殊情况申请最高人民法院批准延长审理期限,最高人民法院经审查,予以批准的,可以延长审理期限一至三个月。期限届满案件仍然不能审结的,可以再次提出申请。(2)如果人民法院改变管辖的案件,从改变后的人民法院收到案件之日起计算审理期限;指定管辖案件的审理期限,自被指定管辖的人民法院收到指定管辖决定书和有关案卷、证据材料之日起计算。(3)如果人民检察院补充侦查的案件,补充侦查完毕移送人民法院后,人民法院重新计算审理期限。(4)有多名被告人的案件,部分被告人具有刑事诉讼法第二百条第一款规定情形的,人民法院可以对全案中止审理;根据案件情况,也可以对该部分被告人中止审理,对其他被告人继续审理。对中止审理的部分被告人,可以根据案件情况另案处理。司法实践中,应注意依照法定期限及时审结各类腐败犯罪案件。

7. 涉案财物的处理。按照刑事诉讼法等有关规定,对于涉案财物的最终处理,可能在第一审程序结束时进行,也可能在第二审裁判后进行,两者的条件是有所区别的。对于前者的条件,即一审被告人在一审判决后没有提出上诉;对于后者的条件,即一审被告人在一审判决后提出上诉或者检察机关在一审判决后提出抗诉,并且二审裁判生效。总的来说,涉案财物的处理是案件审判的一项重要任务,也是加强对涉案当事人合法权益司法保护的一项重要内容,其法律性、政策性等要求都很强。

(五) 检察机关出庭支持公诉活动

主要包括以下环节:

1. 出庭支持公诉的主要任务。主要包括指控、揭露和证实腐败犯罪;维护被告人的合法权益;结合案情和诉讼活动,进行社会主义法治宣传和反腐倡廉教育;对法庭审判活动是否合法实行法律监督,主要是在庭后提出监督意见等。

2. 出庭前的准备。主要包括:(1)确定出庭支持公诉的人员。(2)管辖改变后的案件移送和审查起诉期限计算。(3)开庭审理的应对准备,包括进一步熟悉案情、掌握证据情况;深入研究与本案有关的法律政策问题,充实审判中可能涉及的专业知识;拟定讯问被告人、询问证人、鉴定人、有专门知识的人和宣读、出示、播放证据的计划,并制定质证方案;对可能出现证据合法性争议的,拟定证明证据合法性的提纲并准备相关材料;拟定公诉意见,准备辩论提纲;需要对出庭证人等的保护向人民法院提出建议或者配合做好工作的应当做好相关准备等。(4)审查处理反映证据系非法取得的书面材料,参加庭前会议等。

3. 证据材料的处理,包括人民检察院提起公诉向人民法院移送全部案卷材料、证据后,在法庭审理过程中,公诉人需要出示、宣读、播放有关证据的,可以申请法庭出示、宣读、播放;人民检察院基于出庭准备和庭审举证工作的需要,可以至迟在人民法院送达出庭通知书时取回有关案卷材料和证据;取回案卷材料和证据后,辩护律师要求查阅案卷材料的,应当允许辩护律师在人民检察院查阅、摘抄、复制案卷材料。

4. 公诉人出庭活动的任务和要求。主要包括:宣读起诉书,代表国家指控犯罪,提请人民法院对被告人依法审判;讯问被告人;询问证人、被害人、鉴定人;申请法庭出示物证,宣读书证、未到庭证人的证言笔录、鉴定人的鉴定意见、勘验、检查、辨认、侦查实验等笔录和其他作为证据的文书,播放作为证据的视听资料、电子数据等;对证据采信、法律适用和案件情况发表意见,提出量刑建议及理由,针对被告人、辩护人的辩护意见进行答辩,全面阐述公诉意见;维护诉讼参与人的合法权利;对法庭审理案件有无违反法律规定的诉讼程序的情况记明笔录;依法从事其他诉讼活动;等等。

5. 法庭审理中的举证。主要包括:遵循客观、全面、公正的举证原则;讲究举证的内容和方法,比如在法庭审理中,公诉人讯问被告人,询问证人、被害人、鉴定人,出示物证,宣读书证、未出庭证人的证言笔录等都应当围绕相关案情事实进行;在法庭审理中公诉人对于为一般人共同知晓的常识性事实、人民法院生效裁判所确认的并且未依审判监督程序重新审理的事实、法律法规的内容以及适用等属于审判人员履行职务所应当知晓的事实、在法庭审理中不存在异议的程序事实、法律规定的推定事实、自然规律或者定律等可以免除举证责任。

6. 参与法庭调查、发表公诉意见并进行法庭辩论。主要包括:讯问被告人、询问证人及鉴定人、有专门知识的人;进行言词证据的对质和证人保护;证据的宣读和出示;非法证据程序的应对;争议问题的解决;庭外证据使用的要求及检察机关的监督;证据调查结束时公诉意见的发表以及量刑建议的提出等。

7. 法庭延期审理等建议的提出。在法庭审理过程中,公诉人可以根据法庭审理情况,提出法庭延期审理的建议,对人民法院开庭审理前发现某种特别情形的,也可提出法庭延期审理、恢复审理或者撤诉、进行补充提供证据或者补充侦查等建议。

8. 起诉的变更、撤回、追加或者补充,起诉的阻却以及对人民法院建议检察机关补充侦查、补充起诉、追加起诉或变更起诉等情形的审查等。

9. 法庭审理期间涉检的司法事务及处理。包括制作出庭记录;案卷材料和证据的移交;涉案财物的处理;等等。

10. 审判活动的法律监督。主要包括监督任务、监督部门、监督方式、监督意见提出和处理等。

（六）第一审程序的法律后果

腐败犯罪司法处理中第一审程序的法律后果,取决于刑事裁判。这种法律后果,是以刑事裁判的形式体现出来的。所谓刑事裁判,是指人民法院在审理腐败犯罪案件过程中或者审理终结时,根据事实和法律对当事人及其诉讼参与人所作的具有拘束力的决定。我国将刑事裁判分为判决、裁定和决定三种。其中,裁定或者决定主要解决程序上的问题。判决,是第一审程序的直接成果,一方面就当事人实体问题作出结论性的处分,另一方面有可能终结腐败犯罪司法处理活动。从总体上讲,一审判决的法律后果主要有两个:一是除最高人民法院的一审判决外,在有效的期限内当事人没有上诉或者检察机关没有抗诉的情况下,一审判决即发生法律效力,腐败犯罪案件的刑事诉讼活动终结。二是在有效的期限内当事人上诉或者检察机关抗诉的,则启动第二审程序。除此之外,一审裁定,有的时候也可能启动第二审程序,比如不服一审裁定提出上诉或者确认一审裁定有错误而提出抗诉的,只要程序上合法,即能启动第二审程序。但是,无论是一审、二审或者再审程序中的决定,则均不存在上诉或者抗诉问题。同时,加强对刑事判决、裁定的法律监督,主要是抗诉,包括抗诉的授权、分工和要求,法定条件,审查、时限、抗诉书提交和决定等。

需要注意的是,根据经济社会发展变化,特别是信息技术、网络虚拟社会和网络媒体等迅猛发展,以及审判公开和工作宣传力度加大等实际,需要重视加强庭审活动的准备、秩序维护和安全保障等工作,特别是审判一些诸如中管干部腐败犯罪案件以及其他有全国性、全省性影响等重大案件,更应重视加强庭审活动的准备、审判秩序维护和安全保障等工作。从现代管理理论和原理讲,审判重大腐败犯罪案件的活动,实质上可将其视为一个司法项目,并按照项目管理的原理和方法进行管理、运行和控制,这种管理在性质上属于司法管理,具体应当把握以下环节:

1. 建立领导协调机制,加强审判活动的组织和指挥。从审判实践看,对于省部级以上等中管干部重大腐败犯罪案件的审判活动,业已成为一项系统工程,涉及到除了人民法院、人民检察院以外系列职能部门,客观上需要建立临时性的专门组织领导机构,以完成具体案件的审判任务为目标。从性质上讲,这种机构属于协调性的临时机构,其成员单位包括人民法院、人民检察院以及公安、司法行政、宣传、卫生、电力等职能部门,在此基础上还需成立组织领导机构的执行机构,实行分工负责,包括设立服务和保障审判活动顺利进行的案件审判、涉案稳控、宣传舆情、审务保障、涉案信访、技术支援、法庭安保等专门小组,承担案件审判的全面工作。专门小组设立的数量按照案件重大程度以及工作需求而定。

2. 考察审判能力,确定案件审判管辖。从实践看,审判能力主要包括法官的能力和硬件设施的条件。这里的法官是指负责审判案件的员额法官,应当具备政治可靠、业务素质过硬、能够掌控和驾驭法庭、保证顺利完成审判任务等条件和要求,并且对于合议庭审判长应当由员额法官负责。对于硬件设施的要求,主要包括:一是具备规范化要求的法庭设置;二是具备指挥、监控、宣传报道等便于旁听的设施和场地、空间;三是具备保证多媒体示证和信息传送等通讯、语音、视频等设施;四是具备正常的供电、冷暖系统;五是具备对被告人临时羁押以及能够为参加诉讼人员包括公诉人、辩护人、被告人亲属、旁听人员等提供休息的场所;六是具备医疗、安保等设施和条件;等等。

3. 提前了解案情,前移把控冤假错案的关口。通过对案件事实和证据情况的初步了解,重点围绕发现问题、解决问题,从中分析发现案件查办中涉及到的案件事实、证据、适用法律等方面的问题,以及与关联案件之间事实、证据等关系和量刑平衡,防止诉、审严重不一致甚至发生颠覆性变化,确保案件公正顺利处理。

4. 制定工作预案,做到有备无患。凡事预则立,不预则废。对于涉及审判活动的庭审提纲、庭审方案、被告人押解和稳定控制方案、宣传报道、舆情应对等重点工作,都应当提前制定预案和工作方案,确保审判活动顺利进行和审判任务顺利完成。

5. 召开庭前会议,做好预判协商。对于庭审过程中可能遇到的问题,比如被告人身体状况能否适应庭审时间要求、被告人认罪态度以及申请回避、非法证据排除、证人鉴定人出庭、举证方式等方面,都应当进行深入分析预判,并作出相应的有效处置。审判机关需要同人民检察院、辩护人等协商解决的,应当及时进行协商。

6. 组织开庭审判,驾驭案件审判的实质环节。庭审是具体案件审判的核心,所有前序工作都是围绕这一核心任务展开,重点是把握正式开庭前的模拟演练、开庭审判中的组织指挥和引导推动、庭审中突发事件处置、法庭调查和法庭辩论、被告人陈述以及法庭旁听组织和法庭安保等重要环节,做到万无一失。

7. 做好合议庭评议和裁判文书制作,保证审判质量和审判效果。合议庭评议应当以法庭调查为依据,以事实和证据查明为条件,在准确认定案件事实、情节、证据等基础上,依法对被告人作出拟处意见。对于符合当庭判决条件的,在此前工作基础上并经一定请示报告程序,也可以当庭宣判。

8.加强对关联案件的审理协调,保证全案的顺利处理和量刑平衡。从反腐败实践看,查办一案牵带出一窝、一串等现象突出,这在审判环节就将涉及主案与关联案件之间在处理上的关系,包括案件事实关联、证据关联以及量刑关联等问题。对于关联案件的处理,审判实践中往往采取分案审理、集中管辖、先主后次、保持一致等原则。所谓分案审理,就是主案与关联案件实行分案处理,而非并案审理。所谓集中管辖,就是围绕主案的管辖,按照方便原则而确定相关法院集中处理。所谓先主后次,就是先审判主案,在主案处理后再审判次案即关联案件。所谓保持一致,就是在认定的案件事实、证据、适用法律等方面应当保持协调和案件处理的平衡,防止出现案件与案件之间的分歧、冲突甚至一些不可预测的矛盾和后果,影响全案的依法顺利处理和司法公正。

9.加强办案保密,防止审判活动的泄密事件甚至出现负面后果。在信息科技迅猛发展的新媒体时代,审判活动和审判环境发生了深刻变化,加强办案保密工作至关重要。承办案件的审判人员包括有关工作人员应当强化保密意识,不该讲的话不能讲,不该使用的工具、设施不能用,比如合议庭的计算机、打印机以及传送方式等,都要符合保密要求。对于计算机、打印机等在使用后需要脱密处理的,应当及时进行脱密处理。

10.加强司法环境建设,确保审判工作的正确方向。在现代社会,任何一个部门要发挥作用,都离不开其他部门的协作配合,审判活动也不例外。一是要加强沟通协作。主要包括审判人员同公诉人的沟通、同被告人的沟通、同辩护人的沟通等。二是要健全协作配合机制。包括同纪检机关、监察机关、公安机关、司法行政机关以及其他部门如宣传、信访、网信、网监等部门的协作配合。三是要完善请示报告制度,对于应当请示报告的必须及时请示报告。四是要加强信息报送制度建设。包括制定的各种方案、预案,都应当按照程序及时报送。五是加强宣传报道和舆情应对。对于一些具体案件在审判中及审判后,可能涉及宣传报道甚至现场播报等事项的,对此应当严格按照事先制定的宣传报道预案进行宣传报道或者组织现场播报。同时,实践中有些案件在审判后可能出现舆情包括网络舆情的,对此既要加强审判前后舆情监测分析,又要重视舆情发生后的积极应对,防止因舆情失控等影响办案效果。

五、腐败犯罪案件的裁决执行程序

腐败犯罪裁决执行,是指人民法院、人民检察院及刑罚执行机关等有关部门为落实已经发生法律效力的刑事判决和裁定所确定的内容,依照一定程序而进行的各种司法活动。腐败犯罪审判的执行程序是指人民法院、人民检察院及刑罚执行机关等进行刑事执行活动所应遵循的步骤、方式和方法,这是规范刑事执行活动的重要保障。刑事执行,以已经发生法律效力的刑事判决和裁定为依据。根据法律有关规定,刑事判决和裁定在发生法律效力后必须执行,落实刑事判决和裁定所确定的内容。从司法实践看,这些进入刑事执行程序的刑事判决和裁定,包括已经超过法定期限没有上诉、抗诉的刑事判决和裁定;终审的刑事判决和裁定;高级人民法院核准的死刑缓期二年执行的刑事判决和裁定;最高人民法院核准死刑的刑事判决和裁定。需要指出的是,对于未发生法律效力的刑事判决、裁定,除判决被告人无罪、免除刑事处罚以外,不得交付执行。

六、腐败犯罪服刑人员在刑满释放以后的后续管理程序

腐败犯罪服刑人员在被判处刑罚,并且在服刑期满释放以后,意味着其远离公权力,并被剥夺享受公权力所带来的特权、利益等政治资本和政治资格。那么,对于曾经拥有公权力甚至手握大权、特权的这些刑满释放人员,建立适应对这类特殊刑满释放人员的后续管理制度和监管程序,从对其服刑期间的管理转向刑满释放以后的后续有效管理,促使这些服过刑并刑满释放的前官员们不再污染政治风气、政治环境和政治生态,同时又保证他们能够安分守己,特别是防止这些特殊的刑满释放人员形成对党和政府的敌对态度,甚至成为反社会的力量、执政的敌人,进而嬗变为危及国家政权安全、政治安全乃至党和国家的长治久安等重大隐患。如何加强对这些服过刑的前公职人员在刑满释放后的有效监管,使之转化为对社会有用的人,需要深入思考和研究。

第三节　反腐败司法措施和适用

反腐败司法措施分为调查措施、侦查措施、工作措施。这些措施属于反腐 243

败司法制度的组成部分,对于促进和保证反腐败司法办案活动顺利进行并取得实效具有重要作用。

一、调查措施

调查措施是根据监察法有关规定,由监察机关行使,主要用于对涉嫌职务违法和职务犯罪的调查,具体包括谈话、讯问、询问、查询、冻结、调取、查封、扣押、搜查、勘验检查、鉴定、留置以及技术调查、限制出境等措施种类。

(一)谈话、讯问、询问

这些措施都是调查取证、获取言词证据的方法和手段,主要是做人的工作,针对被调查人或者其知情人,采取面对面交谈的方式进行,目的是获取与案件相关的言词证据材料。相对于收集客观性证据材料,谈话、讯问、询问措施的运用难度要大得多。

一是谈话。这是一种传统但有效的措施,是指监察机关组织建立的办案核查组及办案人员与被调查人进行面对面的交谈,从中了解涉案情况,收集、固定和运用案件证据材料的方式方法,一般贯穿于立案调查始终。从实践看,为了保证精准监督、调查和打击,最佳的办法是在掌握一定证据材料的基础上再接触被调查人,这有利于提升调查取证和有效破案的成功率。从功能和作用上讲,这里的谈话,是指监察调查谈话,具有准司法性质,与监督谈话有质的区别,针对适用"四种形态"中第三、四种形态尤其是第四种形态的职务犯罪调查。从这个意义讲,谈话措施往往与留置等措施联系在一起。特别是对于监察机关已经掌握其部分违法犯罪事实及证据、仍有重要问题需要进一步调查,并且案情重大、复杂或者可能逃跑、自杀、毁灭证据等一些被调查人,通常采取留置的措施,将其控制在办案人员手上,掌握主动权。但是,谈话应当依法进行,不能超越法律规定,甚至搞刑讯逼供,这是纪律和法律都严厉禁止、不能允许的。否则,就将会出现证据收集的违法情形,这些证据就将被排除,不能用于刑事诉讼活动。

二是讯问。讯问是针对已经立案调查的被调查人,就其涉案情况进行依法审查和追问的方法。这里的讯问,一般分为调查活动中的讯问与刑事侦查中的讯问,但两者之间在性质上有质的区别。前者属于执纪执法调查范畴,具有执纪执法等政治性和行政性;后者属于刑事侦查范畴,则具有刑事司法性质。从实践看,讯问是经常性使用的调查措施。但在通常情况下,被调查人往往不会轻易招供,并将经历试探、对抗、动摇、忧虑、交代等阶段,有的被调查人随着调查活动的深入进行甚至在供述上还会反复,比如招了又翻供、翻供了又招等等。讯问是一门艺术,采取讯问措施,应当在掌握一定证据量和案情信息的情况下进行,并且应当依法进行,讲究策略、技巧、方法,不可莽撞行事,更不能搞刑讯逼供,否则不仅将一事无成,而且即便获取了供述,也会因违法取得被作为非法证据而予以排除。

三是询问。询问是针对案件知情人而采用语言的方式,调查了解与涉嫌职务违法和职务犯罪有关信息或者情况的活动。询问是一种常用的取证方式方法。通常情况下,询问对象也即知情人由于受多种因素的影响,往往不愿意将其所知情况和盘托出,甚至能避则避、能少说则少说。可见,询问是一门艺术,需要讲究策略、方法和技巧。

（二）　查询、冻结、扣押、调取

这些措施都是经常使用的常规调查手段,与收集涉案财物、涉案信息、电子数据等客观性证据材料紧密相关。

一是查询。这里的查询是指调查、询问,主要包括查询被调查人的存款、汇款、债券、股票、基金份额等金融信息和金融财产;被调查人的联络信息,包括短信、微信、手机话单等电子数据;被调查人的行踪信息,包括乘坐高铁、飞机、车船等轨迹信息证据;等等。通过掌握以上信息或者情况,有利于从中分析掌握被调查人的日常活动情况,判断被调查人涉嫌职务违法、职务犯罪的情况。

二是冻结。这里的冻结,是指对与被调查人有存款或汇款、债券、股票、基金份额等财产业务关系的银行或其他金融机构、邮电部门,不允许其按照正常业务程序支付被调查人的存款或汇款、债券、股票、基金份额等财产。调查人员经过查询分析认为,被调查人的存款、汇款、债券等上述财产如果涉案,就应当办理有关审批手续,并及时予以冻结,防止其转移或者采取其他方式、手段对涉案财产进行处置,企图逃脱党纪国法的制裁。

三是扣押。这里的扣押,是指依法强行扣留被调查人等涉案人员的涉案财物、涉案信息、涉案邮件电报以及电子数据等手段和活动。根据监察法等有关规定,如果发现可以证明被调查人有罪或者无罪的各种文件、资料和其他物品,或者遇有持有人拒绝交出应当扣押的财物、文件资料和其他物品的,可以强制扣押。但经调查,对于扣押的财物、文件确实与案件无关的,应当及时解除扣押,退还原主。

四是调取。对于发现与案件有关的物品、文件和视听资料、电子数据,可以作为案件证据使用,并对认定案件事实以及案件的处理有直接相关的,为防止被毁灭、灭失或隐藏等问题发生,应当及时予以调取。

(三) 搜查、勘验、检查、鉴定

这些措施主要是针对实物证据材料的收集、固定、鉴别等,办案实践中经常使用。

一是搜查。搜查是指为发现和收集案件证据,在一定的时间、地点对被调查人及可能隐藏罪犯或罪证的人身、物品、住所和其他有关场所进行搜索检查的一种强制性手段。实践表明,搜查是立案调查过程中收集证据不可缺少的措施和手段。对于不能立即查明是否与案件有关的可疑的物品和文件,可以查封,并及时进行审查、甄别。经查明与案件无关的应及时解除查封。由于职务违法和职务犯罪案件的隐蔽性、复杂性、智能性,实践中要求调查人员选择搜查的时机要准、行动要快,做到宜早不宜迟、宜快不宜慢,掌握主动权。

二是勘验、检查。勘验、检查,是指调查人员对与职务违法、犯罪有关场所、物品、人身、尸体等亲临现场进行查看、了解和检验,从中发现和固定犯罪活动遗留下的各种痕迹、物品的调查措施。勘验、检查的主要任务是收集与犯罪有关的痕迹和物品,判明案件性质,研究了解被调查人实施犯罪的情况及被调查人的个体特点,确定调查的方向和范围以及收集、固定相关证据。在必要的时候,可以指派或者聘请具有专门知识的人,在调查人员主持下进行勘验、检查。

三是鉴定。鉴定,是指监察机关为了查明案情,在案件调查活动中指派、聘请具有专门知识、资格的人员运用科学技术或者专门知识,对调查过程中涉及的专门性问题进行鉴别和判断并提供鉴定意见的活动。鉴定的任务是对案件一些专门性问题进行科学鉴别,以便及时收集证据,准确揭露犯罪,正确认定案件事实。比如,实践中有的被调查人收受物质型贿赂,如字画、玉器等,对其是否赝品难以确定;比如,房屋作为贿赂物,需要对其价值大小进行评估等。对此,都涉及鉴定问题。监察机关在调查过程中,对运用一般方法无法解决的某些专门性问题,经批准也可以进行鉴定。鉴定后,鉴定人应当提出鉴定意见,制作鉴定意见书,作为刑事诉讼中的证据使用。

(四) 留置

留置措施与谈话、讯问等措施紧密相连,是一种发现有涉嫌腐败犯罪事实,并且对被调查人需要进一步调查而采取控制人身自由的措施。这种措施的主要功能是对被调查人进行隔离控制,建立起调查过程中信息不对称的"信息隔离墙",并利用不对称的信息优势,促使被调查人交代本人实施的腐败犯罪活动情况,最终查清被调查人涉嫌腐败犯罪的事实。留置措施作为取消"指定地点、指定时间"的"两指措施",以及"规定地点、规定时间"的"双规措施"的替代措施,对于推进反腐败体制机制创新和工作模式法治化,提升和落实运用法治思维和法治方式反对腐败的能力和水平等具有十分重要的意义。从全面从严治党的角度和要求讲,被调查人被采取留置措施期间,让渡其部分公民权利,接受组织调查,与刑事诉讼中的拘留、逮捕是有质的区别的。具体适用时,应把握以下环节和方面:

一是适用条件。主要针对贪污贿赂、失职渎职等严重职务违法和职务犯罪,监察机关已经掌握其部分犯罪的事实和证据,仍有重要问题需要进一步调查,并且涉及案情重大、复杂;可能逃跑、自杀;可能串供或者伪造、隐匿、毁灭证据;以及可能有其他妨碍调查活动等情形的。

二是适用对象。主要针对涉嫌贪污贿赂、失职渎职等严重职务违法和职务犯罪的被调查人,涉嫌行贿犯罪的人,或者与被调查人共同犯罪的人等。

三是使用审批。对于认为需要采取留置措施的被调查人,建立集体决定机制和分级审批制度,按照被调查人职级、职别,实行严格批准手续和请示报告制度,具体地说,由监察机关领导人员集体研究决定;设区的市级以下监察机关必须报上一级监察机关批准;省级监察机关决定后报国家监察委员会备案。

四是留置场所。留置场所的设置、管理和监督依照国家有关规定执行,比如通常利用纪检机关办案点、当地看守所等。但是,无论留置场所如何,都应重视加强对被调查人在留置期间的饮食、休息和安全,提供医疗服务,讯问被调查人应当合理安排讯问时间和时长,切实防止被调查人在留置期间自杀或者逃跑,保证调查活动顺利进行。

五是留置通知。监察机关决定对被调查人采取留置措施后,应当在24小时以内,通知被调查人所在单位和家属,但有可能毁灭、伪造证据,干扰证人作证或者串供等有碍调查情形的除外。有碍调查的情形消失后,应当立即通知被调查人所在单位和家属。

六是留置时限。留置时间不得超过三个月。根据案情需要,在特殊情况下,可以延长一次,时间为三个月。从办案实践看,对于留置措施的适用,应当坚持从实际出发,增加使用中的灵活性,比如由于被调查人的情况不一,有的在被留置后几天、十几天,就讲清了其本人的所有问题。对于这些被调查人,可以缩短留置时间,查清犯罪事实后,认为需要追究其刑事责任的,则依法及时移送检察机关审查和提起公诉,没有必要将其留置至三个月为止。同时,监察机关认为留置不当的,应当及时解除。

七是留置的制约监督。由于留置措施是在封闭的条件下使用,被调查人的人身自由被完全限制,这对于被调查人人身安全保障、人身自由和健康等权利保障,以及维护党和国家的形象等方面都有严格要求。采取留置措施的由监察机关决定、公安机关配合、协助,同时要加强对留置措施使用的制约和监督,除了建立严格的批准制度,还应建立下级向上级机关备案制度、上级机关加强动态监督、不定期检查、向被调查人核查以及接受人大监督、司法机关制约和社会监督等监督机制、监督途径和监督渠道,防止因对留置措施的不规范使用甚至滥用,避免产生一些不应发生的负面影响或者后果。

八是留置折抵刑期。由于留置措施对被调查人实行暂时短期剥夺其人身自由,被调查人涉嫌犯罪移送司法机关被判处拘役和有期徒刑的,留置一日折抵拘役、有期徒刑一日。

(五) 技术调查

技术调查相对于技术侦查而言,将技术侦查手段用于反腐败调查,两者之间的区别主要在于使用的阶段不同、性质不同等方面。技术调查的主要功能在于有效地或者及时地发现和收集被调查人涉案信息,以及被调查人对抗调查甚至逃跑等信息,对于及时调查、突破案件以及控制被调查人、防止被调查人逃匿或者实施对潜逃的被调查人进行抓捕等具有重要作用。具体适用时,应当把握以下环节和方面:

一是适用对象。主要针对涉嫌重大贪污贿赂等职务犯罪的被调查人及其共同犯罪的涉案人等。

二是适用条件。根据办案需要,认为对重大贪污贿赂等职务犯罪的被调查人需要采取技术调查措施的,可以采取技术调查措施。

三是技术调查措施的种类。包括外线调查、麦克风侦听、电信侦控、电子监视、邮件检查等。

四是使用审批。由于技术调查措施深度介入被调查人及相关人员的私领域,应当建立严格的批准制度,经过严格的批准手续。根据反腐败调查实际,对于技术调查措施的使用,按照使用对象职级、职别,采用分级审批制度,建立严格审批制度和请示报告制度,确保规范办案和案件的质量,并加强对被调查人合法权益的保护。

五是使用种类和适用对象、时限。监察机关经过严格的批准手续,批准决定应当明确采取技术调查措施的种类和适用对象,自签发之日起三个月以内有效;对于复杂、疑难案件,期限届满仍有必要继续采取技术调查措施的,经过批准,有效期可以延长,每次不得超过三个月。

六是决定的执行。实行决定使用与执行相分离原则,对需要采取技术调查措施的由监察机关决定,并交由公安等机关执行。同时,对于不需要继续采取技术调查措施的,应当及时解除。这样的制度和程序设计,有利于相互制约和监督,防止技术调查措施被滥用,避免产生一些不应当发生的负面影响或者后果。

（六）限制出境

限制出境又称边控,主要针对被调查人企图潜逃出境等实际或者可能的情形所作制度安排,主要目的和功能是防止被调查人逃跑或者可能逃跑,保证调查活动顺利进行。所谓限制出境,是指通过相关手续,请求公安边防部门在某些区域或全国范围的边境口岸对追捕对象或者控制的涉案对象等实施控制,一旦发现其出境即予扣留的调查措施。实践表明,采取限制出境措施能够截获追捕对象的外逃,既有事先预防性也有事后补救性等功能和作用,是当今世界上多数国家均在使用的一项有效措施。由于限制出境措施对被调查人以及其他涉案人可能将带来严重影响,使用过程中应当注意把握以下方面:

一是适用对象。主要针对可能逃跑或者正在逃跑的被调查人,以及与被调查人共同犯罪的人,以及与被调查人涉嫌犯罪相关的其他涉案人,比如被调查人的配偶、子女以及与其关系密切的人比如情人、亲友等。

二是措施种类。包括临时的和正常的限制两类。其中,临时限制主要针对紧急情况,比如针对被调查人正在出逃路途等所采取的紧急措施。

三是使用审批。监察机关在调查过程中,为防止被调查人及相关人员逃匿境外,经省级以上监察机关批准,可以对被调查人及相关人员采取限制出境措施。

四是交控执行。实行决定与执行相分离原则,决定使用限制出境措施的,由公安机关执行。

五是使用期限。由于限制出境的种类不同而有所区别,比如对于临时限制,只能在短期内进行,并且不能续期。对于正常限制的期限,可以相对长一些,并且根据案情实际和办案需要,对于正常限制出境措施,经过批准,可以续期使用。对于不需要继续采取限制出境措施的,应当及时解除。

(七) 通缉、追捕

对于应当留置的被调查人在逃的,监察机关可以决定在本行政区域内通缉由公安机关发布通缉令,追捕归案。通缉范围超出本行政区域的,应当报请有权决定的上级监察机关决定。对于需要境外追捕的,按有关规定执行。

此外,由于反腐败是一项政治任务,为了党和国家、人民的利益,对于一些特别重大或者复杂的腐败犯罪案件,调查时需要采取超常规措施和手段的,在具体措施、手段的配置和运用上,可以从立法上赋予包括公开的、秘密的特殊调查措施和手段,比如技术调查、卧底调查、线人调查、诱惑调查、大数据调查,以及测谎、身心监护仪等技术方法应用等等。总之,无论是调查还是侦查,都需要灵活性。尤其是在案件调查阶段,应当根据办案需要,灵活采取有针对性措施,保证对案件突破的及时性、有效性。

二、侦查措施

侦查措施是根据有关法律规定,由司法机关如检察机关行使,包括强制措施和收集证据、查明案情的专门性侦查措施,其中强制措施包括拘传、取保候审、监视居住、拘留、逮捕;收集证据、查明案情的专门性侦查措施,包括讯问、询问、勘验、检查、辨认、侦查实验、搜查、调取、查封、扣押、查询、冻结、鉴定、检验会计资料、技术侦查、限制出境等方式的控制、通缉、追捕、追赃、没收违法所得等。从法律规定看,由检察机关负责侦查的犯罪属于专业性很强的司法工作人员职务犯罪。因此,在司法实践中,检察机关在对法律规定由其侦查的刑事案件进行侦查时,应当根据办案需要,选择运用相应的措施,实现侦查办案目的。

（一）强制措施

所谓强制措施,是指为了保障侦查活动顺利进行,防止犯罪嫌疑人继续实施危害社会或者妨碍侦查、审查起诉和提起公诉、审判等活动的行为,依法对犯罪嫌疑人采取的暂时限制或者剥夺其人身自由的方法和手段。强制措施包括拘传、取保候审、监视居住、拘留、逮捕五种,主要具有以下特征:

一是法定性。主要表现在强制措施种类、适用主体、适用对象、适用条件及适用程序等方面,都由法律明确规定并予授权。

二是强制性。以国家强制力为后盾,其强制力具有预置性。司法机关适用强制措施时,主要根据案件具体情况及办案需要,无须征得犯罪嫌疑人的同意。强制措施适用的直接法律后果,即对犯罪嫌疑人人身自由加以不同程度的限制甚至直接进行短时的剥夺。

三是保障性。从功能和目的讲,强制措施具有控制犯罪嫌疑人、促进及时突破案件,以及审查起诉、提起公诉和审判、惩罚等作用。适用强制措施,主要是为了保障办案活动顺利进行,而不是对犯罪嫌疑人所作实体处理或者提前惩罚。

四是临时性。刑事诉讼法规定的五种强制措施,均有相应期限,期限届满就须依法解除。对于期限未满的,根据案情变化及办案需要也可以变更。一旦强制措施期限届满,或者妨碍司法办案活动顺利进行的因素消失,比如发现不应当追究犯罪嫌疑人刑事责任的时候,就应当及时依法撤销、变更或解除。强制措施适用中,应当遵循合法性原则、及时性原则、比例性原则、灵活性原则,严格依照刑事诉讼法有关规定的程序、措施、方法、期限和要求进行,确保适用合法有效。

（二）讯问

讯问犯罪嫌疑人,是指办案人员为进一步查明、证实犯罪事实,依照刑事诉讼法等有关规定对犯罪嫌疑人进行审问的一种措施。犯罪嫌疑人既是刑事诉讼的主体,享有诉讼权利和负有诉讼义务,又是证据的重要来源,还可能是适用刑罚的对象。因此,讯问犯罪嫌疑人是办案活动的重要任务和重要内容。根据刑事诉讼法等有关规定,司法活动中搜集的犯罪证据及其确认的犯罪行为,一般应当通过讯问犯罪嫌疑人,并且在法庭上进行举证、质证、认证等程序,进一步查清和证实。由于犯罪嫌疑人本人对是否有犯罪行为及其实施的犯罪活动最清楚,因此,作为言词证据的犯罪嫌疑人供述和辩解,在办案机关对犯罪特别是贿赂犯罪的调查或者侦查、提起公诉、审判等活动中的作用至关重要。只有通过讯问犯罪嫌疑人,才能查清犯罪嫌疑人犯罪事实、动机、目的、手段和情节,并从中发现和查获调查、提起公诉过程中尚未掌握的其他犯罪证据。总之,讯问犯罪嫌疑人主要目的体现在以下方面:一是查明犯罪事实、具体情节,扩大收集证据的线索,发现新的犯罪分子;二是听取犯罪嫌疑人的申辩,保证无罪的人和其他不应当追究的人不受刑事追究;三是根据已经查明的犯罪事实,据以确定涉嫌犯罪的被告人应当承担的刑事责任及其具体的刑罚。

为实现刑事追诉目的,司法机关应当坚持严格依法办案,遵循重证据、重调查研究、不轻信口供、严禁逼供信等原则,并按照刑事诉讼法规定的程序、措施、方法和要求进行。通常情况下,讯问活动分为初讯、复讯、终讯三个阶段。对讯问活动应当依照法律等有关规定制作讯问笔录,同时还需要对讯问活动全过程实行录音、录像。讯问中,办案机关及办案人员应当保障犯罪嫌疑人的诉讼权利和其他合法权益。

(三) 询问

询问包括询问证人、被害人,是指办案机关和办案人员依法向证人、被害人调查了解案情的司法行为。询问的主要任务是了解与犯罪有关信息,获得可以作为证据的言词证明材料,并用以核实其他证据,证明犯罪嫌疑人有罪或无罪、罪重或罪轻,以及与案件有关的其他事实与情节,进而查清与案件有关全部事实,确定对犯罪嫌疑人相应的刑种和具体的刑罚。询问证人、被害人,应当遵照刑事诉讼法等规定的程序、措施、方法和要求,保证一切了解案件情况的人做到客观、充分地提供证言。询问时,应当做好相关准备,比如研究案情,界定待询问证人范围,了解证人的身份、职业,证人与犯罪嫌疑人的关系,证人的性格特征及心理状态,制定询问预案,拟定询问提纲,保证有计划、有目的、有秩序的进行询问,有利于减少重复询问次数,避免无的放矢,提高询问效率。询问结束后,应当制作询问笔录,作为定案的依据。同时,办案机关和办案人员应当依法尊重和保障证人的权利,依法文明规范询问,防止出现非法证据排除问题。

（四）勘验、检查、辨认和侦查实验

具体如下：

一是勘验、检查。这是指办案人员对与犯罪有关的场所、物品、人身、尸体等亲临现场进行查看、了解和检验,从中发现和固定犯罪活动遗留下的各种痕迹、物品的司法措施。勘验、检查措施通常在侦查阶段使用,但是在审查起诉甚至审判阶段也可能涉及使用。按照刑事诉讼法有关规定,办案人员对与犯罪有关的场所、物品、人身、尸体应当进行勘验或者检查。在必要的时候,可以指派或者聘请具有专门知识的人,在办案人员主持下进行。勘验、检查主要任务是收集与犯罪有关的痕迹和物品,判明案件性质,研究了解犯罪分子实施犯罪情况及犯罪分子个体特点,确定侦查方向、范围以及验证已经查明的犯罪事实。

二是辨认。这是指在办案人员的主持下,由证人、被害人及其他有关人员对犯罪嫌疑人及与案件有关的物品、尸体或场所进行识别、指认的活动。辨认的任务主要是明确辨认涉案的物品、尸体或者场所等侦查客体与案件的关系,验证和判断相关犯罪嫌疑人供述和辩解、证人证言及被害人陈述可信性及真伪,为审查、缉获和惩罚犯罪嫌疑人提供依据。

三是侦查实验。这是指为了查明案情,比如确定和判明有关事实或者行为在某种情况下能否发生以及如何发生,而按原有条件实验性地重演的司法措施。办案人员进行勘验、检查、辨认和侦查实验等司法办案活动,应当严格按照刑事诉讼法有关规定的程序、措施、方法和要求,确保收集的证据材料具有法律效力,实现办案工作的任务和目的。

（五）搜查

搜查是指为发现和收集犯罪证据,在一定的时间、地点对犯罪嫌疑人及可能隐藏罪犯或罪证的人身、物品、住所和其他有关场所进行搜索、检查的一种强制性司法行为。根据刑事诉讼法有关规定,办案活动中负有侦查、审查起诉、审判等职责的司法机关,有权要求有关单位和个人交出能够证明犯罪嫌疑人有罪或者无罪的证据材料。搜查的任务主要包括：

一是收集已知证据,发现未知证据,拓展证据来源渠道。

二是防止证据的自然消失和人为毁灭、破坏、伪造、转移等。办案过程中,无论对犯罪嫌疑人是否采取强制措施,只要发现有犯罪证据或与案件有关的物品、文件等,都应及时进行搜查,保证涉案罪证或者对案件有关的物品、文件等证据材料不因自然或人为的原因遭受毁损或者转移,保障司法侦查等活动顺利进行。

三是查获犯罪嫌疑人。对犯罪嫌疑人没有到案或在逃的,通过搜查可以从中发现线索,确定犯罪嫌疑人的出逃方向和落脚点,以及对犯罪嫌疑人进行围捕的过程中进行搜索和查寻,或者对犯罪嫌疑人潜回本地的时候通过搜查将其捕获。

根据缓急程度、搜查次数、对象的类别和数量、目标的可靠性等特征,搜查大体可以分为正常搜查和应急搜查、初次搜查和重复搜查、单处搜查和多处搜查、可能性搜查和确定性搜查、处所搜查和人身搜查、住宅搜查和室外搜查等种类。由于犯罪主体、侵害客体、案发时间以及作案手段、反侦查能力等方面的特殊性,对这类案件采取搜查措施与对普通刑事犯罪案件的搜查相比,难度要大得多。司法实践中,组织实施搜查,应当严格按照刑事诉讼法有关规定的程序、措施、方法和要求进行。同时,应当加强研究有效适应犯罪规律要求、能够破解侦查难点和司法认定要求的搜查对策,提高依法规范搜查水平,增强及时有效查处、揭露、证实、惩罚犯罪的能力和效果。

(六) 调取、查封和扣押物证、书证、视听资料、电子数据

调取、查封、扣押物证、书证、视听资料、电子数据,是指负有侦查、审查起诉和提起公诉、审判等职责的司法机关及其办案人员凭借法定手续,向有关单位和个人调取或者强行收集、扣留、封存可以证明犯罪嫌疑人有罪或者无罪的各种证据材料的一种司法行为。其主要任务是防止证明犯罪嫌疑人有罪或无罪、罪重或罪轻的物品、文件、视听资料、电子数据发生毁灭、灭失或被隐藏等现象,使依法调取、查封、扣押的物证、书证和视听资料、电子数据的活动在认定犯罪事实、揭露和证实犯罪以及保障无罪的人不受刑事追究等方面发挥重要的证明作用。司法实践中,调取、查封、扣押有关证据材料是一项正常性的工作。办案人员调取、查封、扣押犯罪案件的涉案物证、书证和视听资料、电子数据,可以采取刑事调查的一般方法,应当调取原件,并根据需要可以拍照、录像、复印和复制。调取、查封、扣押的物证、书证和视听资料、电子数据等证据材料的全过程,都应依照刑事诉讼法有关规定的程序、措施、方法和要求进行。

（七）扣押邮件、电报或者电子邮件

根据刑事诉讼法等有关规定,负有侦查、审查起诉、审判等职责的办案人员认为需要扣押犯罪嫌疑人的邮件、电报、电子邮件的时候,经依法批准,可以通知邮电机关或者网络服务机构将有关的邮件、电报、电子邮件检交扣押。不需要继续扣押的时候,应即通知邮电机关或者网络服务机构解除扣押措施。但扣押的对象和范围仅限于犯罪嫌疑人发出或寄交犯罪嫌疑人的邮件、电报或者电子邮件。通知时,应当注明犯罪嫌疑人的姓名、曾用名、化名、工作单位、家庭住址或网址等基本情况,必要时依法查阅邮电部门的邮政业务档案或者网络服务机构的网上业务档案。需要摘录、复印或复制与案件有关的档案内容的,可以摘录、复印或复制,并请邮电部门或网络服务机构加盖业务章,注明查阅日期,同时办案人员也应签名,以作摘录或复印、复制材料的来源证明。对于不需要继续扣押的时候,应当立即通知邮电等相关部门解除扣押措施。对于扣押的邮件、电报或者电子邮件,司法机关应当指派专人妥善保管。根据刑事诉讼法有关规定,经查明确实与案件无关的,应当在 3 日以内解除查封、扣押,予以退还。

（八）查询、冻结腐败犯罪嫌疑人的存款、汇款、债券、股票、基金份额等涉案财产

根据刑事诉讼法等有关规定,负有侦查、审查起诉、审判等职责的办案人员,根据办案需要,可以依法查询、冻结犯罪嫌疑人的存款、汇款、债券、股票、基金份额等涉案财产。有关单位和个人应当配合。这里的查询,是指调查、询问;冻结是指对与犯罪嫌疑人有存款或汇款、债券、股票、基金份额等财产业务关系的银行或其他金融机构、邮电部门,不允许其支付犯罪嫌疑人的存款或汇款、债券、股票、基金份额等涉案财产。这里的犯罪嫌疑人存款、汇款、债券、股票、基金份额等财产,除了以犯罪嫌疑人名字进行的存款或者汇出、汇入的款项外,还应包括只要有证据证明是犯罪嫌疑人的存款、汇款、债券、股票、基金份额等财产,而不管其以真名还是假名、化名、亲友名称或者以转交方式进行的存款、汇款、债券、股票、基金份额等财产。这里的存款、汇款、债券、股票、基金份额等财产,包括个人和单位的存款、汇款、债券、股票、基金份额等财产。对存款、汇款、债券、股票、基金份额等财产的查询、冻结,是办案中经常使用的

一种司法行为。查询、冻结的主要任务是查询发现犯罪嫌疑人的赃款等,核实和固定证据,揭露、证实、惩罚犯罪,并力求从中发现新的犯罪线索,依法挽回国家经济损失等。查询、冻结时,应当严格依照刑事诉讼法有关规定的程序、措施、方法和要求进行。需要注意的是,根据我国有关法律规定,公民个人的合法储蓄依法受法律保护,任何团体或个人均不得侵犯。银行实行存款自愿、取款自由、为储户保密的原则。因此,对银行存款的查询、冻结有严格的法律规定。查询、冻结时,应当经过严格的审批程序,履行法律手续,对冻结的存款、汇款、债券、股票、基金份额等财产应依法处理,该上缴的上缴,该移送的移送,该返还的返还,严防受经济利益驱动办案,禁止违法冻结、扣划,禁止违法处理或者挪作他用。对企业事业单位的账户不应轻易冻结,维护企业事业单位正常经营秩序以及不同经济主体的合法权益。对确需冻结的,应当留给企业事业单位等一定运转费用,防止和避免因冻结企业事业单位等账户而发生群体性事件,影响社会大局稳定。

(九) 鉴定

所谓鉴定,又称司法鉴定,是指为了查明案情,在刑事诉讼活动中由鉴定人运用科学技术或者专门知识对刑事诉讼涉及的专门性问题进行鉴别和判断并提供鉴定意见的诉讼活动。办案过程中,对运用一般方法无法解决的某些专门性问题,经过严格批准,即可进行鉴定。鉴定意见,作为一种刑事诉讼证据,通常起着证实某一案件事实的性质以及有关人员刑事责任等方面的作用。对某些犯罪案件而言,鉴定意见是决定立案侦查、提起公诉或者依法定罪处罚与否以及审查或鉴别其他证据真伪的重要证据。鉴定的主要任务是对案件一些专门性问题进行科学鉴别,以便及时收集证据,准确揭露犯罪,正确认定案件事实,依法惩罚犯罪人。比如,实践中有的犯罪嫌疑人收受的贿赂如字画、玉石等可能是赝品,有的犯罪嫌疑人甚至在被立案侦查、审查起诉或者审判过程中装疯卖傻等,因此无论是对字画、玉石等财物或者对犯罪嫌疑人是否患有精神病等,都涉及鉴定问题。办案中需要鉴定的,首先应当确定待鉴定的专门性问题,依法指派或者聘请鉴定人;其次,应当提供检材和比对样本等原始材料,明确告知鉴定要求;最后,告知鉴定人依法制作鉴定意见。必要时,在审判过程中可以通知鉴定人到庭说明鉴定的情况等。司法实践中,常用的鉴定包括司法会计学鉴定,笔迹鉴定、伪造文书鉴定、损坏与变造文书鉴定、印刷文书鉴定、图章印文鉴定以及电子数据鉴定等。但无论是哪一种鉴定,都应当严格依照刑事诉讼法等有关规定的程序、措施、方法和要求进行,确保鉴定意见合法有效。

（十）　检验会计资料

办案中往往涉及对会计资料的审查、检验、收集和提取等问题。比如,办案中遇到国有企业、公司改制中涉及资产被侵吞等问题,就需要由专门的注册会计师或者审计师事务所等专业机构对这些会计资料进行检验,分析认定资产的性质、流向等问题。实践表明,检验会计资料对于及时查处、揭露、证实和惩罚犯罪分子具有重要作用。所谓检验会计资料,是指为了查明、揭露和证实犯罪事实,对案件中涉及财政、财务和会计等专门性问题指派或者聘请具有专门知识的人员进行检查和甄别,确定会计资料的实际状况,为查明、揭露、证实和惩罚犯罪事实提供依据的专门性活动。司法实践表明,检验会计资料是发现、揭露、证实和惩罚犯罪的一种技术手段,主要任务是运用专门性的会计方法和技术,对案件中涉及专门性的会计资料进行科学鉴别,用以正确认定案件性质、及时收集证据,准确揭露和证实、惩罚犯罪。办案人员在组织检验会计资料时,应当做好组织检验力量、收集检材、制订检验计划等各项准备工作,然后进行拟定调查提纲、审查检材可靠性并查验问题性质、寻找疑点追踪检查和深挖等组织实施,最终完成检验任务。整个过程中,办案人员及负责会计资料检验的专门性人员,都应当严格依照有关法律等规定的程序、措施、方法和要求进行,确保实现预期的检验目的。

（十一）　技术侦查

技术侦查是国际上普遍使用的、重要而有效的刑事侦查措施。《联合国反腐败公约》第50条第一款规定,为有效地打击腐败,各缔约国均应当在其本国法律制度基本原则许可的范围内并根据本国法律规定的条件在其力所能及的情况下采取必要措施,允许其主管机关在其领域内酌情使用控制下交付和在其认为适当时使用诸如电子或者其他监视形式和特工行动等其他特殊侦查手段,并允许法庭采信由这些手段产生的证据。这里的电子监视,主要是指为了侦查犯罪,利用窃听装置技术、红外线望远镜、红外线摄像、电子计算技术设备等监控或听取他人在办公、住所等场所的谈话,或者对特定人、物或场所进行监视或进行秘密拍照或录像等侦查方法。

就我国而言,根据我国刑事诉讼法有关规定,办案过程中可以使用技术侦查措施。所谓技术侦查,是指公安等机关运用现代科技设备和特殊的侦查方法秘密收集证据、查明犯罪事实和查获犯罪嫌疑人的司法侦查措施的总称,主要包括麦克风侦听、电话侦听、窥视监控、邮件检查、外线侦查等。同时,随着网络技术快速发展,以及犯罪分子普遍运用网络技术实施犯罪活动等情况,对网络侦查方面使用的一些技术手段,也被纳入技术侦查范畴。从性质、特点和功能上讲,技术侦查措施具有秘密性、技术性、直接性和强制性等特点,主要任务是秘密收集犯罪证据、查明犯罪事实、查获犯罪嫌疑人、拓展发现犯罪线索渠道等,对于快速获取犯罪嫌疑人实施犯罪活动的证据、查获犯罪嫌疑人去向以及实施对潜逃的犯罪人进行抓捕等具有重要作用。检察机关决定使用技术侦查措施时,应当严格依照刑事诉讼法有关规定的程序、措施、方法和要求进行,确保技术侦查措施功能的合法有效发挥,以及对使用对象合法权益的依法有效保护。

(十二) 控制、通缉和追捕

控制、通缉和追捕是打击和防止犯罪嫌疑人潜逃特别是逃往境外的重要措施,也是办案中常用的司法侦缉措施。所谓控制、通缉和追捕,是指依法对重要涉案人或已经潜逃的犯罪嫌疑人实施监视、布控、查缉,防止其串供、潜逃或将其潜逃后缉捕归案的司法侦缉措施。控制、通缉和追捕的主要任务,就是对重要涉案人进行有效控制和对潜逃的犯罪嫌疑人实施通缉抓捕,保障侦查和追诉犯罪活动顺利进行,保证犯罪分子受到应有的法律制裁,维护法律权威,实现办案目的。具体实施过程中,应当把握以下方面:

一是控制。主要包括确定控制对象、严格履行批准程序、办理批准手续、选定和实施限制出境等控制措施,实现控制目的。

二是通缉。所谓通缉,是指为缉捕在逃犯而通报一定地区的公安、检察机关和公民协同缉拿的司法侦缉行为,主要途径和方式包括发布全国通缉令、网络通缉、国际红色通报即俗称"红色通缉令"(简称"红通")、采取专项通缉行动等。根据刑事诉讼法等有关规定,对于应当逮捕的犯罪嫌疑人如果在逃,或者已被逮捕的犯罪嫌疑人脱逃的,经批准,检察机关可以作出通缉决定。对于辖区范围内的,可以直接决定通缉;对于辖区外需要通缉犯罪嫌疑人的,由有决定权的上级机关决定,并通知公安机关发布通缉令。对于发现犯罪嫌疑人出逃境外的,应当及时采取措施,通过各种渠道追捕归案。如果逃往国际刑警组织成员国或者地区的,可以层报最高人民检察院商请国际刑警组织中国国家中心局,向逃犯所在国家或地区发布"红色通缉令",请求有关方面协助或者采取其他合法途径追捕归案。对于被通缉的犯罪嫌疑人捕获归案后,办案单位应当及时通知有关公安机关撤销通缉令。

三是追捕。办案中发现犯罪嫌疑人潜逃或者已经逃出境外的,首先应当对犯罪嫌疑人潜逃的确定、报告和备案,然后分析查找追捕对象潜逃的方向和位置,并采取缉捕行动,包括发布追捕令,加强信息跟踪与通报,寻踪追缉。对于发现目标的,应当组织实施围捕。追捕的手段和方法主要包括全国通缉、网络通缉、通报、追捕协查、边境口岸控制、边境协查、"红色通缉令"、劝返、港澳协查和台湾协助、部署专项追捕行动、集中行动和打击以及境外缉捕等。

(十三) 追赃和没收违法所得

这是打击腐败犯罪的重要措施和环节,也是有效预防腐败的重要方法。具体内容如下:

一是追缴赃款赃物。这是获取腐败犯罪证据的重要环节,也是扩大办案效果的必要措施,应当贯穿于司法办案全过程。所谓追缴赃款赃物,是指为了避免和防止国家利益受到损失,并且不让犯罪分子得到任何利益和好处,利用司法办案职权将腐败犯罪所得予以追回、剥夺的司法措施。追缴赃款赃物的主要任务,就是将腐败犯罪所涉赃款赃物追回到案,用以揭露、证实和处罚腐败犯罪,并降低犯罪收益、提高犯罪成本。实施追缴赃款赃物时,应当遵循依法追赃、积极追缴、迅速及时等原则,将缉捕等措施与追赃结合起来,主要途径和方法包括加强对犯罪嫌疑人或者被告人的审讯,弄清赃款赃物去向进行追缴;通过搜查、扣押、查询、冻结等措施,获取赃款赃物;通过犯罪嫌疑人或被告人家属、亲友以及与其关系密切的人比如情人等追缴赃款赃物。

二是犯罪嫌疑人、被告人逃匿、死亡案件违法所得的没收。根据刑事诉讼法等有关规定,对于犯罪嫌疑人、被告人等逃匿、死亡案件的违法所得,应依法予以没收。这是根据腐败犯罪日益智能化、复杂化等新特点新趋势,有力适应打击犯罪实际需要的积极措施,具体应当按照明确没收的对象和条件、提出没收的申请、没收申请的审理、没收申请的裁定及处理、没收申请的终止审理及救济等法定的程序、措施、方法和要求进行,确保程序合法、措施规范,方法得当、效果良好。对于符合缺席审判程序的条件和要求的,可以适用缺席审判程序对案件及涉案财物进行处理。

三、工作措施

反腐败司法工作措施,是落实反腐败战略部署的重要手段,也是实现反腐败战略目标的重要方法和重要途径。根据监察法规定,监察机关负责对涉嫌贪污贿赂、滥用职权、玩忽职守、权力寻租、利益输送、徇私舞弊以及浪费国家资财等职务违法和职务犯罪进行调查。为了加强纪法贯通、法法衔接,有必要对有关立法、司法解释以及查处和打击职务犯罪等规定、要求和实践做法等进行总结、归纳和简要阐述,推动监察机关的监督、调查等工作。

(一) 突出办案工作重点

没有重点就没有政策。在任何时期,反腐败司法工作都有特定阶段的特定重点。做好新时代反腐败司法办案工作,必须坚持无禁区、全覆盖、零容忍,坚持"老虎""苍蝇"一起打,坚持受贿行贿一起查,紧紧盯住重点人群、重点领域、重点环节,突出打击重点,加大惩治力度,力求除恶务尽,坚决防止形成利益集团。

(二) 加强研究新问题,树立新理念

刑法修正案(九)自 2015 年 11 月 1 日起生效施行,2016 年 4 月 18 日最高人民法院、最高人民检察院对外发布《关于办理贪污贿赂刑事案件适用法律若干问题的解释》。这些立法和司法解释等新规定,对查办贪污贿赂等腐败犯罪案件提出新的更高的要求。要努力适应新时代反腐败司法办案工作,就必须加强研究适用法律政策的策略和方法,提高适用法律的新水平,增强司法办案效果。

1. 摒弃办案唯数额论。分析运用案件线索时,既重视涉案数额,又重视涉案情节,按照数额+情节的标准和要求,依法准确处理涉案线索。特别是要树立"情节决定犯罪、情节决定罪行轻重、情节可以进行政策交换"等办案新理念。认真研究两高"司法解释"规定各种情节及其运用,明确取证规则和取证方式,提高揭露、证实、指控腐败犯罪能力。

2. 积极采用案件线索审查新办法。"两高"司法解释对刑法第八章、第三章有关十个罪的数额较大、巨大、特别巨大三档标准进行了调整。除了挪用公

款罪,其他五种罪的数额较大标准即起刑数额,采用的是双重标准:一是常态标准,以数额为起刑标准;二是最低标准,数额+情节。审查案件线索时,应当重点把握以下几点:一是审查涉案数额。比如举报贪污、受贿等数额在三至二十万之间或者更多的,可以优先从数额标准考虑,决定是否立案。二是审查数额和相应的情节要素。比如举报数额在一万以上三万以下的,要对照相应情节,比如贪污罪六种情形、受贿罪八种情形、行贿罪六种情形等,分析是否构成犯罪、是否决定立案。三是审查分析追诉时效问题。由于司法解释规定新标准的数额空间大,比如贪污、受贿数额一至二十万、二十至三百万等,办案中将经常遇到对追诉时效的分析判断问题。对此,不能用老办法、老套路,对案件线索特别是一些处于追诉时效边界的线索,要重点审查是否超追诉时效。四是加强动态审查。对一些已经进入立案调查阶段的案件,也要加强动态分析评估、准确决策。特别是在查明涉案数额以后,发现超过追诉时效的,应当及时按照追诉时效的有关法律规定进行处理,比如该撤案的撤案等。

3.加强对腐败犯罪情节的分析和运用。"两高"司法解释一个鲜明的特点,就是对犯罪情节的规定。这些规定体现了党和国家反腐败刑事政策,内容丰富,并且每一种情节都有各自的构成要求。大体分三类:第一类,较重情节、严重情节、特别严重情节;第二类,给国家利益造成损失、重大损失、特别重大损失;第三类,涉及行贿罪有关犯罪较轻、有重大立功表现、对侦破重大案件起关键作用等情形。这些情节,有的影响定罪,有的影响量刑,有的可以用作与犯罪嫌疑人进行交换的办案政策,并且每一类情节又有许多具体的情形和不同的构成要件。比如,按照"两高"司法解释第一条第二款第二项规定"曾因贪污、受贿、挪用公款受过党纪、行政处分的"情节,贪污、受贿数额在一万元以上的,即构成犯罪,但对于这里的党纪政纪处分,应当达到什么程度才符合上述司法解释精神,因为党纪处分包括警告、严重警告、撤销党内职务、留党察看、开除党籍五种;政务处分包括警告、记过、记大过、降级、撤职、开除六种。对于这些处分,是否都包括司法解释第一条第二款第二项规定之内,需要进一步明确。总的要求,办案中应当深入分析各种情节要素,并注意对各种情节相对应的证据收集和运用。

4.准确把握犯罪行为及构成要求。办案实践表明,犯罪行为决定了侦查取证的方向、方法和法定要求。刑法修正案(九)及"两高"司法解释,极大地丰富了贪污贿赂等腐败犯罪行为,解决了实践中长期存在的一些重大分歧问题。要重视研究这些犯罪行为及构成要件,学会系统分析、综合判断,提高正确适用和精准办案的水平。

5.准确适用犯罪主体。犯罪主体是犯罪行为的实施者、刑事诉讼的被告者,也可能是刑事责任的承担者。2006年以来,刑法先后进行了多次修正,贪污贿赂犯罪主体范围进一步扩大,并且这些新变化与具体犯罪的认定直接相关。如果以国家工作人员为基点进行分类,目前有四类,包括:一是国家工作人员,限于在职,包括国有公司企业事业单位工作人员;二是离职的国家工作人员,包括辞职、辞退、退休;三是与国家工作人员或者离职的国家工作人员关系密切的人,包括其近亲属及其与其关系密切的人;四是外国公职人员、国际公共组织官员。这里,重点是要重视研究两类主体:一是"有影响力的人"。刑法修正案(九)第四十六条规定了五种主体,包括:一是国家工作人员的近亲属;二是与国家工作人员关系密切的人,除其近亲属外;三是离职的国家工作人员;四是离职国家工作人员的近亲属;五是与离职的国家工作人员关系密切的人,除其近亲属外。这些主体中有的容易与刑法第三百八十八条间接受贿相混淆,并将影响行贿罪与对有影响力的人行贿罪的定性和取证。二是国有公司企业单位工作人员。"两高"司法解释第十七条规定,对受贿罪与刑法第三章第三节、第九章的渎职犯罪一般实行数罪并罚。但是,随着国企改革全面深化,国有资本参股、控股等股份制、混合所有制公司企业中工作人员认定难度加大。对于这些问题,需要深入研究,才能有利于解决案件定性、侦查取证等办案中将直接遇到的实际问题。

6.正确运用党和国家的刑事政策。"两高"司法解释对贪污贿赂犯罪的定罪数额和量刑情节等进行了细化。一项重要任务,就是研究如何利用刑事政策为办案服务,比如查办行贿与受贿犯罪案件的过程中,可以综合以下法律规定进行办案政策的分析和具体运用。根据"两高"司法解释第七条、第八条第一款规定,行贿罪起刑数额为一万元以上一百万元以下。其中,第一档定罪量刑数额为三万元以上一百万元以下;第二档按照数额+情节定罪量刑标准,数额为一万元以上五十万元以下。司法实践中,行贿犯罪涉案数额为一万元至一百万元之间的占大多数,其法定刑为五年以下有期徒刑或者拘役并处罚金,其中有多数案件是有可能被判缓刑的。特别是对于行贿一万元以上二十万元以下的案件,按照司法解释第一条第三款规定,与其对应的是受贿犯罪,即受贿数额为一万元以上二十万元以下的,其法定刑为三年以下有期徒刑或者拘役并处罚金。按照司法解释第十四条第一款规定,法定刑为三年以下有期徒刑的属于犯罪较轻。办案实践中,可以综合运用这些有关的法律和司法解释等规定,用于对行贿人进行思想教育甚至政策交换的"工具或武器",促其交代,瓦解其"犯罪同盟"。

7. 正确分析运用定罪量刑规则。重点把握以下方面:一是为他人谋取利益认定。"两高"司法解释第十三条规定四种情形,重点是研究把握事后受贿的构成及证明要求。二是赃款赃物用途的作用。赃款赃物用途虽然不影响定性,但影响量刑,办案中需要查明其用途。三是特定关系人共同故意认定。根据"两高"司法解释第十六条规定,主要看国家工作人员知道对其特定关系人利用其影响力为请托人办事并收受请托人财物的情况后的态度和做法,比如将其特定关系人收受的财物退还或者上交,这方面需要通过调查取证予以确定。四是违法所得追缴或者责令退赔。"两高"司法解释第十八条与刑法第六十四条相比,增加了对尚未追缴到案或者尚未足额退赔的违法所得,应当继续追缴或者责令退赔的内容,强化了司法机关的责任。五是罚金刑。"两高"司法解释第十九条规定明确,便于实际操作,但如何执行到位,是实践中的难点。六是溯及力和追诉时效问题。按照2015年10月29日最高人民法院有关司法解释等规定,包括从旧兼从轻、有条件从轻、从新兼从轻等原则。对于追诉时效的适用,应当按照刑法第八十七条至第八十九条规定执行。

8. 准确把握犯罪对象与犯罪计算。从"两高"司法解释看,一方面将贿赂对象从货币、物品等财物扩大到财产性利益,并将财产性利益细化为两类:一是可以折算为货币的物质利益,比如房屋装修、债务免除等;二是需要支付货币的其他利益,比如会员服务、旅游等。这些规定,解决了实践中的许多争议,但由于贿赂对象的复杂性,这个司法解释涉及相应的内容尚难穷尽。同时,司法解释对于贿赂对象及各种情节的规定,还涉及大量计算问题。总起来讲,办案中应当重点把握以下几点:

一是采用联系的观点和方法。除了这个"两高"司法解释,还应当重视运用2008年11月20日最高人民法院、最高人民检察院《关于办理商业贿赂刑事案件适用法律若干问题的意见》等有关规定,比如对送信用卡的数额认定等。

二是研究各种具体情节的适用,特别是涉及数额、比例计算,应当做到既符合法律规定,又合情合理。

三是重点研究事前受贿的构成及数额计算。对多次受贿没有处理的,应当累计计算,实践中通常都这么做。但是,对感情投资型的事前受贿,取证过程中应当注意收集请托人在请托前后有关事实所及的证据材料。

9.研究构建调查规则和证据体系。根据刑法修正案(九)及司法解释等有关规定,对贪污贿赂等腐败犯罪行为在取证规则、证据体系上需要进行相应的调整和重构,办案中应当重视收集以下证据,构成完整的证据链:一是定罪的证据,解决立案问题。二是量刑的证据,解决量刑问题。三是证明违法所得或者其他涉案财产的证据,解决办案中可能遇到被调查人逃匿、死亡等特殊情况,为启动违法所得没收程序或者缺席审判程序做好证据准备。四是证明调查取证程序合法性的证据,主要解决两方面问题:一方面是案件质量问题。如果调查取证程序不合法、有瑕疵,就会影响全案的诉讼进程及至案件质量。另一方面是防止被控告。按照刑事诉讼法有关规定,当事人或辩护律师等对办案人员违法违规的办案行为有权利提出控告,检察机关控申部门要调查核实。对此,如果办案机关、办案人员的手中有证据,事先有准备,就会处于主动。五是证明调查取证合法性的证据,主要针对被告人或其辩护人在法庭上提出非法证据排除程序的诉请,提前收集证明调查取证合法性的专门证据材料,做好充分准备。六是留置或羁押必要性证据,解决留置期限和羁押及延长的问题。以上几类证据,虽然不是严格意义的证据学分类,但是对办案实践需求进行了回应。办案人员在制定调查方案时,应当重视列明证据清单,掌握主动权。

10.加强刑法理论的研究和司法实践总结。必须看到,我国刑法理论的发展变化,对定罪量刑、调查取证等方面产生了重大的实质性影响。从整体上讲,2006年以来对刑法进行了多次修正,其中刑法修正案(八)对刑法总则等内容进行了大修;针对刑法修正案(九)的"两高"司法解释引入推定规则,对刑法中传统的主客观相一致原则产生冲击,同时这个解释规定的各种犯罪情节,在具体构成要素方面都有不同的要求,需要理论上的指导;对于事前受贿的认定,在调查取证过程中要求办案人员"向后看",也就是查清发案后的时间节点之前的受贿情况,但向后看多远,当前没有明确,比如发现行为人之前收受的礼金数额总计,按照现时法律规定已经超过追诉时效的,是否还需要认定;等等。总之,这些问题需要理论上深入研究,才能正确指导实践,不断提高适用刑事法律的能力和水平。

随着办案工作深入发展,刑法修正案(九)及"两高"司法解释实施过程中遇到的困难和问题将陆续暴露出来。比如单位受贿罪、介绍贿赂罪等五个贿赂罪,与贪污罪相关的私分国有资产、罚没财物罪,以及与挪用公款罪相关的挪用特定款物罪等,需要确立新标准;各种犯罪情节构成要件,需要深入研究;等等。

(三) 实行调查方式和办案模式转型

这是适应以审判为中心的刑事诉讼制度改革的基本方法和重要措施。从改革的出发点讲,推进以审判为中心的刑事诉讼制度改革,目的是促进庭审实质化,对认定案件事实和证据都要求经过法庭举证、质证、认证等程序,实质是坚持以证据为核心,这对反腐败司法办案取证提出了新的更高的要求。

第一,实行规范化取证。规范化取证的转型标准,主要包括:一是程序到位;二是方法得当;三是取证依法;四是用证有效。这是适应改革新要求的总前提,要求办案取证中做到证据来源、证据形式和取证程序等都符合法律规定,保证证据的合法性和证明力。

第二,实行精细化调查。精细化调查的转型标准,主要包括:一是调查适度;二是程序到位;三是风险防控;四是纪法衔接;五是效果精准。这主要基于调查是监察机关与司法机关进行监察法与刑事诉讼法贯通衔接的重要环节,要求调查取证要精细,保证取证质量,打好证据基础,掌握办案工作主动权。

第三,实行专业化讯问。专业化讯问的转型标准,主要包括:一是基础标准,包括讯问人员应当具备知识、专业、技能、素质或潜质等要素;二是方法标准,即方法得当;三是保障标准,即保障有力,讯问支持系统完备;四是程序标准,即程序规范。这主要针对腐败犯罪特别是贿赂犯罪事实的认定,离不开被调查人供述等实际提出来的。实践表明,由于有的办案人员讯问能力不足,面对被调查人不供或者拒供的讯问僵局,找不到破解的方法,就可能容易诱发违规违法讯问甚至刑讯逼供问题,这也是长期以来加强对办案工作监督的重点。强调提高讯问专业化水平,根本出发点就是为了防止和避免违规违法办案甚至发生冤假错案,依法保障被调查人合法权益。

第四,实行信息化依托。信息化依托的转型标准,主要包括:一是平台够用;二是联通有序;三是使用有效;四是程序合法。这主要基于大数据时代为办案工作提供了极为有利的条件,这是反腐败司法办案工作对时代发展特别是科学技术快速发展的能动反映和实践回应。实践表明,推进调查信息化、大数据建设,探索建立大数据调查模式,增加办案工作的科技含量,对办案工作如虎添翼,将大大提升办案工作战斗力。对于这一点,既要深刻体会,更要付诸实践、推动工作。

第五,实行集约化办案。集约化办案的转型标准,主要包括:一好;二多;三省。换言之,案件办得好,案件查得多,办案成本节省即成本低。这主要是针对以往粗放型办案模式提出来的。从实际功用讲,前面的"四化",最终归结到服务于集约化办案,加强集约办案能力,增强集约办案效果,提升集约打击力度,体现反腐败重遏制、强高压、长震慑。

需要注意的是,监察机关不是单纯办案机关,不以办案数量论英雄,而是要从净化政治生态的大局上把握"树木"与"森林"的关系,确定办案的重点、方向、力度和规模。根据监察法规定,监察机关在案件调查中必须严格执行调查方案,不得随意扩大调查范围、变更调查对象和事项。对调查过程中的重要事项,应当经集体研究后按程序请示报告,并按照有关规定办理。对此,调查实践中要予以重视,把握好政策,确保办案工作的方向和质效。

(四) 积极推行查办群体化案件新模式

这是强化集成深度打击群体化腐败犯罪、深入推动反腐败办案工作的重要举措。从实践看,查办群体化腐败案件应当重点把握以下方面:

第一,犯罪链。所谓犯罪链,就是基于犯罪行为、犯罪主体或者滋生蔓延趋势等要素之间相互联系而形成的犯罪现象,包括:(1)犯罪场域链,比如腐败犯罪在哪里发生,重点发生在哪些领域、系统、行业;(2)犯罪主体链,比如什么人犯罪;(3)犯罪空间链,比如犯罪范围多大;(4)犯罪流向链,比如犯罪上下游等构成要素。了解掌握了犯罪链,就可以为查办群体化腐败案件的决策和实际操作提供理论依据和实践方法。

第二,案件池。案件池是形象比喻,但实践中的确客观存在。比如查办腐败犯罪案件实践中自行发现贪污贿赂等腐败犯罪的比例趋高。而自行发现的这些案件,主要是在查办个案过程中主动深挖出来的窝案、串案、案中案甚至集团犯罪案件。但是,如果办案中不主动深挖,就发现不了这些案件。深挖犯罪,实质是通过强化"案件池"意识,并与犯罪链有机结合,有效开掘"案件池",加强对腐败犯罪活动的集成深度打击,做到除恶务尽。

第三,依法圈查、规模办案。对于这个问题,应当严格与"拉大网"划清界限。从性质上讲,规模办案、依法圈查是深挖犯罪的一种有效方法,是基于对案件线索和证据材料的分析判断,运用犯罪链、案件池等基本原理查办群体化腐败案件的重要方法和策略,与"拉大网"有着本质的区别。具体操作中,应当重点把握以下方面:

一是采用"双审法"。既审查案件线索的成案率,又审查线索中蕴含的案件储量。其中对案件储量的审查,既采用静态审查法,加强对线索的深入分析,又要注意把握办案动态,一旦发现个案中出现大量群体案件线索的,及时调整办案的策略和方法。

二是分段截查。关键是找准办案切入点。从实践看,这个切入点,可以从监管薄弱环节、秩序混乱区域、利益密集行业、改革中新生事物频发领域等环节和领域进行分析、锁定。

三是统筹组织指挥。以一省或者一地市为办案单位,充分发挥地市办案主体作用,有计划、分步骤进行,力求取得最佳的规模办案成效。

四是宽严相济。对于集群腐败案件、专案等处理,应当注意量刑的平衡或者均衡,保证案件公正处理,提高司法质量和司法公信力。

总之,准确把握查办群体化案件的思路和方法,对于提升集成打击群体化区域化腐败案件、遏制和防范共腐关系圈等具有重要作用。

第七章　反腐败司法认定和证据制度

反腐败司法认定和证据制度,是对腐败犯罪案件作出公正司法处理的基础和保证。从逻辑关系讲,司法认定属于司法办案活动的一种综合认定,既包括实体法上的分析定性,也包括程序法上的证据认定及事实认定。司法认定以案件证据为依据,科学完善的证据制度是正确开展司法认定的制度保证。司法实践表明,办案活动中获取证据的数量,以及证据的合法性和证明力等影响证据品质要素,将直接影响对腐败犯罪事实的认定及其惩罚。因此,在查办腐败案件中进行司法认定,应当按照刑法规定的犯罪构成要件,以及刑事诉讼法、监察法规定收集和调取证据的种类、程序、措施和要求,收集和获取符合法定条件和要求、标准的、能够足以证明具体犯罪案件事实的各种证据。这是办案工作核心任务。所有办案活动,都应当围绕收集、固定、审查和运用证据这一核心任务进行。

第一节　反腐败司法认定和证据制度的法律特征

一、反腐败司法认定的含义及司法证据的基本特点

反腐败司法认定,是对腐败犯罪事实和证据进行审查、分析、确认的一种司法活动,应当遵照刑法和刑事诉讼法、监察法等有关规定,以及遵循与认定相关的规律、原理和方法。从性质和内容上讲,反腐败司法认定是指在司法环节对腐败犯罪事实和证据进行具有法律约束力的审查、分析、确认活动,包括

对所涉具体腐败犯罪案件的事实定性和证据调查、收集、固定、审查,以及法庭

审理中举证、质证、认证等一系列审查、分析、确认活动。从认定的理论、原理和方法讲,对于涉腐犯罪的事实定性,应当根据刑法规定以及犯罪构成理论、原理和方法,对腐败行为或者腐败事实进行分析判断,确定其是否符合法律规定构成腐败犯罪。对于影响腐败犯罪定性的涉腐证据认定,应当根据刑事诉讼法、监察法规定以及司法证据理论、原理和方法,对揭露和证实腐败行为或者腐败犯罪事实的证据进行分析判断,确定其是否符合法律规定以及认定犯罪的规律要求而达到了足以证实发生了腐败犯罪的证据数量、质量等法定标准。

反腐败司法证据,是反腐败司法认定的基础和根据。收集和运用反腐败司法证据,是反腐败司法办案包括调查或者侦查、公诉和审判等司法活动的核心任务之一。腐败犯罪事实形成于腐败犯罪活动的过程,反腐败司法证据基于调查或者侦查而调取、收集的结果。从某种意义讲,反腐败司法办案的过程,实质上是围绕腐败行为事实的定性而对涉腐证据进行收集和运用的过程。但是,反腐败司法办案所涉案件证据问题,往往贯穿于调查或者侦查、公诉、审判的全过程。就腐败行为司法认定中的程序部分即司法证据制度及实践来说,由于缺乏对反腐败司法证据深入研究,一定程度上影响到反腐败司法办案的质量和效果。因此,在反腐败司法办案的全过程,都应加强研究反腐败司法证据收集、固定、审查、判断、运用等问题。这里,有必要专门进行阐述。

所谓反腐败司法证据,顾名思义,是指由监察机关、检察机关、审判机关等依照法定程序收集的、用来证明腐败犯罪事实是否存在、腐败犯罪嫌疑人或者被告人是否有罪、罪责轻重以及其他有关腐败犯罪情况的一切事实和材料。从这一定义看,对反腐败司法证据的基本特征可从三个方面进行理解:

第一,反腐败司法证据收集和认定、运用主体的特定性。反腐败司法证据由法定的监察机关、检察机关、审判机关及其办案人员进行收集、认定和运用,任何其他机关、团体或者个人无权收集、认定和运用。

第二,反腐败司法证据功能的专门性。反腐败司法证据的功能在于对腐败性质的分析、认定以及证明腐败犯罪事实是否存在、腐败犯罪嫌疑人或者被告人应否承担刑事责任等真实情况,这是监察机关、司法机关认定是否有腐败犯罪事实存在、腐败犯罪嫌疑人或者被告人是否构成犯罪、应否承担刑事责任的实践依据。

第三,反腐败司法证据收集、审查和运用的法定性。对于反腐败司法证据的收集、审查和运用,只能由法定的监察机关、检察机关、审判机关及其司法办案人员依照有关法律规定的程序和要求进行,违反有关法律规定而非法收集证据的所有活动为法律所禁止。

二、反腐败司法证据与普通刑事证据的异同

从反腐败司法原理的角度讲,反腐败司法证据在本质上属于刑事证据的一种,由于反腐败司法办案的特殊性以及反腐败司法证据所处调查及各个诉讼阶段的特殊性,其证明标准和证明要求在调查或者侦查、提起公诉、审判等各阶段是有所区别的。从总体上讲,反腐败司法证据与普通刑事证据既有共性,也有相异之处。

从共性上讲,反腐败司法证据与普通刑事证据都属于刑事证据范畴,是作为对犯罪人进行刑事处罚的根据;都具备刑事证据的客观性、关联性和合法性;等等。具体地说,一是客观性。即证据是一种独立于人的意识之外的客观存在。这种客观存在不以人的意志为转移,不依赖于提供证据的人而存在,并且不因与人的联系而改变它的本来面目。二是关联性。即作为证据的事实必须与案件事实存在某种联系,不仅客观上存在,而且是能用来证明案件真实情况的事实,对证明案件事实具有法律上的意义。三是合法性。作为证明案件事实的客观存在,是在调查活动中依照法定程序调取、收集和固定,以及在监察调查和刑事诉讼活动中依照法定程序调取、收集和固定,是具备法定形式并经查证属实的事实。

从相异性上讲,反腐败司法证据与普通刑事证据的不同之处有:一是证据收集的主体不同。反腐败司法证据由监察机关、检察机关、审判机关按照有关法律规定的程序进行调取、收集、固定和认定,普通刑事犯罪证据的收集主体是公安、安全、检察、审判等执法司法机关。二是证明对象及范围不同。反腐败司法证据的法律意义在于证明腐败犯罪事实是否存在、腐败行为人是否承担刑事责任等真实情况,而普通刑事犯罪证据所证明的对象及范围远大于反腐败司法证据,实质上包含了腐败犯罪在内的所有刑事犯罪。三是形成阶段不同。反腐败司法证据形成于监察机关以及检察机关、审判机关等调取、收集、运用活动的过程,而普通刑事证据形成于公安机关、安全机关、检察机关、

审判机关等执法司法机关调取、收集、运用活动之中。

三、反腐败司法证据的专有特性

腐败犯罪主体特殊性以及反腐败司法办案的法律性质,决定了腐败犯罪活动的复杂化、调查取证活动的复杂化以及调取、收集腐败犯罪证据的难度。从证据形态上讲,反腐败司法证据除了具有普通刑事证据的共性,还具有腐败犯罪学的一些独特性,具体如下:

（一）证据的假象性

实践表明,由于腐败犯罪人实施反调查、反侦查活动,司法办案工作将受到不同程度的干扰。通过对大量案例的分析表明,反调查、反侦查活动大体有以下几种:一是毁灭罪证。腐败犯罪人对认为可能成为证据的,将会想尽办法将其毁灭。二是破坏现场。腐败犯罪人在实施犯罪后,只要留有作案现场的,就会将其破坏无遗。三是订立攻守同盟。无论"独狼式"单个作案还是共同联手作案,腐败犯罪人在犯罪前或者犯罪后都会订立攻守同盟,以防案发后被揭露甚至受到刑事追究。四是翻供、翻证。一旦案发,腐败犯罪人除了通过各种途径和方法,千方百计进行串供,在归案后认为只要有机会,比如被取保候审或者转移羁押场所而遇到各种关系、机会或者熟人等,都会不失时机进行翻供或者通过其家属、聘请的辩护律师做有关证人的思想工作而翻证。五是转移赃款赃物。从实践看,有的腐败犯罪人在案发前就做好准备,将赃款赃物转移到了境外,甚至将家人及涉案赃款一并事先移居境外;有的一旦发觉有案发风险,就即时进行转移;还有的在案发后有计划地将赃款赃物转移。六是洗钱,即黑钱白化。腐败犯罪人逃避法律制裁的花样可谓不择手段、千变万化。随着经济全球化发展,我国的国际交流活动增多,腐败犯罪人在实施腐败前或者实施腐败后,往往借鉴境外腐败活动的一些规避或者逃避法律制裁的做法,将赃款赃物通过法律规避手段而合法化。比如,通过家属经营房地产业务的途径将赃款合法化;通过开办各种贸易公司或者娱乐场所的途径将赃款合法化;认为本人在位时不好处理的腐败所得,就通过辞职下海的金蝉脱壳之计将赃款合法化;通过资本市场运作将赃款洗白;等等。七是潜逃。有的腐败犯罪人在尚未实施反调查、反侦查活动时案发,就采取三十六计"走为上",逃往国内异地或者境外。八是"攻关",即利用各种关系网甚至贿赂、色情等各种手段与监察机关、检察机关、审判机关等相抗衡。比如,有的利用原先结成的社会关系网,对监察机关、检察机关、审判机关及司法办案人员进行拉拢或者施压;有的利用家属、朋友对司法办案人员进行引诱、腐蚀;有的通过一些权势对司法办案人员进行恐吓;甚至有的案发单位领导亲自指挥、集体对抗调查或者侦查、公诉、审判活动;等等。总之,由于受反调查、反侦查等影响,腐败犯罪活动的真实面目往往被掩盖甚至被扭曲,以致出现各种假象,令人真假难辨。这种掩盖腐败罪行被"假化"程度,远非普通刑事犯罪所能相比。司法办案过程中一旦稍有失误,往往就容易被假象所迷惑,极有可能使获取的罪证失真,影响或者严重影响证据真实性,使案件事实无法认定,甚至使腐败犯罪人逃脱法律制裁。

(二) 证据的"灰色性"

"灰色",是现代信息论、系统论、战略管理学等领域中的专用术语。根据信息论、系统论原理,信息系统按信息完备程度不同,分为白色系统、灰色系统和黑色系统三类。其中,白色系统是指信息完备的系统;黑色系统是指毫无信息的系统;灰色系统是指部分信息未知、部分信息已知的系统,其中既有白色参数,又有黑色参数。实践表明,由于反调查、反侦查活动的严重干扰,"灰色性"成为反腐败司法办案过程中证据形态表现的一个特色。从实践看,在反腐败司法办案过程中,监察机关、检察机关、审判机关获取的证据往往存在"半清半不清"的问题,这就是证据"灰色性"现象。比如,有的司法办案人员在办案中对某些腐败案件往往存在没有查透的感觉,或者遇到对有些腐败案件无法深查下去等问题。这里,除了受到法外因素干扰以及司法办案能力等因素的影响,反腐败司法办案中证据的"灰色性",是一个不可忽视的影响因素。又比如,在调查或者侦查终结、移送审查起诉时,对有的腐败犯罪案件在事实认定上往往存在部分巨额财产来源不明的问题。从信息论、系统论、现代战略管理学等原理讲,这里的巨额财产来源不明,实质上是证明具体腐败案件信息方面存在灰色系统。由于司法办案水平、证据制度等众多因素的影响,监察机关、检察机关、审判机关尚不能彻底查清腐败犯罪人所拥有全部财产之真实来源,从而形成巨额财产的来源不明。为有效打击腐败犯罪活动,尤其不能让腐败犯罪人在经济上得到好处,法律规定了巨额财产来源不明罪,这既是惩治和防范腐败犯罪的一项策略措施,同时与受到证据"灰色性"因素的影响不无关系。调查或者侦查实践中,还有一种典型情形,即贿赂犯罪证据"一对一"现象。所谓"一对一"现象,是指贿赂犯罪案件中行贿人与受贿人之间处于受贿人不供认、行贿人不供证或者行贿人供证、受贿人不供认或者受贿人供认、行贿人不供证等状态。从理论上讲,反腐败司法办案中不存在证据"一对一"问题。这种情况的出现,是受证据"灰色性"因素影响的结果。从某种角度讲,证据"灰色性"现象的存在削弱了对腐败犯罪查处力度,甚至使一些腐败犯罪人的部分或全部罪责得以逃脱。实践表明,提高查处腐败犯罪能力和水平,加强对证据"灰色性"现象及对策的研究至为重要。

（三）**证据的易变性**

腐败犯罪主体大多是国家公职人员包括领导干部,往往有权有势,而利用职务便利实施腐败犯罪活动,从中谋取私利。这些腐败犯罪人一方面大肆敛财,亵渎党纪国法,另一方面一旦案发就使尽所有手段与监察机关、检察机关、审判机关对抗。即使腐败犯罪事实被查实,也会"背着牛头不认赃",死皮赖脸地耍手腕,着力为自己辩解和解脱。实践中,司法办案人员普遍体会到固定这类犯罪证据的难度大,尤其在查处贿赂犯罪案件过程中,由于这类案件通常以言词证据为主,监察机关、检察机关往往以其言词证据作为案件的突破口以及主要的指控手段和依据,以致将调查的重点或者"筹码"压在腐败犯罪嫌疑人、被告人身上,从中挖出其口供定案。腐败犯罪嫌疑人、被告人捉摸到了司法办案活动的特点后,在接受审讯的过程中供认腐败犯罪事实往往反复无常,翻供、翻证等现象将涉及调查或者侦查、提起公诉及至一审、二审甚至判决生效执行等各个环节,办案工作在某种程度上成为固定证据与翻供、翻证活动之间的较量。可见,反腐败司法办案中证据的易变性特点,既影响办案的质量、效率和效果,也影响反腐败战略和战术实施。

此外,反腐败司法办案证据还具有证据多样化、证明负向性、供述规避性等特点,某种程度上增加对腐败犯罪的侦办难度,影响对腐败犯罪调查或者侦查的效率、质量和效果。由于反腐败司法证据存在假象性、"灰色性"、易变性、证据多样化、证明负向性以及供述规避性等特性,实践中要进一步强化调查意识或者侦查意识、证据意识、程序意识,提高依法收集和运用证据的水平,保证办案工作顺利进行和案件的质量。

总之,准确认识和把握反腐败司法证据的特性,特别是反腐败司法办案中证据的特殊性,有利于保证司法办案工作正确的方向,及时依法收集证据,提高司法办案水平,增强对腐败犯罪的打击和防范。

第二节　反腐败司法证据的形式分类作用

一、反腐败司法证据的形式

反腐败司法证据的形式或者种类,往往以法律规范的方式加以确定。从理论上讲,以法定方式规范证据的意义,一般认为在于认定腐败犯罪嫌疑人或者被告人有罪的证据仅限于法定形式。这意味着,凡是不属法定证据形式之列的,就不能作为认定腐败犯罪嫌疑人或者被告人有罪包括无罪的依据。同时,从法律上明确规定证据形式,便于司法人员明确各种证据与犯罪事实相对应的表现形式,有利于对这类犯罪证据收集、审查、证明、运用进行内在规律性的研究、归纳和把握,用以指导反腐败司法办案实践。当今,世界各国关于证据形式的立法规范差别很大。比如,英美法系国家把证据分为证言、书证和物证。这里的证言即证人证言;书证即书面文件;物证即实物证据。大陆法系国家把证据分为证人证言、当事人陈述、鉴定人意见、书面文件和实物证据。我国刑事诉讼法规定的证据分为以下几种,即物证、书证;证人证言;被害人陈述;犯罪嫌疑人、被告人供述和辩解;鉴定意见;勘验、检查、辨认、侦查实验等笔录;视听资料、电子数据。按照刑事诉讼法等规定,反腐败司法证据的形式及其特点如下:

(一) 物证、书证

对于物证、书证,主要把握以下方面:

1. 物证。所谓物证,是指与待证事实有联系的物品和痕迹,其表现形式多种多样,主要有以下几种:一是腐败犯罪实施后遗留的痕迹,比如贪污案中腐败犯罪嫌疑人涂改账目的痕迹。二是腐败犯罪的作案工具,比如受贿案中转移赃款的汽车、做账技术、网络工具。三是在作案现场遗留的物品,比如私分国有资产案中腐败犯罪嫌疑人在现场清点的财物、刑讯逼供案遗留在犯罪现场的刑讯痕迹和工具等。四是腐败犯罪行为侵害的物质对象,比如贪污案中的赃款赃物。五是与案件事实有关的被司法办案工作人员收集、认定的其他物品,比如物体特征、物品大小和形状。物证以外部特征、物质属性及其存在状况等内容证明案件事实或者发挥其证明作用。其特征十分明显:一是客观真实性。即物证与证人证言、腐败犯罪嫌疑人或者被告人供述和辩解等言词证据相比,作为腐败犯罪活动直接形成的一种客观实物,本身不受任何人为的主观因素干扰,具有"绝对"真实性。二是相对稳定性。即作为客观实物,不像言词证据那样易变,并在一定时间内能保持其固有的特征。三是间接性。物证是一种"哑巴"证据,对腐败犯罪事实的证明作用是以间接形式体现的。这是物证区别于其他证据形式的主要特征。由于物证较为稳定、真实可靠,在揭露、证实犯罪和鉴别其他证据的真伪,以及借助其确定调查或者侦查方向、查明案情、查获腐败犯罪嫌疑人等方面,都具有重要作用。

2. 书证。所谓书证,是指以其所记载之内容证明腐败犯罪事实的文字、符号等材料,其内容和形式多种多样。有的以文字记载;有的以图画、符号或者其他方法表示;有的用纸张作载体;有的用其他物品作载体等。办案实践中,腐败犯罪书证的表现形式通常有会计资料、串供串证及翻证等有关文字材料、赃款存折及转移凭证等。书证有不同的分类方法及其类型。一是按表现形式不同,可分为以文字形式表达内容的文字书证、以图画和符号形式表达内容的图画及符号书证。二是按是否国家机关等依照职权制作的不同,可分为公文性书证和非公文性书证。前者为国家机关及其他单位出于履行职权所需而依照法定职权制作的文书;后者在指国家机关、团体、企业事业单位不是出于履行职权所需而制作的或者社会民众个人制作的文书。三是按制作方式不同,分为原本、正本、副本、节录本等。书证以其记载或者表达的内容证明案件事实,这是其区别于物证的主要特征。司法实践中,有时会遇到较难判断是书证还是物证的问题。一般来说,如以外部特征、属性及存在状况证明案件事实的,即为物证;仅以其所载内容证明案件事实的,即为书证;两者兼有的,则既是书证又是物证。书证的证据意义,在于促使司法办案人员查明有关事实。同时,书证形式固定,能在较长时期内保存并发挥其证明作用,实践中被广泛应用。尤其在查办腐败犯罪案件中常有运用书证突破案件的例子,比如一方面有助于迅速查明案情,抓获腐败犯罪嫌疑人;另一方面,为揭露腐败犯罪嫌疑人或者被告人的罪行、促使腐败犯罪人认罪服法等提供有力的法律依据。据此,足见书证的重要性。

（二）证人证言

对于证人证言，主要把握以下方面：

1. 证人。所谓证人，是指了解腐败犯罪案件的真实情况，并提供真实情况或者有关物证、书证等案情材料的自然人。按照不同的划分标准，可将证人划分为不同的类型。一是按证人感知案件事实的情况，可分为亲知型和传替型。前者是指证人提出的事实是亲闻、亲见的；后者是指证人提出的事实是由别人告知，不是亲闻、亲见的。二是按证人主观上对查办案件配合的程度，可分为主动型和被动型两种。前者是指证人能够主动、全面地将自己所知道的有关事实向司法机关提供；后者则指证人不愿主动协助司法机关查明案情，或者拒不陈述其所知道的有关事实，甚至得知腐败犯罪事实后不但不向司法机关举报，反而帮助腐败犯罪嫌疑人或者被告人逃避刑事司法追究。司法实践中，证人不配合、不协作甚至串证、翻证等原因是多方面的。比如，由于腐败犯罪主体身份的特殊性，有的证人害怕作证后受到报复；有的与腐败犯罪嫌疑人或者被告人有某种利害关系，比如行贿人，具有证人与犯罪嫌疑人或者被告人的双重身份，一旦如实供述自己的行贿事实，就有可能将自己送上审判台。又比如，有的证人自身不正，生怕"拔出萝卜带出泥"，不愿也不敢作证。实践中，突破一案中某个腐败犯罪嫌疑人或者被告人而带出串案、窝案的情形，从事实上注释了有的腐败犯罪案件证人不愿或者不敢作证的心态及原由。再比如，有的证人被贿赂，或者被情面所影响而拒绝作证；还有一些证人干脆包庇腐败犯罪嫌疑人或者被告人，帮助预谋策划，进行反调查、反侦查活动，对抗调查或者侦查；更有一些证人被腐败犯罪嫌疑人或者被告人所利用，充当"腐败犯罪嫌疑人"的角色，由真正的腐败犯罪嫌疑人或者被告人在幕后操纵，供认与案件有关的一小部分事实，与监察机关、检察机关相抗衡。这类腐败现象往往以受贿犯罪、贪污犯罪以及事故类渎职犯罪等为多见，也印证了反腐败司法办案中证据的假象性等特征。总之，根据证人与腐败犯罪事实的关系、证人的作证心态或者与腐败犯罪嫌疑人、被告人的关系等标准，将证人划分为不同类型，有利于司法办案人员有针对性地询问证人，审查证言的真伪并作出准确判断，及时有效地调查或者侦查，从而突破腐败犯罪案件。

2. 证人证言。所谓证人证言，是指证人就其所知道的腐败犯罪案件情况向监察机关、检察机关、审判机关所作的陈述。作为一种独立的诉讼证据，证人证言具有以下几个特点：一是证言仅指证人关于腐败犯罪案件事实所作的陈述，其内容具有特定性。证人对案情所作的分析判断不是法律意义上的证言。二是证言形式可以是口头的，也可以是书面的。但一般情况下以口头形式表达，由办案人员进行询问或者质证，并作书面记录。三是证言具有不可替代性。这是由证人的特定性所决定的，因为证人本身不可替代。作为腐败犯罪案件的知情者，其是唯一的，不像鉴定人、辩护人那样可以选择、替换。由于证人地位的特殊性，证人与被害人、腐败犯罪嫌疑人或者被告人相比，属于知道案情的第三人，如果排除某种利害关系的影响，则其所作陈述的可信性、真实性较大。从司法实践看，证人证言是一种被广泛使用的证据形式，这除了受腐败犯罪自身的因素影响，也与我国对这类犯罪的诉讼多以言词证据为主的传统模式有关。总之，由于腐败犯罪活动不可能全封闭，腐败犯罪嫌疑人或者被告人在作案过程中或者案发后，无论其手段多么狡猾、方法多么诡秘，终究会暴露出一些破绽。俗话说，"若要人不知，除非己莫为"。这一客观现象为证人提供证言创造了条件，也为揭露腐败犯罪真相提供重要途径，并且还可以用来作为鉴别其他证据形式真伪的根据，帮助办案机关以及司法办案人员准确认识和把握案件事实，及时侦破、揭露、证实腐败犯罪，使腐败犯罪人依法受到惩罚。

（三）被害人陈述

对于被害人陈述，主要把握以下方面：

所谓被害人，是指因受腐败犯罪行为侵害的人，包括自然人和法人。被害人陈述，是指被害人就其遭受腐败犯罪行为直接侵害的事实及有关腐败犯罪嫌疑人、被告人的情况向监察机关、检察机关、审判机关所作的陈述。由于被害人作为腐败犯罪行为的直接受害者，往往与腐败犯罪活动有直接接触，对案情较为了解，被害人陈述对案件事实的反映就较为全面、具体，因而是一种重要的证据来源。同时，由于被害人与案件的处理结果有直接利害关系，并受其他因素影响，也可能会作出夸大甚至虚假的陈述。这类证据情况复杂，应慎重对待。但是作为一种独立的证据形式，被害人陈述对揭露、证实腐败犯罪和抓获腐败犯罪嫌疑人、被告人都有重要作用，并且在某种程度上可为圈定调查方向、调查范围以及审查证据、依法审判、定罪量刑等提供依据。需要指出的是，腐败犯罪被害人有的是隐性的，为一般社会民众所不能察觉，比如受贿罪。但也有可以发觉的,比如刑讯逼供罪及徇私舞弊罪的被害人,以及贪污罪、私分国有资产罪侵害单位的国有资产,从而便有显性的被害人。对此,研究证据立法问题时应予注意。

(四) 被调查人或者犯罪嫌疑人、被告人供述和辩解

对于被调查人或者犯罪嫌疑人、被告人供述和辩解,主要把握以下方面:

这里的被调查人,是指由监察机关立案调查的涉嫌职务违法和职务犯罪的对象;这里的腐败犯罪嫌疑人,是指检察机关尚未向人民法院提起公诉之前可能受到刑事追诉的自然人或者法人;被告人,是指被指控实施腐败犯罪的自然人或者法人。被调查人或者腐败犯罪嫌疑人或者被告人既是腐败犯罪诉讼的主体之一,享有诉讼权利和负有诉讼义务,又是反腐败司法证据制度的重要来源之一,还可能是适用刑罚的对象。因此,被调查人或者腐败犯罪嫌疑人、被告人供述和辩解,在反腐败司法办案包括公诉、审判等活动中有着重要的诉讼意义。需要指出的是,腐败犯罪嫌疑法人或者被告法人的情况,在形式上类似于法人被害人。所谓被调查人或者腐败犯罪嫌疑人、被告人的供述和辩解,是指被调查人或者腐败犯罪嫌疑人或者被告人就有关案件事实向监察机关、检察机关所作的有罪供述或者对被指控犯罪的申辩和解释,一般包含以下两方面的内容:

1. 被调查人或者腐败犯罪嫌疑人或者被告人对有罪的供述,包括自首、坦白、供认三种情况。根据有关规定,自首是指被调查人或者犯罪嫌疑人或者被告人实施腐败犯罪以后,自动投案,如实供述自己的罪行的行为。被调查人或者腐败犯罪嫌疑人或者被告人自首后所供认的罪行,一般来说其可信性和真实性较大,但从反腐败司法办案实践看,被调查人或者腐败犯罪嫌疑人或者被告人假自首、假投案的情况也时常发生,目的在于丢卒保车、避重就轻或者自认为难以逃避法律的追究,为减轻自身罪责而为之,或者有的还别有企图,比如受腐败犯罪集团或者共犯的唆使,将罪行承揽于个人身上,让其他共犯或者集团分子再替其进行反调查、反侦查活动,以保全这一"利益群体"的整体利益等。坦白是指腐败犯罪行为已被有关组织或者司法机关所掌握,而对被调查人或者腐败犯罪嫌疑人或者被告人进行讯问、传讯或者采取强制措施后,在调查或者侦查、公诉、审判的各个诉讼环节,被调查人或者腐败犯罪嫌疑人或者被告人如实交待自己罪行的行为。其动机或者目的是为某种利害关系所驱

动。供认则指被调查人或者腐败犯罪嫌疑人或者被告人在事实和罪证俱全的情况下,被迫承认自己全部或者部分罪行的行为。由于受到反腐败司法办案中证据"灰色性"等特征的影响,反腐败司法办案中,被调查人或者腐败犯罪嫌疑人或者被告人所供认的犯罪事实,大多数具有"灰色性"。也就是说,其所供认之腐败犯罪事实通常只是其中的部分而非全部。

2. 被调查人或者腐败犯罪嫌疑人或者被告人的无罪辩解。被调查人或者腐败犯罪嫌疑人、被告人的无罪辩解包含对罪轻的申辩。所谓申辩,是指被调查人或者腐败犯罪嫌疑人、被告人对自己被指控犯有某种腐败犯罪行为的申明和解释,以及对此所作的反驳和论证。需要注意的是,被调查人或者腐败犯罪嫌疑人、被告人在供述和辩解过程中,也有可能因"囚徒博弈"的效应而举报、揭发他人或者同案犯的犯罪行为,以减轻自己的罪责。被调查人或者腐败犯罪嫌疑人、被告人的供述和辩解,作为独立的证据形式,具有证明力最强、规避性和虚假性也最大并且反复易变等特点,这是由被调查人或者腐败犯罪嫌疑人或者被告人的诉讼地位所决定的。从实践看,由于贪污贿赂犯罪证据以言词证据居多,所以对贪污贿赂犯罪调查、侦查往往将查处重点或者筹码压在被调查人或者腐败犯罪嫌疑人或者被告人身上。这种传统的做法,从某种意义上影响或者导致一些贿赂犯罪案件证据不足、翻案成风等问题的发生。由于被调查人或者腐败犯罪嫌疑人、被告人一旦感觉到自己的口供至关重要,甚至认为司法办案人员对其口供产生依赖时,就会将心思用在口供上,在口供上做时供时翻的文章,扰乱司法办案工作的计划,以期达到口供反复难以定案的目的,影响打击不力,客观上使一些真正的罪犯漏网。由于过度依靠口供,在被调查人或者腐败犯罪嫌疑人口供不能被突破的情况下,司法办案人员就有可能做出一些过火的动作,比如实践中的夜间战、车轮战、"训话"战甚至动粗行为等,这不仅影响讯问取证的质量和证明力,也给办案工作带来安全隐患。还应指出的是,对于被调查人或者腐败犯罪嫌疑人或者被告人的供述和辩解,实践中应注重研究其证明力问题。因为被调查人或者腐败犯罪嫌疑人或者被告人往往有作虚假陈述的可能性,对其供述和辩解既不可忽视也不可偏信,关键在于查证,与其他证据形成有机的证据体系,用以判断其有罪或者无罪,而绝不可主观臆断,以免酿成错案或者放纵真正的腐败罪犯,使其逃脱法律的制裁。

（五）鉴定意见

对于鉴定意见，主要把握以下方面：

所谓鉴定意见，是指监察机关、司法机关依法指派或者聘请鉴定人，对腐败犯罪案件涉及的某些专门性问题进行鉴定所作的书面意见。反腐败司法办案中经常涉及的鉴定有法医类鉴定、物证类鉴定、司法会计鉴定、文书鉴定、电子数据鉴定、声像资料鉴定以及其他专门性鉴定。由于待检的专门性问题不同，鉴定的方法和要求也有所差异，但鉴定目的都一样，就是为了进一步查清案情。

根据《全国人民代表大会常务委员会关于司法鉴定管理问题的决定》等有关规定，司法鉴定分为以下几种：一是法医类鉴定，包括法医病理鉴定、法医临床鉴定、法医精神病鉴定、法医物证鉴定和法医毒物鉴定；二是物证类鉴定，包括司法会计鉴定、文书鉴定、痕迹鉴定和微量鉴定；三是声像资料鉴定，包括对录音带、录像带、磁盘、光盘、图片等载体上记录的声音、图像信息的真实性、完整性及其所反映的情况过程进行的鉴定和对记录的声音、图像中的语言、人体、物体作出种类或者同一认定以及电子数据鉴定。其中，根据鉴定次数及顺序的不同，可以将鉴定意见分为初次鉴定、补充鉴定和重新鉴定等种类。一是初次鉴定。这是指鉴定人接受指派或者聘请后，就腐败犯罪案件涉及的某些专门性问题进行第一次鉴定所作的结论。需要指出的是，凡涉及对精神病的医学鉴定，应由省级人民政府指定的医院进行。二是补充鉴定。这是指因查清案情需要，司法人员要求原鉴定人对初次鉴定的专门性问题进行再鉴定，以弥补初次鉴定之不足而所作的结论。三是重新鉴定。这是指因查清案情之需，另行指派或者聘请具有更高鉴定水平和鉴定条件的鉴定人所作的结论。鉴定活动是反腐败司法办案中的一种特殊行为，鉴定意见作为一种独立的诉讼证据，具有专门性、判断性和科学性等特点，既能为确定调查或者侦查方向和进一步查清案情提供依据，又能为鉴别其他证据的真伪、正确认定案件事实提供依据，因而对反腐败司法办案活动具有重要作用。

（六）勘验、检查、辨认、调查或侦查实验等笔录

对于勘验、检查、辨认、调查或侦查实验等笔录，主要把握以下方面：

所谓勘验、检查、辨认、调查或侦查实验等笔录，是指监察机关、司法机关及其有关人员对与腐败犯罪有关的场所、物品、尸体或者人身进行实地勘验、检查、

辨认及侦查实验时所作的笔录。根据刑事诉讼法等有关规定,勘验对象为犯罪现场及其痕迹、物品、尸体;检查对象是活体即人身;辨认对象是与腐败犯罪有关的人、物、尸体、场所;调查或侦查实验的对象是与腐败犯罪有关的事实或者现象。在反腐败司法办案中,常见的有现场勘验笔录、物证检验笔录、尸体检验笔录、人身检查笔录和调查或侦查实验笔录等。与其他证据相比,勘验、检查、辨认、调查或侦查实验等笔录具有综合性和独立性等特点。这里的综合性,是指勘验、检查、辨认、调查或侦查实验等笔录将客观存在的与案情有关的系列证据进行综合反映并予记载,用以表明其相互联系中所具有的证明功能。这里的独立性,是指勘验、检查、辨认、调查或侦查实验等笔录的内容虽是对多种证据材料的综合反映,但它是一种独立的诉讼证据,不依附于其他证据而存在。勘验、检查、辨认、调查或侦查实验等笔录不仅起到固定和保全反腐败司法证据制度的作用,而且对核查其他证据、查清全案情况具有不可替代的作用。

（七）视听资料、电子数据

对于视听资料、电子数据,主要把握以下方面:

所谓视听资料,是指以声、像形式证明案件事实的证据资料,包括录像资料,比如录像带、电视片、电影片等;录音资料,比如录音磁带、唱片等;微机储存资料等。在我国,视听资料作为诉讼证据使用首先是在民事诉讼法中以法律形式规定下来的。1996 年修正刑事诉讼法吸收了民事诉讼法的立法经验,将视听资料规定在刑事诉讼法条之中。视听资料与其他证据相比,有其特有的作用。就录音资料来说,它能逼真地反映案件发生时的原来声音,起到物证、书证、证人证言、被害人陈述等所不能起到的作用;它能准确无误地反映原来的声音或者陈述,不会产生遗忘、误记、错述之类的情况,远远超过了人们的记忆和复述能力。由于视听资料具有直观性强、信息量大、精密度高和动作、形态连续性等特点,同时又不同于其他刑事证据,调查或侦查实践中针对腐败犯罪手段智能化以及反调查、反侦查能力增强、翻供和翻证活动猖獗等状况,将视听资料运用于调查活动之中,起到强化证据的证明力、打击反调查和反侦查活动等预想不到的效用,同时还具有监督办案人员是否存在刑讯逼供等侵犯嫌疑人人权的违法调查或侦查行为。这表明,视听资料作为证据的一种规定在法律上,既有利于揭露、证实和惩罚腐败犯罪,又有利于保护嫌疑人的人身权利,以及证明司法办案人员依法侦查、防止被诬陷。所谓电子数据,2012

年修正的刑事诉讼法将其列为证据种类的一种,具体是指经由计算机技术、电信技术、网络技术、广电技术等信息技术及系统生成的能够证明案件真实情况的信息数据,主要包括电子邮件、电子数据交换、网上聊天记录、网络博客、手机短信、电子签名、域名等。2016 年 9 月 20 日最高人民法院、最高人民检察院、公安部对外公开发布的《关于办理刑事案件收集提取和审查判断电子数据若干问题的规定》,将电子数据界定为至少四类:一是网络平台发布的信息,比如网页、博客、微博、朋友圈、贴吧、网盘等;二是网络应用服务的通信信息,比如手机短信、电子邮件、即时通信、通讯群组等;三是数据主体活动信息,比如用户注册信息、身份认证信息、电子交易记录、通信记录、登录日志等;四是电子文件,比如文档、图片、音视频、数字证书、计算机程序等。但不限于以上四类,与此类同的均属于电子数据范围。同时,这个司法规范性文件对电子数据的收集提取以及审查判断等作出明确的具体要求。对于电子数据作为证据种类的规定是符合科学技术发展要求的,是与时俱进的产物。这类证据是依托现代信息技术发展而出现的一种新的证据形式,除了具有刑事证据所特定的客观性、关联性、合法性,还具有以下一些特性:一是依赖性,即依赖于现代信息技术和电子系统;二是可变性,即由于各种电子数据的生成、存储、传递等都必须借助于现代信息技术和电子系统,极易受到操作人员任何一个方面的差错、外部攻击等各种因素的影响,因此可能被遭受修改且不留痕迹;三是认定间接性,即在认定电子数据可采性与证明力等方面采取自认、推定、具结等间接认定的方式。当然,对于这种自认、推定、具结等间接认定的替代措施和制度,如何运用于反腐败司法办案包括起诉、审判等活动中对腐败犯罪案情的认定,并细化为操作规则,尚需要进一步深入研究。

(八) 行政机关执法办案证据材料

对于行政机关执法办案证据材料,主要把握以下方面:

从严格意义上讲,行政机关执法办案证据材料不是一种单独的证据形式,而是一类证据的总称,或者是证据的集合。具体地说,行政机关执法办案证据材料是指行政机关在行政执法和查办案件过程中收集的各种证据材料,包括物证、书证、视听资料、电子数据以及相关言词证据等。根据反腐败司法办案的实际,这类证据材料既可能出现在调查阶段,也可能出现在侦查阶段甚至起诉、审判阶段。按照刑事诉讼法等有关规定,行政机关以及根据法律、法规赋予的职责查处行政违法、违纪案件的组织和单位,在行政执法和查办案件过程中收集的物证、书证、视听资料、电子数据等实物证据材料,应当以该机关的名义移送,经人民检察院审查符合法定要求的,可以作为证据使用。并且经法庭查证属实,收集程序符合有关法律、行政法规规定的,可以作为定案的根据。需要指出的是,监察机关根据宪法和监察法等法律授权,对于调查案件过程中收集的证据,可以在刑事诉讼中直接使用,无须进行转换。

二、反腐败司法证据的分类

反腐败司法证据的分类,是指按照一定的标准将证据划分为不同的类别。这是诉讼理论上的一种划分,目的在于方便对反腐败司法证据进行针对性的研究和可操作性的把握。从实践看,腐败犯罪案件通常比较复杂,如果在与案件事实具有内在联系的大量零乱的证据材料面前,不能进行科学分类及分析,就将感到不知所措,也难以对某种证据的可采性及证明力强弱作出客观评价。实践表明,有些错案之所以酿成,往往是无视辩护证据的结果。但是如果司法办案人员具备从理论上对反腐败司法证据进行科学分类的能力,就能根据各类证据的特点及时有效地全面收集和运用,认定案件事实,保证办案质量,更好地防止在收集和运用证据方面出现片面性、表面性和随意性,防止冤枉无辜或者放纵任何真正的腐败犯罪分子。在理论上对证据如何进行科学分类,由于各国的国情和证据制度的相异,分类标准和方法也各不相同。在英美法系国家中,比如美国法学著作中有的将证据分为证人、勘验、情况三大类;有的分为佐证、品格证据、意见证据、类行为证据、不在现场证据、正式承认、辨认证据等。在大陆法系国家中,比如德国将证据分为证人陈述,鉴定结论,物证、书证、录音材料证据等实物证据,被告人陈述和举证。[①] 在我国法学界,有的将证据分为五类,即:人证、物证及书证;本证与反证;直接证据与间接证据;原始证据与传闻证据;主证据与补证据。有的分为八类,即:本证或者主证与反证;物证与人证;直接证据与间接证据;积极证据与消极证据;独立证据与补助证据;原始证据与传闻证据;一般证据与补充证据;事前证据、事后证据与当时证据。对证据的划分,使之更具有科学性和实用性,尚需进一步探讨。

---

① 参见宋英辉等著:《外国刑事诉讼法》,法律出版社 2006 年版,第 406~410 页。

从理论上讲,可将证据分为四种:一是原始证据与传来证据;二是控诉证据与辩护证据;三是直接证据与间接证据;四是人证与物证或者称之言词证据与实物证据。由于这种分类简明扼要,具有较大的实用性,20世纪50年代以来至今基本沿用。实践表明,这种证据分类基本适应反腐败司法办案实际需要。

(一) 原始证据与传来证据

这是根据证据材料的来源不同进行划分。所谓原始证据,是指直接来源于案件事实或者是从第一来源所获取的证据,即第一手材料。比如被害人陈述、被调查人或腐败犯罪嫌疑人或者被告人供述和辩解、物证之原物、书证原本、案件事实的目睹者所提供的证言、视听资料、电子数据、勘验检查辨认侦查实验笔录原件等。所谓传来证据,是指从原始证据中派生出来的不是直接来源于案件事实或者从派生证据中再派生的证据,即第二手及第二手以上的材料。比如转述他人告知案情的证人证言;某些物证的复制品如书证复印件、文件副本等。将证据划分为原始证据和传来证据的意义,主要在于帮助司法办案人员对两类证据的证明力强弱作出准确判断。一般地说,原始证据的可靠性和证明力明显强于传来证据。司法办案人员应重视对原始证据的收集或者在原始证据无法收集的情况下,也要重视对接近原始证据的传来证据的收集,但要防止收集道听途说、以讹传讹或者捕风捉影之类陈述。同时,对传来证据也不容忽视,这在某种程度上也能发挥一定的作用,比如起到发现、印证及替代原始证据的某些作用,并在某种情况下也可以对某些腐败犯罪案件的突破以及事实认定起重要作用。

在国际上,一般比较重视采用原始证据,对传来证据是否可以采用规定不一。英美法系国家原则上禁止采用传闻证据,即对从他人处得知案情所作的陈述、在审判期日所作的书面陈述只在例外情况下才允许采用,比如被害人在临死前对受害情况所作的陈述,允许他人在法庭上转述。大陆法系国家原则上允许采用传闻证据。

我国刑事诉讼法对证据制度的修改调整,实质是吸收了英美法系国家对传来证据的原则,比如明确规定对于不能反映原始物证、书证的外形、特征或者内容的复制品、复制件,应予排除;证人的猜测性、评论性、推断性的证言,不能作为证据使用,但根据一般生活经验判断的除外。对此,司法实践中在适用法律时应当予以把握。

（二）控诉证据与辩护证据

这是根据证据在腐败案件中所起的证明作用不同进行划分。所谓控诉证据,是指用来证明被调查人或腐败犯罪嫌疑人或者被告人有罪、罪重或者从重、加重处罚的证据。所谓辩护证据,是指用来证明被调查人或腐败犯罪嫌疑人或者被告人无罪、罪轻或者从轻、减轻、免除处罚的证据。上述划分是就同一证据在同一案件中对同一事实所起的证明作用而言的。由于一个证据从不同的角度会产生不同的证明效力,因此离开特定的环境和条件就无法加以区分。实践表明,将反腐败司法证据制度划分为控诉证据和辩护证据,有利于使司法办案人员了解证据证明的多重性或者多变性。比如有的在调查、侦查环节被视作控诉证据,但在公诉或者审判环节可能成为中性化证据甚至成为辩护证据,这要求司法办案工作人员在办案中重视对有罪证据和无罪证据的全面收集,不可偏废。实践中,有的为突破某一罪案而向被调查人或腐败犯罪嫌疑人、被告人许诺,甚至一而再、再而三地重复讯问被调查人或腐败犯罪嫌疑人、被告人,要求其作出在起诉或者审判环节保证不翻供的承诺等。这些做法是不科学的,司法实践中教训不少,应当引起重视。

（三）直接证据与间接证据

这是根据证据与案件主要事实的证明关系不同进行划分。所谓直接证据,是指与案件主要事实相联系,能够单独直接证明案件主要事实的证据。比如被害人陈述、被调查人或腐败犯罪嫌疑人或者被告人供述与辩解、证人亲眼目睹的证言等。所谓间接证据,是指不能单独地、直接地证明案件主要事实的证据。间接证据只与案件部分情况相联系,必须与其他证据事实联系起来,借助于其他间接证据以间接推论的方法才能证明案件的主要事实。比如作案工具、痕迹、遗物、某些证言等。由于直接证据的证明力强,司法办案人员应尽量收集这类证据。但是腐败犯罪复杂性决定了被调查人或腐败犯罪嫌疑人规避法律意识及能力强,有时单凭一个直接证据是难以定案的,比如贿赂犯罪证据"一对一"状态就是这种情况。因此,在重视收集直接证据的情况下,也不应忽视间接证据的作用。在一定条件下,间接证据与直接证据在揭露和证实腐败犯罪中同样具有重要的作用,实践中常有运用间接证据定案的例子。不过,运用间接证据证明案件事实,比运用直接证据证明案件事实要复杂。一般来说,间接证据具有发现和印证直接证据以及认定案件事实的作用。在没有直接证据证明犯罪行为系被调查人或腐败犯罪嫌疑人实施,但同时符合下列条件的,可以认定其有罪:一是据以定案的间接证据已经查证属实;二是据以定案的间接证据之间相互印证,不存在无法排除的矛盾和无法解释的疑问;三是据以定案的间接证据已经形成完整的证明体系;四是依据间接证据认定的案件事实,结论是唯一的,足以排除一切合理怀疑;五是运用间接证据进行的推理符合逻辑和经验判断。反腐败司法办案实践中案件难以突破时,不妨重视研究运用间接证据突破案件的方法、手段和途径,从而强化对腐败犯罪的查处力度。

(四) 人证与物证

这是根据证据的表现形式不同进行划分。所谓人证,是指人们直接感知案件情况,或者间接得知与案件有联系的情况所作的一种口头或者书面的以人的言词为形式的证据,包括证人证言、被害人陈述、被调查人或腐败犯罪嫌疑人或者被告人供述与辩解、鉴定意见等。所谓物证,是指某种与案件事实有联系的实物形式的证据。它以物品外部特征、物质属性、所处位置或者记载的内容证明案件事实,包括书证、物证、勘验检查笔录、视听资料等。习惯上,物证是一种作为与人证相对应的证据类别。从理论上将反腐败司法证据制度划分为人证与物证,其意义在于促使侦查人员了解两类证据的特点,在收集证据过程中采取相应的方法收集和运用两类证据。一般地说,人证的特点在于供证主体不仅能生动、具体地将其所见所闻所感触的案件事实反映出来,而且能够阐明案件的起因、过程和某些具体细节,有时还可直接指认犯罪人,有利于办案人员迅速地从总体上及各个细节上把握、了解案件发生发展的情况。对人证的收集、固定和运用,通常采取谈话、询问或者讯问的方式进行。但由于人证受主观和客观因素的影响,也往往容易失真,因而难以排除假证的可能。这取决于调查或侦查取证的水平、证人的素质以及证人与犯罪人之间的关系等因素,在收集和运用时应注意慎重对待。物证的特点主要是客观真实,收集时通常采取勘验、检查、搜查、扣押等方式进行。固定、保全物证通常采用制模、照相、录像或者提取原物等方法进行。由于物证是一种哑巴证据,受人为因素或者自然因素的影响比较大,有时也可能被伪造、变造甚至毁损,因此在具体运用时也要慎重对待。

此外,结合长期司法实践经验,就证据的分类而言,反腐败司法证据还可以按照证据的证明功能不同,分为以下几种:一是定性证据。就是能够证明被调查人或腐败犯罪嫌疑人、被告人触犯具体的贪污、贿赂等腐败犯罪性质的证据,包括各种法定证据。二是量刑证据。就是能够证明被调查人或腐败犯罪嫌疑人、被告人罪重、从重或者罪轻。就是能够证明从轻、减轻或者免除刑罚处罚等证据。三是证明违法所得证据。就是针对被调查人或腐败犯罪嫌疑人、被告人死亡或者逃匿一年后不能到案等情形,能够证明涉案财产属于违法所得的证据,用于依法启动违法所得没收程序或者缺席审判程序。四是证明证据合法性证据。就是能够证明监察机关及司法办案工作人员采用合法的措施和方法收集、获取的证据,进而证明证据的合法性以及对犯罪事实的证明力。五是证明调查、侦查程序合法性证据。就是能够证明侦查程序的合法性的证据,比如针对当事人及其辩护人对监察机关及其办案人员提出取证违法等控告,而证明采取留置措施或强制措施的程序合法性、采取强制性侦查措施的程序合法性等证据。六是留置措施适用或者羁押必要性证据。就是对被调查人适用留置措施或者针对当事人特别是腐败犯罪嫌疑人、被告人提出取保候审的申请等,或者检察机关侦查监督、刑罚执行等部门认为对腐败犯罪嫌疑人、被告人继续羁押没有必要的时候,能够证明对被调查人适用留置措施的必要性以及腐败犯罪嫌疑人、被告人有必要继续羁押的证据等。

三、反腐败司法证据在司法办案中的作用

反腐败司法办案工作所要解决的中心问题,是被调查人或腐败犯罪嫌疑人、被告人的刑事责任问题,即对被调查人或腐败犯罪嫌疑人或者被告人的行为是否构成犯罪、构成此罪或者彼罪、罪重或者罪轻、是否给予刑事处罚、处以什么样的刑罚等问题予以确认。一般地说,从调查阶段及刑事诉讼各个阶段的任务和要求讲,涉及调查或侦查、提起公诉、审判的各个环节。就反腐败司法办案工作而言,其所涉范围广泛,比如调查环节,主要体现在立案调查和突破案件方面。决定立案调查时,应当有能够证明犯罪事实发生、依法应该追究刑事责任的证据;调查的主要任务是收集腐败犯罪的各种证据;对案件的突破,应当借助于证据的证明力,运用证明方法,再现已经发生的腐败犯罪事实。就提起公诉而言,对腐败犯罪案件的提起公诉或者不起诉,应当有相应的充足证据。就审判活动而言,对腐败犯罪案件的审判应当核实证据,运用证据认定被告人所犯的腐败罪行并作出相应的判决。就被调查人或腐败犯罪嫌疑人或

者被告人而言,在上述监察调查、刑事诉讼活动过程中,证明自己无罪、罪轻或者应当从轻、减轻或者免除处罚的,也应具备相应的充足证据。总之,证据是反腐败司法办案包括调查或者侦查、公诉、审判等活动中认定被调查人或腐败犯罪嫌疑人、被告人有否刑事责任的核心问题,在调查或者侦查、破案等司法实践中具有重要作用。

(一) 证据是证实腐败犯罪的依据

监察机关、司法机关在反腐败司法办案活动中,认识腐败犯罪案件的准确程度,取决于掌握证据的准确程度和充分性。揭露、证实腐败犯罪,必须坚持以事实为根据、以法律为准绳,用于认定腐败犯罪的证据必须客观真实。否则,就不能或者无法确认被调查人或腐败犯罪嫌疑人或者被告人的犯罪事实。实践表明,在反腐败司法办案工作特别是调查或侦查环节,被调查人或腐败犯罪嫌疑人或者被告人的反调查、反侦查活动十分猖獗,调查或者侦查的全过程实际上就是收集和运用证据证明被调查人或腐败犯罪嫌疑人有罪与腐败犯罪嫌疑人进行毁灭罪证、避重就轻等反侦查活动以证明自己无罪或者罪轻、减轻之间的较量过程。被调查人或腐败犯罪人使尽所有手段,其目的就是否定有罪证据。只有获取充分的证据,才能促使被调查人或腐败犯罪人承认自己所犯的罪行、认罪服法。

(二) 证据是对腐败犯罪案件正确定罪量刑的基础

反腐败司法办案活动中认定腐败犯罪的依据,在于收集到的有罪证据达到确实、充分的程度。如果证据不足或者证据不实,监察机关、司法机关就无法定罪,更不能作出罪重罪轻的判断,也就无法量刑处罚。从这种意义说,反腐败司法证据制度既是正确认定腐败犯罪事实的基础,也是调查阶段和刑事诉讼活动各阶段进程所必须具备的前提条件。

第三节　反腐败司法证据的收集

一、反腐败司法证据收集的含义及法律特性

(一) 反腐败司法证据收集的含义

　对于证据收集的含义,学界有不同的认识和界定。比如,有的认为,所谓

证据收集是指为了证明自己的诉讼主张或者查明特定的案件事实,特定的国家专门机关、律师、一般社会民众、法人或者其他组织通过一定的行为,采取必要的方法获取和汇集证据的活动。有的认为,所谓证据收集是指诉讼或者非诉讼法律事务中证明的主体运用法律许可的方法和手段,发现、采集、提取证据的活动。当然,还有许多类似界定。但无论从哪个角度讲,这都是就诉讼的一般意义而言。在反腐败司法办案活动中收集反腐败司法证据,这是一种调查行为或侦查和诉讼行为,是反腐败司法办案工作一项十分重要的任务,也是一项非常严肃的活动。所谓反腐败司法证据的收集,是指监察机关、司法机关为了查明腐败犯罪事实情况而依照法律规定的程序进行调查了解,包括采取调查措施以及强制措施、侦查措施,用以发现、提取、固定、保全、移送和审理一切对腐败犯罪案件事实有证明意义的有关情况和材料的活动。

（二）反腐败司法证据收集的法律特性

根据反腐败司法证据收集的含义,其具有以下一些特性:一是收集主体的特定性。按照我国法律有关规定,反腐败司法证据收集的主体,限于监察机关、司法机关,其他任何机关、团体和个人都无权进行刑事诉讼意义上的证据收集活动。二是证据收集行为和方法的专门性。收集反腐败司法证据是监察机关、司法机关行使法定职权的一种专门性调查活动,依照有关法律规定可以采用讯问被调查人或腐败犯罪嫌疑人或者被告人、询问证人或者被害人、勘验、检查、辨认、调查或侦查实验及搜查、查封、扣押物证书证及查封、扣押、冻结涉案款物、聘请鉴定人鉴定等各种措施和方法。三是证据收集的目的及任务的确定性。监察机关、司法机关收集反腐败司法证据的目的和任务,就是为了查明被调查人或腐败犯罪嫌疑人的犯罪事实,抓获在逃腐败犯罪嫌疑人,并为检察机关审查起诉、提起公诉以及审判机关开庭审理等提供预审、审查起诉以及案件审判的条件和根据。

二、反腐败司法证据收集的任务和要求

（一）反腐败司法证据收集的任务

反腐败司法办案中对证据的收集,其主要任务有三个方面:一是发现证据。监察机关、司法机关通过有关的专门性措施、手段和方法,查找能够证明腐败犯罪真实情况的证据材料。二是获取证据。监察机关、司法机关发现反腐败司法证据材料后,采取相应的手段和方法及时将其提取,并注意不能损坏其原始特征,防止影响其证明力。三是固定、保全和移送证据。监察机关、司法机关对已经提取的反腐败司法证据制度材料进行固定、妥善保存,并做好移送的准备。

(二) 反腐败司法证据收集的要求

反腐败司法证据收集过程中,一般应注意以下问题:一是依法进行。收集证据是一项十分严肃的诉讼行为,必须依法进行,不能违反刑事诉讼法等规定而非法收集。二是及时主动出击。由于调查或者侦查时机瞬息万变,如果不及时主动出击,就有可能丧失取证机会,致使调查或者侦查活动陷入被动局面甚至出现僵局。三是坚持走群众路线、依靠人民群众。监察机关、司法机关在收集反腐败司法证据时不能搞神秘主义,应当充分尊重人民群众的意愿,倾听人民群众对案情的反映,详细询问知情人,并注意不能妨碍人民群众的正常生活和工作。四是客观全面。在反腐败司法办案活动中进行调查或侦查取证,应当注意全面收集证明有罪无罪、罪重罪轻、此罪彼罪等证据材料,决不能随意取舍,更不能弄虚作假。五是妥善保全、严格保密。反腐败司法办案中应加强对证据的管理、保全和保密,不能使证据毁坏或者灭失,更不能泄密。

三、反腐败司法证据收集的措施和方法

按照有关法律规定,反腐败司法证据的收集可以采取以下方法:

(一) 确定收集范围

所谓收集证据的范围,是指反腐败司法办案人员根据腐败犯罪案件的实际情况而确定应当收集的足以查明和认定案件事实的证据种类和数量。一般而言,收集证据的范围大小取决于待证事实的实际情况,并由腐败犯罪个罪及具体个案的情况决定。这要求加强研究和把握具体案件的特点和取证的切入口,防止盲目性和片面性。

(二) 多头并进、多措并举

由于腐败犯罪嫌疑人具有很强的反侦查能力,反腐败司法办案人员在收集证据时,应当注重运用同步调查或者侦查的方法多面出击,做到出其不意、攻其不备,采用多种措施、手段、方法或者策略并用,绝不能单打一。

（三）坚持公开与秘密相结合

在反腐败司法办案中，有关法律对收集证据的公开措施、手段和方法都已明确规定，包括搜查、勘验、检查、扣押、鉴定、辨认等传统手法。但从反腐败司法办案实践讲，应当进一步拓宽调查或者侦查视野，按照有关法律规定及反腐败司法办案规律，将传统调查、侦查手法与运用技术调查、技术侦查、秘密侦查等手段和措施有机结合，依法规范技术调查、技术侦查，提升司法办案活动的科技含量，增强司法办案的威慑力和遏制力。

（四）坚持教育与强制相结合

办案人员在收集证据的过程中，对被调查人或腐败犯罪嫌疑人、被害人、有关单位或者其他个人，应当注意说服教育，做到动之以情、晓之以理、告之以法，力促被调查人或腐败犯罪嫌疑人坦白交代、有关知情人主动提供等。只有在遭到拒绝或者情况紧急时，才能使用强制性侦查措施或者手段强行提取相关证据。但对于证人来说，应当尊重其作证意愿依法取证，不能对其任意采用强制性侦查措施。

（五）积极运用现代科技手段

坚持把反腐败司法办案手段现代化作为转变司法办案方式、强化司法办案能力的重要基础性和战略性工作来抓，提高司法办案活动的科技含量，实现办案观念、办案模式、办案手段的转变，做到获取办案情报信息网络化、办案工作协同化、办案管理科学化，促进办案能力整体提升。重点推进五个转变：一是增强现代意识，实现办案工作由传统的被动型向现代的主动型转变；二是增加现代科技知识，实行由办案活动的粗放型向办案工作的精确型转变；三是积极探索收集电子数据的方式方法，实行由传统的办案实化形态向实化形态与虚拟化形态相结合的办案模式转变；四是强化办案情报信息工作，坚持情报主导调查、侦查理念，实行由人力密集型向数据信息密集型的办案方式转变；五是加强反腐败司法管理，实行由静态滞后的反腐败司法传统管理向动态即时的科学管理转变。总之，进一步提高反腐败司法办案活动的科技含量，向科技要战斗力，充分发挥办案装备在办案活动中的功能和作用，积极运用现代科技手段提升发现犯罪、调查取证、侦查指挥、收集固定证据、追逃追赃的能力，才能实现办案工作转型发展、优化升级。

四、反腐败司法证据收集的策略和途径

（一）腐败犯罪案件物证、书证的收集

对于物证书证的收集，应当着重把握以下几个方面：

1. 明确说明物证、书证的来源。查清物证、书证的来源，有助于判断物证、书证的真实性。在反腐败司法办案过程中，收集、固定物证书证时，应注意说明来源，主要包括物证、书证是在什么时间、什么地方、哪一种情况下，由什么人提供或者以哪一种方式收集、调取，以及取得过程的合法性等。

2. 坚持原始证据优先。根据刑事诉讼法、监察法等有关规定，据以定案的物证、书证应当是原物。因此，调查取证时应尽量收集原始的物证书证。只有在原物不便搬运、不易保存或者依法应当返还被害人时，才可以拍摄或者制作足以反映原物外形或者内容的照片、录像、模型或者复制品。同时，在制作物证的照片、录像、模型或者复制品及书证的副本、复制件时，应与原物、原件相符合，相关的手续应符合法律要求。

3. 确保物证、书证与腐败犯罪案件的关联性。物证、书证与案件的关联，通常需要借助一定的方法才能分析和识别。在调查或侦查取证时，应注意运用相关证据来证明关联性，比如物证、书证应交由当事人或者证人加以辨认，并制作辨认笔录；对于现场遗留与腐败犯罪有关的指纹等痕迹、物品，应通过指纹鉴定等方式确认与被调查人或腐败犯罪嫌疑人的关联等。

4. 严格按照法定程序和规则进行收集。反腐败司法办案中应注意取证程序的合法，切实改变过去"重取证结果、轻取证程序"的做法。比如，在勘验、检查、辨认、调查或侦查实验以及搜查中，查封、提取、扣押的字画、古董、金银首饰及会计账目等物证、书证，应当附有相关笔录或者清单，并进行拍照、录像，予以固定；制作的笔录或者清单应当有办案人员、物品持有人、见证人签名，如果没有签名的，应当注明原因；对于物品的特征、数量、质量、名称等应当注明。对于需要辨认的物证、书证，应交由当事人或者证人进行辨认，必要时要进行鉴定。对于需要调查或侦查实验的，应及时组织并记明笔录。

5. 全面收集物证、书证。调查人员在勘验、检查、辨认、调查或侦查实验以及搜查中，发现与腐败案件事实可能有关联的指纹、足迹、字迹等痕迹和物品，都应全部提取，必要时进行检验、辨认或者进行侦查实验。

6. 及时对有瑕疵的物证、书证进行补正。根据刑事诉讼法等有关规定，有

瑕疵、需要补正的物证书证有四种:一是勘验、检查辨认、调查或侦查实验等笔录,搜查笔录,提取笔录,扣押清单上没有侦查人员、物品持有人、见证人签名或者物品特征、数量、质量、名称等注明不详的,应予以补正;二是收集调取物证照片、录像或者复制品,书证的副本、复制件未注明与原件核对无异,无复制时间、无被收集、调取人或者单位签名或者盖章的,应予以补正;三是物证照片、录像或者复制品,书证的副本、复制件没有制作人关于制作过程及原物、原件存放于何处的说明或者说明中无签名的,应予以补正;四是物证、书证的收集程序、方式存在其他瑕疵的,应予以补正。对于人民检察院公诉部门或者人民法院认为监察机关移送的物证书证不全面导致案件事实存疑的,应要求监察机关按照要求及时补充收集、调取相关证据,并作出合理说明,防止所取物证、书证被排除。

(二)腐败犯罪案件证人证言的收集

在反腐败司法办案中,证人证言是一种被广泛使用的证据形式。证人是知道案情的"第三人",如果排除利害关系的影响,证人所作陈述的可信性、真实性就比较大,但证人证言也具有较强的主观性和较大的易变性等特性。由于腐败犯罪主体身份的特殊性所决定,有的证人害怕作证后受到报复,有的与被调查人或腐败犯罪嫌疑人或者被告人有某种利害关系,因此证人证言的证明力受到影响。收集证人证言时,应当重点把握以下几个方面:

1. 证人证言的来源。反腐败司法办案过程中,应注意证人证言的来源,查清证人所证明案件事实的感知是直接感知还是传言。如果是传言,还应按照证人提供的线索,寻找直接见闻者并进行询问,收集直接见闻者的证言。对于证人根据一般生活经验判断符合事实的证言,可以作为定案的根据,但对证人的猜测性、评论性、推断性的证言,不能作为定案的根据,办案人员在调查或者侦查取证过程中应当注意避免收集。

2. 证人与案件的利害关系。证人与案件当事人以及案件处理结果有没有利害关系,直接影响证人证言的真实性和证明力。如果没有利害关系,其证言一般较为客观、真实;如果有利害关系,其证言的真实性和证明力就相对较弱。反腐败司法办案过程中,应当注意这方面的问题,确保所取证人证言的证明力。

3. 证人的作证能力。不同证人的感知能力、记忆能力和表达能力是不同的,特别是具有精神疾患或者处于明显醉酒、麻醉品中毒或者精神药物麻醉状态的证人,往往不能正确认知、表达,他们所提供的证言就不能作为定案的根据。反腐败司法办案过程中,应当注意这方面的问题,保证所取证人证言的真实性。

4. 严格按照法定的程序和要求取证。依法获取证人证言,是保证证人证言真实性的重要前提。反腐败司法办案过程中,应当严格按照刑事诉讼法、监察法等有关规定,坚持取证个别进行的原则和要求,询问证人、获取证言。在询问证人过程中,应严格禁止使用羁押、暴力、威胁、引诱、欺骗以及其他非法方法,切实防止非法证人证言问题的发生。

5. 保证证人证言之间、证人证言与其他证据之间能够相互印证。证人证言之间以及证人证言与其他证据之间,如果不能相互印证甚至出现矛盾,就会成为孤证,不能作为定案的根据。反腐败司法办案过程中应当把握这一点,从而使所取的证人证言之间以及证人证言与其他证据之间形成有机的证据链条,保证证据之间内在的关联性,提高证人证言的证明力。

6. 及时对有瑕疵的证人证言进行补正。根据刑事诉讼法、监察法等有关规定,有瑕疵、需要补正的证人证言有四种:一是没有填写询问人、记录人、法定代理人姓名或者询问的起止时间、地点的,应予以补正;二是询问证人的地点不符合规定的,应予以及时纠正、补充取证;三是询问笔录,如果没有记录告知证人应当如实提供证言和有意作伪证或者隐匿罪证要负法律责任内容的,应予以补正;四是询问笔录反映出在同一时间段内,同一询问人员询问不同证人的,应予以及时纠正、补充取证。对于这些有瑕疵的证人证言,必须采取补正措施进行弥补,否则就可能被排除,不能作为定案根据。

（三）腐败犯罪案件被害人陈述的收集

从我国有关法律规定看,法律没有规定贪污贿赂犯罪案件的被害人,司法实践中也很少涉及。但是,《联合国反腐败公约》第 35 条规定腐败行为的被害人及其损害赔偿,这值得我国在完善腐败犯罪立法中借鉴。如果从立法上明确腐败犯罪的被害人,就将提升对腐败犯罪的防范能力。在查处贪污贿赂等腐败犯罪案件中有的涉及到涉案款物返还,从而在反腐败司法办案中也将涉及对被返还单位的取证问题。因此,在具体取证时,应当按照收集证人证言的标准和要求进行。

（四）被调查人或腐败犯罪嫌疑人、被告人供述和辩解的收集

被调查人或腐败犯罪嫌疑人、被告人供述是通过讯问获取的。腐败犯罪特别是贿赂犯罪的特殊性，决定了讯问的重要性。由于口供在反腐败司法办案中居于重要地位，办案人员会千方百计地获取口供，与此同时，被调查人或腐败犯罪嫌疑人、被告人也将在口供问题上大做文章，这就决定了讯问与反讯问的复杂性和尖锐性。在反腐败司法办案中，负责调查、侦查职责的讯问人员应当严格按照有关法律规定，着重把握以下几个方面：

1. 首次讯问的告知。根据刑事诉讼法、监察法等有关规定，讯问时应当告知被调查人或腐败犯罪嫌疑人、被告人以下内容：一是告知在调查、侦查阶段的诉讼权利，有权自行陈述或申辩，在检察机关审查起诉阶段可以委托律师辩护，如实供述自己罪行可以依法从宽处理的法律规定等。二是告知对调查、侦查人员的提问，应当如实回答。但对与本案无关的问题，有权拒绝回答。三是告知对讯问活动将进行全程同步录音、录像，告知情况应当在录音、录像中反映，并记明笔录。

2. 讯问的时间、地点、讯问人必须合法。根据刑事诉讼法、监察法等规定，讯问活动一般不能在夜间进行，讯问地点应当在法律规定的场所，讯问人员不得少于二人，讯问被调查人或腐败犯罪嫌疑人、被告人应当个别进行。

3. 讯问聋、哑人或者不通晓当地通用语言、文字的少数民族人员、外国人，应当提供通晓聋、哑手势的人员和翻译人员；讯问未成年同案犯时，应当通知其法定代理人到场。

4. 依法文明讯问。严禁采取刑讯逼供等非法手段，包括殴打、虐待以及唆使他人以殴打、虐待等行为获取被调查人或腐败犯罪嫌疑人、被告人供述。对于讯问在看守所留置的被调查人或者羁押的腐败犯罪嫌疑人、被告人，应当办理提押、还押等手续。

5. 依法制作讯问笔录。讯问笔录应注明讯问的起止时间和讯问地点，笔录的制作、修改应符合法律等规定，并交由被调查人或腐败犯罪嫌疑人、被告人核对确认并签名或者盖章、捺指印；讯问记录应当全面、客观，既要详细记录被调查人或腐败犯罪嫌疑人、被告人有罪的供述，也要如实记录被调查人或腐败犯罪嫌疑人、被告人无罪或者罪轻、减轻的申辩和解释。

6. 应当对有瑕疵的被调查人或腐败犯罪嫌疑人、被告人供述及时进行补

正。按照刑事诉讼法、监察法等有关规定,需要进行补正的腐败犯罪嫌疑人、被告人供述有三种情形:一是笔录填写的讯问时间、讯问人、记录人、法定代理人等有误或者存在矛盾的,应予以补正;二是讯问人没有签名的,应予以补正;三是首次讯问笔录没有记录告知被讯问人诉讼权利内容的,应予以补正。对于这些情形,必须及时予以补正或者作出合理解释,避免出现证据被排除、不能作为定案根据的问题发生。

7.强化被调查人或腐败犯罪嫌疑人、被告人翻供的对策。在反腐败司法办案过程中,被调查人或腐败犯罪嫌疑人、被告人翻供现象时有发生,对此应高度重视。一是做好翻供预测。在调查或者侦查中或者在人民法院庭审前,对被调查人或腐败犯罪嫌疑人、被告人出现翻供的可能性应进行分析、评估、预测,制定有针对性的应对预案,争取工作主动。二是分析翻供原因。根据调查或侦查、公诉、审判等不同诉讼阶段被调查人或腐败犯罪嫌疑人、被告人翻供的实际,深入分析查找其中的原因,比如有否违法讯问、腐败犯罪嫌疑人或者被告人是否受同押犯或者辩护律师的教唆、翻供的内容有否其他证据相印证以及对案件处理有什么影响等,从而提出有针对性的应对措施。三是配合公诉人做好出庭工作。根据刑事诉讼法、监察法等规定,调查、侦查人员应当积极配合公诉人做好出庭公诉工作,提高指控腐败犯罪的能力,有力遏制涉嫌腐败犯罪的被告人在庭审中的翻供活动,保证指控有力和办案质量。

(五) 腐败犯罪案件鉴定意见的制作

鉴定意见具有很强的专业性、科学性和可靠性。反腐败司法办案中的司法鉴定,主要包括法医类鉴定、物证类鉴定、司法会计鉴定、文书鉴定、声像资料鉴定以及其他专门性鉴定。在调查或侦查取证中指派、聘请鉴定人进行鉴定、制作鉴定意见,应着重把握以下几个方面:

1.依法指派、聘请鉴定人。应当认真审查鉴定机构和鉴定人是否具有合法的资质,决定指派聘请的鉴定人在本案中是否存在应当回避而未回避的情形等。对符合鉴定人条件的,要按照法定程序办理指派、聘请手续,确定鉴定人。

2.严格按照法律规定,对检材的来源、取得、保管、送检等严格把关。在提取、扣押检材时,应当在提取笔录、扣押物品清单等调查文书、侦查文书中详细记载,确保一致。提供的检材应保证数量的充足及其来源、取得、保管的可靠,以及送检程序的合法。

3.认真全面细致地审查鉴定意见。一是审查鉴定的程序、方法、分析过程是否符合本专业的检验鉴定规程和技术方法要求。二是审查鉴定意见的形式要件是否完备,是否注明提起鉴定的事由、鉴定委托人、鉴定机构、鉴定要求、鉴定过程、检验方法、鉴定文书的日期等相关内容,是否由鉴定机构加盖鉴定专用章并由鉴定人签名盖章。三是审查鉴定意见是否明确。四是审查鉴定意见与案件待证事实有无关联。五是审查鉴定意见与其他证据之间是否有矛盾,鉴定意见与检验笔录及相关照片是否有矛盾。

4.依法告知和补充鉴定。对于鉴定意见,应依法及时告知被调查人或腐败犯罪嫌疑人、被告人。被调查人或腐败犯罪嫌疑人、被告人如有异议的,该解释的进行合理的解释,该补充鉴定或者重新鉴定的及时进行补充鉴定或者重新鉴定,确保鉴定意见与其他证据的关联性和证明力。

(六) 腐败犯罪案件勘验、检查、辨认、调查或侦查实验等笔录的制作

勘验、检查、辨认、调查或侦查实验等笔录具有较强的客观性,不仅能起到固定和保全腐败犯罪案件证据的作用,而且对核查其他证据、查清全案具有不可替代的作用。反腐败司法办案中勘验、检查、辨认、调查或侦查实验等笔录,常见的有现场勘验笔录、物证检验笔录、人身检查笔录、辨认笔录和调查或侦查实验笔录等。勘验、检查时,应当着重把握以下几个方面:

1.依法进行勘验、检查。对与腐败犯罪有关的场所、物品、人身、尸体等,应按照刑事诉讼法等有关规定进行勘验、检查。必要时,可以指派技术人员或者聘请其他具有专门知识的人员,在调查、侦查人员的组织下进行勘验、检查。开展勘验、检查,应持有监察机关负责人或者人民检察院检察长签发的勘查证。勘验时,应邀请两名与案件无关的见证人到场,被调查人或腐败犯罪嫌疑人、被告人如果拒绝检查,办案人员认为必要时,可以强制检查。

2.依法组织辨认。按照刑事诉讼法等有关规定,反腐败司法办案过程中,为了查明案情,司法办案人员经常使用辨认措施,对与腐败犯罪有关的物品、文件等进行辨认。在组织辨认时,应着重把握以下几个方面:一是保证辨认程序的合法。辨认必须在办案人员主持下进行,并且主持的办案人员不能少于二人。辨认对象不能在辨认前被辨认人看到。供辨认的对象数量,比如辨认腐败犯罪嫌疑人、被害人时,被辨认的人数为五到十人、照片五到十张;如辨认

物品时,同类物品不得少于五件,照片不得少于五张。二是保证辨认方式的合法。辨认活动要个别进行;采取混杂辨认方式;辨认前应向辨认人详细询问辨认对象的具体特征,但要防止对辨认人进行明显的暗示或者指认。三是依法制作辨认笔录。对于辨认经过和结果要制作专门的规范的辨认笔录,记录要详细,既要记录辨认结果,也要记录辨认过程。主持辨认的调查人员、侦查人员、参加辨认的见证人要签名或者盖章,同时在辨认笔录后附上辨认对象的照片、录像等资料。

3. 依法进行调查或侦查实验。根据刑事诉讼法、监察法等有关规定,为查明案情,经监察机关负责人批准,可以进行调查实验;经检察长批准,可以进行侦查实验。必要时,可以聘请有关人员参加,也可以要求被调查人或者腐败犯罪嫌疑人、证人等参加。但要禁止一切足以造成危险、侮辱人格或者有伤风化的行为。

4. 依法制作勘验、检查、辨认、调查或侦查实验等笔录。一是全面、详细、准确、规范地制作勘验、检查、辨认、调查或侦查实验等笔录。二是准确记录提起勘验、检查、辨认、调查或侦查实验等事由,勘验、检查、辨认、调查或侦查实验的时间、地点,在场人员、现场方位、周围环境等情况。三是准确记载现场、物品、人身等的位置、特征等详细情况,以及勘验、检查、搜查的过程。四是文字记载应与实物或者绘图、录像、照片相符合。五是固定证据的形式、方法要科学、规范。六是对原始现场要保护好,防止现场、物品、痕迹等被破坏或者伪造。七是对人身特征等要防止被伪装或者发生变化等。八是勘验、检查、辨认、调查或侦查实验等笔录中记载的情况要与被告人供述、鉴定意见等其他证据相印证,排除相互间的矛盾。对于需要进行补充勘验、检查、辨认、调查或侦查实验的,要说明再次勘验、检查、辨认、调查或侦查实验的原因,应要保证前后勘验、检查情况的一致性,防止产生矛盾。

5. 及时对有瑕疵的勘验、检查、辨认、调查或侦查实验等笔录进行合理解释或者说明,防止被作为非法证据而被排除。

(七) 腐败犯罪案件视听资料的收集和制作

按照刑事诉讼法、监察法等有关规定,视听资料具有再现案件有关声像事实等特点,在反腐败司法办案的过程中经常使用。视听资料的收集,应当着重把握以下几个方面:

1. 确保视听资料来源的合法。在视听资料的收集和制作过程中,应注意以下几点:一是收集和制作时,不能采取对当事人威胁、引诱等违反法律及有关规定的手段。二是不能进行剪辑、增加、删改、编辑等伪造、变造处理,保证内容和制作过程的真实性。三是载明制作人或者持有人的身份,载明制作的时间、地点和条件以及制作方法。

2. 调取原件。调取原件后,如果需要复制的,应载明复制的份数和原因。对于原件无法调取的,可以调取复制件,但应载明无法调取原件的原因、复制件的制作过程和原件的存放地点,制作人和原视听资料持有人还要签名或者盖章。

3. 注意收集调取的视听资料内容与案件事实具有关联性。调查或侦查取证过程中,要注意调取的视听资料与案件其他证据有关联并且能够相印证,不要调取与案件事实无关的视听资料。对于视听资料有疑问的,应当进行鉴定。

(八) 腐败犯罪案件电子数据的收集、提取和冻结

随着反腐败斗争深入开展以及腐败犯罪手段进一步智能化、信息化,腐败犯罪活动势必在网络虚拟世界不同程度地留下一些电子痕迹。及时收集这些电子痕迹,对于调查或侦查突破腐败犯罪案件具有重要作用。按照刑事诉讼法及最高人民法院、最高人民检察院、公安部《关于办理刑事案件收集提取和审查判断电子数据若干问题的规定》等规定,收集电子数据应当着重把握以下几个方面:

1. 充分认识电子数据对于调查、侦查腐败犯罪的重要性。电子数据是一个新事物,以前没有上升到法定证据的种类,也没有上升到调查、侦查措施和策略的高度进行认识和使用。2012 年刑事诉讼法修正后,将电子数据列为证据之一种,明确规定电子数据属于刑事诉讼法第四十八条规定的一种证据种类,是指在案件发生过程中形成的,以数字化形式存储、处理、传输的,能够证明案件事实的数据,包括数字信息、电子文件等。从实践看,人们对于发生在现实空间的涉及社会民众人身、财产或者居所等其他利益的调查、侦查活动,既敏感又引人注目,但对于发生在虚拟空间的资料数据等权利的关注,却往往并不十分敏感。这主要是因为社会民众人身、财产或者居所等具有与人类之间与生俱来的密切关系,故而备受关注,而对于虚拟空间的隐私权利等反应显得有些迟钝。但是,随着人类社会在自然科学技术尤其是信息技术等领域新兴技术方面的快速进步,以及腐败犯罪调查或侦查深入开展,腐败犯罪手段进一步技术化、信息化的同时,这类犯罪活动将在网络虚拟社会不同程度地留下一些电子痕迹。换言之,一个人在日常活动中将会留下各种信息痕迹,比如在交通、消费、娱乐、上网、住宿、通讯、医疗等过程中发生的刷信用卡、使用自动取款机以及登记、注册、发电邮、更新社交网站状态等各种行为活动,都会产生一些数据信息。这些数据,称之"数据影子",或者也可称为"数据基因",并据此可以形成数据基因图谱。这些信息可以被收集、甄别和分析,对于准确分析案件线索、开展查办案件工作具有重要意义。按照刑事诉讼法第四十八条规定,及时调查、收集、提取、冻结这些电子痕迹,对于调查、侦查突破和认定、处罚腐败犯罪案件具有重要作用。司法实践证明,这些电子数据主要隐藏在相关载体或者电子工具中,比如台式电脑、笔记本电脑、平板电脑、文件服务器、因特网、移动电话、全球卫星定位系统装置,以及打印机、电子记事本、磁带、光盘或者数码多功能光盘等。司法实践中,通过利用虚拟空间查缉腐败犯罪嫌疑人等的案例已不鲜见,诸如采用查询电子信息资料以及实行网络调查、侦查等措施,对于及时有效地侦破腐败犯罪案件具有常规手段所不能及的效用,因而备受办案部门的青睐。

2. 电子数据的范围和种类。电子数据不包括以数字化形式记载的证人证言、被害人陈述以及被调查人或犯罪嫌疑人、被告人供述和辩解等证据。对于这些证据,由于与电子数据有一定的相似性,因此认为确有必要的,在收集、提取、移送、审查时,可以参照适用电子数据收集、提取、移送、审查等规定。电子数据的范围和种类,至少有以下四类:一是网络平台发布的信息,包括网页、博客、微博、朋友圈、贴吧、网盘等网络平台发布的信息;二是网络应用服务的通信信息,包括手机短信、电子邮件、即时通信、通讯群组等网络应用服务的通信信息;三是电子信息主体活动的记录,包括用户注册信息、身份认证信息、电子交易记录、通信记录、登录日志等信息;四是电子文件,包括文档、图片、音视频、数字证书、计算机程序等电子文件。

3. 电子数据收集提取的原则。主要包括:第一,依法原则。办案机关收集、提取电子数据,应当遵守法定程序。第二,技术标准原则。办案机关收集、提取电子数据,应当遵循有关技术标准。第三,全面、客观、及时原则。办案机关收集、提取电子数据,应当全面、客观、及时地收集、提取电子数据。第四,依照职权收集调取原则。监察机关、人民法院、人民检察院和公安机关有权依法向有关单位和个人收集、调取电子数据。第五,监察机关、司法机关和公安机关依法向有关单位和个人收集、调取电子数据,有关单位和个人应当如实提供。第六,保密原则。电子数据涉及国家秘密、商业秘密、个人隐私的,应当保密。

4.保护电子数据完整性的方法和要求。监察机关、司法机关对作为证据使用的电子数据,应当采取以下一种或几种方法保护电子数据的完整性:一是扣押、封存电子数据原始存储介质。这里的存储介质,是指具备数据信息存储功能的电子设备、硬盘、光盘、U 盘、记忆棒、存储卡、存储芯片等载体。二是计算电子数据完整性校验值。这里的完整性校验值,是指为防止电子数据被篡改或者破坏,使用散列算法等特定算法对电子数据进行计算,得出的用于校验数据完整性的数据值。三是制作、封存电子数据备份。四是冻结电子数据。五是对收集、提取电子数据的相关活动进行录像。六是其他保护电子数据完整性的方法。

5.特定电子数据的效力。主要包括两种情形:一是调查过程中收集、提取的电子数据,可以作为证据使用。二是通过网络在线提取的电子数据,可以作为证据使用。

6.电子数据收集提取的程序、方法和要求。由于电子数据具有普遍性、易变性等特点,收集电子数据与传统的现实形态或者物理社会的调查、侦查取证措施是不同的。这里,应当科学运用电子化、数码化等调查、侦查取证措施。主要包括:

(1)收集提取冻结电子数据的工具。当今,实践中运用比较多的主要有电子取证只读设备、取证分析软件,文件系统检查软件,密码破解软件,手机检验系统、手机取证分析软件,电子邮件分析软件,一比一硬盘拷贝机以及网络侦控设备、电子取证勘查箱、多功能侦查取证系统、手机信号定位跟踪设备等。

(2)收集提取的人数和标准要求。收集、提取电子数据,应当由二名以上调查或者侦查人员进行。取证方法应当符合相关技术标准。

(3)扣押、封存的方法和要求。收集、提取电子数据,应当把握以下几个方面:一是能够扣押电子数据原始存储介质的,应当扣押、封存原始存储介质,并制作笔录,记录原始存储介质的封存状态。二是封存电子数据原始存储介质,应当保证在不解除封存状态的情况下,无法增加、删除、修改电子数据。三是封存前后应当拍摄被封存原始存储介质的照片,清晰反映封口或者张贴封条处的状况。四是封存手机等具有无线通信功能的存储介质,应当采取信号屏蔽、信号阻断或者切断电源等措施。

(4)提取的方法和要求。主要把握以下方面:第一,提取的情形。对于具有下列情形之一,无法扣押原始存储介质的,可以提取电子数据,但应当在笔录中注明不能扣押原始存储介质的原因、原始存储介质的存放地点或者电子数据的来源等情况,并计算电子数据的完整性校验值。这些情形包括:一是原始存储介质不便封存的;二是提取计算机内存数据、网络传输数据等不是存储在存储介质上的电子数据的;三是原始存储介质位于境外的;四是其他无法扣押原始存储介质的情形。第二,网络在线提取。对于原始存储介质位于境外或者远程计算机信息系统上的电子数据,可以通过网络在线提取。第三,为进一步查明有关情况,必要时,可以对远程计算机信息系统进行网络远程勘验。这里的网络远程勘验,是指通过网络对远程计算机信息系统实施勘验,发现、提取与犯罪有关的电子数据,记录计算机信息系统状态,判断案件性质,分析犯罪过程,确定调查或者侦查的方向和范围,为及时破案和揭露、证实、惩罚腐败犯罪而提供线索和证据的调查、侦查活动。进行网络远程勘验,需要采取技术调查、侦查措施的,应当依法经过严格的批准手续。

(5)固定的方法和要求。对于因客观原因,无法或者不宜对电子数据进行扣押、封存、提取的,可以采取打印、拍照或者录像等方式固定相关证据,并在笔录中说明原因。

(6)冻结的方法和要求。第一,冻结的情形。对于具有下列情形之一的,经县级以上监察机关、公安机关负责人或者人民检察院检察长批准,可以对电子数据进行冻结。这些情形包括:一是数据量大,无法或者不便提取的;二是提取时间长,可能造成电子数据被篡改或者灭失的;三是通过网络应用可以更为直观地展示电子数据的;四是其他需要冻结的情形。第二,冻结的要求。对于冻结电子数据的,应当制作协助冻结通知书,注明冻结电子数据的网络应用账号等信息,送交电子数据持有人、网络服务提供者或者有关部门协助办理。解除冻结的,应当在三日内制作协助解除冻结通知书,送交电子数据持有人、网络服务提供者或者有关部门协助办理。第三,冻结的方法。对于冻结电子数据的,应当采取以下一种或者几种方法:一是计算电子数据的完整性校验值;二是锁定网络应用账号;三是其他防止增加、删除、修改电子数据的措施。

(7)提取的方法和要求。对于调取电子数据的,应当制作调取证据通知书,注明需要调取电子数据的相关信息,通知电子数据持有人、网络服务提供者或者有关部门执行。

(8)收集、提取电子数据的程式化。首先,制作笔录。收集、提取电子数据,应当制作笔录,记录案由、对象、内容、收集、提取电子数据的时间、地点、方法、过程,并附电子数据清单,注明类别、文件格式、完整性校验值等,由调查或侦查人员、电子数据持有人或者提供人签名或者盖章;电子数据持有人或者提供人无法签名或者拒绝签名的,应当在笔录中注明,由见证人签名或者盖章。有条件的,应当对相关活动进行录像。其次,见证。收集、提取电子数据,应当根据刑事诉讼法、监察法等有关规定,由符合条件的人员担任见证人。由于客观原因无法由符合条件的人员担任见证人的,应当在笔录中注明情况,并对相关活动进行录像。针对同一现场多个计算机信息系统收集、提取电子数据的,可以由一名见证人见证。

(9)电子数据的扣押、检查和鉴定。第一,电子数据的扣押和检查方式。对扣押的原始存储介质或者提取的电子数据,可以通过恢复、破解、统计、关联、比对等方式进行检查。必要时,可以进行调查、侦查实验。第二,电子数据检查的要求。电子数据检查,应当对电子数据存储介质拆封过程进行录像,并将电子数据存储介质通过写保护设备接入到检查设备进行检查;有条件的,应当制作电子数据备份,对备份进行检查;无法使用写保护设备且无法制作备份的,应当注明原因,并对相关活动进行录像。第三,电子数据检查笔录的制作。电子数据检查应当制作笔录,注明检查方法、过程和结果,由有关人员签名或者盖章。进行调查、侦查实验的,应当制作调查、侦查实验笔录,注明调查、侦查实验的条件、经过和结果,由参加实验的人员签名或者盖章。第四,电子数据的鉴定意见和鉴定报告。对电子数据涉及的专门性问题难以确定的,由司法鉴定机构出具鉴定意见,或者由公安部指定的机构出具报告。对于人民检察院侦查的案件,也可以由最高人民检察院指定的机构出具报告。对于电子数据的鉴定,具体办法由公安部、最高人民检察院等分别制定。

7.电子数据的移送与展示。主要包括：

(1)移送方式和要求。第一,封存与备份移送。收集、提取的原始存储介质或者电子数据,应当以封存状态随案移送,并制作电子数据的备份一并移送。第二,直接展示。对网页、文档、图片等可以直接展示的电子数据,可以不随案移送打印件。第三,打印或者附展示说明移送。办案机关因设备等条件限制无法直接展示电子数据的,办案机关应当随案移送打印件,或者附展示工具和展示方法说明。第四,清单移送。对冻结的电子数据,应当移送被冻结电子数据的清单,注明类别、文件格式、冻结主体、证据要点、相关网络应用账号,并附查看工具和方法的说明。

(2)特殊电子数据的移送及要求。对侵入、非法控制计算机信息系统的程序、工具以及计算机病毒等无法直接展示的电子数据,应当附电子数据属性、功能等情况的说明。对数据统计量、数据同一性等问题,办案机关应当出具说明。

(3)审查起诉和提起公诉案件的电子数据移送及要求。第一,审查起诉案件的电子数据移送。监察机关移送人民检察院审查、提起公诉的,应当将电子数据等证据一并移送人民检察院。人民检察院在审查起诉过程中发现应当移送的电子数据没有移送或者移送的电子数据不符合相关要求的,应当通知监察机关补充移送或者进行补正。第二,提起公诉案件的电子数据移送。对于提起公诉的案件,人民法院发现应当移送的电子数据没有移送或者移送的电子数据不符合相关要求的,应当通知人民检察院。监察机关、人民检察院应当自收到通知后3日内移送电子数据或者补充有关材料。

(4)提交法庭的电子数据移送。控辩双方向法庭提交的电子数据需要展示的,可以根据电子数据的具体类型,借助多媒体设备出示、播放或者演示。必要时,可以聘请具有专门知识的人进行操作,并就相关技术问题作出说明。

五、腐败犯罪个罪证据和个案证据的收集

腐败犯罪个罪证据,是指用来证明构成某一种腐败犯罪的一切事实材料。由于腐败犯罪的具体罪种不同,相互之间的法律性质也有质的差异,收集证据的范围和要求也不一样。这里,简要阐述贪污、贿赂、挪用公款等犯罪个罪证据的收集方法和途径,其他腐败犯罪证据及其个案证据的收集可以参照。

（一）贪污罪证据的收集

根据贪污罪的法律特征和调查要求,对这类犯罪的证据收集,应从以下几方面进行:一是收集证明被调查人或者被告人身份的证据;二是收集证明被调查人或者被告人有否利用职务便利实施犯罪的证据;三是收集贪污犯罪的赃款赃物;四是收集证明贪污财物的性能、用途、价值等证据;五是收集证明实施贪污行为时间方面的证据;六是收集证明贪污犯罪方法方面的证据;七是收集知情人的证言;八是收集证明被调查人或者被告人患有严重疾病、死亡或者逃匿的证据材料等。

（二）贿赂罪证据的收集

根据贿赂罪的法律特征和调查要求,对这类犯罪的证据收集,应从以下几方面进行:一是收集证明被调查人或者被告人身份的证据;二是收集证明被调查人或者被告人有否利用职务便利索取或者收受他人贿赂、为他人谋取利益的证据;三是通过查找行贿人,收集证明行贿受贿事实的证据;四是收集证明行贿方式的证据;五是收集证明行贿人得到了哪些合法或者非法利益的证据;六是收集证明行贿财物来源的证据;七是收集证明受贿的赃款赃物数量及其去向的证据;八是收集证明被调查人、犯罪嫌疑人或者被告人患有严重疾病、死亡或者逃匿的证据材料等。

比如,(1)查办刑法第三百八十五条规定的一般受贿罪,收集、调取证据时,应当围绕犯罪构成"四要件",即客体、客观方面、主体、主观方面收集相应的事实和证据材料。(2)查办刑法第三百八十八条规定的间接受贿罪或者称之斡旋受贿罪,除了围绕犯罪构成"四要件"收集、固定和运用证据,还应当充分重视收集与行为人的职务因素紧密相关的证据材料,即行为人是否利用了与对方具有制约关系的职务便利,如果有职务上的制约关系,则行为人之行为构成刑法第三百八十五条规定的一般受贿罪,而不是间接受贿罪,否则构成间接受贿罪。(3)查办刑法第三百八十八条之一规定的利用影响力受贿罪,应当重点收集行为人的身份事实以及没有利用本人职务便利、而利用他人影响力等方面的证据材料。(4)查办事后受贿犯罪行为,通常适用刑法第三百八十五条规定的一般受贿罪,应当按照最高人民法院、最高人民检察院《关于办理贪污贿赂刑事案件适用法律若干问题的解释》第十三条第二款规定,重点收集以下证据材料:一是证明行为人履职时,未被请托,但事后基于该履职事由收受他人财物、为他人谋取利益的事实和证据;二是证明出于感谢的人,事后得知行为人为其出力、谋取利益的事实和证据;三是证明出于感谢的人,送给行为人财物、行为人予以收受的事实和证据材料;四是证明出于感谢的人,明确表示送礼是为感谢行为人为其谋取了利益的事实和证据材料;五是证明行为人收受财物的数量以及收受财物后去向的事实和证据。(5)查办推定受贿犯罪行为,通常适用刑法第三百八十五条规定的一般受贿罪,应当按照最高人民法院、最高人民检察院《关于办理贪污贿赂刑事案件适用法律若干问题的解释》第十三条第二款规定,重点收集以下证据材料:一是证明行为人索取或者收受他人财物,与送礼者之间具有上下级关系,或者具有行政管理中的管理和被管理关系的事实和证据材料;二是证明行为人索取或者收受了他人财物的事实和证据材料;三是证明行为人收受财物后,可能影响其职权的公正行使的事实和证据材料。这种影响将是或然性、可能性的,不要求实际已经发生;四是证明行为人收受他人财物累计超过了人民币三万元以上的事实和证据材料;五是证明行为人收受财物去向的事实和证据材料。(6)查办事前受贿犯罪行为,通常适用刑法第三百八十五条规定的一般受贿罪,应当按照最高人民法院、最高人民检察院《关于办理贪污贿赂刑事案件适用法律若干问题的解释》第十五条第二款规定,重点收集以下证据材料:一是证明行为人利用职务上的便利为请托人谋取了利益的事实和证据材料;二是证明行为人接受请托人的谋利请托之前,多次索取或者收受请托人财物的事实和证据材料;三是证明行为人接受请托人的请托之前索取或者收受财物数额超过人民币一万元以上的事实和证据材料;四是证明行为人接受请托人的谋利请托后索取或者收受请托人财物及数额等事实和证据材料;五是证明行为人接受请托人的请托之前和之后索取或者收受请托人财物的数额及其去向的事实和证据材料。

(三) 挪用公款罪证据的收集

根据挪用公款罪的法律特征和调查要求,对这类犯罪的证据收集,应从以下几方面进行:一是收集证明被调查人或者被告人身份的证据;二是收集证明有否挪用的事实以及被挪用款物性质的证据;三是收集证明被调查人或者被告人利用职务便利条件实施挪用行为的证据;四是收集证明行为人具体挪用行为的证据;五是收集证明行为人有无偿还公款的意愿和能力方面的证据;六是收集证明挪用公款数额、时间等方面的证据等。

第四节　反腐败司法证据的审查判断和非法证据排除

一、反腐败司法证据审查判断的含义和特点

(一)反腐败司法证据审查判断的含义

研究反腐败司法证据的审查判断,对于反腐败司法办案中重视提高调查或侦查取证的质量、防止反腐败司法证据被作为非法证据而排除等具有重要作用。根据刑事诉讼法、监察法等有关规定,反腐败司法证据的审查判断是一种思维活动,始终贯穿于反腐败司法证据收集、调取的全过程。研究反腐败司法证据审查判断的含义及特点,了解证据审查判断的程序和规则,有利于提高收集证据的质量和效率,从而有利于及时有效地揭露和证实犯罪。从腐败犯罪调查或者侦查规律和诉讼机制讲,所谓反腐败司法证据的审查判断,是指监察机关、司法机关对调查、侦查收集的反腐败司法证据材料,根据反腐败司法证据的本质特性,通过分析研究找出证据材料与腐败犯罪案件事实之间的客观联系,用以判明这些证据材料的真伪、排除假证,正确认定腐败犯罪案件事实,作出实事求是的调查结案、侦查终结以及移送审查起诉、提起公诉、公开审判等结论的一种诉讼活动。

(二)反腐败司法证据审查判断的特点

根据反腐败司法证据审查判断的定义,可以从中看出,反腐败司法证据的审查判断具有以下几个特点:

1. 审查判断证据主体的多元性。按照刑事诉讼法、监察法等有关规定,反腐败司法办案由监察机关、司法机关负责,因此在调查或者侦查、公诉、审判环节,对反腐败司法证据审查判断的主体除了监察机关、司法机关及司法办案人员,具体个案的腐败犯罪嫌疑人或者被告人及其辩护律师也有审查判断证据的权利。从腐败犯罪调查或者侦查和公诉、审判活动看,审查判断证据主体主要是监察机关、司法机关及司法办案人员,并且在调查或者侦查和公诉、审判的全过程始终起着主导作用,是调查或者侦查和公诉、审判的动力,决定着调

查或者侦查和公诉、审判的进程乃至最终结果。因此,对证据材料的审查判断是调查或侦查终结之前以及之后不可缺少的、最为重要的诉讼活动。

2. 审查判断证据目的的侧重性。由于监察机关、司法机关及司法办案人员所担负的职责及其调查或者侦查、公诉、审判等诉讼阶段的任务所决定,对证据审查判断的目的有明显的侧重点。比如在反腐败司法调查或者侦查、提起公诉阶段,审查判断的目的在于确定根据案内已有的证据和法律的规定,提出是否继续深入调查、调查结案或者侦查终结、应否对被调查人或腐败犯罪嫌疑人提起公诉或者不起诉、撤销案件的意见。

3. 审查判断证据任务的确定性。审查判断证据的主要任务有三项:一是鉴别证据材料的真伪;二是判明证据材料同案件事实有无联系,以确定证据材料的证明力大小、强弱;三是确认全案证据材料是否确实、充分。其中,第一、第二项任务主要解决证据的真实性和证明力问题,第三项任务主要解决能否对案件事实作出符合实际的调查结案或者侦查终结等正确结论。此外,尚需要明确的是反腐败司法办案过程,从根本上讲是一个认识的过程、证明的过程,都需要对证据进行审查判断。从某种意义说,审查判断证据是完成对证据证明任务的重要步骤、环节和关键性措施,监察机关、司法机关及司法办案人员对案件事实合乎客观的认识,正是在不断收集、固定、运用证据和审查判断证据的过程中逐渐加以清晰和完善。

二、反腐败司法证据审查判断的重点

审查判断反腐败司法证据,应当把握重点,否则就难以收到及时有效地实现办案工作目标及预期效果。实践表明,审查判断证据的活动不仅要紧紧围绕解决腐败犯罪案件中每一个证据是否真实及其有无证明力、证明力大小和强弱的问题,而且还要解决作为定案根据的全案证据是否充分的问题。具体地说,审查判断证据的重点或者重心有两个:一是证据的确实性,即每一个案件证据是否确实、可靠,是否具有有效的证明力;二是全案证据的充分性,即是否已经具备足以定案的证据条件。前者的任务是确定每一个证据所反映的情况是否真实,以及对查明案件中的某个事实有无意义、有何意义,即确定每一个证据的价值。后者的任务是确定已经收集的各种证据材料是否足以证明犯罪事实确已发生,并且是被调查人或腐败犯罪嫌疑人、被告人所为,以及根据法律规定适用的罪名、刑种、量刑的轻重等。说到底,就是确定根据案内已有的证据是否能够恢复案件的本来面貌,对案件作出是否调查结案或侦查终结以及是否提起公诉或者不起诉等结论。审查判断证据的两个重点虽目的不同,但两者又密切联系。一般来说,办案人员首先要对每一个证据材料进行审查判断,然后才有可能对全部证据材料进行综合审查判断,最终作出正确结论。对每一个证据材料的审查判断,是综合审查判断全部材料的基础;对全部证据材料进行的综合审查判断,又为确证每一个证据材料的可靠性所必须。对每一个证据的审查判断,贯穿于调查或侦查办案等办案活动的全过程;对全部证据材料的综合审查判断,实际上是对每一司法办案环节或者诉讼阶段的小结以及对全案调查或者侦查、起诉、审判等活动的终结。

三、反腐败司法证据审查判断的途径

从实践看,对于反腐败司法证据审查判断的主要途径有以下几个:

(一) 审查判断证据来源

证据来源包含证据的取得方式和证据的直接出处两层含义。审查判断证据来源,就是审查判断其来源是否合法、可靠。对案内各个证据的审查,应着重审查有关供述人是否存在不良动机、故意提供虚假证据;有关作证人有否因生活、心理、认识、表述等原因,提供不实之陈述;有关当事人收集、调取证据的手段是否正确、合法,固定、保全证据的方法有否不当。然后,重点审查判断证据的真实性和证明力。

(二) 审查判断证据事实自身内容的合理性

证据事实自身的内容,就是审查判断证据所反映的事实与待证事实之间是否存在客观的、内在的联系及联系程度的强弱,证据内容本身是否合理、有无矛盾等。这是涉及证据证明力大小的关键。

(三) 审查判断证据与证明对象之间的联系

这种审查的实质是审查两者之间的关联性,即确定证据材料与案件之间的关系,解决某一证据材料所反映的情况是否与案件有联系、有什么联系的问题。

(四) 审查判断全案证据材料之间的联系

换言之,就是对全案证据材料进行综合审查判断。审查的内容:一是最终

确定每一个证据材料的可靠性,为解决审查判断证据的其他问题奠定基础。二是以对全部证据材料审查判断为依据,确定是否足以对案件事实作出正确的结论。三是在综合审查判断的过程中,既坚持全面的观点、反对片面的观点,又坚持发展变化的观点。唯有如此,才能完成综合审查判断全部证据材料的任务。

四、反腐败司法证据的审查判断方法及非法证据排除

(一) 腐败犯罪案件个证审查判断

对于腐败犯罪案件个证审查判断,主要应当把握以下几个方面:

1. 物证的审查判断。物证,是证明案件事实的物质和痕迹,它以其外部特征的变化和物质属性证明案情。与案件有关的物质或者痕迹,只有经过反腐败司法活动中调查或者侦查、公诉和审判机关的工作人员按照法定程序依法收集和审查判断,才能纳入调查或者侦查、公诉、审判的取证视野或者诉讼轨道,成为物证。反腐败司法活动中调查或者侦查、公诉和审判中的物证包括犯罪现场遗留物、犯罪对象物、作案工具和痕迹等,虽然客观性比较强,受人的主观因素影响小,但也可能会出现某些不真实情况。对物证进行审查判断,通常要经过检验物证的外形、质地、属性等来判别物证的真伪,查明其与案件事实之间有否内在联系。

审查判断物证材料的内容有三:一要审查某种痕迹是否发生了自然变化、社会事实变化或者时空变化;二要审查上述这些变化是否为被调查人或腐败犯罪嫌疑人或者被告人所为;三要审查判断物证材料的证明力。

具体可从以下方面入手:一是物证是否为原物,是否经过辨认、鉴定;物证的照片、录像、复制品是否与原物相符,是否由二人以上制作,有无制作人关于制作过程以及原物存放于何处的文字说明和签名。二是物证的收集程序、方式是否符合法律、有关规定;经勘验、检查、搜查提取、扣押的物证,是否附有相关笔录、清单,笔录、清单是否经调查人员、侦查人员、物品持有人、见证人签名,没有物品持有人签名的,是否注明原因;物品的名称、特征、数量、质量等是否注明清楚。三是物证在收集、保管、鉴定过程中是否受损或者改变。四是物证与案件事实有无关联;对现场遗留与犯罪有关的具备鉴定条件的血迹、体液、毛发、指纹等生物样本、痕迹、物品,是否已作 DNA 鉴定、指纹鉴定等,并与

被调查人或被告人或者被害人的相应生物检材、生物特征、物品等比对。五是与案件事实有关联的物证是否全面收集。六是据以定案的物证应当是原物。原物如果不便搬运,不易保存,依法应当由有关部门保管、处理,或者依法应当返还的,可以拍摄、制作足以反映原物外形和特征的照片、录像、复制品。物证的照片、录像、复制品,经与原物核对无误、经鉴定为真实或者以其他方式确认为真实的,可以作为定案根据。总之,对物证应当全面审查,根据全案证据情况进行综合审查判断,以确认其证明力及证明力的大小与强弱。

2. 书证的审查判断。书证,以其所记载的内容证明案件事实,在反腐败的调查或侦查、公诉和审判等活动中大量存在和使用。有的书证在决定立案调查或者侦查以前就已形成,有的在调查过程中形成并可能随着调查活动的发展而发生变化。由于它们都具有明确的意思表示,因此一经查实就对证明案件事实具有重要作用。通常而言,据以定案的书证应当是原件。取得原件确有困难的,可以使用副本、复制件。但书证有更改或者更改迹象,又不能作出合理解释,或者书证的副本、复制件不能反映原件及其内容的,不得作为定案的根据。同时,对于书证的副本、复制件,经与原件核对无误、经鉴定为真实或者以其他方式确认为真实的,可以作为定案的根据。对于书证的审查判断,一般从以下方面进行:一是书证是否为原件,是否经过辨认、鉴定;书证的副本、复制件是否与原件相符,是否由二人以上制作,有无制作人关于制作过程以及原件存放于何处的文字说明和签名;二是书证的收集程序、方式是否符合法律、有关规定;经勘验、检查、搜查提取、扣押的书证,是否附有相关笔录、清单,笔录、清单是否经调查或侦查人员、物品持有人、见证人签名,没有物品持有人签名的,是否注明原因;三是书证在收集、保管、鉴定过程中是否受损或者改变;四是书证与案件事实有无关联;五是与案件事实有关联的书证是否全面收集。总之,应当审查书证材料与全案证据材料,包括物证、证人证言等之间有无矛盾,通过综合审查判断加以确认。

3. 证人证言的审查判断。证人证言,往往可以直接证明犯罪行为是否发生、是否为被调查人或腐败犯罪嫌疑人或者被告人所为,具有重要的证明价值。但是,由于证人易受主观和客观因素的影响,证人证言往往容易发生偏差甚至失真失实。审查判断证人证言,必须审慎、细致,从以下几个方面入手:一是证言的内容是否为证人直接感知;二是证人作证时的年龄,认知、记忆和表达能力、生理和精神状态等是否影响作证；三是证人与案件当事人、案件处理结果有无利害关系；四是询问证人是否个别进行；五是询问笔录的制作、修改是否符合法律、有关规定，是否注明询问的起止时间和地点，首次询问时是否告知证人有关作证的权利义务和法律责任，证人对询问笔录是否核对确认；六是询问未成年证人时，是否通知其法定代理人或者有关人员到场，其法定代理人或者有关人员是否到场；七是证人证言有无以暴力、威胁等非法方法收集的情形；八是证言之间以及与其他证据之间能否相互印证，有无矛盾。总之，要结合全案证据进行综合审查判断，以确认证人证言的真实性和证明力。

4. 被害人陈述的审查判断。被害人身份比较特殊，其就案件情况所作的陈述受其自身素质、情绪、态度等因素的影响比较大。审查判断时，应注意以下几个问题：一是审查被害人陈述时的心理活动，判明其陈述的真伪；二是审查被害人陈述的依据，必要时进行实地调查或者实验，以判断其真实性和证明力；三是审查被害人与被调查人、腐败犯罪嫌疑人或者被告人之间的关系亲疏和憎爱程度，以对被害人陈述作出正确判断；四是审查被害人自身素质及其所陈述的内容是否前后一致。总之，要综合全案证据的审查判断情况，以确认被害人陈述的真伪。具体可以参照对证人证言的审查判断方法。

5. 被调查人、腐败犯罪嫌疑人、被告人供述和辩解的审查判断。被调查人、腐败犯罪嫌疑人、被告人的特殊身份决定了被调查人、腐败犯罪嫌疑人、被告人供述和辩解的复杂性。审查判断被调查人、腐败犯罪嫌疑人、被告人供述和辩解，要注意重视审查以下几个问题：一是讯问的时间、地点，讯问人的身份、人数以及讯问方式等是否符合法律、有关规定；二是讯问笔录的制作、修改是否符合法律、有关规定，是否注明讯问的具体起止时间和地点，首次讯问时是否告知被告人相关权利和法律规定，被告人是否核对确认；三是讯问未成年被告人时，是否通知其法定代理人或者有关人员到场，其法定代理人或者有关人员是否到场；四是被告人的供述有无以刑讯逼供等非法方法收集的情形；五是被告人的供述是否前后一致，有无反复以及出现反复的原因，被告人的所有供述和辩解是否均已随案移送；六是被告人的辩解内容是否符合案情和常理，有无矛盾；七是被告人的供述和辩解与同案被告人的供述和辩解以及其他证据能否相互印证，有无矛盾。并且在必要时，可以调取讯问过程的录音录像，被调查人或者腐败犯罪嫌疑人、被告人进出看守所的健康检查记录、笔录，并结合录音录像、记录、笔录对上述内容进行审查。总之,应当综合审查判断全案证据,确认被调查人、腐败犯罪嫌疑人或者被告人供述和辩解的真实性。

6. 鉴定意见的审查判断。鉴定意见多种多样,对不同种类的鉴定意见,有不同的审查判断方法。一般地说,审查判断时主要把握以下几点:一是鉴定机构和鉴定人是否具有法定资质;二是鉴定人是否存在应当回避的情形;三是检材的来源、取得、保管、送检是否符合法律、有关规定,与相关提取笔录、扣押物品清单等记载的内容是否相符,检材是否充足、可靠;四是鉴定意见的形式要件是否完备,是否注明提起鉴定的事由、鉴定委托人、鉴定机构、鉴定要求、鉴定过程、鉴定方法、鉴定日期等相关内容,是否由鉴定机构加盖司法鉴定专用章并由鉴定人签名、盖章;五是鉴定程序是否符合法律、有关规定;六是鉴定的过程和方法是否符合相关专业的规范要求;七是鉴定意见是否明确;八是鉴定意见与案件待证事实有无关联;九是鉴定意见与勘验、检查笔录及相关照片等其他证据是否矛盾;十是鉴定意见是否依法及时告知相关人员,当事人对鉴定意见有无异议。总之,要对全案证据材料进行通盘考虑,审查鉴定意见与其他证据、与案件事实有否矛盾。

7. 勘验、检查笔录和辨认、调查或侦查实验笔录的审查判断。首先,审查判断勘验、检查笔录。应当着重从以下内容入手:一是勘验、检查是否依法进行,笔录的制作是否符合法律、有关规定,勘验、检查人员和见证人是否签名或者盖章;二是勘验、检查笔录是否记录了提起勘验、检查的事由,勘验、检查的时间、地点,在场人员、现场方位、周围环境等,现场的物品、人身、尸体等的位置、特征等情况,以及勘验、检查、搜查的过程;文字记录与实物或者绘图、照片、录像是否相符;现场、物品、痕迹等是否伪造、有无破坏;人身特征、伤害情况、生理状态有无伪装或者变化等;三是补充进行勘验、检查的,是否说明了再次勘验、检查的原由,前后勘验、检查的情况是否矛盾。其次,审查判断辨认笔录和调查或侦查实验笔录。对于辨认笔录,应当着重审查辨认的过程、方法,以及辨认笔录的制作是否符合有关规定。对于调查或侦查实验笔录,应当着重审查实验的过程、方法,以及笔录的制作是否符合有关规定。总之,要审查勘验、检查、辨认及调查或侦查实验的笔录所记载内容与其他证据之间,以及与案件事实之间有否矛盾或者是否有内在联系。

8. 视听资料和电子数据的审查判断。对于视听资料和电子数据的审查判

断,主要应当把握以下几个方面:

(1)审查判断视听资料。视听资料的证明力主要体现在它的音质和图像上。音质与图像的优劣,直接关系到其证明力的发挥及其大小。制作视听资料的过程由于程序简单,因此实践中容易出现伪造、变造或者被剪辑、篡改并达到以假乱真程度等现象。审查判断时,要注意把握以下几个方面:一是是否附有提取过程的说明,来源是否合法;二是是否为原件,有无复制及复制份数;是复制件的,是否附有无法调取原件的原因、复制件制作过程和原件存放地点的说明,制作人、原视听资料持有人是否签名或者盖章;三是制作过程中是否存在威胁、引诱当事人等违反法律、有关规定的情形;四是是否写明制作人、持有人的身份,制作的时间、地点、条件和方法;五是内容和制作过程是否真实,有无剪辑、增加、删改等情形;六是其内容与案件事实有无关联。同时,对视听资料有疑问的,应当进行鉴定。

(2)审查判断电子数据。对于电子数据的审查判断,监察机关、检察机关、审判机关及其办案人员应当围绕电子数据的真实性、合法性、关联性进行。具体地说,应当把握以下方面:

第一,审查的内容。对电子数据是否真实,应当着重审查以下内容:一是是否移送原始存储介质;在原始存储介质无法封存、不便移动时,有无说明原因,并注明收集、提取过程及原始存储介质的存放地点或者电子数据的来源等情况。二是电子数据是否具有数字签名、数字证书等特殊标识。这里的数字签名,是指利用特定算法对电子数据进行计算,得出的用于验证电子数据来源和完整性的数据值;这里的数字证书,是指包含数字签名并对电子数据来源、完整性进行认证的电子文件。三是电子数据的收集、提取过程是否可以重现。四是电子数据如有增加、删除、修改等情形的,是否附有说明。五是电子数据的完整性是否可以保证。

第二,电子数据完整性验证。对电子数据是否完整,应当根据保护电子数据完整性的相应方法进行验证:一是审查原始存储介质的扣押、封存状态。二是审查电子数据的收集、提取过程,查看录像。三是比对电子数据完整性校验值。四是与备份的电子数据进行比较。五是审查冻结后的访问操作日志。这里的访问操作日志,是指为审查电子数据是否被增加、删除或者修改,由计算机信息系统自动生成的对电子数据访问、操作情况的详细记录。六是其他方法。

　　第三，收集、提取电子数据的合法性审查。对收集、提取电子数据是否合法，应当着重审查以下内容：一是收集、提取电子数据是否由二名以上调查人员或者侦查人员进行，取证方法是否符合相关技术标准。二是收集、提取电子数据，是否附有笔录、清单，并经调查人员或者侦查人员、电子数据持有人（提供人）、见证人签名或者盖章；没有持有人（提供人）签名或者盖章的，是否注明原因；对电子数据的类别、文件格式等是否注明清楚。三是是否依照有关规定由符合条件的人员担任见证人，是否对相关活动进行录像。四是电子数据检查是否将电子数据存储介质通过写保护设备接入到检查设备；有条件的，是否制作电子数据备份，并对备份进行检查；无法制作备份且无法使用写保护设备的，是否附有录像。

　　第四，同一性和关联性认定。一是同一性认定的方法和要求。对于认定犯罪嫌疑人、被告人的网络身份与现实身份的同一性，可以通过核查相关 IP 地址、网络活动记录、上网终端归属、相关证人证言以及被调查人、犯罪嫌疑人、被告人供述和辩解等进行综合判断。二是关联性认定的方法和要求。认定被调查人、犯罪嫌疑人、被告人与存储介质的关联性，可以通过核查相关证人证言以及被调查人、犯罪嫌疑人、被告人供述和辩解等进行综合判断。

　　第五，电子数据鉴定意见和专门性问题异议的处理。一是鉴定人出庭。公诉人、当事人或者辩护人、诉讼代理人对电子数据鉴定意见有异议，可以申请人民法院通知鉴定人出庭作证。人民法院认为鉴定人有必要出庭的，鉴定人应当出庭作证。二是鉴定人不出庭的处理。经人民法院通知，鉴定人拒不出庭作证的，鉴定意见不得作为定案的根据。对没有正当理由拒不出庭作证的鉴定人，人民法院应当通报司法行政机关或者有关部门。三是有专门知识的人出庭。公诉人、当事人或者辩护人、诉讼代理人可以申请法庭通知有专门知识的人出庭，就鉴定意见提出意见。四是对电子数据涉及的专门性问题的报告，按照有关规定可以通知鉴定人出庭或者有专门知识的人出庭，说明鉴定的情况或者对专门性问题的解释。

　　第六，收集提取程序瑕疵的处理。电子数据的收集、提取程序有下列瑕疵，经补正或者作出合理解释的，可以采用；不能补正或者作出合理解释的，不得作为定案的根据：一是未以封存状态移送的；二是笔录或者清单上没有调查人员或者侦查人员、电子数据持有人(提供人)、见证人签名或者盖章的;三是对电子数据的名称、类别、格式等注明不清的;四是有其他瑕疵的。

(二) 腐败犯罪个罪证据的审查判断

腐败犯罪个罪证据的审查判断,是指对某一种腐败犯罪所收集的证据材料进行分析鉴别,以判断其是否真实以及对该种腐败犯罪案件的证明力。由于腐败犯罪的罪种不同,以及同一种腐败犯罪个案情况的千差万别,因此对证据审查判断的方法和途径也不同。在此,着重讨论贪污、贿赂、挪用公款等犯罪个罪证据的审查判断方法。

1. 贪污罪案证据的审查判断。审查判断贪污罪案证据,应当着重把握以下环节:

第一,审查判断赃款、赃物。赃款、赃物是贪污犯罪案件的重要证据。实践中,应当注意审查所获证据是否能证明被侵占的财物确是公共财物或者虽属私有财物但却是在国家机关、国有公司、企业、事业单位的管理、使用或者运输之中;审查获得的证据能否证明被调查人、腐败犯罪嫌疑人、被告人获取赃款、赃物的方法,是否利用职务便利采取侵吞、盗窃、骗取或者用其他方法非法占有;审查判断已有证据是否能证明公共财物确已被被调查人、腐败犯罪嫌疑人、被告人非法占为己有,尤其应当注意审查那些形式合法而实质是非法占有的犯罪行为。

第二,审查判断相关的单据、账册。这些单据、账目以其记载的内容和被伪造、变造的情况证明案件情况。如账面记载的支出情况与实际支出不相符合,或者账面记载的支出表面上与实际相符合,但其中有伪造单据,或者涂改账目、虚报冒领等事实的存在。因此,要通过审查单据的内容和账目的记载情况,查出账目与实际不相符合的原因;审查伪造、变造、涂改单据和账目的情况,查明是否有公共财物被非法占有;联系单据、账目等具体情况,全面系统地审查并找出其中的疑点,审查判断这些单据、账目与实际不相符的情况与案件事实有无联系,与被调查人、腐败犯罪嫌疑人或者被告人的职务行为有无联系等,以判明贪污行为是否发生、是否为被调查人、腐败犯罪嫌疑人或者被告人所实施。

第三,审查判断已有证据,用以确认贪污的公共财物及其数额。通过查获的赃款、赃物,证实被调查人、腐败犯罪嫌疑人、被告人的非法占有行为,判明所贪污的赃款赃物用途、价值;通过对伪造、变造或者涂改的单据、账册的审查,查明可能被非法占有的数额;同时审查被调查人、腐败犯罪嫌疑人或者被告人的收入、支出情况,如果有证据证明被调查人、腐败犯罪嫌疑人或者被告人的实际支出大大超过其合法收入,就要进一步查明其财产来源,用证据证明贪污数额;审查计算贪污数额的会计资料检验是否科学、合理。会计资料鉴定是确定贪污数额的主要根据之一,对会计资料认真进行检验和审查判断,是确认贪污数额的重要方法和措施,对此应予以高度重视。

2. 贿赂罪案证据的审查判断。审查判断贿赂罪案证据,要着重把握以下环节:

第一,审查赃款赃物的去向。由于贿赂犯罪多以言词证据为主,赃款赃物对贿赂罪案的定案具有重要意义。司法办案实践中,一旦查明赃款赃物去向问题,就能掌握司法办案特别是调查、侦查工作的主动权,贿赂犯罪人也往往会坦白供罪。对赃款赃物的审查,要注意审查被调查人、腐败犯罪嫌疑人、被告人是如何获得赃款赃物的,也即获取的途径和方式,是主动索取还是被动收受;索取或者收受赃款赃物时,有否利用职务之便,是利用自己的职务便利还是他人的职务便利等内容。

第二,审查受贿人与行贿人的关系。实践中,查明被调查人、腐败犯罪嫌疑人或者被告人与行贿人的关系非常重要。实践表明,贿赂犯罪一旦案发,受贿人通常会将收受或者索取的贿赂推脱为接受馈赠、"借用"甚至劳动报酬等名义。在这种情势下,弄清被调查人、腐败犯罪嫌疑人或者被告人与行贿人之间的关系,就可据此推断被调查人、腐败犯罪嫌疑人或者被告人的受贿事实等具体情况。

第三,审查被调查人、腐败犯罪嫌疑人、被告人与行贿人客观行为及其背后所隐含的目的和动机。要注意审查行贿人向被调查人、腐败犯罪嫌疑人、被告人行贿的意图和目的;行贿人通过什么途径向被调查人、腐败犯罪嫌疑人、被告人行贿;被调查人、腐败犯罪嫌疑人、被告人有否为行贿人办事,办了什么事,结果如何;所办之事有否违法、违反何种法律法规,违反程度是一般还是严重;行贿人自愿主动贿送还是被被调查人、腐败犯罪嫌疑人、被告人敲诈索要;受贿人系国家公职人员还是以其近亲属或者关系密切的人的名义收受贿赂等。弄清楚这些问题,有利于对被调查人、腐败犯罪嫌疑人、被告人是否触犯刑法予以认定,并保证正确定罪量刑。

第四,确定收受贿赂的数额。按照刑法规定,贿赂限于财产性利益,机会、美色之类不属于贿赂对象。这就是说,对于能够以物化形态出现的贿赂都可以量化,但是对于一些难以物化或者不可能物化的,比如提供机会、美色等,不能作为定案的根据,但可以作为发现腐败活动的线索,应当结合全案情况对全案证据进行分析、审查,依法予以认定。

3. 挪用公款罪案证据的审查判断。审查判断挪用公款罪案证据,应当着重把握以下环节:

第一,审查已有证据能否证明被挪用的款项是公款。公款是指各级国家机关、各类社会团体组织以及国有公司、企业、事业单位所依法拥有的各种款项。对国有企业承包经营中的款项或者混合所有制经济中的款项,要注意区别、分清情况,这其中有公款,也有私人款项。对于国家管理使用中的个人资金,应当视为公款。对个人合伙经营的属于私营经济,其资金属于个人所有,不能视为公款;即使个体经营或者合伙经营挂靠在国有、集体企业名下的,仍然属于私营范畴,其款项不属于公款。

第二,审查已有证据判断行为人是否符合挪用公款罪的主体资格,是否有对公共财物的管理权和支配权,是否利用经手、管理公共财物的职务上的便利条件实施了挪用行为。

第三,审查已有证据判明行为人属于何种挪用行为。首先,要查明挪用公款是否用于个人进行非法活动以及挪用的数额。这种形态的挪用行为,其挪用时间的长短不影响挪用公款罪构成,但有挪用用途和数额上的要求。因此,要重点审查证据,判明挪用公款的目的和用途,是否用于非法活动及挪用数额。其次,要查明挪用公款是否进行营利活动和挪用的数额。这种形态的挪用行为,其挪用时间长短不影响犯罪构成,但有挪用用途和数额上的要求,即挪用公款进行营利活动达到数额较大标准即三万或者五万元以上的,才构成挪用公款罪。因此,要审查案内证据,判明行为人是否将挪用的公款用于营利活动。对确属用于营利活动的,要审查是归个人营利还是挪用给他人营利,是合法营利还是非法营利;挪用公款的数额以及是否达到较大的标准。再次,要查明挪用公款是否归自己或者他人用于生活方面,以及挪用数额和挪用时间。这种形态的挪用行为,既有用途、数额上的要求,也有挪用时间上的要求。比如说,挪用公款归自己或者他人用于生活方面,只有数额达到五万元以上且超过三个月未归还的,才构成挪用公款罪。因此,审查时既要审查公款的用途,又要查明挪用公款的数额和期限,最终结合全案证据的分析,判明行为人是否构成犯罪。

第四,审查已有证据判明行为人的偿还能力。实践中,行为人挪用公款后可能会出现两种情况:一是行为人挪用公款数额较大,供个人使用或者他人使用,因种种原因根本无力退还;二是由最初的挪用转变为不想退还。对行为人无力退还或者有意不退还这两种情况,在认定处理上是不同的。因此,审查时要重点审查判明行为人的偿还能力。对于挪用公款不退还的,要按照刑法第三百八十四条规定给予较重的刑罚。

第五,审查已有证据,判断立案时行为人对所挪用公款的心理状态。要审查判明行为人主观故意上是否由暂时的非法占有,转化为永久的非法占有。比如行为人有能力退还而故意不还、无限期拖欠的,这表明行为人主观上和客观上都有将公共财产转变为私人所有之嫌,就有可能按照刑法关于贪污罪的规定进行认定处理。因此,对行为人挪用公款后是否产生由暂时非法占有转化为永久非法占有主观故意的正确分析和判断,可从根本上判明行为人是否具有非法占有公共财产的目的,从而将行为人的犯罪性质准确地区别开来。

（三）反腐败司法证据中不能作为定案根据的情形

根据刑事诉讼法、监察法等有关规定,在司法办案时发现收集的证据属于以下情形的,应当依法予以排除,不得作为起诉意见、起诉决定和判决的依据。

1.物证、书证不能作为定案根据的情形。一是物证的照片、录像、复制品,不能反映原物的外形和特征的;二是书证有更改或者更改迹象不能作出合理解释,或者书证的副本、复制件不能反映原件及其内容的;三是在勘验、检查、搜查过程中提取、扣押的物证、书证,未附笔录或者清单,不能证明物证、书证来源的;四是对物证、书证的来源、收集程序有疑问,不能作出合理解释的;五是物证、书证的取得明显违反法律规定,可能影响公正审判的,拒不予以补正或者作出合理解释的。

2.证人证言、被害人陈述不能作为定案根据的情形。一是处于明显醉酒、中毒或者麻醉等状态,不能正常感知或者正确表达的证人所提供的证言;二是证人的猜测性、评论性、推断性的证言,但根据一般生活经验判断符合事实的除外;三是询问证人没有个别进行的;四是书面证言没有经证人核对确认的;五是询问聋、哑人,应当提供通晓聋、哑手势的人员而未提供的;六是询问不通晓当地通用语言、文字的证人,应当提供翻译人员而未提供的,询问证人、被害人没有个别进行而取得的;七是证人证言的收集程序、方式有瑕疵,比如询问笔录没有填写询问人、记录人、法定代理人姓名以及询问的起止时间、地点的,询问地点不符合规定的,询问笔录没有记录告知证人有关作证的权利义务和法律责任的,询问笔录反映出在同一时段,同一询问人员询问不同证人的,并且不能补正或者作出合理解释的。此外,经人民法院通知,证人没有正当理由拒绝出庭或者出庭后拒绝作证,法庭对其证言的真实性无法确认的。

3. 被调查人、腐败犯罪嫌疑人、被告人供述不能作为定案根据的情形。一是讯问笔录没有经被告人核对确认的;二是讯问聋、哑人,应当提供通晓聋、哑手势的人员而未提供的;三是讯问不通晓当地通用语言、文字的被告人,应当提供翻译人员而未提供的;四是讯问笔录有瑕疵,比如讯问笔录填写的讯问时间、讯问人、记录人、法定代理人等有误或者存在矛盾的,讯问人没有签名的,首次讯问笔录没有记录告知被讯问人相关权利和法律规定的,并且不能补正或者作出合理解释的。此外,对于被告人庭前供述和辩解存在反复,庭审中不供认,且无其他证据与庭前供述印证的庭前供述,不得作为定案的根据。

4. 鉴定意见不能作为定案根据的情形:一是鉴定机构不具备法定资质,或者鉴定事项超出该鉴定机构业务范围、技术条件的;二是鉴定人不具备法定资质,不具有相关专业技术或者职称,或者违反回避规定的;三是送检材料、样本来源不明,或者因污染不具备鉴定条件的;四是鉴定对象与送检材料、样本不一致的;五是鉴定程序违反规定的;六是鉴定过程和方法不符合相关专业的规范要求的;七是鉴定文书缺少签名、盖章的;八是鉴定意见与案件待证事实没有关联的;九是违反有关规定的其他情形。同时,经人民法院通知,鉴定人拒不出庭作证的,鉴定意见不得作为定案的根据。此外,经人民法院通知,检验人拒不出庭作证的,检验报告不得作为定罪量刑的参考。

5. 勘验、检查笔录不能作为定案根据的情形,即勘验、检查笔录存在明显不符合法律、有关规定的情形,不能作出合理解释或者说明的,不能作为定案的根据。

6. 辨认、调查或侦查实验笔录不能作为定案根据的情形。首先,辨认笔录不能作为定案根据的情形:一是辨认不是在调查人员、侦查人员主持下进行的;二是辨认前使辨认人见到辨认对象的;三是辨认活动没有个别进行的;四是辨认对象没有混杂在具有类似特征的其他对象中,或者供辨认的对象数量不符合规定的;五是辨认中给辨认人明显暗示或者明显有指认嫌疑的;六是违反有关规定、不能确定辨认笔录真实性的其他情形。其次,调查或侦查实验笔录不能作为定案根据的情形:调查或侦查实验的条件与事件发生时的条件有明显差异,或者存在影响实验结论科学性的其他情形的,调查或侦查实验笔录不得作为定案的根据。

7. 视听资料不能作为定案根据的情形。一是经审查无法确定真伪的;二是制作、取得的时间、地点、方式等有疑问,不能提供必要证明或者作出合理解释的。

8. 电子数据不能作为定案根据的情形。对于电子数据经审查或者鉴定,认为具有下列情形之一的,不得作为定案的根据:第一,电子数据系篡改、伪造或者无法确定真伪的;第二,电子数据有增加、删除、修改等情形,影响电子数据真实性的;第三,其他无法保证电子数据真实性的情形。这些都不得作为定案的根据。

(四)反腐败司法证据中非法证据的排除

根据刑事诉讼法、监察法等有关规定,采用刑讯逼供等非法方法收集的腐败犯罪嫌疑人、被告人供述和采用暴力、威胁等非法方法收集的证人证言、被害人陈述,应当予以排除。非法证据排除的范围分为非法言词证据和非法物证、书证两类。反腐败司法办案过程中,如果收集的证据属于非法证据,就应依法予以排除,不能作为起诉意见、起诉决定和判决的根据。

1. 非法言词证据。按照刑事诉讼法等有关规定,非法言词证据包括非法获取的供述和证人证言、被害人陈述。

(1)非法供述。非法供述是获取的被调查人、腐败犯罪嫌疑人、被告人供述之简称,是指采用刑讯逼供等非法方法收集的被调查人、腐败犯罪嫌疑人、被告人供述。这里的非法方法,除了刑讯逼供,还包括国家赔偿法有关规定的虐待以及唆使、放纵他人殴打、虐待等行为。具体地说,包括以下几种情形:

第一,采取殴打、违法使用戒具等暴力方法或者变相肉刑的恶劣手段,使被调查人、犯罪嫌疑人、被告人遭受难以忍受的痛苦而违背意愿作出的供述。

第二,采用以暴力或者严重损害本人及其近亲属合法权益等进行威胁的方法,使被调查人、犯罪嫌疑人、被告人遭受难以忍受的痛苦而违背意愿作出的供述。

第三,采用非法拘禁等非法限制人身自由的方法收集的被调查人、犯罪嫌疑人、被告人供述。

第四,二次自白或者多次自白,是指采用刑讯逼供方法使犯罪嫌疑人、被告人作出供述,之后被调查人、犯罪嫌疑人、被告人受该刑讯逼供行为影响而作出的与该供述相同的重复性供述。但是,这种二次自白或者多次自白不包括在调查、侦查期间,根据控告、举报或者自己发现等,办案机关确认或者不能排除以非法方法收集证据而更换办案人员,其他办案人员再次讯问时告知诉讼权利和认罪的法律后果,被调查人、犯罪嫌疑人自愿的供述,以及在审查起诉和审判期间,监察人员、检察人员、审判人员讯问时告知诉讼权利和认罪的法律后果,被调查人、犯罪嫌疑人、被告人自愿的供述。

(2)非法证人证言和被害人陈述。非法证人证言和被害人陈述是非法获取的证人、被害人陈述之简称,是指采用暴力、威胁以及非法限制人身自由等非法方法收集的证人证言、被害人陈述。

2. 非法物证、书证。按照刑事诉讼法、监察法等有关规定,非法物证、书证包括以下情形:一是违反法律规定收集。二是可能严重影响司法公正。这里的"可能严重影响司法公正",主要是指收集物证、书证不符合法定程序的行为明显违法或者情节严重,可能对办案机关办理案件的公正性产生严重损害,应当综合考虑收集物证、书证违反法定程序,以及所造成后果的严重程度等情况。三是不能补正或者不能作出合理解释。这里的补正,是指对取证程序上的非实质性瑕疵进行补救。这里的合理解释,是指对取证程序的瑕疵作出符合常理及逻辑的解释。如果调查人员、侦查人员收集的物证、书证属于上述情形,就属于非法,应当予以排除。

3. 反腐败司法证据中非法证据排除制度和程序。根据刑事诉讼法、监察法等有关规定,反腐败司法办案中收集的证据,如果出现非法证据情形的,应当按照以下程序依法予以排除:

(1)调查或者侦查阶段排除。根据有关法律规定,在调查阶段,发现调查或侦查人员以非法方法收集证据的,应当及时进行调查核实。如果发现有依法不得作为定案根据的证据、非法言词证据、非法物证和书证的,应当依法及时排除。需要指出的是,监察机关将涉嫌腐败犯罪的案件移送检察机关后,检察机关应当对案件证据材料进行及时审查,并把握以下环节:

第一,及时审查并作出自行补充侦查或者退回补充调查的决定。检察机关根据对案件证据材料的实际,认为需要自行补充侦查或者退回补充调查的,应当及时作出自行补充侦查或者退回补充调查的决定,并进行自行补充侦查或者退回补充调查。对于自行补充侦查的,检察机关应当依照法定程序开展侦查,收集、调取能够证实犯罪嫌疑人有罪或者无罪、罪轻或者罪重的证据材料。

第二,及时送押和讯问。对于检察机关决定拘留、逮捕的犯罪嫌疑人,实行拘留、逮捕后,应当按照法律规定送看守所羁押。犯罪嫌疑人被送交看守所羁押后,讯问应当在看守所讯问室进行。因客观原因侦查机关在看守所讯问室以外的场所进行讯问的,应当作出合理解释。

第三,讯问录音录像。办案人员在讯问被调查人或者犯罪嫌疑人的时候,可以对讯问过程进行录音录像;对于可能判处无期徒刑、死刑的案件或者其他重大犯罪案件,应当对讯问过程进行录音录像。办案人员在讯问被调查人或者犯罪嫌疑人的时候,应当告知被调查人或者犯罪嫌疑人对讯问过程录音录像,并在讯问笔录中写明。对讯问过程录音录像,应当不间断进行,保持完整性,不得选择性地录制,不得剪接、删改。

第四,制作讯问笔录。办案人员讯问被调查人或者犯罪嫌疑人,应当依法制作讯问笔录。讯问笔录应当交被调查人、犯罪嫌疑人核对,对于没有阅读能力的,应当向他宣读。对讯问笔录中有遗漏或者差错等情形,被调查人、犯罪嫌疑人可以提出补充或者改正。

第五,严格提讯登记和身体检查。看守所对办案人员提讯的,应当对提讯进行登记,写明提讯单位、人员、事由、起止时间以及被调查人或者犯罪嫌疑人姓名等情况。看守所收押被留置的被调查人或者被拘留、逮捕的犯罪嫌疑人,应当进行身体检查。检查时,人民检察院驻看守所检察人员可以在场。检查发现被调查人、犯罪嫌疑人有伤或者身体异常的,看守所应当拍照或者录像,分别由送押人员、被调查人、犯罪嫌疑人说明原因,并在体检记录中写明,由送押人员、收押人员、被调查人和犯罪嫌疑人签字确认。

第六,非法证据调查、核查和处理。对于被调查人或者犯罪嫌疑人在调查或侦查期间向人民检察院申请排除非法证据的,检察机关应当进行调查。对被调查人、犯罪嫌疑人提供相关线索或者材料的,人民检察院应当调查核实。调查结论应当书面告知犯罪嫌疑人及其辩护人。对确有以非法方法收集证据情形的,人民检察院应当向监察机关提出纠正意见。检察机关对审查认定的非法证据,应当予以排除,不得作为移送审查起诉的根据。对重大案件,人民检察院驻看守所检察人员应当在对监察机关调查终结并移送检察机关审查和提起公诉时询问犯罪嫌疑人,核查是否存在刑讯逼供、非法取证情形,并同步录音录像。经核查,确有刑讯逼供、非法取证情形的,检察机关应当及时排除非法证据,不得作为提起公诉的根据。

第七,自行排除和建议更换办案人员。对调查终结并移送检察机关审查起诉的腐败犯罪案件,检察机关受理后应当全面审查证明证据收集合法性的证据材料,依法排除非法证据。监察机关自行排除非法证据后,证据不足的,不得移送审查起诉。如果在审查中发现办案人员以非法方法收集被调查人、腐败犯罪嫌疑人供述、被害人陈述、证人证言等证据材料的,应当依法排除非法证据并提出纠正意见,建议监察机关另行指派办案人员重新调查取证。

(2)审查逮捕、审查起诉阶段排除。根据刑事诉讼法、监察法等有关规定,检察机关侦查监督部门、公诉部门对监察机关移送审查起诉的腐败犯罪案件应当及时审查,并把握以下方面:

第一,依法告知。检察机关在审查逮捕、审查起诉期间讯问犯罪嫌疑人的,应当告知其有权申请排除非法证据,并告知诉讼权利和认罪的法律后果。

第二,调查核实。检察机关在审查逮捕、审查起诉期间,对犯罪嫌疑人及其辩护人申请排除非法证据,并提供相关线索或者材料的,应当及时调查核实。调查结论应当书面告知犯罪嫌疑人及其辩护人。发现可能存在刑事诉讼法第一百五十四条规定的以非法方法收集证据情形的,可以要求监察机关对证据收集的合法性作出说明或者提供相关证明材料。对发现办案人员以刑讯逼供等非法方法收集证据的,应当依法排除相关证据并提出纠正意见,必要时检察机关可以自行调查取证。

第三,自行排除和随案移送备查。检察机关对审查认定的非法证据,应当予以排除,不得作为批准或者决定逮捕、提起公诉的根据。被排除的非法证据应当随案移送，并写明为依法排除的非法证据。检察机关依法排除非法证据后，证据不足，不符合逮捕、起诉条件的，不得批准或者决定逮捕、提起公诉。

（3）庭前排除。根据刑事诉讼法有关规定，把握以下方面：

第一，辩护律师提供法律帮助。犯罪嫌疑人、被告人申请提供法律援助的，应当按照有关规定指派法律援助律师。法律援助值班律师可以为犯罪嫌疑人、被告人提供法律帮助，对刑讯逼供、非法取证情形代理申诉、控告。

第二，申请提出非法证据排除和辩护律师查阅、摘抄、复制证据材料。犯罪嫌疑人、被告人及其辩护人申请排除非法证据，应当提供涉嫌非法取证的人员、时间、地点、方式、内容等相关线索或者材料。辩护律师自检察机关对案件审查起诉之日起，可以查阅、摘抄、复制讯问笔录、提讯登记、采取强制措施或者侦查措施的法律文书等证据材料。其他辩护人经人民法院、检察机关许可，也可以查阅、摘抄、复制上述证据材料。

第三，申请调取证据材料。对于犯罪嫌疑人、被告人及其辩护人向人民法院、检察机关申请调取监察机关收集但未提交的讯问录音录像、体检记录等证据材料，人民法院、检察机关经审查认为犯罪嫌疑人、被告人及其辩护人申请调取的证据材料与证明证据收集的合法性有联系的，应当予以调取；认为与证明证据收集的合法性没有联系的，应当决定不予调取并向犯罪嫌疑人、被告人及其辩护人说明理由。

第四，庭前了解和调查核实。审判人员在开庭以前，可以召开庭前会议，召集公诉人、当事人和辩护人、诉讼代理人，对非法证据排除等与审判相关的问题了解情况，听取意见。如果当事人及其辩护人、诉讼代理人申请人民法院排除以非法方法收集的证据的，应当提供涉嫌非法取证的人员、时间、地点、方式、内容等相关线索或者材料。人民法院认为可能存在以非法方法收集证据情形的，检察机关可以通过出示有关证据材料等方式，对证据收集的合法性加以说明。需要调查核实的，在开庭审理前进行。对于经调查核实，认为证据确实属于以非法方法收集的，在开庭以前应当依法予以排除。

（4）审判排除。主要把握以下方面：

第一，告知、申请和送交相关线索或者材料。人民法院向被告人及其辩护人送达起诉书副本时，应当告知其有权申请排除非法证据。被告人及其辩护人申请排除非法证据，应当在开庭审理前提出，但在庭审期间发现相关线索或者材料等情形除外。人民法院应当在开庭审理前将申请书和相关线索或者材料的复制件送交检察机关。

第二，申请否决。对于被告人及其辩护人在开庭审理前申请排除非法证据，未提供相关线索或者材料，不符合法律规定的申请条件的，人民法院对申请不予受理。

第三，庭前会议、申请核实和撤回。对于被告人及其辩护人在开庭审理前申请排除非法证据，按照法律规定提供相关线索或者材料的，人民法院应当召开庭前会议。检察机关应当通过出示有关证据材料等方式，有针对性地对证据收集的合法性作出说明。人民法院可以核实情况，听取意见。检察机关对有关证据，可以决定撤回；对撤回的证据，如果没有新的理由，检察机关不得在庭审中出示。被告人及其辩护人对于排除非法证据的申请可以撤回；撤回申请后，被告人及其辩护人如果没有新的线索或者材料，不得再次对有关证据提出排除申请。

第四，决定庭审调查。公诉人、被告人及其辩护人在庭前会议中对证据收集是否合法未达成一致意见，人民法院对证据收集的合法性有疑问的，应当在庭审中进行调查；人民法院对证据收集的合法性没有疑问，且没有新的线索或者材料表明可能存在非法取证的，可以决定不再进行调查。

第五，通知有关人员出庭。对于被告人及其辩护人申请人民法院通知办案人员或者其他人员出庭，人民法院认为现有证据材料不能证明证据收集的合法性，确有必要通知办案人员出庭作证或者说明情况的，可以通知办案人员出庭。

第六，法庭宣布证据收集合法性的审查、处理情况。公诉人宣读起诉书后，法庭应当宣布开庭审理前对证据收集合法性的审查及处理情况。对于被告人及其辩护人在开庭审理前未申请排除非法证据，在法庭审理过程中提出申请的，应当说明理由。对于被告人及其辩护人在法庭审理过程中提出申请的，法庭应当及时审查，经审查认为对证据收集的合法性有疑问的，应当进行调查；对没有疑问的，应当驳回申请。法庭驳回排除非法证据申请后，被告人及其辩护人没有新的线索或者材料，以相同理由再次提出申请的，法庭不再审查。

第七，庭审中的合法性调查。庭审期间，法庭决定对证据收集的合法性进行调查的,应当先行当庭调查。但为防止庭审过分迟延,也可以在法庭调查结束前进行调查。公诉人对证据收集的合法性加以证明,可以出示讯问笔录、提讯登记、体检记录、采取强制措施或者调查措施、侦查措施的法律文书、监察机关移送检察机关审查和提起公诉时对讯问合法性的核查材料等证据材料,有针对性地播放讯问录音录像,提请法庭通知办案人员或者其他人员出庭说明情况。被告人及其辩护人可以出示相关线索或者材料,并申请法庭播放特定时段的讯问录音录像。办案人员或者其他人员出庭,应当向法庭说明证据收集过程,并就相关情况接受发问。对发问方式不当或者内容与证据收集的合法性无关的,法庭应当制止。公诉人、被告人及其辩护人可以对证据收集的合法性进行质证、辩论。

第八,休庭、核实和决定。法庭对控辩双方提供的证据有疑问的,可以宣布休庭,对证据进行调查核实。必要时,可以通知公诉人、辩护人到场。法庭对证据收集的合法性进行调查后,应当当庭作出是否排除有关证据的决定。必要时,可以宣布休庭,由合议庭评议或者提交审判委员会讨论,再次开庭时宣布决定。在法庭作出是否排除有关证据的决定前,不得对有关证据宣读、质证。

第九,决定排除。经法庭审理,确认存在有关法律规定的以非法方法收集证据情形的,对有关证据应当予以排除。法庭根据相关线索或者材料对证据收集的合法性有疑问,而检察机关未提供证据或者提供的证据不能证明证据收集的合法性,不能排除存在本规定所规定的以非法方法收集证据情形的,对有关证据应当予以排除。对依法予以排除的证据,不得宣读、质证,不得作为判决的根据。

第十,判决。人民法院排除非法证据后,案件事实清楚,证据确实、充分,依据法律认定被告人有罪的,应当作出有罪判决;证据不足,不能认定被告人有罪的,应当作出证据不足、指控的犯罪不能成立的无罪判决;案件部分事实清楚,证据确实、充分的,依法认定该部分事实。人民法院对证据收集合法性的审查、调查结论,应当在裁判文书中写明,并说明理由。

第十一,上诉审、审判监督程序、死刑复核程序处理。检察机关、被告人及其法定代理人提出抗诉、上诉,对第一审人民法院有关证据收集合法性的审查、调查结论提出异议的,第二审人民法院应当审查。被告人及其辩护人在第一审程序中未申请排除非法证据,在第二审程序中提出申请的,应当说明理由,第二审人民法院应当审查。检察机关在第一审程序中未出示证据、证明证据收集的合法性,第一审人民法院依法排除有关证据的,检察机关在第二审程序中不得出示之前未出示的证据,但在第一审程序后发现的除外。第二审人民法院对证据收集合法性的调查,参照第一审程序的规定。对于第一审人民法院对被告人及其辩护人排除非法证据的申请未予审查,并以有关证据作为定案根据,可能影响公正审判的,第二审人民法院可以裁定撤销原判,发回原审人民法院重新审判。第一审人民法院对依法应当排除的非法证据未予排除的,第二审人民法院可以依法排除非法证据。排除非法证据后,原判决认定事实和适用法律正确、量刑适当的,应当裁定驳回上诉或者抗诉,维持原判;原判决认定事实没有错误,但适用法律有错误,或者量刑不当的,应当改判;原判决事实不清楚或者证据不足的,可以裁定撤销原判,发回原审人民法院重新审判。审判监督程序、死刑复核程序中对证据收集合法性的审查、调查,以及对证人证言、被害人陈述等证据收集合法性的审查、调查等,都应按照上述程序进行。总之,对于监察机关、检察机关收集的证据存在非法证据的可能,又不能说明收集证据的合法性的,对这类证据依法应当予以排除,从而体现疑罪从无的法治精神。

(5)办案人员出庭说明情况的方法和要求。根据刑事诉讼法有关规定,对于办案人员出庭说明情况的提起有三种情形:一是人民检察院提请人民法院通知有关调查或者侦查人员或者其他人员出庭说明情况;二是人民法院通知有关调查或者侦查人员或者其他人员出庭说明情况;三是有关调查或者侦查人员或者其他人员要求出庭说明情况。调查或者侦查人员出庭,主要是就讯问、询问等调查或者侦查取证活动的合法性进行说明,具体应当把握以下环节和方面:第一,加强与公诉人的沟通,做好庭前预测。在开庭前,调查或者侦查人员应当协助公诉人做好庭前预测,对被告人在庭审中是否可能翻供,特别是是否提出非法证据排除的意见进行全面分析和判断。经分析认为,被告人在庭审中可能翻供,特别是可能提出非法证据排除意见的,调查或者侦查人员应当协助公诉人研究对策,制定周密的预案,做好应对准备,有效减少或者消除庭审中举证、指控犯罪的风险。第二,依法文明出庭。出庭作证的调查或者侦查人员要遵守法庭纪律,按照法庭要求进行作证。态度要认真,语气要平和,用语要文明,举止要庄重,做到依法、有理、有节。第三,全力配合公诉人举证。听从公诉人指挥,围绕有利于指控腐败犯罪进行回答。一是详细说明被告人供述来源的合法性。如实向法庭陈述被调查人、被告人供述获取的经过,包括讯问的时间、地点、过程等情况,用以证明获取被调查人、被告人供述的合法性,有力驳斥被告人及其辩护人以刑讯逼供、变相刑讯逼供等理由进行翻供的不实辩解。二是沉着冷静。对审判人员、被告人及其辩护人提出的问题,应当依法进行回答,该说明的如实说明,该解释的进行合理解释。三是积极配合公诉人向法庭提供证据。该出示有关证据的当庭出示,该播放讯问全程同步录音录像资料的当庭播放,该出示在场有关人员证明的当庭提供。四是冷静应对法庭中的突发事件。实践中,有的案件调查或者侦查人员在出庭作证时,可能将遇到旁听席上被告家属的谩骂甚至人身攻击、被告人的无理指责以及被告人辩护律师的强硬质问等情形。对此,调查或者侦查人员应当做好充分的思想准备,按照法庭纪律和有关法律规定,有理有据有节进行应对,做到既保护自身安全,又维护监察机关、检察机关的良好执法司法形象,还要保证庭审的秩序和效果。

(6)检察机关接到当事人等报案、控告、举报及自行发现后排除。根据刑事诉讼法有关规定,当事人及其辩护人、诉讼代理人报案、控告、举报办案人员采用刑讯逼供等非法方法收集证据并提供涉嫌非法取证的人员、时间、地点、方式和内容等材料或者线索的,检察机关接到报案、控告、举报或者发现办案人员以非法方法收集证据的,应当受理并进行审查,对于根据现有材料无法证明证据收集合法性的,应当报经检察长批准,及时进行调查核实。调查核实可以采取讯问腐败犯罪嫌疑人、被告人,询问办案人员,询问在场人员及证人,听取辩护律师意见,调取讯问笔录、讯问录音、录像,调取、查询腐败犯罪嫌疑人、被告人出入看守所的身体检查记录及相关材料,进行伤情、病情检查或者鉴定及其方式。上一级人民检察院接到对办案人员采用刑讯逼供等非法方法收集证据的报案、控告、举报的,可以直接进行调查核实,也可以交由下级人民检察院调查核实。交由下级人民检察院调查核实的,下级人民检察院应当及时将调查结果报告上一级人民检察院。人民检察院决定调查核实的,应当及时通知办案机关。对于确有以非法方法收集证据情形,尚未构成犯罪的,应当依法向该办案人员所在机关提出纠正意见。对于需要补正或者作出合理解释的,应当提出明确要求。经审查,认为非法取证行为构成犯罪,需要追究刑事责任的,应当依法移送立案侦查。

第五节　反腐败司法证据的运用

一、反腐败司法证据运用的概念及其特点

反腐败司法证据运用,是指反腐败司法办案中监察机关和检察、审判等司法机关及其办案人员运用证据认定腐败犯罪事实真实情况的一种诉讼活动,实质是对腐败犯罪案件证据情况认识和判断的过程。准确地运用证据认定腐败犯罪,就必须把握反腐败司法证据运用的特征,具体表现在:一是主体的特定性。按照法律规定,运用证据认定案件真实情况,并对案件作出正确处理,法定主体是反腐败司法办案中的监察机关和检察、审判等司法机关及其司法人员,其他任何机关、团体和个人均无权进行相应的诉讼活动。二是目的的明确性。运用证据的目的就是正确认定案件事实,对案件作出正确处理。三是手段的针对性。证据运用就是要针对调查或者侦查、公诉、审判等特定阶段的诉讼任务,依法按照一定的规则要求,运用经审查判断具有证明力的案内证据,正确认定案件真实情况,实现特定的诉讼目标。四是程序的合法性。运用证据定案,程序必须合法,否则就有可能影响对案情的正确认识和判断,最终影响案件的公正处理。

二、反腐败司法证据运用原则

反腐败司法证据运用,一般应当遵循以下几项原则:

(一)重证据不轻信口供,严禁刑讯逼供

这一原则既是司法机关运用证据定案的基本原则,也是一条重要的实践经验。从实践看,在反腐败调查或者侦查阶段,查处贪污贿赂等腐败罪案多以言词证据为重,并将突破口或者侦查重心压在腐败犯罪嫌疑人或者被告人身上,以获取口供定案的现象比较普遍。在审判阶段,一方面依赖口供,腐败犯罪案件中如果没有获取被告的口供,法官也不敢下判,但另一方面又普遍出现否认口供证明效力的倾向,尤其在证据单薄的情况下更是如此。产生这种

现象的原因之一,就是没有正确认识和把握口供的本质特征,也没有处理好口供与其他证据之间的关系。贯彻重证据不轻信口供、严禁刑讯逼供原则:一要树立调查取证的正确导向,坚持依法取证,严禁运用逼供信等手段收集和调取证据;二要对使用非法方法获取的证据坚决予以排除,从根本上杜绝非法证据在定案中的运用,遏制非法取证现象的发生;三要正确处理口供与其他证据之间的关系,科学运用口供在调查或者侦查破案中的作用。由于腐败犯罪活动的特殊性,决定了这类犯罪一般不留或者很少留有痕迹的特点,使被调查人、腐败犯罪嫌疑人或者被告人对于自己所作所为的供述和辩解成为认定是否触犯刑法规定的重要依据。要保证正确运用口供,应当拓宽视野,提升取证活动的信息化科技化水平,做到既重视口供又不依赖口供。

(二) 查证属实原则

一切证据必须查证属实,才能作为定案的根据。这是对定案证据的法律要求,也是由证据本身特征所决定的。反腐败司法办案中的调查或者侦查、公诉、审判实践表明,由于司法办案人员收集的各种证据材料存在着真实和不真实的两种可能,而其中不真实的原因又十分复杂。比如因与案件有某种利害关系的当事人作虚假陈述;因受被调查人、腐败犯罪嫌疑人的威胁、引诱、欺骗甚至贿赂的证人或者鉴定人作出虚假陈述或者鉴定结论等;因嫁祸于人进行陷害的当事人所作的伪证;因主观或者客观上的原因对案件事实作出的偏差或者失真的陈述;还有的因办案人员自身业务素质、徇私舞弊行为乃至客观上受诸如调查方法、侦查手段、办案技能等限制,而影响证据的真实性和证明力等。正因如此,对于用作定案的证据必须按照法律规定的程序、措施和手段查证属实。具体地说,一要查明每一个证据都应当与案件事实具有某些方面的内在联系,二要对全案证据形成有机的证据体系或者证据链。

(三) 疑案从无原则

这里的疑案,是指罪与非罪界限不清或者证据不足、事实不清的,以及此罪与彼罪难分的案件。总体上讲,疑案一般有两种表现形式:一是罪与非罪不清,二是此罪与彼罪难分。前者产生的原因在于证据不足难以定案,包括有罪证据与无罪证据均不足,即证据在量上和质上均不足;或者由于立法上的缺陷形成制度漏洞,以致定案无据。后者产生的原因在于罪与非罪之间的复杂性,法律规定的操作性差,适用时有难度。坚持疑罪从无,就是针对罪与非罪、有罪无罪发生疑问时,即作从无处理。随着腐败犯罪活动更趋复杂化和智能化,尤其是一些新型腐败犯罪的出现,更增加了对这类罪案查处的难度,从而导致这类犯罪疑案的增加。具体处理时,要注意贯彻执行好疑罪从无原则。

除了上述三个原则外,运用证据还必须遵循忠于事实真相、直接证据与间接证据综合运用等原则。

三、反腐败司法证据运用要求

反腐败司法证据运用要求,主要体现在对定案证据质量与数量的要求和对运用程序的要求两个方面。

(一) 定案证据在质量和数量上的要求

这一要求,实质上是对定案证据在证明程度上的要求。按照刑事诉讼法、监察法等有关规定,所谓证据应当确实、充分,应当符合以下条件:一是定罪量刑的事实都有证据证明;二是据以定案的证据均经法定程序查证属实;三是综合全案证据,对所认定的事实已排除合理怀疑。

准确把握定案证据的证明程度:第一,必须明确运用证据所要证明的案件事实也就是待证事实究竟包括哪些范围和内容。一般地说,这些待证事实包括实体性事实和程序性事实两个方面。实体性事实,主要有两类:一类是有关腐败犯罪构成要件的事实,由刑法等法律所规定;另一类是有关腐败犯罪分子个人情况及犯罪后的表现。程序性事实,与被调查人、腐败犯罪嫌疑人或者被告人的定罪量刑密切相关,也应予以查清。第二,要确定举证责任。在腐败犯罪的调查或者侦查、公诉和审判过程中,举证责任由监察机关、检察机关公诉部门承担。审判机关为实现国家的审判任务,有责任积极主动地查明案件的客观事实,必要时应当采取法定的调查手段收集证据。由于调查、公诉和审判各个环节的任务和目标不同,监察机关和检察、审判等司法机关运用证据定案的要求也有所不同,并且随着调查活动、诉讼活动的发展和深化,其要求也越来越高。尤其在审判阶段,通过开庭审理,对监察机关移送、检察机关提起公诉案件事实的认定及证据的运用情况进行一次全面、彻底和严格的分析判断,实质上也是运用证据定案的一个深化过程。第三,运用证据的质和量的要求。一方面是质的要求,即对用来定案的证据材料必须与案件事实具有客观的、内在的联系,否则就不能作为定案证据。另一方面是量的要求,实质是要求有足够的相应证据予以印证。从实践看,对于证据确实、充分的把握有一定难度,尤其是对"充分"的认定更难把握。虽然理论上对证据的充分作了明确界定,但是一个待证事实究竟需要多少个证据才能足以认定,缺乏操作性。由于对证据充分性的把握有困难,反映在反腐败司法办案所涉调查或者侦查、公诉和审判的实践活动中,就是各个调查活动、诉讼环节或者阶段对证据收集的重复、徒劳以及监察机关和检察院、法院等司法机关之间将就证据是否充分问题争论不休等现象普遍存在。一般地说,证据是否充分,最理想的办法是建立一套有操作性的量化体系,但由于个案不同,这种体系的建立通常比较复杂,一要靠理论指导,二要凭实践经验判断。总之,只有把理论和实践有机结合起来,才能作出正确选择,使办案工作更加规范、有效。

(二)定案证据在程序运用上的要求

在反腐败司法办案的调查或者侦查、公诉和审判过程中,由于各调查环节、诉讼环节和阶段的任务不同,其定案程序也不一样。司法实践中,应当严格按照各个调查环节、诉讼阶段、环节及其诉讼活动的程序要求,开展相应调查、诉讼活动。比如在调查阶段,调查人员既要查明被调查人的犯罪事实,还要根据案件实际情况分析政治生态中"树木""森林"的关系,确定是否深挖,以及查办余罪余犯,并在讯问活动中须经过初讯、复讯和终讯等环节,获取被调查人的供述,查明其犯罪事实。在审查、提起公诉阶段,讯问腐败犯罪嫌疑人的任务和程序要求也有特殊规定。在庭审过程中,对被告人的审问应围绕其犯罪构成进行,公诉人要积极完成庭上审问、质证、举证等任务。总之,司法实践中应重视和遵循运用证据定案的程序要求,正确运用证据定案,从而对被调查人、腐败犯罪嫌疑人、被告人依法作出正确公正处理。

第八章　反腐败司法国际合作

反腐败司法国际合作,是解决腐败国际化问题的必然要求。加强反腐败司法国际合作研究,是反腐败斗争持续健康深入开展的重要措施。

随着世界经济全球化进程不断加速,以及大数据、云计算、人工智能、传感网等新兴技术迅猛发展,国际社会发现腐败问题、查处腐败犯罪等治理腐败技术手段随之快速现代化。腐败分子在实施腐败犯罪过程中,自感罪行暴露的严重后果或者基于其他方面的原因,企望将腐败所得转移到境外特别是一些国家秘密账户上,致使本国腐败犯罪不断呈现国际化趋势,腐败资金外移、洗钱、腐败分子外逃等现象日益趋重,中国也不例外。面对复杂的跨国腐败、洗钱等问题,仅仅依靠一国力量,显然难以有效进行控制和解决。实践表明,腐败分子如果"拿了就跑"[①],并且又对其无可奈何,其危害性就极大。如果不能如期将腐败犯罪分子追捕归案,将涉腐资产有效追回,并使之受到法律应有惩罚,这不仅助长腐败分子作案犯科的嚣张气焰和侥幸心理,也严重损害一国法治尊严和权威,影响执政党和政府的国际形象,甚至动摇人民群众对反腐败斗争的信心和参与反腐败活动的积极性。加强反腐败国际司法合作,进一步提升有效打击跨国境腐败能力和水平,形成治理腐败全球合力,取得反腐败预期成效等,显得极为紧迫和重要。

---

　　① 　参见詹复亮:《建立追捕和控制潜逃的长效机制》,《检察日报》2006 年 2 月 13 日。

第一节　《联合国反腐败公约》框架下的
反腐败司法国际合作机制

　　《联合国反腐败公约》,是腐败国际化与反腐败国际化的产物。随着腐败问题国际化趋势日益严重,国际社会认识到有必要制定一项独立于《联合国打击跨国有组织犯罪公约》的有效打击腐败犯罪的国际性法律文件。于是,联合国决定在维也纳设立负责谈判打击腐败犯罪的国际性法律文件的特设委员会。2000 年 11 月 15 日,联合国召开的第 55 届大会审议通过了《联合国打击跨国有组织犯罪公约》。2002 年 1 月 31 日,联合国召开的第 56 届大会决定,反腐败公约谈判工作特设委员会应当谈判一项广泛而有效的公约,在该公约标题确定之前,应暂时称作“联合国反腐败公约”。同时,要求特设委员会在拟订该公约草案时,采取一种全面和多学科的方法,尤其要考虑作为示例的如下一些要素:定义,范围,保护主义,防范措施,定罪,制裁和救济,没收和扣押,管辖权,法人的责任,保护证人和被害人,促进和加强国际合作,防范和打击腐败行为所得非法来源资金的转移包括洗钱活动以及返还这些资金,技术援助,收集、交还和分析资料,实施情况监测机制。2002 年 1 月至 2003 年 10 月间,特设委员会共举行了 7 届会议,最终在 2003 年 9 月 29 日举行的第 7 届会议上达成了一项能为各方普遍接受的公约草案,从而完成了公约起草工作。2003 年 10 月 31 日,《联合国反腐败公约》在第 58 届联合国大会上审议通过,于 2003 年 12 月 9 日至 11 日在墨西哥梅里达召开的高级别政治会议上开放签署,并决定至 2005 年 12 月 9 日在联合国总部开放签署。2003 年 12 月 11 日会议结束时,包括中国在内的 95 个国家就签署了该《公约》。根据《联合国反腐败公约》第 68 条规定,该《公约》在自第 30 个国家向联合国秘书长交存批准书后第 90 天生效。2005 年 10 月 27 日十届全国人大常委会第十八次会议表决通过了关于批准《联合国反腐败公约》的决定,自此,中国正式成为《联合国反腐败公约》的缔约国。

　　《联合国反腐败公约》,是联合国历史上通过的第一部指导国际反腐败的法律文件,克服了现有的一些区域性反腐败法律文件的局限性,倡导了治理腐败的科学理念和策略，形成了全球打击跨国贪污贿赂等腐败活动共同接受的准则，确立了被转移他国的腐败资产返还的原则，并首次在全球范围建立了防范和打击腐败犯罪并加强国际合作的防范机制、刑事定罪与执法机制、国际司法合作与执法合作机制、资产返回与追还机制、技术援助与信息交流机制、履约监督机制六大机制，奠定了反腐败司法国际合作坚实的法律基础，为全球反腐败事业提供了基本的法律指南和行动准则。从《联合国反腐败公约》正式文本看，其主要内容除了序言共分为八章七十一条，近三万字，具体包括：总则，防范措施，定罪、制裁、救济及执法，国际合作，资产的追回，技术援助和信息交流，实施机制，最后条款。其中，第三章"定罪、制裁、救济及执法"明确规定，可以定罪的腐败行为包括：贿赂、贪污、挪用公款、影响力交易、窝赃、滥用职权、资产非法增加、对犯罪所得洗钱、妨害司法等。从实践看，腐败分子之所以能够顺利外逃的一个重要原因，就在于国际社会尚缺乏一套有效的打击腐败分子外逃的合作机制，《联合国反腐败公约》作为全球性的专门的打击腐败犯罪国际公约，在很大程度上弥补了这一缺憾。一方面，《联合国反腐败公约》在建立和完善境外追逃、追赃机制上提出了一些针对性措施，创设了腐败所得资产追回的法律机制，规定一国在缴获贪污受贿所得或非法转移到国外的资产后，应将其返还原所有国，这意味着从腐败行为中获得的利益都将可能被追回。另一方面，《联合国反腐败公约》在坚持有关引渡的基本法律原则、司法惯例的同时，针对腐败的特点以及防范和打击腐败的实际需要，在引渡的适用、合作上进行了一定的改进和强化，规定在不违背本国法律规定的情况下，各缔约国都不得将《联合国反腐败公约》规定的犯罪视为政治犯罪，从而大大提高了境外追捕外逃腐败分子的效能。但是，需要指出的是，《联合国反腐败公约》只是为国际社会共同打击腐败行为提供了一个法律框架，其效能的发挥，最终还有待缔约国之间通过双边条约，或者在国内法中对《联合国反腐败公约》规定的内容加以具体落实。

根据《联合国反腐败公约》规定，在该公约框架内构建打击和防范腐败行为的国际合作机制，主要包含六大机制。这些机制，虽然不都是专门为跨国腐败犯罪调查、侦查服务的，但是对于指导打击跨国腐败犯罪活动，促进打击跨国腐败犯罪的国际合作，建立和完善反腐败国际化机制，有效地打击和防范国际化腐败行为，具有十分重要的积极意义。

一、防范腐败机制

从源头防范腐败现象的发生,是国际反腐败的一项重要战略决策。防范机制的核心是制度建设,主要内容包括:

(一) 制定防范性反腐败政策

要求根据本国法律制度的基本原则,从促进社会参与的途径,按照法治、妥善管理公共事务和公共财产、廉正、透明度和问责制的原则,坚持或者制定、执行有效而协调的反腐败政策。对这些政策涉及的有关法律文书和行政措施进行定期评估,确定其能否有效防范和打击腐败,进而决定是否需要进行修正、调整。同时,要在坚持本国法律制度基本原则的基础上,通过参与各种防范腐败的国际方案和项目等途径,加强国家之间、国家与有关国际组织或区域性组织之间的协作。

(二) 设立专门防范性反腐败机构

这一机构的主要职责是对反腐败政策的实施进行监督和协调,积累和传播防范腐败的知识。国家要保证这一机构独立履行防范和打击腐败的职责不受任何不正当的影响,要为其履行职责提供必要的物资保障、人力保障和履行职能的培训服务,并将设立用于进行国际反腐败合作的机构名称和地址通知联合国秘书长。

(三) 制定公务员和非选举产生公职人员的招聘、雇佣、留用、晋升和退休制度

坚持效率原则、透明度原则和特长、公正与才能等客观标准原则,制定相应的制度;对容易发生腐败的公共职位人员,要建立甄选、轮岗培训和培训程序;对公职人员的报酬和薪资水平要保持与本国的经济发展水平相适应;按照相关领域的行为守则或准则,制定对公职人员的教育和培训方案,提高其正确、诚实、妥善履行公务和抵御腐败风险、防范腐败的水平和能力;按照本国法律的基本原则采取与其相符的适当的立法和行政措施,明确规定公职的人选资格和当选标准,提高公职竞选候选人经费筹措及相应的政党经费筹措的透明度,并努力采用、维护和加强促进透明度和防止利益冲突的制度。

(四) 制定公职人员行为守则

按照本国的体制和法律基本原则,参照《公职人员国际行为守则》,制定并适用正确、诚实和妥善履行公务的行为守则或准则,制定和建立对公职人员

履行公务中的腐败行为的举报制度,制定和建立公职人员特别就可能与其公职人员的职能发生利益冲突的职务外活动、任职、投资、资产以及贵重馈赠或者重大利益的申报制度,以及明确规定对违反相关守则或标准的公职人员采取纪律措施或其他措施。

(五) 建立有效防范腐败的公共采购和公共财政管理制度

根据本国法律制度的基本原则,按照透明度、竞争和按客观标准决定的原则建立采购制度,公开公布采购程序及合同资料,事先确定参加竞争的条件,采用客观和事先确定的标准作出公共采购决定,建立有效的国内复审制度包括有效的申诉制度,酌情采取规范采购负责人相关事项的措施。要根据本国法律制度的基本原则,采取制定国家预算的通过程序、按时报告收入和支出情况、由会计和审计标准及有关监督构成的制度、迅速而有效的风险管理和内部控制制度,以及必要的民事和行政手段等措施,促进和建立公共财政管理的透明度和问责制。

(六) 建立公共报告制度

根据本国法律制度的基本原则,为提高公共行政部门的透明度,包括酌情在公共部门的组织结构、运作和决策过程方面提高透明度,制定和实施各种相关的程序或者条例,酌情使公众了解公共行政部门的组织结构、运作和决策过程,并在坚持保护个人隐私和资料的前提下,使公众了解与其有关的决定和法规;酌情简化行政程序,公布资料包括公共行政部门腐败风险问题定期报告。

(七) 加强司法检察机关的廉政建设

在不影响审判独立的情况下加强对审判机关和检察机关的廉政建设,防止审判人员和检察人员发生腐败。

(八) 采取防止涉及私营部门腐败的相关措施

根据本国法律的基本原则,采取促进执法机构与私营部门的合作,制订各种旨在维护有关私营实体操守的标准和程序,增进私营实体的透明度。防止滥用对私营实体的管理程序,在合理期限内限制原公职人员的职业活动或者对公职人员辞职或者退休后在私营部门的任职。按照私营部门的结构和规模建立内部审计控制制度,并禁止为实施犯罪而进行设立账外账户、账外交易或者账实不符的交易、虚列支出、登录负债账目时谎报用途、使用虚假单据以及故意在法律规定的期限前销毁账簿等犯罪行为,以及奖励拒绝腐败的行为等一系列措施。加强私营部门的会计和审计标准,并酌情对不遵守措施的行为规定有效、适度而且具有警戒性的民事、行政或者刑事处罚。

(九) 加强社会参与在防范腐败方面的作用

根据本国法律的基本原则,尽可能地采取有效措施促进公众在决策过程中发挥作用,提高决策过程的透明度,确保公众有获得信息的有效渠道,开展有助于不容忍腐败的公众宣传活动及包括中小学生和大学课程在内的公共教育方案,在尊重他人的权利或名誉以及维护国家安全或公共秩序或公共卫生或公共道德的前提下尊重、促进和保护有关腐败的信息的查找、接收、公布和传播的自由,提供腐败犯罪机构及其接收署名、匿名举报渠道等一系列措施,积极推动包括民间团体、非政府组织和社区组织等公共部门以外的个人和团体积极参与防范和打击腐败,并提高公众对腐败的存在、根源、严重性及其所构成的威胁的认识。

(十) 建立防范洗钱制度

参照区域、区域间和多边组织有关反洗钱的举措,在自身的权限内对银行和非银行金融机构建立全面的国内管理和监督制度,建立金融情报机构作为国家中心收集、分析和传递关于潜在洗钱活动的信息,建立包括汇款业务机构在内的资金转移信息监控机制,监测、跟踪现金和有关流通票据跨境转移的情况,并加强司法机关、执法机关和金融监管机关之间在打击洗钱活动的全球、区域、分区域及双边合作,有效地遏制和打击各种形式的洗钱。

二、刑事定罪与执法机制

(一) 明确规定腐败犯罪行为

对腐败中涉及的贿赂、贪污、挪用公款、影响力交易、滥用职权、资产非法增加、对犯罪所得的洗钱行为、窝赃、妨害司法、法人犯罪等腐败行为,以及对参与、未遂和中止,明知、故意或者目的等犯罪要素,犯罪追诉时效等,都作了明确规定,为有效打击和防范腐败行为提供法律依据。

(二) 建立起诉、审判和制裁规则

按照罪责刑相适应的原则,既注意对公职人员履行职能给予豁免或司法特权,也保证对公职人员腐败犯罪侦查、起诉和审判的有效开展;既注意适当尊重判决前或上诉期间被告人的权利,也注意对已经判刑的犯罪人决定早释

或假释应当与其所犯罪行的严重程度相当;既注意对被指控实施腐败犯罪的公职人员酌情予以撤职、停职或者调职,也应尊重无罪推定原则。同时,明确规定取消实施腐败犯罪的公职人员的职务资格包括公职和完全国有或部分国有企业中的职务。

(三) 建立冻结、扣押和没收制度

要求在本国法律制度的范围内尽可能地采取辨认、追查、冻结或者扣押等措施,将腐败犯罪所得或者价值与这种所得相当的财产、用于或者拟用于腐败犯罪的财产、设备或者其他工具予以没收,并从法律上规范主管机关对这些扣押物品的管理活动。如果发现这类犯罪所得已经或者全部转变或者转化为其他财产,就应当没收这类财产代替原犯罪所得;如果这类犯罪所得已经与从合法来源获得的财产相混合,则应当在不影响冻结权或扣押权的情况下没收这类财产,没收价值最高可以达到混合于其中的犯罪所得的估计价值;对于来自这类犯罪所得及其转变或者转化而成的财产或者来自已经与这类犯罪所得相混合的财产的收入或者其他利益,也应当予以没收。各缔约国应当赋予法院或其他主管机关下令提供或者扣押银行记录、财务记录或者商业记录的权力,缔约国不得以银行保密为理由拒绝诸如辨认、追查、冻结或者扣押等行动。对是否属于这类犯罪所得由犯罪人负举证责任,并且不得损害善意第三人的利益。

(四) 建立保护证人、鉴定人、被害人以及举报人制度

在不影响被告人权利包括正当程序权的情况下,各缔约国应当根据本国法律制度,采取措施为犯罪作证的证人和鉴定人、被害人并酌情为其亲属及其他关系密切者提供人身有效保护的程序,规定允许以确保证人和鉴定人安全的方式作证的取证规则,与其他国家订立有关证人和鉴定人、被害人的移管的协定或者安排,同时还要以不损害被告人权利的方式使被害人的意见和关切得到表达和考虑,使其免遭可能的报复或者恐吓,或者对此于合理理由善意向主管机关举报涉及腐败犯罪的任何事实的任何人员提供保护,使其不致受到任何不公正的待遇。

(五) 明确规定腐败行为的后果

在适当顾及第三者善意取得的权利的情况下,可以在法律中将腐败行为视为废止或者撤销合同、取消特许权或者撤销其他类似文书或者采取任何救

济行动的相关因素,尽可能地消除腐败行为的后果。

三、国际司法合作与执法合作机制

加强国际司法和执法合作,是打击和防范腐败犯罪行为的客观需要。这一机制的主要内容包括:

（一）规定犯罪人与执法司法机关的合作内容

各缔约国应当鼓励参与或者曾经参与腐败犯罪的人提供有助于主管机关侦查和取证的信息,并为主管机关提供可能有助于剥夺罪犯的犯罪所得并追回这种所得的实际具体帮助,明确规定在对腐败犯罪的侦查或者起诉中提供实质性配合的被告人,应适当减轻处罚的可能性、允许不予起诉的可能性以及变通为证人、鉴定人和被害人提供的保护。

（二）规定国家机关之间的合作内容

国家机关之间的合作,主要包括主动举报和根据请求提供一切必要的信息。

（三）规定国家机关与私营部门之间的合作

根据本国法律规定,鼓励本国侦查和检察机关与私营部门实体特别是与金融机构之间就腐败犯罪实施所涉事项进行合作,以及鼓励本国国民及在其领域内有惯常居所的其他人员向国家侦查和检察机关举报腐败犯罪的实施情况。

（四）建立跨越银行保密的机制

在对腐败犯罪进行国内刑事侦查时,各缔约国应当根据本国法律建立适当的机制用来克服因银行保密法的适用而可能产生的障碍。

（五）建立犯罪记录档案

各缔约国应当采取必要的立法或者其他措施,按照适宜的条件和特定的目的建立另一国以前对被指控罪犯作出的任何有罪判决的档案,以便贪污贿赂等腐败犯罪的诉讼中利用这类信息。

（六）确立对腐败犯罪的管辖权

按照属地原则、属人原则以及保护原则等确立对腐败犯罪的管辖权,并建立各缔约国之间就管辖争议问题的协调机制。

（七）建立国际合作渠道

各缔约国应当按照公约的规定在刑事案件中相互合作,并在与腐败有关的民事和行政案件调查和诉讼中相互协助。同时,国际合作事项中,凡将双重犯罪视为一项条件的,如果协助请求中所指的犯罪行为在两个缔约国的法律中均为犯罪,则应当视为这项条件已经得到满足,而不论被请求缔约国和请求缔约国的法律是否将这种犯罪列入相同的犯罪类别或者是否使用相同的术语规定这种犯罪的名称。在国际合作中,主要采取引渡、被判刑人移管、司法协助、刑事诉讼的移交等形式和途径进行,具体在公约第44条至第47条中明确规定。

（八）建立执法合作机制

各缔约国根据本国法律制度和行政管理制度,采取以下措施:加强并建立各国主管机关、机构和部门之间的联系渠道,以促进安全、迅速地交换涉及腐败犯罪各个方面的情报,在有关缔约国认为适当的时候还可以包括与其他犯罪活动相联系的有关情报;同其他缔约国合作进行有关犯罪嫌疑人身份、行踪和活动等调查;在适当情况下提供必要数目或者数量的物品以供分析或者侦查之用;与其他缔约国酌情交换关于实施腐败犯罪而采用的包括利用虚假身份等具体手段和方法的资料;促进各缔约国主管机关、机构和部门之间的有效协调,并加强人员和其他专家的交流;交换情报并协调为尽早查明腐败犯罪而酌情采取的行政和其他措施;各缔约国之间应当按照公约的框架加强国际和区域组织合作,共同应对借助现代技术实施的这类犯罪活动。

（九）明确实行联合侦查的方式

为便于有关主管机关对涉及一国或者多国侦查、起诉或者审判程序事由的事项建立联合侦查机构,各缔约国应当考虑缔结双边或者多边协定或者安排,或者在个案基础上商定进行这类联合侦查,并确保拟在其领域内开展这种侦查的各缔约国的主权受到充分尊重。

（十）赋予特殊侦查手段

《联合国反腐败公约》第50条第一款规定:为有效打击腐败,各缔约国均应当在其本国法律制度基本原则许可的范围内并根据本国法律规定的条件在其力所能及的情况下采取必要措施,允许其主管机关在其领域内酌情使用控制下交付和在其认为适当时使用诸如电子或者其他监视形式和特工行动等其他特殊侦查手段,并允许法庭采信由这些手段产生的证据。同时,鼓励在充分遵循各国主权平等原则的基础上,为在必要情况下在国际一级合作时使用这类特殊侦查手段而缔结适当的双边或者多边协定或者安排,并应当在个案基础上作出,必要时考虑有关缔约国就行使管辖权所达成的财务安排或者谅解。经缔约国同意,在国际一级使用控制下交付的决定,可以包括诸如拦截货物或者资金以及允许其原封不动地继续运送或将其全部或者部分取出或者替换之类的办法。

四、资产返回与追还机制

腐败资产的追回是作为一项基本原则规定在公约中的。这一机制的主要内容包括:

(一) 防范和监测犯罪所得的转移

为有效监测可疑交易,在不影响防范洗钱措施的情况下,各缔约国应当根据本国法律采取必要的措施,以要求其管辖范围内的金融机构核实客户身份,采取合理步骤确定存入大额账户的资金的实际受益人身份,并对正在或者曾经担任重要公职的个人及其家庭成员和与其关系密切的人或者这些人的代理人所要求开立或者保持的账户进行强化审查。对这种强化审查应当做合理的设计,而不应当将其理解为妨碍或者禁止金融机构与任何合法客户的业务往来。在具体措施方面,主要采取强化审查、特别关注以及适当措施等方式,监测所有的可疑交易。为防范和监测腐败犯罪所得的转移,各缔约国都应当采取适当而有效的措施,在监测机构的帮助下禁止设立有名无实和并不附属于受监管金融集团的银行。还可以考虑要求其金融机构拒绝与这类机构建立或者保持代理银行关系,并避免与外国金融机构中那些允许有名无实和并不附属于受监管金融集团的银行使用其账户的金融机构建立关系。同时,各缔约国还要根据本国法律建立有效的公职人员财产申报制度,明确对不遵守者的制裁措施,并考虑采取必要的措施允许本国主管机关在必要时与其他国家主管机关交换这种资料,以便于对这类犯罪所得进行调查、主张权利并予以追回。此外,还可以采取必要的措施,要求在外国银行账户中拥有利益、对该账户拥有签名权或者其他权利的有关公职人员向有关机关报告这种关系,并保持与这种账户有关的适当记录。这种措施还应当对违反情形规定适当的制裁。

(二) 明确直接追回财产的措施

各缔约国都应当根据本国法律,采取必要措施,允许另一缔约国在本国法院提起民事诉讼,以确立对本公约规定的腐败犯罪获得的财产的产权或者所有权;允许本国法院命令实施了根据本公约确立的腐败犯罪的人向受到这种犯罪损害的另一缔约国支付补偿或者损害赔偿;允许本国法院或者主管机关在必须就没收作出决定时,承认另一缔约国对通过本公约确立的腐败犯罪而获得的财产所主张的合法所有权。

(三) 建立通过没收事宜的国际合作追回资产机制

各缔约国应当根据本国法律,采取必要的措施,使其主管机关能够执行另一缔约国法院发出的没收令;使拥有其管辖权的主管机关能够通过对洗钱犯罪或者对可能发生在其管辖范围内的其他犯罪作出判决,或者通过本国法律授权的其他程序,下令没收这类外国来源的财产;或者在因为犯罪人死亡、潜逃或者缺席而无法对其起诉的情形或者其他有关情形下,能够不经过刑事定罪而没收这类财产。或者依照缔约国的请求提供设法协助时,在收到请求缔约国的法院或者主管机关发出的冻结令或者扣押令及其合理的根据,被请求国认为理由充分而采取行动时,使本国主管机关能够根据该冻结令或者扣押令对该财产进行冻结或者扣押,以及按照请求国法院的没收令而对有关财产进行没收;考虑采取补充措施,使本国主管机关能够保全有关财产以便没收。

(四) 建立没收事宜的国际合作渠道

缔约国在收到对公约所确立的腐败犯罪拥有管辖权的另一缔约国关于没收属于冻结、扣押和没收范围的位于被请求缔约国领域内的犯罪所得、财产、设备或者其他工具的请求后,应当在本国法律制度的范围内,符合并遵守可能约束其与请求缔约国关系的任何双边或多边协定、安排,尽最大可能地予以协助。

(五) 明确特别合作方式

在不影响本国法律的情况下,各缔约国都应当努力采取措施,以便在认为披露根据该公约确立的腐败犯罪的所得的资料可以有助于接收资料的缔约国启动或者实行侦查、起诉或者审判程序时,或者在认为可能会使该缔约国根据资产追回的规定提出请求时,能够在不影响本国侦查、起诉或者审判程序的情况下,无须事先请求而向该另一缔约国转发这类资料。

(六) 明确资产的返还和处分制度

缔约国对符合公约规定没收的财产,应当由该缔约国根据本公约的规定和本国法律予以处分,包括返还其原合法所有人,在考虑善意第三人权利的情况下根据公约的规定返还所没收的财产。对贪污公共资金或者对所贪污公共资金的洗钱行为,被请求缔约国应当按照本公约规定进行没收后,根据请求缔约国的生效判决,将没收的财产返还,也可放弃对生效判决的要求;对本公约涵盖的其他任何犯罪的所得,被请求缔约国应当在依照本公约的规定进行没收后,基于请求缔约国的生效判决,在请求缔约国向被请求缔约国合理证明其原对没收的财产拥有所有权时,或者当被请求缔约国受到的损害是返还财产的依据时,将没收的财产返还请求缔约国,被请求缔约国也可以放弃对生效判决的要求;在其他所有情况下,优先考虑将没收的财产返还请求缔约国、返还其原合法所有人或者赔偿犯罪被害人;在适当的情况下,除非缔约国另有规定,被请求缔约国可以在依照本公约规定返还或者处分没收的财产之前,扣除为此进行侦查、起诉或者审判程序而发生的合理费用;在适当的情况下,缔约国还可以特别考虑就所没收财产的最后处分逐案订立协定或者可以共同接受的安排。

(七) 建立金融情报机构

缔约国应当相互合作,考虑设立金融情报机构,由其负责接收、分析和向主管机关转递可疑金融交易的报告,以防范和打击根据本公约确立的贪污贿赂等腐败犯罪而产生的所得的转移,并推广追回这类所得的方式方法。

(八) 建立双边和多边协定和安排机制

缔约国应当考虑缔结双边或多边协定或者安排,以便增强根据本公约规定开展的国际合作的有效性。

五、技术援助与信息交流机制

建立技术援助与信息交流机制,是提升各缔约国打击和防范腐败犯罪的水平和能力的重要途径和方式。这一机制的主要内容包括:

(一) 制定具体培训方案及其内容

各缔约国在必要的情况下,为本国负责防范和打击腐败的人员启动、制定或者改进具体培训方案,具体内容包括:预测、监测、侦查、惩治和控制腐败的有效措施包括使用取证和侦查手段;反腐败战略性政策制定和规划方面的能力建设;对主管机关进行按本公约的要求提出司法协助请求方面的培训;评估和加强体制、公职部门管理;防止和打击根据本公约确立的犯罪的所得转移和追回这类所得;监测和冻结根据本公约确立的犯罪的所得转移;监控根据本公约确立的犯罪的所得的流动情况以及这类所得的转移、窝藏或者掩饰方法;便利返还据本公约确立的犯罪的所得的适当而有效的法律和行政机制及方法;用以保护与司法机关合作的被害人和证人的方法;本国和国际条例以及语言方面的培训等。缔约国应当根据各自的能力考虑为彼此的反腐败计划和方案提供最广泛的技术援助,特别是向发展中国家提供援助;并在必要时加强努力,在国际组织和区域组织内并在有关的双边和多边协定或安排的框架内最大限度地开展业务和培训活动;并考虑相互协助,根据请求对本国腐败行为的类型、根源、影响和代价进行评价、分析和研究,以便在主管机关和社会的参与下制定腐败犯罪惩治和防范战略和行动计划。为便于追回根据本公约确立的犯罪的所得,缔约国可以开展合作,相互提供可以协助实现这一目标的专家名单;并应当考虑利用分区域、区域和国际性的会议和研讨会促进合作和技术援助,推动关于共同关切的问题的讨论;并考虑建立自愿机制,以便通过技术援助方案和项目对发展中国家和经济转型期国家适用本公约的努力提供财政捐助等。

(二) 建立有关腐败的资料的收集、交流和分析机制

各缔约国都应当考虑在同专家协商的情况下,分析其领域内腐败方面的趋势以及腐败犯罪实施的环境;考虑为尽可能拟订共同的定义、标准和方法而相互并通过国际和区域组织发展和共享统计数字、有关腐败的分析性专门知识和资料,以及有关防范和打击腐败的最佳做法的资料;考虑对其反腐败政策和措施进行监测,并评估其效力和效率。

(三) 明确通过经济发展和技术援助实施公约等其他措施

应当通过国际合作采取有助于最大限度优化本公约实施的措施,同时要考虑腐败对社会,尤其对可持续发展的消极影响;应当相互协调并同国际和区域组织协调,尽可能地加强同发展中国家在各级的合作,加强财政和物质援助,向发展中国家和经济转型期国家提高技术援助,酌情鼓励和争取其他国家和金融机构参与根据本公约规定所作的努力,并且应尽量不影响现有对外援助承诺或者其他双边、区域或者国际一级的金融合作安排;各缔约国还可以缔结关于物资和后勤援助的双边和多边协定或安排,同时考虑到为使本公约所规定的国际合作方式行之有效和防范、侦查与控制腐败所必需的各种金融安排。

六、履约监督机制

这方面的机制,十分重要。公约能否得到各签约国的切实履行,监督推动是至关重要的。其主要包括以下内容:

(一) 设立公约缔约会议

目的是为了加强各缔约国之间的合作,促进和审查本公约的实施,实现本公约所列的目标。明确规定会议召开的时间、会议的任务和要求等内容。

(二) 设立秘书处

目的是为公约缔约会议服务,根据请求协助公约缔约会议提供本公约所规定的信息,确保与有关国际组织和区域组织秘书处的必要协调。

需要指出的是,《国际反腐败公约》要切实得到各缔约国的落实,建立与本国国内法律相衔接的机制至关重要,但这需要各缔约国的共同努力。从中国的实际看,《联合国反腐败公约》中确立的腐败犯罪,并没有包含中国刑法规定的全部腐败犯罪种类,而反腐败国际合作中涉及的腐败犯罪罪种,是按照公约的确立而定的。从本质上讲,腐败犯罪侦查国际化[①]的核心途径是国际刑事司法协助,虽然从形式上讲属于法律问题,但实质上是一个外交问题。因此,腐败犯罪侦查国际化能否顺利进行并取得实质性成效,必然受到各国之间众多不确定因素的影响。建构有效的腐败犯罪调查、侦查国际化机制,应当重视加强对国际司法合作的途径、方式和技术、技巧等重要环节和方面问题的研究,并需要包括中国在内的国际社会作出不懈的努力。具体地说,在《联合国反腐败公约》衔接机制建设的过程中,应当注意以下几个方面的问题:

第一,国际公约只是一个指导性的文书,是非强制性的,并且有其特定的限制性。要落实好公约,必须依靠缔约国之间的协议以及本国法律与国际公

---

① 参见詹复亮:《论反腐败侦查国际化若干问题》,正义网 2006 年 7 月 26 日。

约的衔接。从实践看,长期以来在国际引渡等司法合作中存在的一些法律障碍,比如关于双重犯罪、政治犯不引渡、国民不引渡和死刑犯不引渡等问题,以及长期以来西方国家的引渡制度中的人权障碍如关于酷刑危险不引渡、歧视危险不引渡和公正审判无保障不引渡等问题,不可能因为《打击跨国有组织犯罪公约》、《联合国反腐败公约》等国际公约的实施就能迎刃而解。要从根本上解决国际司法合作中的各种问题,需要建立全面、有效的国际合作机制。

第二,中国已经签署《联合国打击跨国有组织犯罪公约》和《联合国反腐败公约》,并且已经全国人民代表大会常务委员会批准。从中国的实际看,由于历史原因,世界上一些国家对中国的法律还存有不少偏见,比如认为中国的司法审判和执法活动都是"政治行为"等。这些国家担心在与中国进行反腐败国际合作时会受到不应有的干扰,甚至担心中国外逃的腐败犯罪分子被引渡回国后会受到"不公正对待"。在这种情形下,司法协助必将在某种程度上受到影响。

第三,从整体上讲,《联合国打击跨国有组织犯罪公约》和《联合国反腐败公约》与中国的相关法律精神是一致的,但在法律体系的完善和健全以及法律之间的契合、兼容方面,还有很多的工作要做。近年来,中国政府落实《联合国反腐败公约》措施及力度不断加大,比如刑法修正案(六)、(七)、(八)、(九)、(十)的出台,扩大了贿赂罪的主体范围和罪种,新增利用影响力受贿罪、对有影响力的人行贿罪以及对外国公职人员、国际公共组织官员行贿罪等罪名。同时,对刑事诉讼法进行修正,规定了违法所得没收程序、证人保护以及技术侦查措施、秘密侦查措施和控制下交付措施等。制定实施监察法,并对刑事诉讼法进行对接性、衔接性修改调整等。这些都是推动落实《联合国反腐败公约》的重大立法举措,有利于提升反腐败能力和国际合作水平,增强反腐败效果。

综上,加强对联合国《打击跨国有组织犯罪公约》、《联合国反腐败公约》等深入研究,应当结合中国反腐败立法实际,进一步完善刑事诉讼制度,完善刑法有关没收腐败资产方面的制度,并加强对缺席审判制度可行性研究、制定司法协助法问题研究,促进国际司法协助制度化建设等等。通过立法完善的同时,还需要从理念转变上下功夫,内化为反腐败的指导思想和实践规范,并且进一步提升法律制度的执行力,充分发挥该两公约在打击和防范跨国跨境腐败犯罪中的积极效能。

第二节　反腐败司法国际合作的形式和程序

腐败活动国际化,对一国的局部打击和单向度防范提出了严峻的挑战,需要从全球视野建构反腐败司法国际合作机制,提升腐败犯罪调查或者侦查措施、手段和力度,使打击腐败犯罪分子外逃、赃款外移等活动的水平与控制腐败犯罪的国际化要求相适应,不断增进反腐败的实际成效。

一、反腐败司法国际合作基本形式

从实践看,由于腐败犯罪国际化的趋势日益严重,各国仅依靠自己一国的力量,已经难以有效地遏制和防范腐败犯罪的发生和蔓延。为了保护人类共享的国际共同利益,保护各国自身的利益和安全,寻求并依靠国际性的刑事司法协助,强化打击和控制腐败犯罪的措施和力度,联手对付包括腐败犯罪在内的跨国犯罪,已成为反腐败国际化发展的必然趋势。从国际法的角度讲,由于国际法原则包括国家主权原则、互不干涉原则、司法管辖权独立原则等内容上的要求,打击涉外或者国际化的腐败犯罪活动,只能求助于刑事司法协助,也就是说刑事司法协助是腐败犯罪调查、侦查国际化重要而有效的形式。刑事司法协助,实质上是国家司法权域外延伸、打击国际性犯罪的一种有效途径和手段,既是各国维护国家主权和司法权独立的需要,也是共同对付腐败犯罪国际化、维护国际社会正常交往秩序等国际共同利益的需要。从国际社会看,欧洲、美洲等国家和地区对刑事司法协助的立法、司法实践和理论研究起步较早。比如美洲国家组织在1996年3月通过了《美洲反腐败公约》,欧洲理事会分别于1999年1月、11月通过了《反腐败刑法公约》、《反腐败民法公约》,非洲联盟在2003年7月通过了《防范和打击腐败公约》。联合国先后以联大决议的形式通过了《公职人员国际行为守则》、《联合国反对国际商业交易中的贪污贿赂行为宣言》、《联合国打击跨国有组织犯罪公约》、《联合国反腐败公约》等,有关惩治国际犯罪的多边国际公约已超过300部。

我国参加的此类条约不到100部。自1986年开始,我国同外国谈判签订司法协助条约,从 1993 年开始我国与外国签订引渡条约。1996 年修正的刑事诉讼法第十七条,首次将刑事司法协助问题纳入我国国内法的法律规范,纳入刑事诉讼法调整的领域。进入 21 世纪以来,我国相继加入《联合国打击跨国有组织犯罪公约》和《联合国反腐败公约》,现已成为《1961 年麻醉品单一公约》、《1970 年海牙公约》、《1971 年蒙特利尔公约》、《1971 年精神药品公约》、《1988 年联合国禁止非法贩运麻醉药品和精神药物的公约》、《中缅老亚区域禁毒合作议定书》、《亚太经济合作组织章程》、《打击恐怖主义、民族分裂主义、极端宗教主义上海公约》以及《联合国打击跨国有组织犯罪公约》等公约参加国。据有关资料,截至 2017 年 8 月,中国与法国等 50 个国家签署引渡条约,与 59 个国家签署了引渡合作机制,与 40 个国家签署了反腐败金融情报交换协定,与 89 个国家建立了反腐败双边合作机制,其中最大的突破是与美国签署了"反腐败执法合作机制"。美国态度的改变,形成正向的"多米诺骨牌效应",促成全球反腐败司法国际合作新的发展,合作成果明显,也取得了较大的实际效果。但从总体上看,我国在刑事司法协助的立法、司法实践和理论研究等方面起步较晚,而且对外开展刑事司法协助的范围和场合也仍然有限。

二、反腐败司法国际合作的基本内容

刑事司法协助,是指不同国家的司法机关之间,根据各国缔结或参加的国际公约,或者按照对等互惠原则以互相请求代为进行某些诉讼行为的制度。这是反腐败司法国际合作的基本内容,也是反腐败司法国际合作的重要途径和形式。刑事司法协助,具有以下一些特性:一是刑事司法协助的主体是主权国家。二是实行刑事司法协助的目的是履行刑事司法职能。就反腐败司法国际合作的要求而言,就是通过刑事司法协助实现查处腐败犯罪尤其是犯罪分子外逃、赃款外移之类犯罪案件的目的。三是实行刑事司法协助的依据是国际公约和互惠的承诺性双边条约。四是刑事司法协助的具体表现及其内容是协助或代为履行一定的刑事诉讼程序等行为。

反腐败司法国际合作中,刑事司法协助的适用范围及其内容,主要体现在以下七个方面:

（一）腐败犯罪案件的诉讼移管，或称诉讼转移管辖

按照我国法律，我国公民如在国外犯有贪污贿赂罪等法定最低刑为 3 年以上有期徒刑的，我国可以对之行使刑事管辖权。但是我国和土耳其的协定规定："缔约一方有义务根据请求，按照其本国法律，对于在提出请求的缔约一方境内犯罪的本国国民提起刑事诉讼。"也就是说，对于我国公民在土耳其境内所犯的罪行，不论是否属于上述范围，只要土耳其方提出移管刑事诉讼的请求，并且符合移管诉讼的条件，我国就有义务对有关犯罪实施管辖。

（二）调查取证

调查取证是联合国《刑事事件互助示范条约》的主要内容。该条约第一条第二款规定了七项"适用范围"：向有关人员收集证词或供述；协助提供关押者或其他人作证或协助调查工作；递送司法文件；执行搜查和查封；检查物件和场地；提供资料和证据；提供有关文件和记录的原件或经核证的副本，包括银行、财务、公司或商务记录。这方面涉及各种证据的收集、保全和移转等方面的有关规定。比如我国与波兰、蒙古缔结的司法协助条约规定，代为调查取证包括代为向当事人、嫌疑犯、罪犯、证人、鉴定人、其他诉讼参与人调查取证，以及进行鉴定、检查、勘验等。根据我国与土耳其、罗马尼亚、俄罗斯缔结的司法协助条约，代为调查取证还包括使用搜查方式。我国对请求方提供司法协助时，可以按照我国法律规定，慎重选择提供司法协助的方式。关于证据保密和证据使用上的限制问题，通常在条约中加以规定。我国和加拿大的司法协助条约明确规定："被请求方在与请求方协商后，可以要求对其所提供的情报、证据或这些情报、证据的来源予以保密，或者仅在它所确定的条件和情况下予以公开或使用。"同时，在司法协助条约中一般都有一方境内的证人、鉴定人到缔约另一方出庭作证的内容。我国和加拿大的刑事司法协助条约规定："请求方可以邀请被请求方境内的人员到请求方境内作证或协助调查。""被请求方应向被请求人转交上述请求，并通知请求方该被请求人是否同意接受该项请求。"在进行此项司法协助时，还要求请求方注意尊重被请求出庭作证的证人、鉴定人的意愿，支付有关费用，并保证其逗留期间的人身安全。关于在押人员赴请求国出庭作证问题，依据我国与土耳其、罗马尼亚缔结的条约规定，"如果缔结一方法院或其他主管机关有必要对缔约的另一方境内的在押人员作为证人加以讯问，应通过缔约双方的中央机关就该人被移送到请求一方境内达成协议,条件是继续处于在押状态,并在讯问后尽快送还",以确保被请求国的法律效力不受影响。需要指出的是,中国在出国境作证方面,创造性地采用远程视频作证模式,并得到美国等多数国家的赞同,极大地提高了合作水平和合作效率。

(三) 引渡

我国 1994 年正式批准了与泰国签署的引渡条约;2001 年与美国签订的《中美刑事司法协助协定》生效,并于 2004 年 4 月 16 日以与美国司法部门成功合作的首例特大贪污、挪用公款的余振东案押解交接为标志,掀开我国的反腐败司法国际合作新篇章;2003 年 8 月 27 日十届全国人民代表大会常务委员会第四次会议批准了《联合国打击跨国有组织犯罪公约》;2011 年 7 月 23日,历时 12 年的厦门远华走私案主犯赖昌星从加拿大被引渡回国,2012 年 5月 18 日人民法院以犯走私普通货物罪、行贿罪数罪并罚,判处赖昌星无期徒刑、剥夺政治权利终身。这充分显示了中国政府打击犯罪、惩治腐败的决心,也表明中国和外国在执法领域开展合作的重要意义。全国人民代表大会常务委员会已于 2006 年 4 月 29 日批准了同西班牙的引渡条约,并同加拿大协商签订两国的引渡条约,同澳大利亚协商批准引渡条约等。

总的来看,我国在刑事司法协助的实践中,通常采用的方式有三种:一是根据国际公约有关引渡的条款,通过外交途径向有关国家提出引渡请求,按照引渡程序进行引渡。二是在平等互惠的基础上,通过外交途径向有关国家或地区提出引渡或移交逃犯的请求。这是我国司法实践中比较常用的引渡和移交逃犯的方式。三是我国警方逐案请求有关国家采取驱逐出境等变相引渡方式遣返逃犯。具体地说,就是由被请求方宣布将逃犯驱逐出境,并通过适当安排,交给请求方处理。由于这种方式比较简便灵活,能够达到引渡的目的,因而在我国与有关国家尚未制定引渡条约的情况下,可以采用这种方式。同时,实践中尚有劝返的方法。这种方法在一定程度上也能解决与尚未签订引渡条约国家的相关司法合作问题。但在实践中,应当服务于国家的总体外交战略,防止和避免"因小失大"等问题的发生。

(四) 送达诉讼文书

在办理腐败犯罪案件的过程中,需要相互代为送达诉讼文书。这些文书包括由司法机关制作或者签发的传票、法庭通知书、判决书、裁定书等各种司法文书,以及与刑事诉讼案件有关的身份证明、来往信函、公证文书等各种书面材料或文字记录。

（五）移交赃款赃物

在办理腐败犯罪案件时,往往涉及腐败犯罪分子携带赃款赃物出逃境外的问题,由于赃款赃物是这类犯罪案件的重要证据,对指控犯罪具有重要作用,因此在签订司法协助条约或协定时,必然涉及这方面的内容。我国与加拿大、俄罗斯的协助条约规定,缔约一方根据缔约另一方的请求,将在其境内发现的、罪犯在缔约另一方境内犯罪时获得的赃款赃物,移交给缔约另一方。但此项移交不得侵害与这些财物有关的第三者的权利。如果上述赃款赃物对被请求的缔约一方境内其他未决刑事案件的审理是必不可少的,被请求的缔约一方可暂缓移交。

（六）刑事诉讼结果的通报

我国与加拿大、俄罗斯缔结的司法协助条约等规定,缔约双方应相互递送各自法院对缔约另一方国民所作的生效判决的副本。

（七）被判刑人移管

由于一国关押外籍罪犯,因语言不通、生活习惯不同以及文化隔阂、物质待遇等方面存在的差异,既增加关押国的负担,也不利于对罪犯的教育改造。因此,我国正在与有关国家谈判缔结被监管人移管的条约,以便让在外国服刑的外籍罪犯回原籍国服刑,既可以维护我国独立的司法管辖权和刑事判决的权威性,也有利于罪犯出狱后的再社会化,适应本国社会的生活。

三、反腐败司法国际合作的途径

一般地说,请求和提供司法协助,应当按照一国缔结或参加的国际条约所规定的途径进行。没有条约规定的,可以通过外交途径进行。当今,我国在反腐败司法国际合作中加强司法协助的联系途径,主要体现在以下方面:

（一）缔结国际公约

我国参加的国际公约,其中有关刑事司法协助的条款规定了开展司法协助的内容。联合国等国际组织还制定了许多有关刑事司法协助的示范条约等文件。这些文件虽然没有法律效力,只是供各国参考,但对促进国际间的司法协助却有着不可忽视的作用。比如早在 1985 年在意大利召开的第 7 届联合国防范犯罪和罪犯待遇大会制定的《移交外国囚犯的示范规定》,1990年8月在古巴召开的第8届联合国防范犯罪和罪犯待遇大会制定的《防范和控制有组织犯罪准则》,对国际间加强打击腐败犯罪等刑事司法合作问题作了一系列专门规定。特别是按照《反腐败的实际措施》,积极倡导各国在发展的条件下,为维护共同的利益,要认真研究加强在反腐败行为方面的国际合作。1990年12月14日联合国又制定了一系列加强国际合作的示范文件,比如《引渡示范条约》、《刑事事件转移诉讼示范条约》、《关于移交外籍囚犯的模式协定》、《有条件判刑或有条件释放罪犯转移监督示范条约》、《刑事事件互助示范条约》等等。2000年11月联合国第55届大会审议通过了《联合国打击跨国有组织犯罪公约》、《联合国反腐败公约》等。其中,《联合国打击跨国有组织犯罪公约》是世界上第一部针对跨国有组织犯罪的全球性公约,2003年9月29日正式生效。截至2016年10月,该公约的缔约国数量已达187个,普遍性和接受度不断提升。我国政府于2000年12月12日签署,2003年8月27日第十届全国人民代表大会常务委员会第四次会议批准。所有以上这些文件,都鼓励各国在打击和控制有组织犯罪包括腐败犯罪方面进行最广泛的合作。

(二) 缔结区域性公约

对于一些地理相邻、经济文化发展水平相似的同一地区或国家之间缔结的区域性的协定或公约,是促进我国开展国际刑事司法协助的重要依据和途径。比如"上合组织"(上海合作组织的简称,成立于2001年),成员国签署的《打击恐怖主义、分裂主义和极端主义上海公约》等,是我国开展司法协助的法律依据。

(三) 缔结双边条约

截至2017年8月,我国已经先后与50多个国家缔结了刑事司法协助条约或包括刑事司法协助内容的条约,主要涉及司法协助的意愿、原则、程序、权利和义务等内容,是我国开展司法协助的重要法律根据。

(四) 参照国际惯例

我国司法机关在查办腐败犯罪等案件的过程中,在与各国相互提供司法协助方面,都是在平等互惠的基础上,参考国际惯例中通行的做法。如主权原则、双重犯罪原则、平等原则、政治犯不引渡原则等国际公认的原则和惯例,都是各国进行司法协助的重要依据。

（五）建立我国警方与国际刑警组织的合作关系

1984 年我国正式加入国际刑警组织,1986 年在广东设立了国际刑警组织中国国家中心局联络处。进入 21 世纪,我国增强了与国际刑警组织其他成员国之间的良好合作互动,得到了有关国家实质性的协助,及时地将逃往外国的腐败犯罪分子引渡回国,同时还在相互提供信息、情报、搜集犯罪证据、协查赃款和逃犯等方面进行了卓有成效的合作。

（六）依据我国内法的有关规定进行联系

我国与有关国家的司法协助是一项具有国内法与国际法双重性质的活动。就查办腐败犯罪案件而言,这类案件的管辖、起诉、审判和刑罚执行等一系列活动,既要以打击跨国腐败犯罪有关的国际条约或公约为依据,又要以国内法的有关规定为依据。由于我国尚未进行刑事司法协助方面的立法,缔结和参加的有关刑事司法协助条约或公约也还有限,因此尽快制定和完善相应国内法就成为一项迫切任务。

四、反腐败司法国际合作的程序

司法实践中,刑事司法协助是反腐败国际合作最为常见和常用的形式和手段。在具体运行中,刑事司法协助涉及的程序问题比较复杂。一般来说,主要包含以下方面:

（一）刑事司法协助请求

刑事司法协助请求是指一国就特定的刑事事务向另一国提出希望给予某种协助的一种意思表示,并要求这种请求必须以书面的形式提出来。当一国向另一国发出了请求书,就意味着这个国家已经将某种权利授予了另一国,被请求国可以据此行使被请求事项所涉及的司法权。请求书的内容是有固定格式要求的,并使用双方约定的文字制作,主要包括:出具机关及受委托机关的名称,请求提供司法协助的事项,犯罪嫌疑人、受审人、被判刑人的姓名、住址、国籍、出生年月日、职业、父母姓名、个人体貌特征,委托的内容和理由,犯罪嫌疑人或犯罪分子实施犯罪行为的认定,犯罪的性质、手段、过程、结果及有关事实,请求书的效力,出具请求书的官方签字和盖章,请求书签发的日期,其他附件等。

（二）刑事司法协助请求的审查

一是审查主体。从实践看，对刑事司法协助请求事项的审查，主要由主管司法的中央机关负责，我国分别由最高人民检察院、司法部等行使审查权。国家监察委员会组建并运行以后，承担反腐败国际合作领域相关审查权等。二是审查的依据。审查时，主要依据条约法或国内法。其中，条约法包括各国缔结或参加的多边及双边条约，国内法主要包括涉及该项请求调整范围的法律、法规和规章等。三是审查的内容。审查的内容包括实质性和程序性两项。实质性审查主要针对该项请求是否有损该国主权、安全、国家利益、公共秩序和法律制度，是否合乎法律要求，是否符合当事国的现实利益等；程序性审查是以该项请求是否符合双方约定或国际惯例通过合法途径办理必要的手续，请求书送达是否合乎程序，办理该项请求是否可行，有无条件完成该项委托等。四是审查的结果。一般有三种：拒绝请求；或接受并执行请求；或不予理睬。

（三）请求拒绝

刑事司法协助是一种附条件的国际间合作，如某一请求不符合被请求国所遵行的条件，被请求国就会拒绝执行。一般地说，请求协助不得有损被请求国的主权、安全或公共秩序等，也不得冒犯被请求国法律的基本原则，也就是说，既要符合被请求国的实体法，又要符合被请求国的程序法，还不能违反被请求国承担的国际义务。比如《欧洲刑事司法协助公约》的缔约国所承担的义务就有：被羁押人不同意，被羁押人需要参加在被请求国境内进行的刑事诉讼，移送可能导致羁押期限的延长，存在某些表明不宜将其移送到请求国境内的重要理由时，被请求国可以拒绝请求国迁移被羁押人。在出现上述情形之一时，有关缔约国如果请求被羁押人暂时出庭作证，将因违反上述义务而得不到协助。同时，请求还不能涉及政治、军事、宗教或种族性质的事项，否则也将会遭到拒绝。

（四）请求的受理和执行

主要程序如下：一是认可。被请求国经过对请求书的审查，认为符合双边刑事司法协助条约或协议，就将予以认可。被请求国一旦认可了请求书，就应立即立案受理，并按照国内程序交付处理。二是受理程序。被请求国经认可后，因受委托而取得相应的权利和义务。权利主要包括：立案权、代理权、交涉权；义务主要包括：负有依法办理请求国的请求事项以及承担因办理该项事项而引发的义务,如回答请求国的查询、通报办理委托程序及其结果等。受理的程序按照国内法的规定进行,一般包括:由接到请求书的主管机关确定办案单位,并将外国请求书连同其内部指示发往办案单位,办案单位收到上述文件后,着手办理该项委托事务,然后将办案结果报告指令机关,最后由主管机关将办案结果转告请求国。三是执行。是指被请求国根据请求国的请求,在本国管辖范围内,依法代为特定司法行为的措施。执行是完成委托的关键,也是刑事司法协助的最后程序和重要环节,通常包括:根据被请求事项的性质确定管辖权,然后交由有管辖权的司法机关依法办理,执行结果应当根据不同情况进行处理。凡依据请求事项全部履行的,应由办案单位报告本国主管机关,再由主管机关裁定并将处理情况转告请求国;凡部分完成请求事项,除了由主管机关将所完成的部分结果转告请求国外,可将其余未完成部分的原因予以说明,以便请求国研究采取其他必要措施;凡未能完成请求事项的,应由主管机关将结果及其理由向请求国说明。

(五) 刑事司法协助的终止和撤销

一是协助请求的终止。是指因发生了特定情况,使得无法执行该请求或执行已失去意义,由当事国结束正在进行的刑事司法协助程序。终止可以由请求国提出,也可以由被请求国提出。终止的情形主要包括:当事国一方发生了政府更替,新政府不承认旧政府签订的刑事司法协助条约;当事国双方发生了战争,处于交战状态;当事国之间断绝了外交关系;当事国决定不再追诉请求事项涉及的行为;因当事国大赦或特赦请求事项涉及的当事人;犯罪嫌疑人或被告人死亡,当事国不再追究其责任;在执行请求期间,追诉时效到期;请求引渡的罪犯已经逃往第三国;请求事实已灭失,无法执行该请求;当事国撤销了请求;其他应拒绝执行的情形出现。终止的法律后果是请求国不再援引该请求,执行程序终结,被请求国不再办理该请求所涉及的事务。二是协助请求的撤销。是指由于存在或发生了某种情形而由当事国主动宣布放弃刑事司法协助请求权或执行权。一般地说,腐败犯罪调查、侦查中凡出现以下情形时,请求国可以向被请求国提出撤销要求:腐败犯罪案件已经审理终结;被通缉的犯罪嫌疑人已由本国司法机关逮捕,无需再请求逮捕或引渡该犯罪嫌疑人;本国大赦或特赦原请求事项所涉及的案犯;其他类似终结刑事司法协助的情形。

五、反腐败司法区际协作

加强反腐败区际协作,对于促进境内外反腐败协作、提升反腐败协作能力和效果等具有重要作用。随着反腐败司法国际合作的深入,将监察法制定实施之前反腐败区际协作实践进行简要归纳、介绍,对于提升监察机关主导推动反腐败区际协作、增强协作效果等至关重要。此前,我国地方各级检察机关需要通过国际刑警组织缉捕犯罪嫌疑人、查询有关资料的,由相应的检察机关提出申请并层报最高人民检察院审查后与有关部门联系办理。我国边沿地区检察机关与相邻国家的有关司法机关进行司法合作,在不违背我国有关缔结的条约和我国法律法规的情形下,一般可以按照惯例进行,视案情需要和可能而就双方之间办案过程中的具体事务作出安排,开展友好往来活动。随着我国进入四法域并存、多元司法合作的特殊历史时期,在打击腐败犯罪的过程中,必然涉及我国香港特区、澳门特区和台湾地区的区际法律协调和司法协助问题。从 20 世纪 80 年代开始,检察机关就与香港廉政公署、警务处和澳门廉政公署(原反贪污暨反行政违法性高级专员公署)、检察院、司法警察局联手,进行侦破公职人员腐败犯罪和跨境调查、追赃、移交犯罪嫌疑人等方面的有益尝试,并取得成效。进入 21 世纪以来,大陆检察机关积极探索与台湾检方合作渠道、方式及具体措施,取得了重大的进展和成效。2009 年 4 月 26 日,大陆的海峡两岸关系协会(简称"海协会")与台湾的财团法人海峡交流基金会(简称"海基会"),针对海峡两岸共同打击犯罪及司法互助达成协议,共 5 章 24 条,双方同意就民事司法协助及刑事司法协助包括采取措施共同打击双方均认为涉嫌犯罪的行为,并且着重打击贪污、贿赂、渎职等各种严重刑事犯罪。同时,对一方认为涉嫌犯罪,另一方认为未涉嫌犯罪但有重大社会危害的,得经双方同意可以进行个案协助。总的来说,至今我国已经基本形成一套行之有效的涉港澳台地区跨境司法协查制度,成为我国反腐败区际协作的重要组成部分。

(一)个案司法协查制度的产生及其发展

20 世纪 70 年代末我国开始实行的改革开放政策,促进了我国经济社会快速发展,提高了广大人民群众的生活水平。与此同时,国家公职人员贪污受贿犯罪活动也随之滋生蔓延。境内的贪污、受贿等犯罪分子携带巨款潜逃出境或者将大量国有资产转移出境的案件时有发生,香港廉政公署和澳门反贪污暨反行政违法性高级专员公署（1999 年回归祖国后改为"澳门廉政公署"），接到涉及我国内地公职人员腐败犯罪的举报案件明显增多，并以对与香港、澳门相邻的广东省公职人员的跨境举报为最多。由于香港、澳门和我国内地的法律制度存在明显的不同，三方在打击腐败犯罪过程中涉及异地的调查取证问题，经常产生法律冲突，延长了办案周期，提高了办案费用，严重地影响了侦查效率和效果。为了寻求对策，粤港两地反贪部门于 1986 年开始积极接触，探索在双方之间建立一种对个案进行协查的机制，进行腐败犯罪情报的交换和打击、防范腐败犯罪活动等区际合作实践。1990 年 9 月经中央批准，广东省人民检察院与香港廉政公署的代表举行会晤，粤港双方对开展个案协查的实验进行具体的阶段性工作总结，并在香港共同签署了《会晤纪要》，确定了个案协查的范围、协查的方式、联络的渠道及其他相关问题。1990 年 11月 20 日经有关方面同意，最高人民检察院决定在广东省人民检察院设立"个案协查办公室"，对外称"广东省人民检察院个案协查办公室"，明确规定全国各级检察机关同香港廉政公署、澳门反贪污暨反行政违法性高级专员公署相互协助开展调查腐败犯罪案件的工作，都要通过"个案协查办公室"进行联系。"个案协查办公室"负责审核需要境外协查的案件材料，提出意见并呈报出境审批手续；派员陪同办案人员出入境调查取证；协调和负责联络、安排双方官员的会晤以及交涉事宜；整理和储存个案协查档案材料；收集港澳地区社会信息和研究港澳地区的法律规定和司法制度等。1993 年 2 月 6 日，最高人民检察院印发《关于同港澳地区司法机关进行案件协助调查取证工作程序的规定》，将内地检察机关与香港廉政公署、澳门反贪污暨反行政违法性高级专员公署相互协助调查腐败犯罪案件的工作纳入制度化轨道。进入 21 世纪之初，2000 年粤港澳三方多次就深化和拓展个案协查合作问题进行磋商，并达成四方面的共识：一是认为有必要加大协查的力度，增加协查的个案数量，简化操作程序，缩短工作周期，提高取证效率，以适应打击跨境腐败犯罪的需要。二是为及时有效地查处跨境腐败犯罪分子，同意进行投诉/举报转介，并已商定共同开展实验性的操作活动。三是鉴于跨境相互勾结的团伙性腐败犯罪时有发生，各方达成加强情报沟通，必要时进行联手打击的默契。四是为继续解决三地之间的法律冲突，各方愿意在缉捕逃犯、涉外金融机构的取证、追缴赃款赃物、安排证人出庭作证等一系列问题上继续探索，寻求区际合作的良好效果。2009 年海协会与海基会同意采取措施共同打击贪污、贿赂等双方均认为涉嫌犯罪的行为。2010 年年底,最高人民检察院根据个案协助工作的实际需要,决定将广东省个案协查办公室更名为司法协助处,负责具体办案协作等工作。对涉外案件,需要赴境外调查取证或者追逃追赃的,需报经最高人民检察院。2011 年 4 月,最高人民检察院为适应检察机关涉港澳工作的需要,决定成立最高人民检察院涉港澳工作办公室,取代原最高人民检察院个案协查办公室。

(二) 司法协查制度的内容及其特点

司法协查是我国内地与港澳台四方打击和控制跨境腐败犯罪的有效途径和手段,主要内容包括:

1. 司法协查的范围和协查活动的内容。广东省人民检察院与香港廉政公署曾于 1990 年达成了初步共识,确定广东省及内地其他省、自治区、直辖市人民检察院和香港廉政公署,依照法律规定的管辖范围立案侦查并可以请求对方协助调查的案件包括:贪污、贿赂、偷税、漏税、骗税、挪用公款、假冒商标、侵占公司或者企业资产、私拆邮件窃取财物、徇私舞弊、玩忽职守等,以及与贪污贿赂有牵连的走私犯罪、诈骗犯罪和双方特别请求协助调查的其他有关罪案。海协会与海基会签订的海峡两岸司法协助协议,则就以下犯罪进行司法协助:一是双方同意着重打击下列犯罪:涉及杀人、抢劫、绑架、走私、枪械、毒品、人口贩运、组织偷渡及跨境有组织犯罪等重大犯罪;侵占、背信、诈骗、洗钱、伪造或变造货币及有价证券等经济犯罪;贪污、贿赂、渎职等犯罪;劫持航空器、船舶及涉恐怖活动等犯罪;其他刑事犯罪。同时,对一方认为涉嫌犯罪、另一方认为未涉嫌犯罪但有重大社会危害,得经双方同意个案协助。在协查的内容上,除了广东和香港两地直接开展合作之外,香港廉政公署还可以通过广东省人民检察院的安排,派出调查人员到内地其他地区,在当地检察机关的协助下调查取证;港澳地区之间的协查合作范围也基本按照上述精神实施。海峡两岸的司法协助,则通过海协会与海基会协作解决。为了解决协查中出现的新问题,广东省人民检察院与香港廉政公署、澳门廉政公署经过磋商,主要就协助会见和询问知情人与证人,向有关部门了解、查询、调取物证、书证,对某些物证、书证进行鉴别、鉴定,对单项证据资料进行核对,提供犯罪嫌疑人的出境入境资料或动向报告,安排本法域居民到境外出席法庭作证,办理举报案件线索的转介,通过法律程序追缴与犯罪有关的赃款赃物等内容形成一些新的约定。1999 年 4 月 12 日,最高人民检察院根据香港回归祖国、澳门即将回归的现实需要,对 1993 年《关于同港澳地区司法机关进行案件协助调查取证工作程序的规定》进行新的修改和补充,制定印发《最高人民检察院关于进一步规范涉港澳个案协查工作的通知》,规定地方各级人民检察院办理的案件需要请香港、澳门特区有关部门协助的,由所在省、自治区、直辖市人民检察院逐案报请最高人民检察院审批。香港特区廉政公署、澳门特区廉政公署和澳门检察院办理的案件需要请内地有关检察机关协助的,直接与最高人民检察院个案协查办公室联系安排。同时,内地检察机关请香港、澳门特区有关部门代为调查取证的,经审批后,由最高人民检察院个案协查办公室同香港、澳门特区有关部门联系落实。需派员赴港澳调查取证时,由最高人民检察院个案协查办公室同香港、澳门特区有关部门联系,并派员指导,或者委托广东省人民检察院派员协助。赴港澳调查取证人员需持最高人民检察院的批件在当地外事部门办理赴港澳通行证。自此,内地与港澳就腐败犯罪个案协查工作,建立了由最高人民检察院统揽全局、指导内地与港澳地区开展个案协查的高层协调机制。需要注意的是,2009 年 4 月 26 日,大陆海峡两岸关系协会会长与台湾海峡交流基金会董事长在南京签署了《海峡两岸共同打击犯罪及司法互助协议》。该协议从内容到程序等方面,都更为全面和规范,是海峡两岸之间的重要司法协助。

　　2. 司法协查的特点。个案司法协查是根据我国多法域并存的实际,开展反腐败区际合作的行之有效的途径和手段,主要具有以下几个特点:一是鲜明的政治性。开展内地与港澳特区、大陆与台湾地区腐败犯罪侦查的区际合作,是根据我国现阶段的实际所确立的一项司法原则,也是四方建立在平等协商、对等协助、互利互惠原则指导下的一项区际司法合作活动,具有鲜明的政治性质。二是独特的创新性。个案司法协查是解决四地法律制度冲突的一项探索性尝试,实践证明是行之有效的,是解决我国区际法律制度冲突的一项创举。三是很强的针对性。个案司法协查主要是针对因各法域之间的封闭,以及法律制度、证据制度之间的差异既使内地与港澳特区、台湾地区相互之间的交往受到各种进出境签证制度的约束,又增加赴港澳台取证或者港澳台赴内地、大陆调查取证成本等侦查实践中遇到的突出问题而提出来的,是解决多法域的一个国家在不同法域的地区开展侦查区际合作的一种途径和方式。

3.个案司法协查的操作规程。根据二十多年协查合作实践,个案司法协查已经建立了一套简便易行的办案规程,主要内容包括:

第一,联系方式。首先,在港澳回归祖国前,区际侦查合作的程序是:内地检察机关提出协查请求经层报最高人民检察院审批后,通过新华社香港分社移交香港政府政治顾问处审查处理,经政治顾问处审查后认为需要提供合作的由其移交具体办案部门执行。涉及澳门的案件由新华社澳门分社移交澳门政府的有关部门转达处理。其次,在港澳回归祖国后,开展区际侦查合作,则按照最高人民检察院的有关规定,直接由内地检察机关与港澳特区的廉政公署三方直接联系协查事宜。最后,在海峡两岸签订司法协助协议后,也即2009年4月26日以后,对于两岸涉嫌的贪污、受贿等腐败犯罪,由海协会与海基会双方以及海峡两岸检察机关之间进行协助。

第二,个案司法协查机制的运行要求。个案司法协查实行个案协查办公室主任、香港特区廉政公署执行处、澳门特区廉政公署个案协查首长负责制,并各自指定一位代表办理具体事宜。广东省内各级检察机关认为需要港澳特区有关部门协查合作的,仍由广东省人民检察院个案协查办公室统一对外联络,内地其他省、自治区、直辖市检察机关认为需要港澳特区有关部门协查合作的,层报最高人民检察院个案协查办公室(现为国际合作局)审查,并与境外对口单位联络,待作出安排后由办案单位具体执行。海峡两岸的个案司法协助相关事宜,由财团法人海峡交流基金会与海峡两岸关系协会联系。

第三,个案司法协查的法律依据。开展个案司法协查时,应当尊重各方法律确立的刑事管辖权,在调查取证时要根据被请求协助方的法律程序进行,由当地参与协查的廉政公署或者检察机关出具司法文书。

第四,调查取证活动的内容和程序。首先,出入境侦查人员与当地廉政公署的协查人员一起公开参与调查取证活动。在当地廉政公署的安排下,各方派往对方境内从事调查活动的人员与当地的协查人员共同开展侦查、调查工作,但应当以当地的协查人员为主执行调查取证的任务。对内地与港澳特区之间通过协助调查获取的人证、物证和书证资料,三方都视为具有法律效力的证据。为了保证过境取证活动确有成效,三方经协商约定:会见或询问证人时,通常应安排在协助方的办公场所,并有协助方人员在场;询问证人的文字记录或者录音,需要由当事人及协查人员签名;必要时,双方协查人员可以对部分书证或物证作出特别说明,或者制作调查手记;经相应机构或人员鉴别或鉴定的资料,应出具鉴别意见书或鉴定书。凡是具有上述形式要件的证据材料,各方都将其视为可以认定案件事实的合法证据。同时,对于海峡两岸的司法协助,台海双方同意就交换涉及犯罪有关情资,协助缉捕、遣返刑事犯与刑事嫌疑犯等方面进行协助侦查,并于必要时双方合作协查、侦办。在具体协助过程中,比如在调查取证时,双方同意依己方规定相互协助调查取证,包括取得证言及陈述,提供书证、物证及视听资料,确定关系人所在或确认其身份,勘验、鉴定、检查、访视、调查、搜索及扣押等。受请求方在不违反己方规定前提下,应尽量依请求方要求之形式提供协助。受请求方协助取得相关证据资料,应及时移交请求方。但受请求方已进行侦查、起诉或审判程序者,不在此限。同时,对于罪赃移交方面,双方同意在不违反己方规定范围内,就犯罪所得移交或变价移交事宜给予协助。

第五,个案司法协查中具体问题的处理。由于到境外调查取证,大量的工作是向有关知情人调录证词。这些知情人往往因担心受到当局追究、惧怕被株连等心理影响,有的尽量回避,有的保持沉默,从而增加了调查取证的难度。为了解决这一问题,排除取证阻力,各方经过协商达成了对知情人事先作出法律承诺的谅解。即知情人只要向调查当局说明真实情况,就应当受到法律的保护,不得因此事件而受到调查当局的刑事追究。即使是某些知情人在案件中有牵连或有某些罪错,只要讲实话,就会受到法律的宽容和赦免。对知情人的这种承诺是宽大的,并且具有司法约束力,使知情人的法律地位得到内地与港澳台各方协查机构的有效保护。然而,在个案司法协查的实践中,知情人即证人必须符合相应的约束条件:知情人必须到协查当局接受调查和询问;必须如实全面地提供证词和有关的书证、物证;必须在证词上签名,确保证词的有效性。只要知情人如实提供了证言和证据,协查当局必须承诺不对其进行法律追究。

(三) 反腐败区际合作机制的发展与完善

港澳特区的成立,以及海峡两岸司法协助协议的签订,使内地与港澳、台湾地区之间的反腐败区际合作进入一个新的历史时期。特别是港澳回归祖国以来,执法与司法的环境发生了许多新的变化,为适应新的合作形势需要,进

行了一些新的协作探索和实践,主要包括:

1. 寻求查询金融资料的简便途径。香港特区政府为了保持"自由港"的地位,采取了许多保护经济自治、金融自由的严格法律限制措施。因此,腐败犯罪侦查中涉及查询客户金融资料的问题十分敏感和复杂。通过探索和实践,初步形成了一套做法:一是通常情况下,办案人员将涉案当事人的授权委托书向金融机构出示后,金融机构按照正常的业务程序进行核对,并在核实无误后,同意查询该账户资料或准予提取账面上所存的款项。二是如果当事人不同意合作,或者无法找到当事人时,办案人员可以请求香港廉政公署提供帮助,由其出面同金融机构斡旋,依照银行的正常业务程序获取相关的金融资料。三是在上述两种途径不能奏效的情况下,因案情的特殊需要,为防止节外生枝,办案人员以"涉嫌香港人士共谋作案"为由,请求香港廉政公署立案调查,并表达希望其采取临时紧急措施,及时向内地检察机关转介调查资料的愿望。四是涉及内地在港的中资金融机构时,办案人员出示合法的查询文件,即可通过正常的业务渠道获取必要的资料。

2. 完善证明手段。主要在承认运用视听证据的法律效力、委托调查案件线索和证据、安排内地赴港澳出庭作证等方面达成了一些共识。如安排内地赴港澳出庭作证方面,三方约定:一是内地证人赴港澳时必须由内地检察机关个案协查办公室的官方人员陪同,但不负责陪同出庭。同时,一切活动按照法律规定进行,规避新闻透视,不公开发表评论,以免妨碍作证的公正性。二是请求合作一方负担证人的差旅费及在港澳期间的费用,并对证人因误工所造成的损失作适当的经济补偿。三是港澳方司法机关要依法切实保护证人的人身安全和在庭辩中的合法权益。四是对证人及陪同人员出境、入境签证给予方便,并确保证人不因他案受到牵连,同时能按期返回原地。此外,对于赴台取证,由最高人民检察院法律政策研究室台湾事务办公室具体协助办理。

3. 改进反腐败区际合作制度。主要内容包括:一是创办个案协查办公室深圳、珠海办事处。1995 年 8 月经最高人民检察院批准,设立广东省人民检察院个案协查办公室深圳办事处、珠海办事处。受理涉及港澳入境调查取证的个案,应当按照最高人民检察院《关于同港澳地区司法机关进行案件协助调查取证工作程序的规定》办理;如果需要办理与港方或澳方互相代查案件线索或者单项证据资料时,事前需要报广东省人民检察院个案协查办公室同意,事后向其报备案;办理本院检察长指示交办的涉港澳案件,在完成任务后除向本院领导汇报外,还要报广东省人民检察院个案协查办公室备案;办理涉及港方或澳方业务交流的事务,事前需要商请广东省人民检察院个案协查办公室同意,事后要向其通报。二是建立过境联合调查制度。这是指一方调查人员取得对方同意后直接进入对方境内进行调查取证的活动,最早是由香港单方面提出来的,为粤港澳的反腐败协查合作打开了新途径新渠道。三是建立相互接受委托代查案件机制。为了严格按照刑事诉讼法关于有关诉讼时效的规定办案,提高办案效率,缩短办案周期,降低诉讼成本,最高人民检察院和广东省人民检察院个案协查办公室与港澳廉政公署经过协商,曾就建立委托代查案件机制达成以下共识:对某些时限特别紧迫,调查内容比较简单的案件,采取委托对方调查并将调查结果通报给委托方的方式。这样,可使代查案件在短期内获得充分的证据并加以侦破,按时结案,也能有效地防止有关人员串供、转移证据、销毁证据的情事发生。四是配合调查行动。就是在紧急情况下,一方应对方的请求,迅速派出侦查人员出境或在自己境内协助请求方开展调查工作,完成特殊情况下的协查任务,增强侦查合作的效果。

4.探索和创新反腐败区际合作新机制。主要体现在以下几方面:一是开辟举报转介新途径。举报转介是我国内地检察机关与港澳廉政公署根据联手打击和防范跨境腐败犯罪的实际需要而达成的一项司法谅解,具体是指各方在各自的日常工作中,不管哪一方收到的举报控告材料,当案情涉及对方的机构或人员时,应当及时地将该举报材料的相关部分转介给对方调查处理,接受材料一方必须承诺在调查结束后将有关案情和处理结果尽快通报给转介方的一项侦查合作制度。港澳回归前的举报转介活动,主要是在廉政公署之间直接进行;回归后扩大到从警方、审判机关及行政执法部门所掌握的案件信息中获取。这种合作方式的目的是解决调查进程中的犯罪案件涉及跨境腐败犯罪等所遇到的困难,以便挖出隐藏较深的幕后涉案人员。二是加大技术侦查和与国际合作的力度。从实践看,由于腐败犯罪人一般都将非法所得通过洗钱方式或经朋友之手转移境外,或存入境外金融机构或委托熟人保管。因此,要从防范的角度事先对腐败犯罪人的不法行为进行控制,侦查机关必须采取一系列技术侦查手段及使用秘密侦察力量与其作斗争。港澳作为国际化大都市,与西方国家有着许多传统的联系,香港还加入了"反洗钱金融行动特别工作组"。这个工作组是由西方七国首倡,于 1989 年在法国巴黎成立的政府间组织,成员已发展到 33 个国家(地区)和欧洲委员会、海湾合作委员会两个国际组织。内地检察机关可以充分利用港澳执法机关与国际社会的联系,将打击跨境腐败犯罪活动的工作延伸到国外,进而形成打击跨境跨国腐败犯罪的联动机制。三是寻求追缴赃款赃物的新方法新途径。按照香港法律的规定,对涉案款物通常须提起民事诉讼,通过法院判决来决定这些款物的归属,其周期长,费用、成本高,效果差,往往得不偿失。为此,内地检察机关在查明境外腐败犯罪的同时,积极探索挽回发案单位经济损失的新方法新途径。协查实践中,一旦发现涉案的赃款赃物,首先请求港澳廉政公署协助查明其来龙去脉及其存放地点,进而通过多种手段和方法对知情人进行自愿归还的劝导,以达到追赃的目的。四是各方携手缉捕跨境逃犯。按照司法权独立的原则,内地与港澳司法机关不能直接为对方缉捕隐匿在自己境内的逃犯,但可以为对方提供逃犯的动向情报包括逃犯的出入境记录及其走向资料的谅解备忘录,为有效地开展协查合作、打击跨境腐败创造了极为有利的条件。① 此外,对于海峡两岸司法协助,包括对于贪污贿赂等腐败犯罪的侦查协助,应当按照 2009 年 4 月 26 日海协会与海基会共同签订的《海峡两岸共同打击犯罪及司法互助协议》进行。

需要指出的是,随着国家监察体制改革的深入推进并取得重大成果,比如监察法经十三届全国人大一次会议审议通过实施,国家监察委员会成立,等等,所有这些对推动反腐败区际合作并向纵深发展都具有重要意义。

六、反腐败司法国际合作个案范例

经济全球化快速发展以及我国对外开放不断扩大,促使我国经济社会各领域同国际社会的交往日益增多,在为国家经济建设提供更加广阔空间和有利条件的同时,也使我国社会不可避免面临跨国腐败犯罪的严峻化,腐败分子携带妻子或者子女、赃款等潜逃境外现象逐渐增多,利用各种渠道或者途径进行洗钱的活动不断活跃,反腐败国际合作随之更显重要,合作频率随之增多。

---

① 关于这方面问题,参见詹复亮:《论反腐败侦查国际化若干问题》,正义网 2006 年 7 月 26 日。

据不完全统计,21世纪以来检察机关在境内外有关部门大力支持和配合下,成功抓获潜逃国外的腐败分子就逾百人。加强反腐败国际合作的主要措施:一是针对腐败犯罪分子外逃等腐败犯罪新动向,从维护国家政权安全、经济安全及金融安全以及国家根本利益的高度,提高对打击和防范跨国腐败重要性和紧迫性的认识,积极推动反腐败国际合作进程。二是加强基础工作,建立腐败犯罪数据和情报交换机制,及时掌握和控制腐败犯罪动向以及腐败分子的外逃活动。当务之急是建立富有成效的数据和情报收集机制,提高对腐败分子潜逃出境情报的掌握和控制能力,为寻求国际合作、坚决打击跨国腐败打下良好基础。三是加强国际间金融合作,特别是建立完善反洗钱跨国合作、反资金外逃金融制度,有效阻断贪污贿赂犯罪等腐败分子的黑钱白化渠道。四是加强对腐败犯罪防控的国际经验交流。积极吸收国际上一些国家惩治腐败犯罪的经验,更新惩治腐败犯罪的技术手段,建立互信合作机制和国际间惩治腐败犯罪活动的信息资源共享机制,提高对腐败犯罪的防控水平和效率。五是探索建立多渠道、多形式的正式或非正式途径的反腐败国际合作机制,提高打击和防范跨国腐败犯罪的能力。六是充分利用《联合国反腐败公约》落实机制这一平台,进一步加强研究该公约的内容及其同中国法治协调问题,理性地提出落实该公约规定和要求的可行性方案,在已经取得既有成果的基础上,努力促成该公约的有效运行及其实际效能的切实发挥。为增加对反腐败司法国际合作的实践操作性的认识,借鉴成功案例的经验做法,笔者特就余振东一案办理进行一些总结性介绍。

（一）余振东腐败一案概况

余振东案发前,系中国银行广东省某支行行长。2001年10月12日因涉嫌贪污、挪用公款犯罪被中国广东省检察机关立案调查。经查,余振东伙同前任行长许超凡、许国俊等人相互勾结,利用担任银行行长的职务之便采取侵吞公款、违法放贷、违规使用公款等方法进行作案,涉案金额折合人民币计36亿余元。其中,绝大部分涉案资金转移境外,并涉及中国的香港和澳门特别行政区以及加拿大、美国、澳大利亚、新西兰等国家。中国检察机关依法运用侦查措施,获悉了余振东等主犯及有关重要涉案人员去向等情况后,从中发现有的案犯潜逃境外,有的甚至在境外定居等线索。

（二）中方采取有针对性的侦查预案和侦查措施

第一，启动国际执法合作程序。由于余振东一案的主要案犯离境，绝大部分涉案资金外逃，致使侦查工作重点由中国的国内转向境外。突破案件的当务之急是加强与有关国家和地区的执法合作，开展境外追逃、追赃和取证等工作。为实现侦查目的和任务，中方通过外交等途径召开有美国、加拿大及中国香港特别行政区有关执法机构和工作人员参加的执法合作会议，介绍了余振东案的基本情况、证据及需要合作的具体事项，得到与会各方大力支持，并就此案国际执法合作事项达成共识。第二，合作各方积极配合，促使案犯余振东快速落网。经过一年多的努力，美国警方于 2002 年 12 月在洛杉矶将余振东查获即予以逮捕，并由美国司法部以涉嫌非法入境、洗钱等犯罪对余振东提出指控。为配合美国检控部门的指控，中国检察机关创造性地采取远程视像方式向美国法庭作证，取得了很好的效果。第三，加强合作后续工作，力促全案深入推进。中方经与美方执法机关协商，在中美双方的共同努力和相互协作下，2004 年 4 月 16 日将主犯余振东从美国遣送回中国，并于 2006 年 3 月 31 日将余振东绳之以法。余振东归案后，中方经继续努力，通过加强与美国执法机关的合作，于 2004 年 10 月将此案另外两名主犯许超凡、许国俊缉捕归案，并得到了法律应有的惩罚。

（三）余振东腐败案件国际执法合作的主要经验

余振东案，是一起典型的跨国腐败案件。主犯余振东等主要犯罪嫌疑人，在案发后都逃往境外并藏匿于境外，将大量赃款通过洗钱的方式转移出境，涉及美国、加拿大、中国香港等国家和地区。但中国与美国、加拿大尚没有签订双边引渡条约。此案的成功办理，不仅成功抓获余振东等主犯并使其受到法律应有的惩罚，也对在没有双边引渡条约的前提下加强国际执法合作等提供了可供借鉴的实践经验。

1. 创新执法合作思路，提升国际执法合作成效。加强国际执法部门之间的沟通、联系和协作，逐步建立和完善执法合作机制，疏通合作渠道，是各国之间开展国际执法合作的重要前提。近年来，党和政府更加坚定反腐败的决心，不断加大反腐败力度，加强对逃往境外的腐败分子进行追逃缉捕，通过加强与有关各国的执法合作，取得了实质性的有效经验。余振东腐败案件的国际执法合作，就是成功的一例。余振东腐败案件主要案犯逃往美国，大量赃款也转移到了美国。但由于中美两国尚没有签订双边引渡条约,法律制度也存在巨大差异,如何加强有效合作对中美双方都提出实践的挑战。经中美执法部门的积极有效协商,双方在充分尊重对方国家司法主权、尊重对方法律的前提下,克服了没有双边引渡条约、法律制度巨大差异等各种障碍,通过发挥中美两国建立的中美执法合作联合联络小组(JLG)以及亚太经合组织(APEC)反腐败执法合作等机制的实际作用,采取灵活、务实的方式开展富有成效的合作,取得了令人满意的查办腐败案件成果。

2. 加强协作各方的积极互动,建立合作信任机制。余振东腐败案件国际执法合作之所以成功,其中一个重要原因在于中方积极主动配合被请求合作的国家和地区执法部门,按照有关合作国家和地区开展执法合作的法律要求,及时提供了余振东等主要案犯的犯罪证据。中方在向各有关国家和地区提出合作请求时,重点做了以下两方面工作:一是注重加强收集相关犯罪证据。既收集犯罪嫌疑人在国内涉嫌腐败的证据,也收集犯罪嫌疑人实施跨国洗钱、以欺诈手段移民国外等方面的犯罪证据。二是注重建立合作信任机制。充分信任被请求方,认真按照被请求国的法律规定及时向被请求的境外有关执法机关提供犯罪证据材料、法律文书等证据材料,建立双方合作互信基础。

3. 创新远程作证方式,增强国际执法合作效率。余振东腐败案件在国际执法合作的过程中,遇到了有多名正在中国监狱服刑的罪犯需要到美国法庭出庭作证的难题。为妥善解决这个国际执法合作中的新问题,既保证这些特殊证人的安全,又促进双方合作顺利进行,中方创造性地提出采用跨国远程视像作证的方式,在中国境内组织这些特殊证人向美国的法庭提供证言等设想,得到了美方的认同。在双方的协作配合下,中方运用信息技术手段与美方建立远程视像作证通道,在需要出庭作证的时候,由中方组织相关证人通过远程视像进行出庭作证,保证了证言的直接、真实、有效,取得了预期的效果。远程视像作证的成功合作,为国际执法合作中涉及证人远程作证提供了新的思路和方式,既解决了证人直接出境作证的困难,也保证了证言的证明效力,同时还极大地节约了协作成本,提高了协作效率。随着现代科技特别是信息技术的迅猛发展以及远程视像技术日益成熟,远程视像作证由于具有更为高效、快捷、方便的特性,已经成为国际反腐败执法合作中证人跨境作证的一种新的有效的模式。

4.坚持境外追逃与境外追赃并重。腐败分子出逃境外,主要目的是为了逃避本国法律的制裁并享受腐败资金。针对跨国腐败案件往往具有犯罪嫌疑人潜逃境外的同时也将大量赃款转移境外等特点,加强追逃与追赃工作成为查办跨国腐败案件的两项主要任务。这决定了查办跨国腐败案件,应当围绕这两项主要任务展开,既要加强国际执法合作,加大对腐败分子缉捕力度,争取将其早日缉捕归案,也要重视发现、冻结、查扣转移境外赃款,截断腐败分子在境外的经济来源,为境外追逃消除障碍。余振东腐败案件的成功办理,就是按照这一思路进行,充分证实了这一点。实践中,应统筹追逃和追赃工作,促进合作更加有效。

(四) 余振东腐败案成功办理引发的反腐败司法国际合作启示

跨国腐败的严峻形势,迫切需要世界各国之间加强执法合作。《联合国反腐败公约》为建立打击和防范腐败的全球合作提供了法律框架。笔者认为,各国政府包括我国政府应当积极推动双边或多边合作,运用刑事司法协助、执法合作等各种途径,提升打击和防范腐败的措施、手段,使打击和防范腐败分子外逃、腐败资金外移等活动的能力与跨国腐败的严峻态势相适应,进一步增强打击和防范跨国腐败国际执法合作的实际成效。

1.进一步提高对打击和防范跨国腐败重要性的认识,形成打击跨国腐败的共同立场。随着经济全球化和现代科技的迅速发展,世界各国联系日益紧密,腐败的跨国化趋势也越来越突出,以致腐败问题已不再仅仅是一国内部事务。跨国腐败不仅给一国企业、国家造成经济损失,而且对全球经济发展、政治稳定和社会安全等都将带来严重的危害,一定程度上成为全球性政治"毒瘤"。打击和防范跨国腐败,需要世界各国及其反腐败机构的高度重视、积极应对和密切合作;需要世界各国突破不同国家政治、经济、法律制度之间的差异,形成共同的原则和立场;需要世界各国共同联手,在全球范围内营造清除腐败的环境和氛围,绝不允许让任何腐败分子逍遥法外。

2.不断增进理解与信任,建立真诚合作机制。合作各方建立信任机制,是合作取得成效的前提和基础。加强反腐败国际执法合作,需要合作各方彼此理解和信任,才能开展真诚和富有成效的合作。各国反腐败机构应当进一步加强彼此之间的联系交流,增进理解与信任,真诚开展反腐败执法合作,共同打击跨国腐败。特别是腐败资产的流入国,既要考虑本国的利益,也要尽可能地加强对腐败受害国利益和合法财产的切实保护,从而在世界范围推动建立真诚合作机制,创造有利于打击跨国腐败的环境和条件。

3. 发挥反腐败国际公约的作用,提升打击和防范跨国腐败的能力和水平。当下,《联合国反腐败公约》和《联合国打击跨国有组织犯罪公约》是全球范围各国在联合国框架下打击跨国腐败最为重要的国际公约,也是各国开展反腐败国际执法合作的重要依据。但由于各国承认并签署两个公约的时间以及两个公约"国内法化"衔接进程的不同,造成各国在履行和实施公约方面仍然存在许多障碍,以致公约的实际作用难以发挥,无法满足各国开展反腐败司法国际合作的现实需要。

4. 及时建立情报数据交流机制,推动具体腐败案件执法合作。加强反腐败司法国际合作,情报数据及交流是重要基础。多年来,由于缺乏情报数据交流机制,国际合作实践中有许多案件因情报反馈不及时,影响了国际执法合作效率,最终削弱对跨国腐败的打击。因此,要从打击和防范跨国腐败的全球视野,建立高效、快捷、畅通的情报数据交流机制,积极发挥各国的派驻国法务参赞或警务联络官的作用,及时加强具体腐败案件情报数据的沟通和交流,加强具体合作问题的磋商,推进涉及腐败情报数据的基础建设,强化反腐败国际执法合作的基础,提高对腐败分子潜逃出境情报的掌握和控制能力,为寻求国际执法合作、坚决打击和防范跨国腐败积极创造条件,提高具体腐败案件执法合作的水平。

5. 努力实现打击跨国腐败与打击跨国洗钱相结合,切断腐败资产外逃渠道。腐败资金外逃是跨国洗钱的主要上游犯罪,大量腐败所得被犯罪分子通过洗钱的手段和途径从本国转移到其他国家,不仅给当事国带来严重的经济损失,而且对国际金融秩序乃至国际经济产生严重的危害。从国际上看,不少国家的法律对查处和惩罚洗钱犯罪都有严格的规定,主要目的在于加大对洗钱及其上游犯罪的打击力度,根据双边或者多边国际公约、条约,最大限度地对腐败资产、犯罪收益进行有效的追缴和返还,从根本上切断跨国腐败资金外逃渠道,使每一个腐败分子无可逃之处、无藏身之地,提升打击和防范跨国腐败的实际效果。

第三节　反腐败司法国际合作的中国贡献

中共十八大以来,我国高度重视并积极推动反腐败司法国际合作和追逃追赃工作。中共中央总书记、国家主席、中央军委主席习近平多次强调,腐败分子即使逃到天涯海角,也要把他们追回来绳之以法,要切断腐败分子的后路,并明确要求加大对外协调工作力度,努力构建国际反腐败新秩序。在2014年10月9日十八届中共中央政治局常委会第78次会议上,习近平就加强反腐败国际追逃追赃工作发表重要讲话,明确指出:加强反腐败国际追逃追赃工作是坚持党要管党、从严治党,遏制腐败现象蔓延势头的重要举措。近年来,党员干部携款外逃事件时有发生。有的腐败分子先是做"裸官",一有风吹草动,就逃之夭夭;有的跑到国外买豪车豪宅,挥金如土,逍遥法外;有的跑到国外摇身一变,参与当地选举。这些年,我们追回了一些重要外逃人员,但总体看,还是跑出去的多,抓回来的少,追逃工作还很艰巨。① 2015年9月,习近平访问美国期间,在美国西雅图发表演讲时指出,一段时间以来,我们大力查处腐败事件,坚持"老虎""苍蝇"一起打,就是要顺应人民要求。这其中没有什么权力斗争,没有什么"纸牌屋"。中国愿同国际社会积极开展反腐追逃合作。中国人民希望在这方面得到美国支持和配合,让腐败分子在海外永无"避罪天堂"。② 2016年二十国集团(G20)反腐败成果的通过,是建立在中国近年来对内惩腐肃纪、打"虎"拍"蝇",对外追逃追赃、积极合作的基础上,同时推动各方进一步开展反腐败追逃追赃国际合作。

从2014年开始,我国旗帜鲜明地提出反腐败国际追逃追赃合作的主张,这不仅是国内反腐败工作的需要,也是广大发展中国家的共同诉求和反腐败国际合作的发展趋势。这一年,我国成立中央反腐败协调小组国际追逃追赃工作办公室,并先后开展"天网2014""天网2015""天网2016""天网2017"等

---

① 参见《习近平关于党风廉政建设和反腐败斗争论述摘编》,中国文献出版社、中国方正出版社2015年版,第23页。

② 参见习近平:《在华盛顿州当地政府和美国友好团体联合欢迎宴会上的演讲》(2015年9月22日,西雅图),《人民日报》2015年9月24日。

专项行动,坚持"有逃必追,一追到底",坚决把腐败分子追回来绳之以法。在"天网 2016"行动中,包含了"猎狐 2016"、职务犯罪国际追逃追赃专项行动、打击利用离岸公司和地下钱庄向境外转移赃款等专项行动,延续"天网 2015"行动,2017 年再次延续此前工作,确保工作连贯性和实效性。2017 年 4 月 7日,习近平在同美国总统特朗普会晤时提出,中国正在全力反对腐败,希望美方在追逃追赃方面给予中方更多配合。同年 5 月 14 日,习近平在"一带一路"国际合作高峰论坛上发表主旨演讲时指出,要加强国际反腐合作,让"一带一路"成为廉洁之路。

总之,中共十八大以来,第一次系统地全面地把国际追逃追赃工作提到反腐败斗争的议事日程上来,大规模部署国际追赃追逃工作,加大对跨国腐败打击力度,取得了重大成效。与此同时,我国的主张占据了道义制高点,赢得了包括二十国集团(G20)在内的国际社会广泛支持,并且,我国反腐败追逃追赃工作所取得的成效,也进一步证明我国的主张不是"纸上谈兵",而是切实推动国际反腐败务实合作,极大促进了追逃追赃国际合作深入并卓有成效的开展,提升了各国共同有效打击跨国腐败成效。

一、中国对于全球治理与反腐败司法国际合作的特殊贡献

反腐败司法国际合作,是全球治理的重要组成部分。中共十八大以来,习近平多次提到全球治理,提出要共同完善全球治理体系。对于全球治理,习近平重要思想主要体现在以下方面:

(一) 为什么强调完善全球治理

2013 年 3 月 19 日,习近平就任国家主席后,在首次出访前夕接受金砖国家媒体联合采访,在回答印度报业托拉斯记者的提问时答道:全球经济治理体系必须反映世界经济格局的深刻变化,增加新兴市场国家和发展中国家的代表性和发言权。新兴市场国家和发展中国家希望全球经济治理体系更完善、更符合世界生产力发展要求、更有利于世界各国共同发展。2015 年 10 月 12日,中共中央政治局就全球治理格局和全球治理体制进行第二十七次集体学习。习近平在主持学习时强调:我们参与全球治理的根本目的,就是服从服务于实现"两个一百年"奋斗目标、实现中华民族伟大复兴的中国梦。要审时度势,努力抓住机遇,妥善应对挑战,统筹国内国际两个大局,推动全球治理体系

向着更加公正合理方向发展,为我国发展和世界和平创造更加有利的条件。

(二)全球治理的核心要义

2015 年 9 月 22 日,在对美国进行国事访问前夕,习近平接受《华尔街日报》书面采访时指出:全球治理体系是由全球共建共享的,不可能由哪一个国家独自掌握。中国没有这种想法,也不会这样做。在主持 2015 年 10 月 12 日的中共中央政治局集体学习时,习近平强调:要推动全球治理理念创新发展,积极发掘中华文化中积极的处世之道和治理理念同当今时代的共鸣点,继续丰富打造人类命运共同体等主张,弘扬共商共建共享的全球治理理念。2016 年 7 月 1 日,在庆祝中国共产党成立 95 周年大会上,习近平指出:什么样的国际秩序和全球治理体系对世界好、对世界各国人民好,要由各国人民商量,不能由一家说了算,不能由少数人说了算。中国将积极参与全球治理体系建设,努力为完善全球治理贡献中国智慧,同世界各国人民一道,推动国际秩序和全球治理体系朝着更加公正合理方向发展。

(三)怎样建设更加公正合理的全球治理体系

2013 年 3 月 27 日,在南非德班举行的金砖国家领导人第五次会晤上,习近平指出:不管全球治理体系如何变革,我们都要积极参与,发挥建设性作用,推动国际秩序朝着更加公正合理的方向发展,为世界和平稳定提供制度保障。2013 年 9 月 5 日,在二十国集团(G20)领导人第八次峰会第一阶段会议上,习近平指出:二十国集团是发达国家和发展中国家就国际经济事务进行充分协商的重要平台。我们要把二十国集团建设成稳定世界经济、构建国际金融安全网、改善全球经济治理的重要力量。2014 年 7 月 14 日,习近平在接受拉美四国媒体联合采访时指出:事实证明,占世界人口 42.6%的金砖国家经济发展、社会稳定、协调合作、共同成长,顺应和平、发展、合作、共赢的时代潮流,有利于世界经济更加平衡、全球治理更加有效、国际关系更加民主。2014 年 7 月 17 日,习近平出席中国—拉美和加勒比国家领导人会晤并发表主旨讲话时强调:中方愿意同拉方在联合国、世界贸易组织、亚太经合组织、二十国集团、七十七国集团等国际组织和多边机制框架内,围绕全球治理、可持续发展、应对气候变化、网络安全等全球性议题和热点问题加强沟通和协作,就亚太和拉美事务加强对话和合作。2014 年 11 月 28 日至 29 日,在中央外事工作会议上,习近平强调:要切实加强同发展中国家的团结合作,把我国发展与广大发展中国家共同发展紧密联系起来。要切实推进多边外交,推动国际体系和全球治理改革,增加我国和广大发展中国家的代表性和话语权。2015 年 9 月 22 日,习近平在出席华盛顿州当地政府和美国友好团体联合举行的欢迎宴会上发表演讲时指出:中美应该和能够合作的领域十分广阔。我们应该推动完善全球治理机制,共同促进世界经济稳定增长,共同维护全球金融市场稳定。2017 年 10 月 18 日,习近平在中共第十九次全国代表大会报告中强调指出,世界正处于大发展大变革大调整时期,和平与发展仍然是时代主题。世界多极化、经济全球化、社会信息化、文化多样化深入发展,全球治理体系和国际秩序变革加速推进,各国相互联系和依存日益加深,国际力量对比更趋平衡,和平发展大势不可逆转。没有哪个国家能够独自应对人类面临的各种挑战,也没有哪个国家能够退回到自我封闭的孤岛。要尊重世界文明多样性,以文明交流超越文明隔阂、文明互鉴超越文明冲突、文明共存超越文明优越。中国秉持共商共建共享的全球治理观,倡导国际关系民主化,坚持国家不分大小、强弱、贫富一律平等,支持联合国发挥积极作用,支持扩大发展中国家在国际事务中的代表性和发言权。中国将继续发挥负责任大国作用,积极参与全球治理体系改革和建设,不断贡献中国智慧和力量。

综上,习近平关于全球治理的重要思想及其重大贡献,主要体现在以下方面:一是构建中美新型大国关系,协调解决全球治理难题;二是巩固 G20 在全球经济治理中的核心地位,引领 G20 向长效治理机制转型;三是人民币加入 SDR,催化国际货币体系改革;四是成立金砖银行和亚投行,完善全球金融治理格局;五是提出"一带一路"倡议,建立更广泛国际合作框架;六是以最积极的姿态推动巴黎气候协定达成,体现大国担当;七是积极完成自贸区建设,推动区域经济一体化;八是持续深化南南合作,实现历史性新跨越;九是推进中非务实合作,打造中非"命运共同体";十是成立中国—拉共体论坛,影响全球治理格局;十一是加大对外协调力度,努力构建国际反腐败新秩序;十二是继续发挥负责任大国作用,积极参与全球治理体系改革和建设,不断贡献中国智慧和力量。

二、推动布里斯班 G20 峰会反腐败行动计划向宽深领域延伸

历史和现实证明,经济可持续发展离不开有效的全球治理,而反腐败则是

全球治理主要议题之一。在全球化背景下,腐败犯罪越来越呈现出跨国境趋势,反腐败国际合作势在必行。G20作为汇聚世界最主要经济体的国际合作机制,理应在反腐败领域发挥领导力,在全球发挥表率作用,推动反腐败合作。鉴此,G20领导人于2010年在多伦多峰会上即宣布成立反腐败工作组。反腐败工作组采取共同主席制,由当年G20轮值主席国和另外一个成员国担任。工作组每年举行三次会议,前两次会议分别在共同主席国召开,第三次会议在位于法国巴黎的经合组织(OECD)总部召开。参加工作组会议的代表除了各成员国反腐败机构之外,联合国、经合组织、世界银行等相关国际组织也派代表参加。经过多年发展,G20反腐败工作组已成为国际反腐败领域最活跃、最重要的合作机制,是全球反腐败合作的风向标。2014年,二十国集团领导人在澳大利亚布里斯班举行的第九次峰会第二阶段会议上,批准了2015年至2016年反腐行动计划,同意在G20框架内建设反腐败合作网络,明确成员国间返还腐败资产,拒绝为腐败官员提供避罪港。由于《布里斯班行动计划》涉及反腐败,堪称国际反腐合作的一个里程碑,是全球抗击腐败事业中一个"史无前例的进步"。有关资料表明,早在2010年G20集团就注意到腐败与经济增长之间的关系,特别是注意到跨国公司的经济犯罪给全球经济复苏带来的伤害。G20集团在2010年首尔峰会上首次就反腐设置专门议程,推出反腐败行动计划"九点方案"。这个方案的重点放在公司犯罪上,要求惩治公司贿赂外国政府官员的犯罪行为,并有力保护揭露此类犯罪的检举人。G20集团不久建立"反腐败工作小组",专门监管G20集团成员国反腐行动计划的执行情况。与此同时,G20集团中的一些国家却饱受舆论指责,舆论称这些国家为犯罪分子的"庇护天堂"。比如以G20集团成员国的加拿大为例,加拿大虽然制定了《权利与自由宪章》,以及在世界上比较早就制定了《引渡法》,并且与其他不少国家签订了引渡协议,以及缜密的遣返司法制度,但是世界各国富有的腐败犯罪分子却利用加拿大号称世界上最宽松的移民制度,不断向加拿大移民,企图逃避因腐败犯罪而被本国诉讼以及判处刑罚,成为腐败犯罪分子的"庇护天堂"。从发展历程看,越来越多的集团成员国认识到"集体行动"对抗腐败的重要性与有效性,G20集团内的反腐集体行动也从最初反公司犯罪为主,转入反一切形式的国内与跨国经济犯罪,并就追逃追赃方面的协同行动作出最大程度的合作。

中共十八大以来,中国强有力的反腐败行动和实际成果不仅给经济发展提供"制度红利",而且证实 G20 关于腐败与经济发展之间的判断,有力推动布里斯班 G20 峰会反腐行动计划向更多领域的延伸。特别是 2014 年在北京召开的亚太经合组织(APEC)会议上,通过了《北京反腐败宣言》,成立 APEC 反腐执法合作网络,明确在亚太地区加大追逃追赃等方面合作,进一步推进《联合国反腐败公约》在国际范围内实现从理念到现实的转变,为我国深入推进反腐败斗争提供更好的内外部环境。《北京反腐败宣言》是第一个由中国主导起草的国际性的反腐败宣言,是中国第一次以国际文件的形式明确提出加强反腐败追逃追赃等务实合作的"中国主张",充分体现了中国在加强反腐败国际追逃追赃合作方面的关切和立场。这个《宣言》经 APEC 领导人非正式会议批准通过,集中反映了各经济体就 APEC 反腐败合作重点及发展方向达成的共识,对于引领亚太地区反腐败合作朝追逃追赃等务实合作方向发展具有十分重要的意义。

三、反腐败司法国际合作的纵深发展

2016 年 9 月 4 日至 5 日,二十国集团(G20)杭州峰会成功召开。G20 领导人一致批准通过《二十国集团反腐败追逃追赃高级原则》、在华设立 G20 反腐败追逃追赃研究中心、《二十国集团 2017—2018 年反腐败行动计划》等重要反腐败成果文件。这些反腐败成果,是 G20 杭州峰会的重要成果,也是 2014 年北京 APEC 会议通过《北京反腐败宣言》的继承、延续和发展。G20 是全球首屈一指的大国协商共治机制,层次更高,影响更广,而且它的成员国多为西方发达国家,是中国外逃腐败分子的主要隐藏国。2017 年 5 月 14 日,习近平在"一带一路"国际合作高峰论坛上发表主旨演讲时指出,要加强国际反腐合作,让"一带一路"成为廉洁之路。2017 年 9 月 19 日至 20 日,中央纪委监察部与世界银行在北京共同举办加强国际合作共建廉洁之路研讨会。世界银行多年来积极参与打击跨国商业贿赂和追回腐败资产,在国际商业腐败风险防控、多边投资规则制定领域具有丰富经验。来自中央和国家机关、国家推进"一带一路"建设工作领导小组办公室、世界银行、亚投行、企业界代表和相关领域专家学者,围绕政府如何营造廉洁营商环境、企业如何合规经营、"一带一路"倡议参与方如何加强反腐败国际合作等议题进行交流研讨。此次研

讨活动旨在贯彻落实习近平在"一带一路"国际合作高峰论坛上发表的重要讲话精神,以和平合作、开放包容、互学互鉴、互利共赢为核心的丝路精神为指引,凝聚国际反腐合作共识,为国际反腐合作建言献策,引领并促进"一带一路"反腐合作,让廉洁为"一带一路"保驾护航,将"一带一路"打造为廉洁之路。总之,中国关于反腐败追逃追赃合作的倡议得到了更广泛国家的认可,在国际社会享有更大的影响和更稳固的根基。其主要成果体现在以下方面:

(一) 制定并通过《二十国集团反腐败追逃追赃高级原则》

《二十国集团反腐败追逃追赃高级原则》是 G20 框架下的成果,旨在强化 G20 加强追逃追赃合作共识,为追逃追赃国际合作制定规则、创造有利条件。该《高级原则》包含十条原则,开创性地提出"零容忍、零漏洞、零障碍"的概念。具体地说,就是对外逃腐败人员和外流腐败资产零容忍;国际反腐败追逃追赃体系和机制零漏洞;各国开展反腐败追逃追赃合作时零障碍。其中,第一条、第二条原则,强调态度上的"零容忍",要求各成员国认识到跨境腐败的危害,承诺加强合作;第三至五条原则,强调制度建设上的"零漏洞",着眼于从防范腐败分子入境、建立国内协调机制和完善合作法律框架等三个角度,打造全面系统的追逃追赃国际合作体系;第六至十条原则,落脚于执行层面,要求各成员国为追逃追赃工作创造有利条件,开展追逃追赃信息和情报交流、个案合作、劝返、资产返还等合作。

(二) 在中国设立 G20 反腐败追逃追赃研究中心

G20 反腐败追逃追赃研究中心,是第一个面向 G20 成员国开展反腐败追逃追赃研究的机构,不属于国际组织或多边机制,不设秘书处或理事会。G20 成员国以及对此感兴趣的国家和国际组织可以自愿推荐专家、专业人士和其他相关人员协助研究中心开展特定议题的研究,为 G20 成员国开展相关合作搭建了有利平台,G20 各成员国愿意以此为反腐败追逃追赃等合作规则制定提供智力支持和技术援助。利用 G20 平台开展反腐败国际追逃追赃研究,既能突出重点研究 G20 国家,又能有效利用 G20 国家的专家资源。在中国设立研究中心,并得到 G20 成员国一致欢迎和支持,体现了中国在国际反腐败领域的地位和影响,体现了中国在追逃追赃等反腐败国际合作领域的领导力。其中,腐败分子外逃的主要目的国美、加、澳、新等西方主要发达国家积极支持与配合;金砖国家等发展中国家在追逃追赃方面有共同诉求,对研究中心充满

期待。研究中心围绕反腐败国际追逃追赃,其研究领域确定如下:

第一,G20 国家中主要外逃目的国的追逃追赃相关法律法规,通过与国内法律法规相比较,寻找合作突破口。第二,国内相关法律法规,尤其是如何完善追逃追赃相关内容,比如"违法所得特别没收程序"。第三,与 G20 国家追逃追赃合作密切相关的内容,比如引渡、司法协助、资产返还立法和实践等。第四,相关重点研究领域,比如跨国商业贿赂、投资移民政策等。同时,研究中心将通过多种形式开展工作,比如专题研究、学术研讨会和培训等,并逐步探讨成果应用和分享方式,加强研究成果利用,提升研究成果效用。

(三) 制定并通过《二十国集团 2017—2018 年反腐败行动计划》

G20 自 2010 年设立反腐败合作机制以来,每两年制定一次反腐败行动计划,作为 G20 成员国开展反腐败合作的指导性文件。行动计划在各方充分协商的基础上,设定未来两年内 G20 反腐败工作组的工作方向和重点合作领域。2016 年,中国作为 G20 主席国,带领反腐败工作组制定《二十国集团 2017—2018 年反腐败行动计划》,将务实合作、私营领域廉洁性与透明度、公共领域廉洁性与透明度、腐败易发领域、国际组织反腐败、能力建设等八项内容,设立为未来两年工作重点。通过同以往行动计划的比较,《二十国集团 2017—2018 年反腐败行动计划》的特点比较明显:一是务实合作比重上升。比如被列为 G20 反腐败首要合作领域的反腐败追逃追赃合作,其重要性进一步凸显。二是 G20 各方进一步承诺共同调查和起诉腐败犯罪,追缴腐败所得,拒绝腐败分子入境,拒绝成为腐败分子避风港。三是加强国际合作,并以《联合国反腐败公约》为原则,开展司法协助和引渡合作。

二十国集团(G20)杭州峰会期间,在中国的大力推动下,加强了追逃追赃务实合作:一是强化国际反腐败执法合作的政治承诺,推动 G20 峰会就加强反腐败追逃追赃务实合作达成重要共识,敦促各国切实履行承诺,取得务实合作成果。二是通过了《拒绝避风港原则》、《刑事司法协助原则》和《资产返还国际合作国别指南》,举办司法协助研讨会,鼓励采用司法协助等手段,通过民事和行政等程序,追回腐败人员和所得,消除腐败避风港。三是建立了"拒绝腐败人员入境"执法合作网络,确定并不断更新各国"拒绝腐败人员入境"的联络人员,鼓励各成员国建立双边信息沟通机制,便于对腐败分子出逃信息及时通报,迅速作出反应,阻止腐败分子入境;举办了两次专家会议,专门就各项具体问题进行讨论,包括各国执法机构和体系介绍、开展拒绝腐败分子入境合作的机遇和挑战等。①

总之,加强反腐败国际合作包括司法国际合作,确保国际追逃追赃不断取得新成效,是中国反腐败斗争深入发展的重大战略举措。中共十八大以来,以习近平同志为核心的党中央坚定不移推进反腐败斗争,全面统筹国内国际两个大局,开辟反腐败国内国际两个战场,打开反腐败国内国际两个局面,取得反腐败国内国际两个领域双丰收,不仅反腐败的国内战场收获甚丰,而且在国际战场上,国际追逃追赃打了一个又一个漂亮大胜仗。追回"百名红通"人员的震慑力已在国内快速形成,促使收敛、收手直至收心的实际效果不断实现,反腐倡廉建设正在按照党中央既定计划向前推进。中国不仅站到国际道义制高点,解决了长期以来未能解决的贪官外逃及逃避法律制裁等突出问题,而且为反腐败国际合作包括司法国际合作、推动国际社会廉政建设提供了中国样本,为全球腐败治理事业作出并将继续作出重要的贡献。

---

　　① 参见《法制日报》2016 年 9 月 7 日相关报道。

主要参考文献

1.《毛泽东选集》第一卷,人民出版社 1991 年版。

2.《邓小平文选》第二卷,人民出版社 1994 年版。

3.《习近平谈治国理政》,外文出版社 2014 年版。

4.《习近平谈治国理政》第二卷,外文出版社 2017 年版。

5.《中国共产党第十九次全国代表大会文件汇编》,人民出版社 2017 年版。

6.《中国共产党第十八次全国代表大会文件汇编》,人民出版社 2012 年版。

7.《党的十九大报告学习辅导百问》,党建读物出版社、学习出版社 2017 年版。

8.《中共中央关于全面推进依法治国若干重大问题的决定》,人民出版社 2014 年版。

9.《〈中共中央关于全面推进依法治国若干重大问题的决定〉辅导读本》,人民出版社 2014 年版。

10.《习近平关于党风廉政建设和反腐败斗争论述摘编》,中央文献出版社、中国方正出版社 2015 年版。

11. 杨建飞主编:《西方经济思想史》,武汉大学出版社 2010 年版。

12. 詹复亮:《当代中国反腐败问题与对策》,国际文化出版公司 1996 年版。

13. 詹复亮:《职务犯罪诉讼新论》,中国方正出版社 2001 年修订版。

14. 詹复亮:《治理商业贿赂简明读本》,人民出版社 2006 年版。

15. 詹复亮:《反贪侦查热点与战略》,人民出版社 2010 年版。

16. 詹复亮:《新刑事诉讼法与职务犯罪侦查适用》,中国检察出版社 2012 年版。

17. 詹复亮:《贪污贿赂犯罪及其侦查实务(第二版)》,人民出版社 2013 年版。

18. [美]雷切尔·博巴·桑托斯:《犯罪分析与犯罪制图》,金诚、郑滋椀译,人民出版社 2014 年版。

19. [美]唐·布莱克:《社会学视野中的司法》,郭星华等译,[美]麦宜生审校,法律出版社 2002 年版。

20. [德]罗伯特·米歇尔斯:《寡头统治铁律——现代民主制度中的政党社会学》,任军峰等译,天津人民出版社 2003 年版。

21. [法]孟德斯鸠:《论法的精神》(上册),张雁深译,商务印书馆 1961 年版。

后　记

《反腐败司法原理》即将付梓，借此写上几句，聊以备忘。

两年前的一个愿望，很快就要成为现实。透着淡淡墨香、也伴随着这段岁月忙中偷乐与理性耕思的这部新作，就将奉献给读者。于尚怀书卷之气的人，心之慰藉，实属言表不易。

本书内容大多数系笔者长期以来工作实践、学习研究的理性探求及其思索积淀，但也引用了一些公开资料，因篇幅及笔者日常工作十分繁忙等原因，对相关公开资料出处未能逐一注明，谨此向有关作者及出版单位深表歉意和谢忱！

我要衷心感谢我的领导、师长！衷心感谢我的好友、同事！无论是职业生涯、能力锤炼还是学术研究，都一直为我倾注了莫大的关心、支持和帮助！

我要衷心感谢年迈母亲对我终日牵挂和弟妹们的无私关爱！感谢我的爱人和孩子长期以来对我工作、事业的理解和支持，为我付出的默默奉献！

最后，还需要指出的是，本书在策划、撰写和出版过程中，承蒙人民出版社法律与国际编辑部编审李春林先生大力支持和无私帮助，以及出版社领导为本书出版付出的大量心血，在此一并致以衷心的感谢！

詹复亮

戊戌年仲夏，于京城陋室

责任编辑:李春林
装帧设计:肖　辉　王欢欢
责任校对:陈艳华

图书在版编目(CIP)数据

反腐败司法原理/詹复亮 著. —北京:人民出版社,2018.8
(人民法学文存)
ISBN 978－7－01－018414－2

Ⅰ.①反…　Ⅱ.①詹…　Ⅲ.①反腐倡廉-司法-法的理论-研究-中国
　Ⅳ.①D926②D630.9

中国版本图书馆 CIP 数据核字(2017)第 259681 号

反腐败司法原理

FAN FUBAI SIFA YUANLI

詹复亮　著

人民出版社 出版发行
(100706　北京市东城区隆福寺街 99 号)

北京新华印刷有限公司印刷　新华书店经销

2018 年 8 月第 1 版　2018 年 8 月北京第 1 次印刷
开本:710 毫米×1000 毫米 1/16　印张:24.75
字数:382 千字　印数:0,001-3,000 册

ISBN 978－7－01－018414－2　定价:69.80 元

邮购地址 100706　北京市东城区隆福寺街 99 号
人民东方图书销售中心　电话 (010)65250042　65289539